# HEBRAICO

## VOCABULÁRIO

**PALAVRAS MAIS ÚTEIS**

# PORTUGUÊS
# HEBRAICO

Para alargar o seu léxico e apurar
as suas competências linguísticas

## 9000 palavras

# Vocabulário Português-Hebraico - 9000 palavras
Por Andrey Taranov

Os vocabulários da T&P Books destinam-se a ajudar a aprender, a memorizar, e a rever palavras estrangeiras. O dicionário é dividido em temas, cobrindo todas as principais esferas de atividades quotidianas, negócios, ciência, cultura, etc.

O processo de aprendizagem, utilizando os dicionários baseados em temáticas da T&P Books dá-lhe as seguintes vantagens:

• Informação de origem corretamente agrupada predetermina o sucesso em fases subsequentes da memorização de palavras
• Disponibilização de palavras derivadas da mesma raiz, o que permite a memorização de unidades de texto (em vez de palavras separadas)
• Pequenas unidades de palavras facilitam o processo de estabelecimento de vínculos associativos necessários para a consolidação do vocabulário
• O nível de conhecimento da língua pode ser estimado pelo número de palavras aprendidas

T&P Books Publishing
www.tpbooks.com

ISBN: 978-1-78716-428-4

Este livro também está disponível em formato E-book.
Por favor visite www.tpbooks.com ou as principais livrarias on-line.

# VOCABULÁRIO HEBRAICO
## palavras mais úteis

Os vocabulários da T&P Books destinam-se a ajudar a aprender, a memorizar, e a rever palavras estrangeiras. O vocabulário contém mais de 9000 palavras de uso comum organizadas tematicamente.

O vocabulário contém as palavras mais comummente usadas
Recomendado como adicional para qualquer curso de línguas
Satisfaz as necessidades dos iniciados e dos alunos avançados de línguas estrangeiras
Conveniente para o uso diário, sessões de revisão e atividades de auto-teste
Permite avaliar o seu vocabulário

### Características especias do vocabulário

· As palavras estão organizadas de acordo com o seu significado, e não por ordem alfabética
· As palavras são apresentadas em três colunas para facilitar os processos de revisão e auto-teste
· As palavras compostas são divididas em pequenos blocos para facilitar o processo de aprendizagem
· O vocabulário oferece uma transcrição simples e adequada de cada palavra estrangeira

### O vocabulário contém 256 tópicos incluindo:

Conceitos básicos, Números, Cores, Meses, Estações do ano, Unidades de medida, Roupas & Acessórios, Alimentos & Nutrição, Restaurante, Membros da Família, Parentes, Caráter, Sentimentos, Emoções, Doenças, Cidade, Passeios, Compras, Dinheiro, Casa, Lar, Escritório, Trabalho no Escritório, Importação & Exportação, Marketing, Pesquisa de Emprego, Desportos, Educação, Computador, Internet, Ferramentas, Natureza, Países, Nacionalidades e muito mais ...

# TABELA DE CONTEÚDOS

# GUIA DE PRONUNCIAÇÃO

| Nome da letra | Letra | Exemplo Hebraico | Alfabeto fonético T&P | Exemplo Português |
|---|---|---|---|---|
| Aleph | א | אריה | [a], [a:] | amar |
|  | א | אחד | [ɛ], [ɛ:] | mover |
|  | א | מָאָה | ['] (hamza) | oclusiva glotal |
| Bet | ב | בית | [b] | barril |
| Guímel | ג | גמל | [g] | gosto |
| Guímel+geresh | ג' | ג'ונגל | [dʒ] | adjetivo |
| Dalet | ד | דג | [d] | dentista |
| He | ה | הר | [h] | [h] aspirada |
| Waw | ו | וסת | [v] | fava |
|  |  |  |  |  |
| Zayin | ז | זאב | [z] | sésamo |
| Zayin+geresh | ז' | ז'ורנל | [ʒ] | talvez |
| Het | ח | חוט | [x] | fricativa uvular surda |
| Tet | ט | טוב | [t] | tulipa |
| Yod | י | יום | [j] | géiser |
| Kaph | ך כ | בריש | [k] | kiwi |
| Lamed | ל | לחם | [l] | libra |
| Mem | ם מ | מלך | [m] | magnólia |
| Nun | ן נ | גר | [n] | natureza |
|  |  |  |  |  |
| Samek | ס | סוס | [s] | sanita |
| Ayin | ע | עין | [a], [a:] | amar |
|  | ע | תשעים | ['] (ayn) | fricativa faríngea sonora |
| Pe | ף פ | פיל | [p] | presente |
| Tsade | ץ צ | צעצוע | [ts] | tsé-tsé |
| Tsade+geresh | ץ' צ' | צ'ק | [tʃ] | Tchau! |
| Qoph | ק | קוף | [k] | kiwi |
| Resh | ר | רכבת | [r] | [r] vibrante |
| Shin | ש | שלחן, עשרים | [s], [ʃ] | sanita, mês |
| Tav | ת | תפוז | [t] | tulipa |

# ABREVIATURAS
## usadas no vocabulário

## Abreviaturas do Português

| | | |
|---|---|---|
| adj | - | adjetivo |
| adv | - | advérbio |
| anim. | - | animado |
| conj. | - | conjunção |
| desp. | - | desporto |
| etc. | - | etecetra |
| ex. | - | por exemplo |
| f | - | nome feminino |
| f pl | - | feminino plural |
| fem. | - | feminino |
| inanim. | - | inanimado |
| m | - | nome masculino |
| m pl | - | masculino plural |
| m, f | - | masculino, feminino |
| masc. | - | masculino |
| mat. | - | matemática |
| mil. | - | militar |
| pl | - | plural |
| prep. | - | preposição |
| pron. | - | pronome |
| sb. | - | sobre |
| sing. | - | singular |
| v aux | - | verbo auxiliar |
| vi | - | verbo intransitivo |
| vi, vt | - | verbo intransitivo, transitivo |
| vr | - | verbo reflexivo |
| vt | - | verbo transitivo |

## Abreviaturas do Hebraico

| | | |
|---|---|---|
| ז | - | masculino |
| ז"ר | - | masculino plural |
| ז, נ | - | masculino, feminino |
| נ | - | feminino |
| נ"ר | - | feminino plural |

# CONCEITOS BÁSICOS

## Conceitos básicos. Parte 1

### 1. Pronomes

| | | |
|---|---|---|
| eu | ani | אֲנִי (ז, נ) |
| tu (masc.) | ata | אַתָּה (ז) |
| tu (fem.) | at | אַתְ (נ) |
| | | |
| ele | hu | הוּא (ז) |
| ela | hi | הִיא (נ) |
| | | |
| nós | a'naxnu | אֲנַחְנוּ (ז, נ) |
| vocês (masc.) | atem | אַתֶּם (ז"ר) |
| vocês (fem.) | aten | אַתֶּן (נ"ר) |
| você (sing.) | ata, at | אַתָּה (ז), אַתְ (נ) |
| você (pl) | atem, aten | אַתֶּם (ז"ר), אַתֶּן (נ"ר) |
| eles | hem | הֵם (ז"ר) |
| elas | hen | הֵן (נ"ר) |

### 2. Cumprimentos. Saudações. Despedidas

| | | |
|---|---|---|
| Olá! | ʃalom! | שָׁלוֹם! |
| Bom dia! (formal) | ʃalom! | שָׁלוֹם! |
| Bom dia! (de manhã) | 'boker tov! | בּוֹקֶר טוֹב! |
| Boa tarde! | tsaha'rayim tovim! | צָהֳרַיִם טוֹבִים! |
| Boa noite! | 'erev tov! | עֶרֶב טוֹב! |
| | | |
| cumprimentar (vt) | lomar ʃalom | לוֹמַר שָׁלוֹם |
| Olá! | hai! | הַיי! |
| saudação (f) | ahlan | אַהְלַן |
| saudar (vt) | lomar ʃalom | לוֹמַר שָׁלוֹם |
| Como vai? | ma ʃlomxa? | מַה שְׁלוֹמְךָ? (ז) |
| Como vais? | ma niʃma? | מַה נִשְׁמַע? |
| O que há de novo? | ma xadaʃ? | מַה חָדָשׁ? |
| | | |
| Adeus! (formal) | lehitra'ot! | לְהִתְרָאוֹת! |
| Até à vista! (informal) | bai! | בַּיי! |
| Até breve! | lehitra'ot bekarov! | לְהִתְרָאוֹת בְּקָרוֹב! |
| Adeus! | lehitra'ot! | לְהִתְרָאוֹת! |
| despedir-se (vr) | lomar lehitra'ot | לוֹמַר לְהִתְרָאוֹת |
| Até logo! | bai! | בַּיי! |
| | | |
| Obrigado! -a! | toda! | תּוֹדָה! |
| Muito obrigado! -a! | toda raba! | תּוֹדָה רַבָּה! |
| De nada | bevakaʃa | בְּבַקָשָׁה |

| Não tem de quê | al lo davar | עַל לֹא דָבָר |
| De nada | ein beʿad ma | אֵין בְּעַד מָה |

| Desculpa! | slixa! | סְלִיחָה! |
| Desculpe! | slixa! | סְלִיחָה! |
| desculpar (vt) | lis'loax | לִסְלוֹחַ |

| desculpar-se (vr) | lehitnatsel | לְהִתְנַצֵּל |
| As minhas desculpas | ani mitnatsel, ani mitna'tselet | אֲנִי מִתְנַצֵּל (ז), אֲנִי מִתְנַצֶּלֶת (נ) |
| Desculpe! | ani mitsta'er, ani mitsta"eret | אֲנִי מִצְטַעֵר (ז), אֲנִי מִצְטַעֶרֶת (נ) |
| perdoar (vt) | lis'loax | לִסְלוֹחַ |
| Não faz mal | lo nora | לֹא נוֹרָא |
| por favor | bevakaʃa | בְּבַקָשָׁה |

| Não se esqueça! | al tiʃkax! | אַל תָּשְׁכַּח! (ז) |
| Certamente! Claro! | 'betax! | בֶּטַח! |
| Claro que não! | 'betax ʃelo! | בֶּטַח שֶׁלֹא! |
| Está bem! De acordo! | okei! | אוֹקֵיי! |
| Basta! | maspik! | מַסְפִּיק! |

## 3. Como se dirigir a alguém

| Desculpe (para chamar a atenção) | slixa! | סְלִיחָה! |
| senhor | adon | אָדוֹן |
| senhora | gvirti | גְבִרְתִּי |
| rapariga | 'gveret | גְבֶרֶת |
| rapaz | baxur tsa'ir | בָּחוּר צָעִיר |
| menino | 'yeled | יֶלֶד |
| menina | yalda | יַלְדָה |

## 4. Números cardinais. Parte 1

| zero | 'efes | אֶפֶס (ז) |
| um | exad | אֶחָד (ז) |
| uma | axat | אַחַת (נ) |
| dois | 'ʃtayim | שְׁתַּיִם (נ) |
| três | ʃaloʃ | שָׁלוֹשׁ (נ) |
| quatro | arba | אַרְבַּע (נ) |
| cinco | xameʃ | חָמֵשׁ (נ) |
| seis | ʃeʃ | שֵׁשׁ (נ) |
| sete | 'ʃeva | שֶׁבַע (נ) |
| oito | 'ʃmone | שְׁמוֹנֶה (נ) |
| nove | 'teʃa | תֵּשַׁע (נ) |
| dez | 'eser | עֶשֶׂר (נ) |
| onze | axat esre | אַחַת-עֶשְׂרֵה (נ) |
| doze | ʃteim esre | שְׁתֵּים-עֶשְׂרֵה (נ) |
| treze | ʃloʃ esre | שְׁלוֹשׁ-עֶשְׂרֵה (נ) |
| catorze | arba esre | אַרְבַּע-עֶשְׂרֵה (נ) |
| quinze | xameʃ esre | חָמֵשׁ-עֶשְׂרֵה (נ) |

| dezasseis | ʃeʃ esre | שֵׁשׁ־עֶשְׂרֵה (ב) |
| dezassete | ʃva esre | שְׁבַע־עֶשְׂרֵה (ב) |
| dezoito | ʃmone esre | שְׁמוֹנֶה־עֶשְׂרֵה (ב) |
| dezanove | tʃa esre | תְּשַׁע־עֶשְׂרֵה (ב) |

| vinte | esrim | עֶשְׂרִים |
| vinte e um | esrim ve'exad | עֶשְׂרִים וְאֶחָד |
| vinte e dois | esrim u'ʃnayim | עֶשְׂרִים וּשְׁנַיִם |
| vinte e três | esrim uʃloʃa | עֶשְׂרִים וּשְׁלוֹשָׁה |

| trinta | ʃloʃim | שְׁלוֹשִׁים |
| trinta e um | ʃloʃim ve'exad | שְׁלוֹשִׁים וְאֶחָד |
| trinta e dois | ʃloʃim u'ʃnayim | שְׁלוֹשִׁים וּשְׁנַיִם |
| trinta e três | ʃloʃim uʃloʃa | שְׁלוֹשִׁים וּשְׁלוֹשָׁה |

| quarenta | arba'im | אַרְבָּעִים |
| quarenta e um | arba'im ve'exad | אַרְבָּעִים וְאֶחָד |
| quarenta e dois | arba'im u'ʃnayim | אַרְבָּעִים וּשְׁנַיִם |
| quarenta e três | arba'im uʃloʃa | אַרְבָּעִים וּשְׁלוֹשָׁה |

| cinquenta | xamiʃim | חֲמִישִׁים |
| cinquenta e um | xamiʃim ve'exad | חֲמִישִׁים וְאֶחָד |
| cinquenta e dois | xamiʃim u'ʃnayim | חֲמִישִׁים וּשְׁנַיִם |
| cinquenta e três | xamiʃim uʃloʃa | חֲמִישִׁים וּשְׁלוֹשָׁה |

| sessenta | ʃiʃim | שִׁישִׁים |
| sessenta e um | ʃiʃim ve'exad | שִׁישִׁים וְאֶחָד |
| sessenta e dois | ʃiʃim u'ʃnayim | שִׁישִׁים וּשְׁנַיִם |
| sessenta e três | ʃiʃim uʃloʃa | שִׁישִׁים וּשְׁלוֹשָׁה |

| setenta | ʃiv'im | שִׁבְעִים |
| setenta e um | ʃiv'im ve'exad | שִׁבְעִים וְאֶחָד |
| setenta e dois | ʃiv'im u'ʃnayim | שִׁבְעִים וּשְׁנַיִם |
| setenta e três | ʃiv'im uʃloʃa | שִׁבְעִים וּשְׁלוֹשָׁה |

| oitenta | ʃmonim | שְׁמוֹנִים |
| oitenta e um | ʃmonim ve'exad | שְׁמוֹנִים וְאֶחָד |
| oitenta e dois | ʃmonim u'ʃnayim | שְׁמוֹנִים וּשְׁנַיִם |
| oitenta e três | ʃmonim uʃloʃa | שְׁמוֹנִים וּשְׁלוֹשָׁה |

| noventa | tiʃim | תְּשָׁעִים |
| noventa e um | tiʃim ve'exad | תְּשָׁעִים וְאֶחָד |
| noventa e dois | tiʃim u'ʃayim | תְּשָׁעִים וּשְׁנַיִם |
| noventa e três | tiʃim uʃloʃa | תְּשָׁעִים וּשְׁלוֹשָׁה |

## 5. Números cardinais. Parte 2

| cem | 'me'a | מֵאָה (ב) |
| duzentos | ma'tayim | מָאתַיִם |
| trezentos | ʃloʃ me'ot | שְׁלוֹשׁ מֵאוֹת (ב) |
| quatrocentos | arba me'ot | אַרְבַּע מֵאוֹת (ב) |
| quinhentos | xameʃ me'ot | חָמֵשׁ מֵאוֹת (ב) |
| seiscentos | ʃeʃ me'ot | שֵׁשׁ מֵאוֹת (ב) |
| setecentos | ʃva me'ot | שְׁבַע מֵאוֹת (ב) |

| oitocentos | ʃmone me'ot | שְׁמוֹנֶה מֵאוֹת (ב) |
| novecentos | tʃa me'ot | תֵּשַׁע מֵאוֹת (ב) |

| mil | 'elef | אֶלֶף (ז) |
| dois mil | al'payim | אַלְפַּיִם (ז) |
| De quem são ...? | 'ʃloʃet alafim | שְׁלוֹשֶׁת אֲלָפִים (ז) |
| dez mil | a'seret alafim | עֲשֶׂרֶת אֲלָפִים (ז) |
| cem mil | 'me'a 'elef | מֵאָה אֶלֶף (ז) |

| um milhão | milyon | מִילְיוֹן (ז) |
| mil milhões | milyard | מִילְיַארְד (ז) |

## 6. Números ordinais

| primeiro | riʃon | רִאשׁוֹן |
| segundo | ʃeni | שֵׁנִי |
| terceiro | ʃliʃi | שְׁלִישִׁי |
| quarto | revi'i | רְבִיעִי |
| quinto | χamiʃi | חֲמִישִׁי |

| sexto | ʃiʃi | שִׁישִׁי |
| sétimo | ʃvi'i | שְׁבִיעִי |
| oitavo | ʃmini | שְׁמִינִי |
| nono | tʃi'i | תְּשִׁיעִי |
| décimo | asiri | עֲשִׂירִי |

## 7. Números. Frações

| fração (f) | 'ʃever | שֶׁבֶר (ז) |
| um meio | 'χetsi | חֲצִי (ז) |
| um terço | ʃliʃ | שְׁלִישׁ (ז) |
| um quarto | 'reva | רֶבַע (ז) |

| um oitavo | ʃminit | שְׁמִינִית (ב) |
| um décimo | asirit | עֲשִׂירִית (ב) |
| dois terços | ʃnei ʃliʃim | שְׁנֵי שְׁלִישִׁים (ז) |
| três quartos | 'ʃloʃet riv'ei | שְׁלוֹשֶׁת רְבָעֵי |

## 8. Números. Operações básicas

| subtração (f) | χisur | חִיסּוּר (ז) |
| subtrair (vi, vt) | leχaser | לְחַסֵּר |
| divisão (f) | χiluk | חִילּוּק (ז) |
| dividir (vt) | leχalek | לְחַלֵּק |

| adição (f) | χibur | חִיבּוּר (ז) |
| somar (vt) | leχaber | לְחַבֵּר |
| adicionar (vt) | leχaber | לְחַבֵּר |
| multiplicação (f) | 'kefel | כֶּפֶל (ז) |
| multiplicar (vt) | lehaχpil | לְהַכְפִּיל |

## 9. Números. Diversos

| | | |
|---|---|---|
| algarismo, dígito (m) | sifra | סִפְרָה (נ) |
| número (m) | mispar | מִסְפָּר (ז) |
| numeral (m) | ʃem mispar | שֵׁם מִסְפָּר (ז) |
| menos (m) | 'minus | מִינוּס (ז) |
| mais (m) | plus | פְּלוּס (ז) |
| fórmula (f) | nusχa | נוּסְחָה (נ) |
| | | |
| cálculo (m) | χiʃuv | חִישׁוּב (ז) |
| contar (vt) | lispor | לִסְפּוֹר |
| calcular (vt) | leχaʃev | לְחַשֵׁב |
| comparar (vt) | lehaʃvot | לְהַשְׁווֹת |
| | | |
| Quanto, -os, -as? | 'kama? | כַּמָה? |
| soma (f) | sχum | סְכוּם (ז) |
| resultado (m) | totsa'a | תּוֹצָאָה (נ) |
| resto (m) | ʃe'erit | שְׁאֵרִית (נ) |
| | | |
| alguns, algumas … | 'kama | כַּמָה |
| um pouco de … | ktsat | קְצָת |
| poucos, -as (~ pessoas) | me'at | מְעַט |
| um pouco (~ de vinho) | me'at | מְעַט |
| resto (m) | ʃe'ar | שְׁאָר (ז) |
| um e meio | eχad va'χetsi | אֶחָד וָחֵצִי (ז) |
| dúzia (f) | tresar | תְּרֵיסָר (ז) |
| | | |
| ao meio | 'χetsi 'χetsi | חֲצִי חֲצִי |
| em partes iguais | ʃave beʃave | שָׁווֶה בְּשָׁווֶה |
| metade (f) | 'χetsi | חֲצִי (ז) |
| vez (f) | 'pa'am | פַּעַם (נ) |

## 10. Os verbos mais importantes. Parte 1

| | | |
|---|---|---|
| abrir (vt) | lif'toaχ | לִפְתּוֹחַ |
| acabar, terminar (vt) | lesayem | לְסַיֵם |
| aconselhar (vt) | leya'ets | לְייַעֵץ |
| adivinhar (vt) | lenaχeʃ | לְנַחֵשׁ |
| advertir (vt) | lehazhir | לְהַזְהִיר |
| | | |
| ajudar (vt) | la'azor | לַעֲזוֹר |
| alugar (~ um apartamento) | liskor | לִשְׂכּוֹר |
| amar (vt) | le'ehov | לֶאֱהוֹב |
| ameaçar (vt) | le'ayem | לְאַייֵם |
| | | |
| anotar (escrever) | lirʃom | לִרְשׁוֹם |
| apanhar (vt) | litfos | לִתְפּוֹס |
| apressar-se (vr) | lemaher | לְמַהֵר |
| arrepender-se (vr) | lehitsta'er | לְהִצְטַעֵר |
| assinar (vt) | laχtom | לַחְתּוֹם |
| | | |
| atirar, disparar (vi) | lirot | לִירוֹת |
| brincar (vi) | lehitba'deaχ | לְהִתְבַּדֵּחַ |

| brincar, jogar (crianças) | lesaχek | לְשַׂחֵק |
| buscar (vt) | leχapes | לְחַפֵּשׂ |
| caçar (vi) | latsud | לָצוּד |

| cair (vi) | lipol | לִיפוֹל |
| cavar (vt) | laχpor | לַחְפּוֹר |
| cessar (vt) | lehafsik | לְהַפְסִיק |
| chamar (~ por socorro) | likro | לִקְרוֹא |
| chegar (vi) | leha'gi'a | לְהַגִּיעַ |
| chorar (vi) | livkot | לִבְכּוֹת |

| começar (vt) | lehatχil | לְהַתְחִיל |
| comparar (vt) | lehaʃvot | לְהַשְׁווֹת |
| compreender (vt) | lehavin | לְהָבִין |
| concordar (vi) | lehaskim | לְהַסְכִּים |
| confiar (vt) | liv'toaχ | לִבְטוֹחַ |

| confundir (equivocar-se) | lehitbalbel | לְהִתְבַּלְבֵּל |
| conhecer (vt) | lehakir et | לְהַכִּיר אֶת |
| contar (fazer contas) | lispor | לִסְפּוֹר |
| contar com (esperar) | lismoχ al | לִסְמוֹךְ עַל |
| continuar (vt) | lehamʃiχ | לְהַמְשִׁיךְ |

| controlar (vt) | liʃlot | לִשְׁלוֹט |
| convidar (vt) | lehazmin | לְהַזְמִין |
| correr (vi) | laruts | לָרוּץ |
| criar (vt) | litsor | לִיצוֹר |
| custar (vt) | la'alot | לַעֲלוֹת |

## 11. Os verbos mais importantes. Parte 2

| dar (vt) | latet | לָתֵת |
| dar uma dica | lirmoz | לִרְמוֹז |
| decorar (enfeitar) | lekaʃet | לְקַשֵּׁט |
| defender (vt) | lehagen | לְהָגֵן |
| deixar cair (vt) | lehapil | לְהַפִּיל |

| descer (para baixo) | la'redet | לָרֶדֶת |
| desculpar (vt) | lis'loaχ | לִסְלוֹחַ |
| desculpar-se (vr) | lehitnatsel | לְהִתְנַצֵּל |
| dirigir (~ uma empresa) | lenahel | לְנַהֵל |
| discutir (notícias, etc.) | ladun | לָדוּן |
| dizer (vt) | lomar | לוֹמַר |

| duvidar (vt) | lefakpek | לְפַקְפֵּק |
| encontrar (achar) | limtso | לִמְצוֹא |
| enganar (vt) | leramot | לְרַמּוֹת |
| entrar (na sala, etc.) | lehikanes | לְהִיכָּנֵס |
| enviar (uma carta) | liʃloaχ | לִשְׁלוֹחַ |

| errar (equivocar-se) | lit'ot | לִטְעוֹת |
| escolher (vt) | livχor | לִבְחוֹר |
| esconder (vt) | lehastir | לְהַסְתִּיר |
| escrever (vt) | liχtov | לִכְתּוֹב |

| | | |
|---|---|---|
| esperar (o autocarro, etc.) | lehamtin | לְהַמְתִּין |
| esperar (ter esperança) | lekavot | לְקַוּוֹת |
| esquecer (vt) | liʃkoaχ | לִשְׁכּוֹחַ |
| estar (vi) | lihyot | לִהְיוֹת |
| estudar (vt) | lilmod | לִלְמֹד |
| exigir (vt) | lidroʃ | לִדְרוֹשׁ |
| existir (vi) | lehitkayem | לְהִתְקַיֵּם |
| | | |
| explicar (vt) | lehasbir | לְהַסְבִּיר |
| falar (vi) | ledaber | לְדַבֵּר |
| faltar (clases, etc.) | lehaχsir | לְהַחְסִיר |
| fazer (vt) | la'asot | לַעֲשׂוֹת |
| ficar em silêncio | liʃtok | לִשְׁתּוֹק |
| gabar-se, jactar-se (vr) | lehitravrev | לְהִתְרַבְרֵב |
| | | |
| gritar (vi) | lits'ok | לִצְעֹק |
| guardar (cartas, etc.) | liʃmor | לִשְׁמוֹר |
| informar (vt) | leho'dia | לְהוֹדִיעַ |
| insistir (vi) | lehit'akeʃ | לְהִתְעַקֵּשׁ |
| | | |
| insultar (vt) | leha'aliv | לְהַעֲלִיב |
| interessar-se (vr) | lehit'anyen be… | לְהִתְעַנְיֵין בְּ… |
| ir (a pé) | la'leχet | לָלֶכֶת |
| ir nadar | lehitraχets | לְהִתְרַחֵץ |
| jantar (vi) | le'eχol aruχat 'erev | לֶאֱכוֹל אֲרוּחַת עֶרֶב |

## 12. Os verbos mais importantes. Parte 3

| | | |
|---|---|---|
| ler (vt) | likro | לִקְרוֹא |
| libertar (cidade, etc.) | leʃaχrer | לְשַׁחְרֵר |
| matar (vt) | laharog | לַהֲרוֹג |
| mencionar (vt) | lehazkir | לְהַזְכִּיר |
| mostrar (vt) | lehar'ot | לְהַרְאוֹת |
| | | |
| mudar (modificar) | leʃanot | לְשַׁנּוֹת |
| nadar (vi) | lisχot | לִשְׂחוֹת |
| negar-se a … | lesarev | לְסָרֵב |
| objetar (vt) | lehitnaged | לְהִתְנַגֵּד |
| | | |
| observar (vt) | litspot, lehaʃkif | לִצְפּוֹת, לְהַשְׁקִיף |
| ordenar (mil.) | lifkod | לִפְקוֹד |
| ouvir (vt) | liʃmo'a | לִשְׁמוֹעַ |
| pagar (vt) | leʃalem | לְשַׁלֵּם |
| parar (vi) | la'atsor | לַעֲצוֹר |
| | | |
| participar (vi) | lehiʃtatef | לְהִשְׁתַּתֵּף |
| pedir (comida) | lehazmin | לְהַזְמִין |
| pedir (um favor, etc.) | levakeʃ | לְבַקֵּשׁ |
| pegar (tomar) | la'kaχat | לָקַחַת |
| pensar (vt) | laχʃov | לַחְשׁוֹב |
| | | |
| perceber (ver) | lasim lev | לָשִׂים לֵב |
| perdoar (vt) | lis'loaχ | לִסְלוֹחַ |
| perguntar (vt) | liʃ'ol | לִשְׁאוֹל |

| permitir (vt) | lehar∫ot | לְהַרְשׁוֹת |
| pertencer a ... | lehi∫tayeχ | לְהִשְׁתַּיֵּךְ |

| planear (vt) | letaχnen | לְתַכְנֵן |
| poder (vi) | yaχol | יָכוֹל |
| possuir (vt) | lihyot 'ba‘al ∫el | לִהְיוֹת בַּעַל שֶׁל |
| preferir (vt) | leha‘adif | לְהַעֲדִיף |
| preparar (vt) | leva∫el | לְבַשֵּׁל |

| prever (vt) | laχazot | לַחֲזוֹת |
| prometer (vt) | lehav'tiaχ | לְהַבְטִיחַ |
| pronunciar (vt) | levate | לְבַטֵּא |
| propor (vt) | leha'tsi‘a | לְהַצִּיעַ |
| punir (castigar) | leha‘ani∫ | לְהַעֲנִישׁ |

## 13. Os verbos mais importantes. Parte 4

| quebrar (vt) | li∫bor | לִשְׁבּוֹר |
| queixar-se (vr) | lehitlonen | לְהִתְלוֹנֵן |
| querer (desejar) | lirtsot | לִרְצוֹת |
| recomendar (vt) | lehamlits | לְהַמְלִיץ |
| repetir (dizer outra vez) | laχazor al | לַחֲזוֹר עַל |

| repreender (vt) | linzof | לִנְזוֹף |
| reservar (~ um quarto) | lehazmin mero∫ | לְהַזְמִין מֵרֹאשׁ |
| responder (vt) | la‘anot | לַעֲנוֹת |
| rezar, orar (vi) | lehitpalel | לְהִתְפַּלֵּל |
| rir (vi) | lits'χok | לִצְחוֹק |

| roubar (vt) | lignov | לִגְנוֹב |
| saber (vt) | la'da‘at | לָדַעַת |
| sair (~ de casa) | latset | לָצֵאת |
| salvar (vt) | lehatsil | לְהַצִּיל |
| seguir ... | la‘akov aχarei | לַעֲקוֹב אַחֲרֵי |

| sentar-se (vr) | lehitya∫ev | לְהִתְיַישֵּׁב |
| ser (vi) | lihyot | לִהְיוֹת |
| ser necessário | lehidare∫ | לְהִידָרֵשׁ |
| significar (vt) | lomar | לוֹמַר |

| sorrir (vi) | leχayeχ | לְחַיֵּךְ |
| subestimar (vt) | leham'it be''ereχ | לְהַמְעִיט בְּעֵרֶךְ |
| surpreender-se (vr) | lehitpale | לְהִתְפַּלֵּא |
| tentar (vt) | lenasot | לְנַסּוֹת |

| ter (vt) | lehaχzik | לְהַחְזִיק |
| ter fome | lihyot ra'ev | לִהְיוֹת רָעֵב |
| ter medo | lefaχed | לְפַחֵד |
| ter sede | lihyot tsame | לִהְיוֹת צָמֵא |

| tocar (com as mãos) | la'ga‘at | לָגַעַת |
| tomar o pequeno-almoço | le'eχol aruχat 'boker | לָאֱכוֹל אֲרוּחַת בּוֹקֶר |
| trabalhar (vi) | la'avod | לַעֲבוֹד |
| traduzir (vt) | letargem | לְתַרְגֵּם |

| | | |
|---|---|---|
| unir (vt) | le'aχed | לְאַחֵד |
| vender (vt) | limkor | לִמְכּוֹר |
| ver (vt) | lir'ot | לִרְאוֹת |
| virar (ex. ~ à direita) | lifnot | לִפְנוֹת |
| voar (vi) | la'uf | לָעוּף |

## 14. Cores

| | | |
|---|---|---|
| cor (f) | 'tseva | צֶבַע (ז) |
| matiz (m) | gavan | גָּוֶן (ז) |
| tom (m) | gavan | גָּוֶן (ז) |
| arco-íris (m) | 'keʃet | קֶשֶׁת (נ) |

| | | |
|---|---|---|
| branco | lavan | לָבָן |
| preto | ʃaχor | שָׁחוֹר |
| cinzento | afor | אָפוֹר |

| | | |
|---|---|---|
| verde | yarok | יָרוֹק |
| amarelo | tsahov | צָהוֹב |
| vermelho | adom | אָדוֹם |

| | | |
|---|---|---|
| azul | kaχol | כָּחוֹל |
| azul claro | taχol | תָּכוֹל |
| rosa | varod | וָרוֹד |
| laranja | katom | כָּתוֹם |
| violeta | segol | סָגוֹל |
| castanho | χum | חוּם |

| | | |
|---|---|---|
| dourado | zahov | זָהוֹב |
| prateado | kasuf | כָּסוּף |

| | | |
|---|---|---|
| bege | beʒ | בֶּז' |
| creme | be'tseva krem | בְּצֶבַע קְרֵם |
| turquesa | turkiz | טוּרְקִיז |
| vermelho cereja | bordo | בּוֹרדוֹ |
| lilás | segol | סָגוֹל |
| carmesim | patol | פָּטוֹל |

| | | |
|---|---|---|
| claro | bahir | בָּהִיר |
| escuro | kehe | כֵּהֶה |
| vivo | bohek | בּוֹהֵק |

| | | |
|---|---|---|
| de cor | tsiv'oni | צִבְעוֹנִי |
| a cores | tsiv'oni | צִבְעוֹנִי |
| preto e branco | ʃaχor lavan | שָׁחוֹר-לָבָן |
| unicolor | χad tsiv'i | חַד-צִבְעִי |
| multicor | sasgoni | סַסְגּוֹנִי |

## 15. Questões

| | | |
|---|---|---|
| Quem? | mi? | מִי? |
| Que? | ma? | מָה? |

| Onde? | 'eifo? | אֵיפֹה? |
| Para onde? | le'an? | לְאָן? |
| De onde? | me''eifo? | מֵאֵיפֹה? |
| Quando? | matai? | מָתַי? |
| Para quê? | 'lama? | לָמָה? |
| Porquê? | ma'du'a? | מדוּעַ? |

| Para quê? | bi∫vil ma? | בִּשְׁבִיל מָה? |
| Como? | eix, keitsad? | כֵּיצַד? אֵיךְ? |
| Qual? | 'eize? | אֵיזֶה? |
| Qual? (entre dois ou mais) | 'eize? | אֵיזֶה? |

| A quem? | lemi? | לְמִי? |
| Sobre quem? | al mi? | עַל מִי? |
| Do quê? | al ma? | עַל מָה? |
| Com quem? | im mi? | עָם מִי? |

| Quanto, -os, -as? | 'kama? | כַּמָה? |
| De quem? | ∫el mi? | שֶׁל מִי? |

## 16. Preposições

| com (prep.) | im | עָם |
| sem (prep.) | bli, lelo | בְּלִי, לְלֹא |
| a, para (exprime lugar) | le... | לְ... |
| sobre (ex. falar ~) | al | עַל |
| antes de ... | lifnei | לִפְנֵי |
| diante de ... | lifnei | לִפְנֵי |

| sob (debaixo de) | mi'taxat le... | מִתַּחַת לְ... |
| sobre (em cima de) | me'al | מֵעַל |
| sobre (~ a mesa) | al | עַל |
| de (vir ~ Lisboa) | mi, me | מ, מֵ |
| de (feito ~ pedra) | mi, me | מ, מֵ |

| dentro de (~ dez minutos) | tox | תּוֹךְ |
| por cima de ... | 'derex | דֶּרֶךְ |

## 17. Palavras funcionais. Advérbios. Parte 1

| Onde? | 'eifo? | אֵיפֹה? |
| aqui | po, kan | פֹּה, כָּאן |
| lá, ali | ∫am | שָׁם |

| em algum lugar | 'eifo ∫ehu | אֵיפֹה שֶׁהוּא |
| em lugar nenhum | be∫um makom | בְּשׁוּם מָקוֹם |

| ao pé de ... | leyad ... | לְיַד ... |
| ao pé da janela | leyad haxalon | לְיַד הַחַלּוֹן |

| Para onde? | le'an? | לְאָן? |
| para cá | 'hena, lekan | הֵנָּה; לְכָאן |

| para lá | leʃam | לְשָׁם |
| daqui | mikan | מִכָּאן |
| de lá, dali | miʃam | מִשָּׁם |

| perto | karov | קָרוֹב |
| longe | raχok | רָחוֹק |

| perto de … | leyad | לְיַד |
| ao lado de | karov | קָרוֹב |
| perto, não fica longe | lo raχok | לֹא רָחוֹק |

| esquerdo | smali | שְׂמָאלִי |
| à esquerda | mismol | מִשְׂמֹאל |
| para esquerda | 'smola | שְׂמֹאלָה |

| direito | yemani | יְמָנִי |
| à direita | miyamin | מִיָּמִין |
| para direita | ya'mina | יָמִינָה |

| à frente | mika'dima | מִקָּדִימָה |
| da frente | kidmi | קָדמִי |
| em frente (para a frente) | ka'dima | קָדִימָה |

| atrás de … | me'aχor | מֵאָחוֹר |
| por detrás (vir ~) | me'aχor | מֵאָחוֹר |
| para trás | a'χora | אָחוֹרָה |

| meio (m), metade (f) | 'emtsa | אֶמְצַע (ז) |
| no meio | ba''emtsa | בָּאֶמְצַע |

| de lado | mehatsad | מֵהַצַּד |
| em todo lugar | beχol makom | בְּכָל מָקוֹם |
| ao redor (olhar ~) | misaviv | מִסָּבִיב |

| de dentro | mibifnim | מִבְּפָנִים |
| para algum lugar | le'an ʃehu | לְאָן שֶׁהוּא |
| diretamente | yaʃar | יָשָׁר |
| de volta | baχazara | בַּחֲזָרָה |

| de algum lugar | me'ei ʃam | מֵאֵי שָׁם |
| de um lugar | me'ei ʃam | מֵאֵי שָׁם |

| em primeiro lugar | reʃit | רֵאשִׁית |
| em segundo lugar | ʃenit | שֵׁנִית |
| em terceiro lugar | ʃliʃit | שְׁלִישִׁית |

| de repente | pit'om | פִּתְאוֹם |
| no início | behatslaχa | בַּהַתְחָלָה |
| pela primeira vez | lariʃona | לָרִאשׁוֹנָה |
| muito antes de … | zman rav lifnei … | זְמַן רַב לִפְנֵי … |
| de novo, novamente | meχadaʃ | מֵחָדָשׁ |
| para sempre | letamid | לְתָמִיד |

| nunca | af 'pa'am, me'olam | מֵעוֹלָם, אַף פַּעַם |
| de novo | ʃuv | שׁוּב |
| agora | aχʃav, ka'et | עַכְשָׁיו, כָּעֵת |

| frequentemente | le'itim krovot | לְעִיתִים קְרוֹבוֹת |
| então | az | אָז |
| urgentemente | bidχifut | בִּדְחִיפוּת |
| usualmente | be'dereχ klal | בְּדֶרֶךְ כְּלָל |

| a propósito, ... | 'dereχ 'agav | דֶרֶךְ אַגַב |
| é possível | efʃari | אֶפְשָׁרִי |
| provavelmente | kanir'e | כַּנִּרְאֶה |
| talvez | ulai | אוּלַי |
| além disso, ... | χuts mize ... | חוּץ מִזֶה ... |
| por isso ... | laχen | לָכֵן |
| apesar de ... | lamrot ... | לַמְרוֹת ... |
| graças a ... | hodot le... | הוֹדוֹת לְ... |

| que (pron.) | ma | מָה |
| que (conj.) | ʃe | שֶ |
| algo | 'maʃehu | מַשֶׁהוּ |
| alguma coisa | 'maʃehu | מַשֶׁהוּ |
| nada | klum | כְּלוּם |

| quem | mi | מִי |
| alguém (~ teve uma ideia ...) | 'miʃehu, 'miʃehi | מִישֶׁהוּ (ז), מִישֶׁהִי (נ) |
| alguém | 'miʃehu, 'miʃehi | מִישֶׁהוּ (ז), מִישֶׁהִי (נ) |

| ninguém | af eχad, af aχat | אַף אֶחָד (ז), אַף אַחַת (נ) |
| para lugar nenhum | leʃum makom | לְשׁוּם מָקוֹם |
| de ninguém | lo ʃayaχ le'af eχad | לֹא שַׁיָיךְ לְאַף אֶחָד |
| de alguém | ʃel 'miʃehu | שֶל מִישֶׁהוּ |

| tão | kol kaχ | כָּל־כָּךְ |
| também (gostaria ~ de ...) | gam | גַם |
| também (~ eu) | gam | גַם |

## 18.  Palavras funcionais. Advérbios. Parte 2

| Porquê? | ma'du'a? | מַדוּעַ? |
| por alguma razão | miʃum ma | מִשׁוּם־מָה |
| porque ... | miʃum ʃe | מִשׁוּם שֶ |
| por qualquer razão | lematara 'kolʃehi | לְמַטָרָה כָּלְשֶׁהִי |

| e (tu ~ eu) | ve ... | וְ ... |
| ou (ser ~ não ser) | o | אוֹ |
| mas (porém) | aval, ulam | אֲבָל, אוּלָם |
| para (~ a minha mãe) | biʃvil | בִּשְׁבִיל |

| demasiado, muito | yoter midai | יוֹתֵר מִדַי |
| só, somente | rak | רַק |
| exatamente | bediyuk | בְּדִיוּק |
| cerca de (~ 10 kg) | be"ereχ | בְּעֶרֶךְ |

| aproximadamente | be"ereχ | בְּעֶרֶךְ |
| aproximado | meʃo'ar | מְשׁוֹעָר |
| quase | kim'at | כִּמְעַט |
| resto (m) | ʃe'ar | שְׁאָר (ז) |

| | | |
|---|---|---|
| o outro (segundo) | aχer | אַחֵר |
| outro | aχer | אַחֵר |
| cada | kol | כָּל |
| qualquer | kolʃehu | כָּלשֶׁהוּ |
| muitos, muitas | harbe | הַרְבֵּה |
| muito | harbe | הַרְבֵּה |
| muitas pessoas | harbe | הַרְבֵּה |
| todos | kulam | כּוּלָם |
| | | |
| em troca de ... | tmurat ... | תמוּרַת ... |
| em troca | bitmura | בְּתמוּרָה |
| à mão | bayad | בְּיָד |
| pouco provável | safek im | סָפֵק אִם |
| | | |
| provavelmente | karov levadai | קָרוֹב לְוַודַאי |
| de propósito | 'davka | דַווקָא |
| por acidente | bemikre | בְּמִקרֶה |
| | | |
| muito | me'od | מְאוֹד |
| por exemplo | lemaʃal | לְמָשָׁל |
| entre | bein | בֵּין |
| entre (no meio de) | be'kerev | בְּקֶרֶב |
| tanto | kol kaχ harbe | כָּל־כָּך הַרְבֵּה |
| especialmente | bimyuχad | בְּמיוּחָד |

# Conceitos básicos. Parte 2

## 19. Opostos

| | | |
|---|---|---|
| rico | aʃir | עָשִׁיר |
| pobre | ani | עָנִי |
| doente | χole | חוֹלֶה |
| são | bari | בָּרִיא |
| grande | gadol | גָּדוֹל |
| pequeno | katan | קָטָן |
| rapidamente | maher | מַהֵר |
| lentamente | le'at | לְאַט |
| rápido | mahir | מָהִיר |
| lento | iti | אִיטִי |
| alegre | sa'meaχ | שָׂמֵחַ |
| triste | atsuv | עָצוּב |
| juntos | be'yaχad | בְּיַחַד |
| separadamente | levad | לְבַד |
| em voz alta (ler ~) | bekol ram | בְּקוֹל רָם |
| para si (em silêncio) | belev, be'ʃeket | בְּלֵב, בְּשֶׁקֶט |
| alto | ga'voha | גָּבוֹהַ |
| baixo | namuχ | נָמוּך |
| profundo | amok | עָמוֹק |
| pouco fundo | radud | רָדוּד |
| sim | ken | כֵּן |
| não | lo | לֹא |
| distante (no espaço) | raχok | רָחוֹק |
| próximo | karov | קָרוֹב |
| longe | raχok | רָחוֹק |
| perto | samuχ | סָמוּך |
| longo | aroχ | אָרוֹך |
| curto | katsar | קָצָר |
| bom, bondoso | tov lev | טוֹב לֵב |
| mau | raʃa | רָשָׁע |
| casado | nasui | נָשׂוּי |

| | | |
|---|---|---|
| solteiro | ravak | רַוָּק |
| proibir (vt) | le'esor al | לֶאֱסוֹר עַל |
| permitir (vt) | leharʃot | לְהַרְשׁוֹת |
| fim (m) | sof | סוֹף (ז) |
| começo (m) | hatχala | הַתְחָלָה (נ) |
| esquerdo | smali | שְׂמָאלִי |
| direito | yemani | יְמָנִי |
| primeiro | riʃon | רִאשׁוֹן |
| último | aχaron | אַחֲרוֹן |
| crime (m) | 'peʃa | פֶּשַׁע (ז) |
| castigo (m) | 'oneʃ | עוֹנֶשׁ (ז) |
| ordenar (vt) | letsavot | לְצַוּוֹת |
| obedecer (vt) | letsayet | לְצַיֵּת |
| reto | yaʃar | יָשָׁר |
| curvo | me'ukal | מְעוּקָל |
| paraíso (m) | gan 'eden | גַּן עֵדֶן (ז) |
| inferno (m) | gehinom | גֵּיהִינוֹם (ז) |
| nascer (vi) | lehivaled | לְהִיוָּלֵד |
| morrer (vi) | lamut | לָמוּת |
| forte | χazak | חָזָק |
| fraco, débil | χalaʃ | חַלָּשׁ |
| idoso | zaken | זָקֵן |
| jovem | tsa'ir | צָעִיר |
| velho | yaʃan | יָשָׁן |
| novo | χadaʃ | חָדָשׁ |
| duro | kaʃe | קָשֶׁה |
| mole | raχ | רַךְ |
| tépido | χamim | חָמִים |
| frio | kar | קַר |
| gordo | ʃamen | שָׁמֵן |
| magro | raze | רָזֶה |
| estreito | tsar | צַר |
| largo | raχav | רָחָב |
| bom | tov | טוֹב |
| mau | ra | רַע |
| valente | amits | אַמִּיץ |
| cobarde | paχdani | פַּחְדָנִי |

## 20. Dias da semana

| segunda-feira (f) | yom ʃeni | יוֹם שֵׁנִי (ז) |
| terça-feira (f) | yom ʃliʃi | יוֹם שְׁלִישִׁי (ז) |
| quarta-feira (f) | yom revi'i | יוֹם רְבִיעִי (ז) |
| quinta-feira (f) | yom χamiʃi | יוֹם חֲמִישִׁי (ז) |
| sexta-feira (f) | yom ʃiʃi | יוֹם שִׁישִׁי (ז) |
| sábado (m) | ʃabat | שַׁבָּת (נ) |
| domingo (m) | yom riʃon | יוֹם רִאשׁוֹן (ז) |

| hoje | hayom | הַיוֹם |
| amanhã | maχar | מָחָר |
| depois de amanhã | maχara'tayim | מָחֳרָתַיִם |
| ontem | etmol | אֶתמוֹל |
| anteontem | ʃilʃom | שִׁלשׁוֹם |

| dia (m) | yom | יוֹם (ז) |
| dia (m) de trabalho | yom avoda | יוֹם עֲבוֹדָה (ז) |
| feriado (m) | yom χag | יוֹם חַג (ז) |
| dia (m) de folga | yom menuχa | יוֹם מְנוּחָה (ז) |
| fim (m) de semana | sof ʃa'vu'a | סוֹף שָׁבוּע |

| o dia todo | kol hayom | כָּל הַיוֹם |
| no dia seguinte | lamaχarat | לַמָּחֳרָת |
| há dois dias | lifnei yo'mayim | לִפנֵי יוֹמַיִם |
| na véspera | 'erev | עֶרֶב |
| diário | yomyomi | יוֹמיוֹמִי |
| todos os dias | midei yom | מִדֵי יוֹם |

| semana (f) | ʃa'vua | שָׁבוּע (ז) |
| na semana passada | baʃa'vu'a ʃe'avar | בַּשָׁבוּע שֶׁעָבַר |
| na próxima semana | baʃa'vu'a haba | בַּשָׁבוּע הַבָּא |
| semanal | ʃvu'i | שְׁבוּעִי |
| cada semana | kol ʃa'vu'a | כָּל שָׁבוּע |
| duas vezes por semana | pa'a'mayim beʃa'vu'a | פַּעֲמַיִם בְּשָׁבוּע |
| cada terça-feira | kol yom ʃliʃi | כָּל יוֹם שְׁלִישִׁי |

## 21. Horas. Dia e noite

| manhã (f) | 'boker | בּוֹקֶר (ז) |
| de manhã | ba'boker | בַּבּוֹקֶר |
| meio-dia (m) | tsaha'rayim | צָהֳרַיִם (ז"ר) |
| à tarde | aχar hatsaha'rayim | אַחַר הַצָהֳרַיִם |

| noite (f) | 'erev | עֶרֶב (ז) |
| à noite (noitinha) | ba''erev | בָּעֶרֶב |
| noite (f) | 'laila | לַילָה (ז) |
| à noite | ba'laila | בַּלַילָה |
| meia-noite (f) | χatsot | חֲצוֹת (נ) |

| segundo (m) | ʃniya | שׁנִייָה (נ) |
| minuto (m) | daka | דַקָה (נ) |
| hora (f) | ʃa'a | שָׁעָה (נ) |

| meia hora (f) | χatsi ʃaʿa | חֲצִי שָׁעָה (נ) |
| quarto (m) de hora | 'reva ʃaʿa | רֶבַע שָׁעָה (ז) |
| quinze minutos | χameʃ esre dakot | חֲמֵשׁ עֶשְׂרֵה דַקוֹת |
| vinte e quatro horas | yemama | יְמָמָה (נ) |

| nascer (m) do sol | zriχa | זְרִיחָה (נ) |
| amanhecer (m) | 'ʃaχar | שַׁחַר (ז) |
| madrugada (f) | 'ʃaχar | שַׁחַר (ז) |
| pôr do sol (m) | ʃkiʿa | שְׁקִיעָה (נ) |

| de madrugada | mukdam ba'boker | מוּקְדָם בַּבּוֹקֶר |
| hoje de manhã | ha'boker | הַבּוֹקֶר |
| amanhã de manhã | maχar ba'boker | מָחָר בַּבּוֹקֶר |

| hoje à tarde | hayom aχarei hatzahaʿrayim | הַיוֹם אַחֲרֵי הַצָהֳרַיִים |
| à tarde | aχar hatsahaʿrayim | אַחַר הַצָהֳרַיִים |
| amanhã à tarde | maχar aχarei hatsahaʿrayim | מָחָר אַחֲרֵי הַצָהֳרַיִים |

| hoje à noite | ha'ʿerev | הָעֶרֶב |
| amanhã à noite | maχar ba'ʿerev | מָחָר בָּעֶרֶב |

| às três horas em ponto | baʃaʿa ʃaloʃ bediyuk | בְּשָׁעָה שָׁלוֹשׁ בְּדִיוּק |
| por volta das quatro | bisvivot arba | בִּסְבִיבוֹת אַרְבַּע |
| às doze | ad ʃteim esre | עַד שְׁתֵּים-עֶשְׂרֵה |

| dentro de vinte minutos | beʿod esrim dakot | בְּעוֹד עֶשְׂרִים דַקוֹת |
| dentro duma hora | beʿod ʃaʿa | בְּעוֹד שָׁעָה |
| a tempo | bazman | בַּזְמַן |

| menos um quarto | 'reva le… | רֶבַע לְ… |
| durante uma hora | toχ ʃaʿa | תוֹךְ שָׁעָה |
| a cada quinze minutos | kol 'reva ʃaʿa | כָּל רֶבַע שָׁעָה |
| as vinte e quatro horas | misaviv laʃaʿon | מִסָבִיב לַשָׁעוֹן |

## 22. Meses. Estações

| janeiro (m) | 'yanu'ar | יָנוּאָר (ז) |
| fevereiro (m) | 'febru'ar | פֶבְּרוּאָר (ז) |
| março (m) | merts | מֶרְץ (ז) |
| abril (m) | april | אַפְּרִיל (ז) |
| maio (m) | mai | מָאי (ז) |
| junho (m) | 'yuni | יוּנִי (ז) |

| julho (m) | 'yuli | יוּלִי (ז) |
| agosto (m) | 'ogust | אוֹגוּסְט (ז) |
| setembro (m) | sep'tember | סֶפְּטֶמְבֶּר (ז) |
| outubro (m) | ok'tober | אוֹקְטוֹבֶּר (ז) |
| novembro (m) | no'vember | נוֹבֶמְבֶּר (ז) |
| dezembro (m) | de'tsember | דֶצֶמְבֶּר (ז) |

| primavera (f) | aviv | אָבִיב (ז) |
| na primavera | ba'aviv | בָּאָבִיב |
| primaveril | avivi | אֲבִיבִי |
| verão (m) | 'kayits | קַיִץ (ז) |

| | | |
|---|---|---|
| no verão | ba'kayits | בַּקַּיִץ |
| de verão | ketsi | קֵיצִי |
| | | |
| outono (m) | stav | סְתָיו (ז) |
| no outono | bestav | בִּסְתָיו |
| outonal | stavi | סְתָוִי |
| | | |
| inverno (m) | 'χoref | חוֹרֶף (ז) |
| no inverno | ba'χoref | בַּחוֹרֶף |
| de inverno | χorpi | חוֹרְפִּי |
| mês (m) | 'χodeʃ | חוֹדֶשׁ (ז) |
| este mês | ha'χodeʃ | הַחוֹדֶשׁ |
| no próximo mês | ba'χodeʃ haba | בַּחוֹדֶשׁ הַבָּא |
| no mês passado | ba'χodeʃ ʃe'avar | בַּחוֹדֶשׁ שֶׁעָבַר |
| | | |
| há um mês | lifnei 'χodeʃ | לִפְנֵי חוֹדֶשׁ |
| dentro de um mês | be'od 'χodeʃ | בְּעוֹד חוֹדֶשׁ |
| dentro de dois meses | be'od χod'ʃayim | בְּעוֹד חוֹדְשַׁיִים |
| todo o mês | kol ha'χodeʃ | כָּל הַחוֹדֶשׁ |
| um mês inteiro | kol ha'χodeʃ | כָּל הַחוֹדֶשׁ |
| | | |
| mensal | χodʃi | חוֹדְשִׁי |
| mensalmente | χodʃit | חוֹדְשִׁית |
| cada mês | kol 'χodeʃ | כָּל חוֹדֶשׁ |
| duas vezes por mês | pa'a'mayim be'χodeʃ | פַּעֲמַיִים בְּחוֹדֶשׁ |
| | | |
| ano (m) | ʃana | שָׁנָה (נ) |
| este ano | haʃana | הַשָּׁנָה |
| no próximo ano | baʃana haba'a | בַּשָּׁנָה הַבָּאָה |
| no ano passado | baʃana ʃe'avra | בַּשָּׁנָה שֶׁעָבְרָה |
| há um ano | lifnei ʃana | לִפְנֵי שָׁנָה |
| dentro dum ano | be'od ʃana | בְּעוֹד שָׁנָה |
| dentro de 2 anos | be'od ʃna'tayim | בְּעוֹד שְׁנָתַיִים |
| todo o ano | kol haʃana | כָּל הַשָּׁנָה |
| um ano inteiro | kol haʃana | כָּל הַשָּׁנָה |
| | | |
| cada ano | kol ʃana | כָּל שָׁנָה |
| anual | ʃnati | שְׁנָתִי |
| anualmente | midei ʃana | מִדֵּי שָׁנָה |
| quatro vezes por ano | arba pa'amim be'χodeʃ | אַרְבַּע פְּעָמִים בְּחוֹדֶשׁ |
| | | |
| data (~ de hoje) | ta'ariχ | תַּאֲרִיךְ (ז) |
| data (ex. ~ de nascimento) | ta'ariχ | תַּאֲרִיךְ (ז) |
| calendário (m) | 'luaχ ʃana | לוּחַ שָׁנָה (ז) |
| | | |
| meio ano | χatsi ʃana | חֲצִי שָׁנָה (ז) |
| seis meses | ʃiʃa χodaʃim, χatsi ʃana | חֲצִי שָׁנָה, שִׁישָׁה חוֹדָשִׁים |
| estação (f) | ona | עוֹנָה (נ) |
| século (m) | 'me'a | מֵאָה (נ) |

## 23. Tempo. Diversos

| | | |
|---|---|---|
| tempo (m) | zman | זְמַן (ז) |
| momento (m) | 'rega | רֶגַע (ז) |

| | | |
|---|---|---|
| instante (m) | 'rega | רֶגַע (ז) |
| instantâneo | miyadi | מִיָּדִי |
| lapso (m) de tempo | tkufa | תְּקוּפָה (נ) |
| vida (f) | χayim | חַיִּים (ז"ר) |
| eternidade (f) | 'netsaχ | נֶצַח (ז) |

| | | |
|---|---|---|
| época (f) | idan | עִידָן (ז) |
| era (f) | idan | עִידָן (ז) |
| ciclo (m) | maχzor | מַחְזוֹר (ז) |
| período (m) | tkufa | תְּקוּפָה (נ) |
| prazo (m) | tkufa | תְּקוּפָה (נ) |

| | | |
|---|---|---|
| futuro (m) | atid | עָתִיד (ז) |
| futuro | haba | הַבָּא |
| da próxima vez | ba'pa'am haba'a | בַּפַּעַם הַבָּאָה |
| passado (m) | avar | עָבָר (ז) |
| passado | ʃe'avar | שֶׁעָבַר |
| na vez passada | ba'pa'am hako'demet | בַּפַּעַם הַקּוֹדֶמֶת |
| mais tarde | me'uχar yoter | מְאוּחָר יוֹתֵר |
| depois | aχarei | אַחֲרֵי |
| atualmente | kayom | כַּיּוֹם |
| agora | aχʃav, ka'et | עַכְשָׁיו, כָּעֵת |
| imediatamente | miyad | מִיָּד |
| em breve, brevemente | bekarov | בְּקָרוֹב |
| de antemão | meroʃ | מֵרֹאשׁ |

| | | |
|---|---|---|
| há muito tempo | mizman | מִזְמָן |
| há pouco tempo | lo mizman | לֹא מִזְמָן |
| destino (m) | goral | גּוֹרָל (ז) |
| recordações (f pl) | ziχronot | זִיכְרוֹנוֹת (ז"ר) |
| arquivo (m) | arχiyon | אַרְכִיּוֹן (ז) |
| durante ... | bezman ʃel ... | בִּזְמַן שֶׁל ... |
| durante muito tempo | zman rav | זְמַן רַב |
| pouco tempo | lo zman rav | לֹא זְמַן רַב |
| cedo (levantar-se ~) | mukdam | מוּקְדָּם |
| tarde (deitar-se ~) | me'uχar | מְאוּחָר |

| | | |
|---|---|---|
| para sempre | la'netsaχ | לָנֶצַח |
| começar (vt) | lehatχil | לְהַתְחִיל |
| adiar (vt) | lidχot | לִדְחוֹת |

| | | |
|---|---|---|
| simultaneamente | bo zmanit | בּוֹ זְמַנִּית |
| permanentemente | bikvi'ut | בִּקְבִיעוּת |
| constante (ruído, etc.) | ka'vu'a | קָבוּעַ |
| temporário | zmani | זְמַנִי |

| | | |
|---|---|---|
| às vezes | lif'amim | לִפְעָמִים |
| raramente | le'itim reχokot | לְעִיתִּים רְחוֹקוֹת |
| frequentemente | le'itim krovot | לְעִיתִּים קְרוֹבוֹת |

## 24. Linhas e formas

| | | |
|---|---|---|
| quadrado (m) | ri'bu'a | רִיבּוּעַ (ז) |
| quadrado | meruba | מְרוּבָּע |

| círculo (m) | ma'agal, igul | מַעְגָּל, עיגול (ז) |
| redondo | agol | עָגוֹל |
| triângulo (m) | meʃulaʃ | מְשׁוּלָשׁ (ז) |
| triangular | meʃulaʃ | מְשׁוּלָשׁ |

| oval (f) | e'lipsa | אֶלִיפְּסָה (נ) |
| oval | e'lipti | אֶלִיפְּטִי |
| retângulo (m) | malben | מַלְבֵּן (ז) |
| retangular | malbeni | מַלְבֵּנִי |

| pirâmide (f) | pira'mida | פִּירָמִידָה (נ) |
| rombo, losango (m) | me'uyan | מְעוּיָן (ז) |
| trapézio (m) | trapez | טְרַפֵּז (ז) |
| cubo (m) | kubiya | קוּבִּיָּה (נ) |
| prisma (m) | minsara | מִנְסָרָה (נ) |

| circunferência (f) | ma'agal | מַעְגָּל (ז) |
| esfera (f) | sfira | סְפִירָה (נ) |
| globo (m) | kadur | כַּדּוּר (ז) |
| diâmetro (m) | 'koter | קוֹטֶר (ז) |
| raio (m) | 'radyus | רַדְיוּס (ז) |
| perímetro (m) | hekef | הֶיקֵּף (ז) |
| centro (m) | merkaz | מֶרְכָּז (ז) |

| horizontal | ofki | אוֹפְקִי |
| vertical | anaχi | אֲנָכִי |
| paralela (f) | kav makbil | קַו מַקְבִּיל (ז) |
| paralelo | makbil | מַקְבִּיל |

| linha (f) | kav | קַו (ז) |
| traço (m) | kav | קַו (ז) |
| reta (f) | kav yaʃar | קַו יָשָׁר (ז) |
| curva (f) | akuma | עֲקוּמָה (נ) |
| fino (linha ~a) | dak | דַּק |
| contorno (m) | mit'ar | מִתְאָר (ז) |

| interseção (f) | χituχ | חִיתּוּךְ (ז) |
| ângulo (m) reto | zavit yaʃara | זָווִית יָשָׁרָה (נ) |
| segmento (m) | mikta | מִקְטָע (ז) |
| setor (m) | gizra | גִּזְרָה (נ) |
| lado (de um triângulo, etc.) | 'tsela | צֶלַע (ז) |
| ângulo (m) | zavit | זָווִית (נ) |

## 25. Unidades de medida

| peso (m) | miʃkal | מִשְׁקָל (ז) |
| comprimento (m) | 'oreχ | אוֹרֶךְ (ז) |
| largura (f) | 'roχav | רוֹחַב (ז) |
| altura (f) | 'gova | גּוֹבַהּ (ז) |
| profundidade (f) | 'omek | עוֹמֶק (ז) |
| volume (m) | 'nefaχ | נֶפַח (ז) |
| área (f) | ʃetaχ | שֶׁטַח (ז) |
| grama (m) | gram | גְּרָם (ז) |
| miligrama (m) | miligram | מִילִיגְּרָם (ז) |

|  |  |  |
|---|---|---|
| quilograma (m) | kilogram | קִילוֹגְרָם (ז) |
| tonelada (f) | ton | טוֹן (ז) |
| libra (453,6 gramas) | 'pa'und | פָּאוּנד (ז) |
| onça (f) | 'unkiya | אוֹנקִיָה (נ) |
| metro (m) | 'meter | מֶטֶר (ז) |
| milímetro (m) | mili'meter | מִילִימֶטֶר (ז) |
| centímetro (m) | senti'meter | סָנטִימֶטֶר (ז) |
| quilómetro (m) | kilo'meter | קִילוֹמֶטֶר (ז) |
| milha (f) | mail | מַייל (ז) |
| polegada (f) | intʃ | אִינץ' (ז) |
| pé (304,74 mm) | 'regel | רֶגֶל (נ) |
| jarda (914,383 mm) | yard | יַרד (ז) |
| metro (m) quadrado | 'meter ra'vu'a | מֶטֶר רָבוּע (ז) |
| hectare (m) | hektar | הֶקְטָר (ז) |
| litro (m) | litr | לִיטֶר (ז) |
| grau (m) | ma'ala | מַעֲלָה (נ) |
| volt (m) | volt | וֹולט (ז) |
| ampere (m) | amper | אַמפֶּר (ז) |
| cavalo-vapor (m) | 'koaχ sus | כּוֹחַ סוּס (ז) |
| quantidade (f) | kamut | כַּמוּת (נ) |
| um pouco de ... | ktsat ... | קְצָת ... |
| metade (f) | 'χetsi | חֵצִי (ז) |
| dúzia (f) | tresar | תרֵיסָר (ז) |
| peça (f) | yeχida | יְחִידָה (נ) |
| dimensão (f) | 'godel | גּוֹדֶל (ז) |
| escala (f) | kne mida | קְנֵה מִידָה (ז) |
| mínimo | mini'mali | מִינִימָאלִי |
| menor, mais pequeno | hakatan beyoter | הַקָטָן בְּיוֹתֵר |
| médio | memutsa | מְמוּצָע |
| máximo | maksi'mali | מַקסִימָלִי |
| maior, mais grande | hagadol beyoter | הַגָדוֹל בְּיוֹתֵר |

## 26. Recipientes

|  |  |  |
|---|---|---|
| boião (m) de vidro | tsin'tsenet | צְנצֶנֶת (נ) |
| lata (~ de cerveja) | paχit | פַּחִית (נ) |
| balde (m) | dli | דְלִי (ז) |
| barril (m) | χavit | חָבִית (נ) |
| bacia (~ de plástico) | gigit | גִיגִית (נ) |
| tanque (m) | meiχal | מֵיכָל (ז) |
| cantil (m) de bolso | meimiya | מֵימִיָה (נ) |
| bidão (m) de gasolina | 'dʒerikan | גֶ'רִיקָן (ז) |
| cisterna (f) | meχalit | מֵיכָלִית (נ) |
| caneca (f) | 'sefel | סֵפֶל (ז) |
| chávena (f) | 'sefel | סֵפֶל (ז) |

| | | |
|---|---|---|
| pires (m) | taχtit | תַחְתִית (נ) |
| copo (m) | kos | כּוֹס (נ) |
| taça (f) de vinho | ga'vi'a | גָבִיעַ (ז) |
| panela, caçarola (f) | sir | סִיר (ז) |

| | | |
|---|---|---|
| garrafa (f) | bakbuk | בַּקְבּוּק (ז) |
| gargalo (m) | tsavar habakbuk | צַוָּואר הַבַּקְבּוּק (ז) |

| | | |
|---|---|---|
| jarro, garrafa (f) | kad | כַּד (ז) |
| jarro (m) de barro | kankan | קַנְקָן (ז) |
| recipiente (m) | kli | כְּלִי (ז) |
| pote (m) | sir 'χeres | סִיר חֶרֶס (ז) |
| vaso (m) | agartal | אֲגַרְטָל (ז) |

| | | |
|---|---|---|
| frasco (~ de perfume) | tsloχit | צְלוֹחִית (נ) |
| frasquinho (ex. ~ de iodo) | bakbukon | בַּקְבּוּקוֹן (ז) |
| tubo (~ de pasta dentífrica) | ffo'feret | שְׁפוֹפֶרֶת (נ) |

| | | |
|---|---|---|
| saca (ex. ~ de açúcar) | sak | שָׂק (ז) |
| saco (~ de plástico) | sakit | שַׂקִית (נ) |
| maço (m) | χafisa | חֲפִיסָה (נ) |

| | | |
|---|---|---|
| caixa (~ de sapatos, etc.) | kufsa | קוּפְסָה (נ) |
| caixa (~ de madeira) | argaz | אַרְגָז (ז) |
| cesta (f) | sal | סַל (ז) |

## 27. Materiais

| | | |
|---|---|---|
| material (m) | 'χomer | חוֹמֶר (ז) |
| madeira (f) | ets | עֵץ (ז) |
| de madeira | me'ets | מֵעֵץ |

| | | |
|---|---|---|
| vidro (m) | zχuχit | זְכוּכִית (נ) |
| de vidro | mizχuχit | מִזְכוּכִית |

| | | |
|---|---|---|
| pedra (f) | 'even | אֶבֶן (נ) |
| de pedra | me''even | מֵאֶבֶן |

| | | |
|---|---|---|
| plástico (m) | 'plastik | פְּלַסְטִיק (ז) |
| de plástico | mi'plastik | מִפְּלַסְטִיק |

| | | |
|---|---|---|
| borracha (f) | 'gumi | גּוּמִי (ז) |
| de borracha | mi'gumi | מִגּוּמִי |

| | | |
|---|---|---|
| tecido, pano (m) | bad | בַּד (ז) |
| de tecido | mibad | מִבַּד |

| | | |
|---|---|---|
| papel (m) | neyar | נְיָיר (ז) |
| de papel | mineyar | מִנְּיָיר |

| | | |
|---|---|---|
| cartão (m) | karton | קַרְטוֹן (ז) |
| de cartão | mikarton | מִקַּרְטוֹן |
| polietileno (m) | 'nailon | נַיְילוֹן (ז) |
| celofane (m) | tselofan | צֶלוֹפָן (ז) |

| | | |
|---|---|---|
| linóleo (m) | li'nole'um | לִינוֹלְיאוּם (ז) |
| contraplacado (m) | dikt | דִּיקְט (ז) |

| | | |
|---|---|---|
| porcelana (f) | χar'sina | חַרְסִינָה (נ) |
| de porcelana | meχar'sina | מֵחַרְסִינָה |
| barro (f) | χarsit | חַרְסִית (נ) |
| de barro | me'χeres | מֵחֶרֶס |
| cerâmica (f) | ke'ramika | קֵרָמִיקָה (נ) |
| de cerâmica | ke'rami | קֵרָמִי |

## 28. Metais

| | | |
|---|---|---|
| metal (m) | ma'teχet | מַתֶּכֶת (נ) |
| metálico | mataχti | מַתַּכְתִּי |
| liga (f) | sag'soget | סַגְסוֹגֶת (נ) |

| | | |
|---|---|---|
| ouro (m) | zahav | זָהָב (ז) |
| de ouro | mizahav, zahov | מִזָּהָב, זָהֹב |
| prata (f) | 'kesef | כֶּסֶף (ז) |
| de prata | kaspi | כַּסְפִּי |

| | | |
|---|---|---|
| ferro (m) | barzel | בַּרְזֶל (ז) |
| de ferro | mibarzel | מִבַּרְזֶל |
| aço (m) | plada | פְּלָדָה (נ) |
| de aço | miplada | מִפְּלָדָה |
| cobre (m) | ne'χoʃet | נְחֹשֶׁת (נ) |
| de cobre | mine'χoʃet | מִנְּחֹשֶׁת |

| | | |
|---|---|---|
| alumínio (m) | alu'minyum | אָלוּמִינְיוּם (ז) |
| de alumínio | me'alu'minyum | מֵאָלוּמִינְיוּם |
| bronze (m) | arad | אָרָד (ז) |
| de bronze | me'arad | מֵאָרָד |

| | | |
|---|---|---|
| latão (m) | pliz | פְּלִיז (ז) |
| níquel (m) | 'nikel | נִיקֶל (ז) |
| platina (f) | 'platina | פְּלָטִינָה (נ) |
| mercúrio (m) | kaspit | כַּסְפִּית (נ) |
| estanho (m) | bdil | בְּדִיל (ז) |
| chumbo (m) | o'feret | עוֹפֶרֶת (נ) |
| zinco (m) | avats | אָבָץ (ז) |

# O SER HUMANO

## O ser humano. O corpo

### 29. Humanos. Conceitos básicos

| | | |
|---|---|---|
| ser (m) humano | ben adam | בֶּן אָדָם (ז) |
| homem (m) | 'gever | גֶּבֶר (ז) |
| mulher (f) | iʃa | אִשָּׁה (נ) |
| criança (f) | 'yeled | יֶלֶד (ז) |
| menina (f) | yalda | יַלְדָּה (נ) |
| menino (m) | 'yeled | יֶלֶד (ז) |
| adolescente (m) | 'na'ar | נַעַר (ז) |
| velho (m) | zaken | זָקֵן (ז) |
| velha, anciã (f) | zkena | זְקֵנָה (נ) |

### 30. Anatomia humana

| | | |
|---|---|---|
| organismo (m) | guf ha'adam | גוּף הָאָדָם (ז) |
| coração (m) | lev | לֵב (ז) |
| sangue (m) | dam | דָּם (ז) |
| artéria (f) | 'orek | עוֹרֶק (ז) |
| veia (f) | vrid | וְרִיד (ז) |
| cérebro (m) | 'moaχ | מוֹחַ (ז) |
| nervo (m) | atsav | עָצָב (ז) |
| nervos (m pl) | atsabim | עֲצַבִּים (ז"ר) |
| vértebra (f) | χulya | חוּלְיָה (נ) |
| coluna (f) vertebral | amud haʃidra | עַמּוּד הַשִּׁדְרָה (ז) |
| estômago (m) | keiva | קֵיבָה (נ) |
| intestinos (m pl) | me"ayim | מֵעַיִים (ז"ר) |
| intestino (m) | me'i | מְעִי (ז) |
| fígado (m) | kaved | כָּבֵד (ז) |
| rim (m) | kilya | כִּלְיָה (נ) |
| osso (m) | 'etsem | עֶצֶם (נ) |
| esqueleto (m) | 'ʃeled | שֶׁלֶד (ז) |
| costela (f) | 'tsela | צֵלַע (ז) |
| crânio (m) | gul'golet | גּוּלְגּוֹלֶת (נ) |
| músculo (m) | ʃrir | שְׁרִיר (ז) |
| bíceps (m) | ʃrir du raʃi | שְׁרִיר דוּ-רָאשִׁי (ז) |
| tríceps (m) | ʃrir tlat raʃi | שְׁרִיר תְּלָת-רָאשִׁי (ז) |
| tendão (m) | gid | גִּיד (ז) |
| articulação (f) | 'perek | פֶּרֶק (ז) |

| pulmões (m pl) | re'ot | רֵיאוֹת (נ"ר) |
| órgãos (m pl) genitais | evrei min | אֶבְרֵי מִין (ז"ר) |
| pele (f) | or | עוֹר (ז) |

## 31. Cabeça

| cabeça (f) | roʃ | רֹאשׁ (ז) |
| cara (f) | panim | פָּנִים (ז"ר) |
| nariz (m) | af | אַף (ז) |
| boca (f) | pe | פֶּה (ז) |

| olho (m) | 'ayin | עַיִן (נ) |
| olhos (m pl) | ei'nayim | עֵינַיִם (נ"ר) |
| pupila (f) | iʃon | אִישׁוֹן (ז) |
| sobrancelha (f) | gaba | גַּבָּה (נ) |
| pestana (f) | ris | רִיס (ז) |
| pálpebra (f) | af'af | עַפְעַף (ז) |

| língua (f) | laʃon | לָשׁוֹן (נ) |
| dente (m) | ʃen | שֵׁן (נ) |
| lábios (m pl) | sfa'tayim | שְׂפָתַיִם (נ"ר) |
| maçãs (f pl) do rosto | atsamot leχa'yayim | עַצְמוֹת לְחָיַיִם (נ"ר) |
| gengiva (f) | χani'χayim | חֲנִיכַיִם (ז"ר) |
| palato (m) | χeχ | חַךְ (ז) |

| narinas (f pl) | neχi'rayim | נְחִירַיִם (ז"ר) |
| queixo (m) | santer | סַנְטֵר (ז) |
| mandíbula (f) | 'leset | לֶסֶת (נ) |
| bochecha (f) | 'leχi | לְחִי (נ) |

| testa (f) | 'metsaχ | מֵצַח (ז) |
| têmpora (f) | raka | רַקָּה (נ) |
| orelha (f) | 'ozen | אוֹזֶן (נ) |
| nuca (f) | 'oref | עוֹרֶף (ז) |
| pescoço (m) | tsavar | צַוָּאר (ז) |
| garganta (f) | garon | גָּרוֹן (ז) |

| cabelos (m pl) | se‘ar | שֵׂיעָר (ז) |
| penteado (m) | tis'roket | תִּסְרֹקֶת (נ) |
| corte (m) de cabelo | tis'poret | תִּסְפֹּרֶת (נ) |
| peruca (f) | pe'a | פֵּאָה (נ) |

| bigode (m) | safam | שָׂפָם (ז) |
| barba (f) | zakan | זָקָן (ז) |
| usar, ter (~ barba, etc.) | legadel | לְגַדֵּל |
| trança (f) | tsama | צַמָּה (נ) |
| suíças (f pl) | pe'ot leχa'yayim | פֵּאוֹת לְחָיַיִם (נ"ר) |

| ruivo | 'dʒindʒi | ג'ינג'י |
| grisalho | kasuf | כָּסוּף |
| calvo | ke'reaχ | קֵירֵחַ |
| calva (f) | ka'raχat | קָרַחַת (נ) |
| rabo-de-cavalo (m) | 'kuku | קוּקוּ (ז) |
| franja (f) | 'poni | פּוֹנִי (ז) |

## 32. Corpo humano

| | | |
|---|---|---|
| mão (f) | kaf yad | כַּף יָד (נ) |
| braço (m) | yad | יָד (נ) |
| | | |
| dedo (m) | 'etsba | אֶצְבַּע (נ) |
| dedo (m) do pé | 'bohen | בּוֹהֶן (נ) |
| polegar (m) | agudal | אֲגוּדָל (ז) |
| dedo (m) mindinho | 'zeret | זֶרֶת (נ) |
| unha (f) | tsi'poren | צִיפּוֹרֶן (ז) |
| | | |
| punho (m) | egrof | אֶגְרוֹף (ז) |
| palma (f) da mão | kaf yad | כַּף יָד (נ) |
| pulso (m) | ʃoreʃ kaf hayad | שׁוֹרֶשׁ כַּף הַיָד (ז) |
| antebraço (m) | ama | אַמָה (נ) |
| cotovelo (m) | marpek | מַרְפֵּק (ז) |
| ombro (m) | katef | כָּתֵף (נ) |
| | | |
| perna (f) | 'regel | רֶגֶל (נ) |
| pé (m) | kaf 'regel | כַּף רֶגֶל (נ) |
| joelho (m) | 'bereχ | בֶּרֶךְ (נ) |
| barriga (f) da perna | ʃok | שׁוֹק (נ) |
| anca (f) | yareχ | יָרֵךְ (ז) |
| calcanhar (m) | akev | עָקֵב (ז) |
| | | |
| corpo (m) | guf | גוּף (ז) |
| barriga (f) | 'beten | בֶּטֶן (נ) |
| peito (m) | χaze | חָזֶה (ז) |
| seio (m) | ʃad | שַׁד (ז) |
| lado (m) | tsad | צַד (ז) |
| costas (f pl) | gav | גַב (ז) |
| região (f) lombar | mot'nayim | מוֹתְנַיִים (ז"ר) |
| cintura (f) | 'talya | טַלְיָה (נ) |
| | | |
| umbigo (m) | tabur | טַבּוּר (ז) |
| nádegas (f pl) | aχo'rayim | אֲחוֹרַיִים (ז"ר) |
| traseiro (m) | yaʃvan | יַשְׁבָן (ז) |
| | | |
| sinal (m) | nekudat χen | נְקוּדַת חֵן (נ) |
| sinal (m) de nascença | 'ketem leida | כֶּתֶם לֵידָה (ז) |
| tatuagem (f) | ka'a'ku'a | קַעֲקוּעַ (ז) |
| cicatriz (f) | tsa'leket | צַלֶקֶת (נ) |

# Vestuário & Acessórios

## 33. Roupa exterior. Casacos

| | | |
|---|---|---|
| roupa (f) | bgadim | בְּגָדִים (ז"ר) |
| roupa (f) exterior | levuʃ elyon | לְבוּשׁ עֶלְיוֹן (ז) |
| roupa (f) de inverno | bigdei 'χoref | בְּגְדֵי חוֹרֶף (ז"ר) |
| | | |
| sobretudo (m) | me'il | מְעִיל (ז) |
| casaco (m) de peles | me'il parva | מְעִיל פְּרווָה (ז) |
| casaco curto (m) de peles | me'il parva katsar | מְעִיל פְּרווָה קָצָר (ז) |
| casaco (m) acolchoado | me'il puχ | מְעִיל פּוּךְ (ז) |
| | | |
| casaco, blusão (m) | me'il katsar | מְעִיל קָצָר (ז) |
| impermeável (m) | me'il 'geʃem | מְעִיל גֶּשֶׁם (ז) |
| impermeável | amid be'mayim | עָמִיד בְּמַיִם |

## 34. Vestuário de homem & mulher

| | | |
|---|---|---|
| camisa (f) | χultsa | חוּלְצָה (נ) |
| calças (f pl) | miχna'sayim | מִכְנָסַיִים (ז"ר) |
| calças (f pl) de ganga | miχnesei 'dʒins | מִכְנְסֵי גִ'ינְס (ז"ר) |
| casaco (m) de fato | ʒaket | זָ'קֵט (ז) |
| fato (m) | χalifa | חֲלִיפָה (נ) |
| | | |
| vestido (ex. ~ vermelho) | simla | שִׂמְלָה (נ) |
| saia (f) | χatsa'it | חֲצָאִית (נ) |
| blusa (f) | χultsa | חוּלְצָה (נ) |
| casaco (m) de malha | ʒaket 'tsemer | זָ'קֵט צֶמֶר (ז) |
| casaco, blazer (m) | ʒaket | זָ'קֵט (ז) |
| | | |
| T-shirt, camiseta (f) | ti ʃert | טִי שֶׁרְט (ז) |
| calções (Bermudas, etc.) | miχna'sayim ktsarim | מִכְנָסַיִים קְצָרִים (ז"ר) |
| fato (m) de treino | 'trening | טְרֶנִינג (ז) |
| roupão (m) de banho | χaluk raχatsa | חָלוּק רַחְצָה (ז) |
| pijama (m) | pi'dʒama | פִּיגָ'מָה (נ) |
| | | |
| suéter (m) | 'sveder | סְווֶדֶר (ז) |
| pulôver (m) | afuda | אֲפוּדָה (נ) |
| | | |
| colete (m) | vest | ווֶסְט (ז) |
| fraque (m) | frak | פְרָאק (ז) |
| smoking (m) | tuk'sido | טוּקְסִידוֹ (ז) |
| | | |
| uniforme (m) | madim | מַדִים (ז"ר) |
| roupa (f) de trabalho | bigdei avoda | בְּגְדֵי עֲבוֹדָה (ז"ר) |
| fato-macaco (m) | sarbal | סַרְבָּל (ז) |
| bata (~ branca, etc.) | χaluk | חָלוּק (ז) |

## 35. Vestuário. Roupa interior

| | | |
|---|---|---|
| roupa (f) interior | levanim | לְבָנִים (ז"ר) |
| cuecas boxer (f pl) | taҳtonim | תַחְתוֹנִים (ז"ר) |
| cuecas (f pl) | taҳtonim | תַחְתוֹנִים (ז"ר) |
| camisola (f) interior | gufiya | גוּפִיָה (נ) |
| peúgas (f pl) | gar'bayim | גַרְבַּיִם (ז"ר) |
| | | |
| camisa (f) de noite | 'ktonet 'laila | כְּתוֹנֶת לַיְלָה (נ) |
| sutiã (m) | ҳaziya | חֲזִיָה (נ) |
| meias longas (f pl) | birkon | בִּרְכּוֹן (ז) |
| meia-calça (f) | garbonim | גַרְבּוֹנִים (ז"ר) |
| meias (f pl) | garbei 'nailon | גַרְבֵּי נַיְלוֹן (ז"ר) |
| fato (m) de banho | 'beged yam | בֶּגֶד יָם (ז) |

## 36. Adereços de cabeça

| | | |
|---|---|---|
| chapéu (m) | 'kova | כּוֹבַע (ז) |
| chapéu (m) de feltro | 'kova 'leved | כּוֹבַע לֶבֶד (ז) |
| boné (m) de beisebol | 'kova 'beisbol | כּוֹבַע בֵּייסְבּוֹל (ז) |
| boné (m) | 'kova mitsҳiya | כּוֹבַע מִצְחִיָה (ז) |
| | | |
| boina (f) | baret | בֶּרֶט (ז) |
| capuz (m) | bardas | בַּרְדָס (ז) |
| panamá (m) | 'kova 'tembel | כּוֹבַע טֶמְבֶּל (ז) |
| gorro (m) de malha | 'kova 'gerev | כּוֹבַע גֶרֶב (ז) |
| | | |
| lenço (m) | mit'paҳat | מִטְפַּחַת (נ) |
| chapéu (m) de mulher | 'kova | כּוֹבַע (ז) |
| | | |
| capacete (m) de proteção | kasda | קַסְדָה (נ) |
| bibico (m) | kumta | כּוּמְתָה (נ) |
| capacete (m) | kasda | קַסְדָה (נ) |
| | | |
| chapéu-coco (m) | mig'ba'at me'u'gelet | מִגְבַּעַת מְעוּגֶלֶת (נ) |
| chapéu (m) alto | tsi'linder | צִילִינְדֶר (ז) |

## 37. Calçado

| | | |
|---|---|---|
| calçado (m) | han'ala | הַנְעָלָה (נ) |
| botinas (f pl) | na'a'layim | נַעֲלַיִם (נ"ר) |
| sapatos (de salto alto, etc.) | na'a'layim | נַעֲלַיִם (נ"ר) |
| botas (f pl) | maga'fayim | מַגָפַיִם (ז"ר) |
| pantufas (f pl) | na'alei 'bayit | נַעֲלֵי בַּיִת (נ"ר) |
| | | |
| ténis (m pl) | na'alei sport | נַעֲלֵי סְפּוֹרְט (נ"ר) |
| sapatilhas (f pl) | na'alei sport | נַעֲלֵי סְפּוֹרְט (נ"ר) |
| sandálias (f pl) | sandalim | סַנְדָלִים (ז"ר) |
| | | |
| sapateiro (m) | sandlar | סַנְדְלָר (ז) |
| salto (m) | akev | עָקֵב (ז) |

| | | |
|---|---|---|
| par (m) | zug | זוּג (ז) |
| atacador (m) | sroχ | שְׂרוֹךְ (ז) |
| apertar os atacadores | lisroχ | לִשְׂרוֹךְ |
| calçadeira (f) | kaf na'a'layim | כַּף נַעֲלַיִם (נ) |
| graxa (f) para calçado | miʃχat na'a'layim | מִשְׁחַת נַעֲלַיִם (נ) |

## 38. Têxtil. Tecidos

| | | |
|---|---|---|
| algodão (m) | kutna | כֻּתְנָה (נ) |
| de algodão | mikutna | מִכֻּתְנָה |
| linho (m) | piʃtan | פִּשְׁתָּן (ז) |
| de linho | mipiʃtan | מִפִּשְׁתָּן |
| seda (f) | 'meʃi | מֶשִׁי (ז) |
| de seda | miʃyi | מֶשְׁיִי |
| lã (f) | 'tsemer | צֶמֶר (ז) |
| de lã | tsamri | צַמְרִי |
| veludo (m) | ktifa | קְטִיפָה (נ) |
| camurça (f) | zamʃ | זָמֶשׁ (ז) |
| bombazina (f) | 'korderoi | קוֹרְדְּרוֹי (ז) |
| náilon (m) | 'nailon | נָיְילוֹן (ז) |
| de náilon | mi'nailon | מִנָּיְילוֹן |
| poliéster (m) | poli"ester | פּוֹלִיאֶסְטֶר (ז) |
| de poliéster | mipoli"ester | מִפּוֹלִיאֶסְטֶר |
| couro (m) | or | עוֹר (ז) |
| de couro | me'or | מֵעוֹר |
| pele (f) | parva | פַּרְוָה (נ) |
| de peles, de pele | miparva | מִפַּרְוָה |

## 39. Acessórios pessoais

| | | |
|---|---|---|
| luvas (f pl) | kfafot | כְּפָפוֹת (נ"ר) |
| mitenes (f pl) | kfafot | כְּפָפוֹת (נ"ר) |
| cachecol (m) | tsa'if | צָעִיף (ז) |
| óculos (m pl) | miʃka'fayim | מִשְׁקָפַיִים (ז"ר) |
| armação (f) de óculos | mis'geret | מִסְגֶּרֶת (נ) |
| guarda-chuva (m) | mitriya | מִטְרִייָה (נ) |
| bengala (f) | makel haliχa | מַקֵּל הֲלִיכָה (ז) |
| escova (f) para o cabelo | miv'reʃet se'ar | מִבְרֶשֶׁת שֵׂיעָר (נ) |
| leque (m) | menifa | מְנִיפָה (נ) |
| gravata (f) | aniva | עֲנִיבָה (נ) |
| gravata-borboleta (f) | anivat parpar | עֲנִיבַת פַּרְפַּר (נ) |
| suspensórios (m pl) | ktefiyot | כְּתֵפִיּוֹת (נ"ר) |
| lenço (m) | mimχata | מִמְחָטָה (נ) |
| pente (m) | masrek | מַסְרֵק (ז) |
| travessão (m) | sikat roʃ | סִיכַּת רֹאשׁ (נ) |

| gancho (m) de cabelo | sikat se'ar | סִיכַּת שֵׂעָר (ז) |
| fivela (f) | avzam | אַבְזָם (ז) |

| cinto (m) | χagora | חֲגוֹרָה (נ) |
| correia (f) | retsu'at katef | רְצוּעַת כָּתֵף (נ) |

| mala (f) | tik | תִּיק (ז) |
| mala (f) de senhora | tik | תִּיק (ז) |
| mochila (f) | tarmil | תַּרְמִיל (ז) |

## 40. Vestuário. Diversos

| moda (f) | ofna | אוֹפְנָה (נ) |
| na moda | ofnati | אוֹפְנָתִי |
| estilista (m) | me'atsev ofna | מְעַצֵּב אוֹפְנָה (ז) |

| colarinho (m), gola (f) | tsavaron | צַוָּארוֹן (ז) |
| bolso (m) | kis | כִּיס (ז) |
| de bolso | ʃel kis | שֶׁל כִּיס |
| manga (f) | ʃarvul | שַׁרְווּל (ז) |
| alcinha (f) | mitle | מִתְלֶה (ז) |
| braguilha (f) | χanut | חֲנוּת (נ) |

| fecho (m) de correr | roχsan | רוֹכְסָן (ז) |
| fecho (m), colchete (m) | 'keres | קֶרֶס (ז) |
| botão (m) | kaftor | כַּפְתּוֹר (ז) |
| casa (f) de botão | lula'a | לוּלָאָה (נ) |
| soltar-se (vr) | lehitaleʃ | לְהִיתָּלֵשׁ |

| coser, costurar (vi) | litpor | לִתְפּוֹר |
| bordar (vt) | lirkom | לִרְקוֹם |
| bordado (m) | rikma | רִקְמָה (נ) |
| agulha (f) | 'maχat tfira | מַחַט תְּפִירָה (נ) |
| fio (m) | χut | חוּט (ז) |
| costura (f) | 'tefer | תֶּפֶר (ז) |

| sujar-se (vr) | lehitlaχleχ | לְהִתְלַכְלֵךְ |
| mancha (f) | 'ketem | כֶּתֶם (ז) |
| engelhar-se (vr) | lehitkamet | לְהִתְקַמֵּט |
| rasgar (vt) | lik'ro'a | לִקְרוֹעַ |
| traça (f) | aʃ | עָשׁ (ז) |

## 41. Cuidados pessoais. Cosméticos

| pasta (f) de dentes | miʃχat ʃi'nayim | מִשְׁחַת שִׁינַּיִים (נ) |
| escova (f) de dentes | miv'reʃet ʃi'nayim | מִבְרֶשֶׁת שִׁינַּיִים (נ) |
| escovar os dentes | letsaχ'tseaχ ʃi'nayim | לְצַחְצֵחַ שִׁינַּיִים |

| máquina (f) de barbear | 'ta'ar | תַּעַר (ז) |
| creme (m) de barbear | 'ketsef gi'luaχ | קֶצֶף גִּילּוּחַ (ז) |
| barbear-se (vr) | lehitga'leaχ | לְהִתְגַּלֵּחַ |
| sabonete (m) | sabon | סַבּוֹן (ז) |

| champô (m) | ʃampu | שַׁמְפּוּ (ז) |
| tesoura (f) | mispa'rayim | מִסְפָּרַיִם (ז"ר) |
| lima (f) de unhas | pt͜sira | פְּצִירָה (נ) |
| corta-unhas (m) | gozez tsipor'nayim | גּוֹזֵז צִיפּוֹרְנַיִים (ז) |
| pinça (f) | pin'tseta | פִּינְצֶטָה (נ) |

| cosméticos (m pl) | tamrukim | תַּמְרוּקִים (ז"ר) |
| máscara (f) facial | maseχa | מַסֵּכָה (נ) |
| manicura (f) | manikur | מָנִיקוּר (ז) |
| fazer a manicura | la'asot manikur | לַעֲשׂוֹת מָנִיקוּר |
| pedicure (f) | pedikur | פֶּדִיקוּר (ז) |

| mala (f) de maquilhagem | tik ipur | תִּיק אִיפּוּר (ז) |
| pó (m) | 'pudra | פּוּדְרָה (נ) |
| caixa (f) de pó | pudriya | פּוּדְרִיָּיה (נ) |
| blush (m) | 'somek | סוֹמֶק (ז) |

| perfume (m) | 'bosem | בּוֹשֶׂם (ז) |
| água (f) de toilette | mei 'bosem | מֵי בּוֹשֶׂם (ז"ר) |
| loção (f) | mei panim | מֵי פָּנִים (ז"ר) |
| água-de-colónia (f) | mei 'bosem | מֵי בּוֹשֶׂם (ז"ר) |

| sombra (f) de olhos | tslalit | צְלָלִית (נ) |
| lápis (m) delineador | ai 'lainer | אַיְ לַיְינֵר (ז) |
| máscara (f), rímel (m) | 'maskara | מַסְקָרָה (נ) |

| batom (m) | sfaton | שְׂפָתוֹן (ז) |
| verniz (m) de unhas | 'laka letsipor'nayim | לַכָּה לְצִיפּוֹרְנַיִים (נ) |
| laca (f) para cabelos | tarsis lese'ar | תַּרְסִיס לְשֵׂיעָר (ז) |
| desodorizante (m) | de'odo'rant | דֵּאוֹדוֹרַנְט (ז) |

| creme (m) | krem | קְרֶם (ז) |
| creme (m) de rosto | krem panim | קְרֶם פָּנִים (ז) |
| creme (m) de mãos | krem ya'dayim | קְרֶם יָדַיִים (ז) |
| creme (m) antirrugas | krem 'neged kmatim | קְרֶם נֶגֶד קְמָטִים (ז) |
| creme (m) de dia | krem yom | קְרֶם יוֹם (ז) |
| creme (m) de noite | krem 'laila | קְרֶם לַיְלָה (ז) |
| de dia | yomi | יוֹמִי |
| da noite | leili | לֵילִי |

| tampão (m) | tampon | טַמְפּוֹן (ז) |
| papel (m) higiénico | neyar tu'alet | נְיַיר טוּאָלֵט (ז) |
| secador (m) elétrico | meyabeʃ se'ar | מְיַיבֵּשׁ שֵׂיעָר (ז) |

## 42. Joalheria

| joias (f pl) | taχʃitim | תַּכְשִׁיטִים (ז"ר) |
| precioso | yekar 'ereχ | יְקַר עֵרֶךְ |
| marca (f) de contraste | tav tsorfim, bχina | תָּו צוֹרְפִים (ז) , בְּחִינָה (נ) |

| anel (m) | ta'ba'at | טַבַּעַת (נ) |
| aliança (f) | ta'ba'at nisu'in | טַבַּעַת נִישׂוּאִין (נ) |
| pulseira (f) | tsamid | צָמִיד (ז) |
| brincos (m pl) | agilim | עֲגִילִים (ז"ר) |

| | | |
|---|---|---|
| colar (m) | maχ'rozet | מַחֲרוֹזֶת (נ) |
| coroa (f) | 'keter | כֶּתֶר (ז) |
| colar (m) de contas | maχ'rozet | מַחֲרוֹזֶת (נ) |

| | | |
|---|---|---|
| diamante (m) | yahalom | יַהֲלוֹם (ז) |
| esmeralda (f) | ba'reket | בָּרֶקֶת (נ) |
| rubi (m) | 'odem | אוֹדֶם (ז) |
| safira (f) | sapir | סַפִּיר (ז) |
| pérola (f) | pnina | פְּנִינָה (נ) |
| âmbar (m) | inbar | עִנְבָּר (ז) |

## 43. Relógios de pulso. Relógios

| | | |
|---|---|---|
| relógio (m) de pulso | ʃe'on yad | שְׁעוֹן יָד (ז) |
| mostrador (m) | 'luaχ ʃa'on | לוּחַ שָׁעוֹן (ז) |
| ponteiro (m) | maχog | מָחוֹג (ז) |
| bracelete (f) em aço | tsamid | צָמִיד (ז) |
| bracelete (f) em couro | retsu'a leʃa'on | רְצוּעָה לְשָׁעוֹן (נ) |

| | | |
|---|---|---|
| pilha (f) | solela | סוֹלְלָה (נ) |
| descarregar-se | lehitroken | לְהִתְרוֹקֵן |
| trocar a pilha | lehaχlif | לְהַחֲלִיף |
| estar adiantado | lemaher | לְמַהֵר |
| estar atrasado | lefager | לְפַגֵּר |

| | | |
|---|---|---|
| relógio (m) de parede | ʃe'on kir | שְׁעוֹן קִיר (ז) |
| ampulheta (f) | ʃe'on χol | שְׁעוֹן חוֹל (ז) |
| relógio (m) de sol | ʃe'on 'ʃemeʃ | שְׁעוֹן שֶׁמֶשׁ (ז) |
| despertador (m) | ʃa'on me'orer | שְׁעוֹן מְעוֹרֵר (ז) |
| relojoeiro (m) | ʃa'an | שָׁעָן (ז) |
| reparar (vt) | letaken | לְתַקֵּן |

# Alimentação. Nutrição

## 44. Comida

| | | |
|---|---|---|
| carne (f) | basar | בָּשָׂר (ז) |
| galinha (f) | of | עוֹף (ז) |
| frango (m) | pargit | פַּרְגִּית (נ) |
| pato (m) | barvaz | בַּרְווָז (ז) |
| ganso (m) | avaz | אַווָז (ז) |
| caça (f) | 'tsayid | צַיִד (ז) |
| peru (m) | 'hodu | הוֹדוּ (ז) |

| | | |
|---|---|---|
| carne (f) de porco | basar χazir | בָּשָׂר חֲזִיר (ז) |
| carne (f) de vitela | basar 'egel | בָּשָׂר עֵגֶל (ז) |
| carne (f) de carneiro | basar 'keves | בָּשָׂר כֶּבֶשׂ (ז) |
| carne (f) de vaca | bakar | בָּקָר (ז) |
| carne (f) de coelho | arnav | אַרְנָב (ז) |

| | | |
|---|---|---|
| chouriço, salsichão (m) | naknik | נַקְנִיק (ז) |
| salsicha (f) | naknikiya | נַקְנִיקִיָּה (נ) |
| bacon (m) | 'kotel χazir | קוֹתֶל חֲזִיר (ז) |
| fiambre (f) | basar χazir me'uʃan | בָּשָׂר חֲזִיר מְעוּשָׁן (ז) |
| presunto (m) | 'kotel χazir me'uʃan | קוֹתֶל חֲזִיר מְעוּשָׁן (ז) |

| | | |
|---|---|---|
| patê (m) | pate | פָּטֶה (ז) |
| fígado (m) | kaved | כָּבֵד (ז) |
| carne (f) moída | basar taχun | בָּשָׂר טָחוּן (ז) |
| língua (f) | laʃon | לָשׁוֹן (נ) |

| | | |
|---|---|---|
| ovo (m) | beitsa | בֵּיצָה (נ) |
| ovos (m pl) | beitsim | בֵּיצִים (נ"ר) |
| clara (f) do ovo | χelbon | חֶלְבּוֹן (ז) |
| gema (f) do ovo | χelmon | חֶלְמוֹן (ז) |

| | | |
|---|---|---|
| peixe (m) | dag | דָּג (ז) |
| mariscos (m pl) | perot yam | פֵּירוֹת יָם (ז"ר) |
| crustáceos (m pl) | sartana'im | סַרְטָנָאִים (ז"ר) |
| caviar (m) | kavyar | קָווִיאָר (ז) |

| | | |
|---|---|---|
| caranguejo (m) | sartan yam | סַרְטָן יָם (ז) |
| camarão (m) | ʃrimps | שְׁרִימְפְּס (ז"ר) |
| ostra (f) | tsidpat ma'aχal | צִדְפַּת מַאֲכָל (נ) |
| lagosta (f) | 'lobster kotsani | לוֹבְּסְטֶר קוֹצָנִי (ז) |
| polvo (m) | tamnun | תַּמְנוּן (ז) |
| lula (f) | kala'mari | קָלָמָארִי (ז) |

| | | |
|---|---|---|
| esturjão (m) | basar haχidkan | בָּשָׂר הַחִדְקָן (ז) |
| salmão (m) | 'salmon | סַלְמוֹן (ז) |
| halibute (m) | putit | פּוּטִית (נ) |
| bacalhau (m) | ʃibut | שִׁיבּוּט (ז) |

| | | |
|---|---|---|
| cavala, sarda (f) | kolyas | קוֹלְיָס (ז) |
| atum (m) | 'tuna | טוּנָה (נ) |
| enguia (f) | tslofaχ | צְלוֹפָח (ז) |
| | | |
| truta (f) | forel | פּוֹרֶל (ז) |
| sardinha (f) | sardin | סַרְדִין (ז) |
| lúcio (m) | ze'ev 'mayim | זְאֵב מַיִם (ז) |
| arenque (m) | ma'liaχ | מָלִיחַ (ז) |
| | | |
| pão (m) | 'leχem | לֶחֶם (ז) |
| queijo (m) | gvina | גְבִינָה (נ) |
| açúcar (m) | sukar | סוּכָּר (ז) |
| sal (m) | 'melaχ | מֶלַח (ז) |
| | | |
| arroz (m) | 'orez | אוֹרֶז (ז) |
| massas (f pl) | 'pasta | פַּסְטָה (נ) |
| talharim (m) | irtiyot | אִטְרִיוֹת (נ"ר) |
| | | |
| manteiga (f) | χem'a | חֶמְאָה (נ) |
| óleo (m) vegetal | 'ʃemen tsimχi | שֶׁמֶן צִמְחִי (ז) |
| óleo (m) de girassol | 'ʃemen χamaniyot | שֶׁמֶן חַמָנִיוֹת (ז) |
| margarina (f) | marga'rina | מַרְגָרִינָה (נ) |
| | | |
| azeitonas (f pl) | zeitim | זֵיתִים (ז"ר) |
| azeite (m) | 'ʃemen 'zayit | שֶׁמֶן זַיִת (ז) |
| | | |
| leite (m) | χalav | חָלָב (ז) |
| leite (m) condensado | χalav merukaz | חָלָב מְרוּכָּז (ז) |
| iogurte (m) | 'yogurt | יוֹגוּרְט (ז) |
| nata (f) azeda | ʃa'menet | שַׁמֶנֶת (נ) |
| nata (f) do leite | ʃa'menet | שַׁמֶנֶת (נ) |
| | | |
| maionese (f) | mayonez | מָיוֹנֶז (ז) |
| creme (m) | ka'tsefet χem'a | קַצֶפֶת חֶמְאָה (נ) |
| | | |
| grãos (m pl) de cereais | grisim | גְרִיסִים (ז"ר) |
| farinha (f) | 'kemaχ | קֶמַח (ז) |
| enlatados (m pl) | ʃimurim | שִׁימוּרִים (ז"ר) |
| | | |
| flocos (m pl) de milho | ptitei 'tiras | פְּתִיתֵי תִירָס (ז"ר) |
| mel (m) | dvaʃ | דְבַשׁ (ז) |
| doce (m) | riba | רִיבָּה (נ) |
| pastilha (f) elástica | 'mastik | מַסְטִיק (ז) |

## 45. Bebidas

| | | |
|---|---|---|
| água (f) | 'mayim | מַיִם (ז"ר) |
| água (f) potável | mei ʃtiya | מֵי שְׁתִיָה (ז"ר) |
| água (f) mineral | 'mayim mine'raliyim | מַיִם מִינֶרָלִיִים (ז"ר) |
| | | |
| sem gás | lo mugaz | לֹא מוּגָז |
| gaseificada | mugaz | מוּגָז |
| com gás | mugaz | מוּגָז |
| gelo (m) | 'keraχ | קֶרַח (ז) |

| | | |
|---|---|---|
| com gelo | im 'keraχ | עִם קֶרַח |
| sem álcool | natul alkohol | נָטוּל אַלְכּוֹהוֹל |
| bebida (f) sem álcool | maʃke kal | מַשְׁקֶה קַל (ז) |
| refresco (m) | maʃke mera'anen | מַשְׁקֶה מְרַעֲנֵן (ז) |
| limonada (f) | limo'nada | לִימוֹנָדָה (נ) |
| | | |
| bebidas (f pl) alcoólicas | maʃka'ot χarifim | מַשְׁקָאוֹת חָרִיפִים (ז"ר) |
| vinho (m) | 'yayin | יַיִן (ז) |
| vinho (m) branco | 'yayin lavan | יַיִן לָבָן (ז) |
| vinho (m) tinto | 'yayin adom | יַיִן אָדֹם (ז) |
| | | |
| licor (m) | liker | לִיקֶר (ז) |
| champanhe (m) | ʃam'panya | שַׁמְפַּנְיָה (נ) |
| vermute (m) | 'vermut | וֶרְמוּט (ז) |
| | | |
| uísque (m) | 'viski | וִיסְקִי (ז) |
| vodka (f) | 'vodka | וֹדְקָה (נ) |
| gim (m) | dʒin | גִ'ין (ז) |
| conhaque (m) | 'konyak | קוֹנְיָאק (ז) |
| rum (m) | rom | רוֹם (ז) |
| | | |
| café (m) | kafe | קָפֶּה (ז) |
| café (m) puro | kafe ʃaχor | קָפֶּה שָׁחוֹר (ז) |
| café (m) com leite | kafe hafuχ | קָפֶּה הָפוּךְ (ז) |
| cappuccino (m) | kapu'tʃino | קָפּוּצִ'ינוֹ (ז) |
| café (m) solúvel | kafe names | קָפֶּה נָמֵס (ז) |
| | | |
| leite (m) | χalav | חָלָב (ז) |
| coquetel (m) | kokteil | קוֹקְטֵיל (ז) |
| batido (m) de leite | 'milkʃeik | מִילְקְשֵׁייק (ז) |
| | | |
| sumo (m) | mits | מִיץ (ז) |
| sumo (m) de tomate | mits agvaniyot | מִיץ עַגְבָנִיּוֹת (ז) |
| sumo (m) de laranja | mits tapuzim | מִיץ תַּפּוּזִים (ז) |
| sumo (m) fresco | mits saχut | מִיץ סָחוּט (ז) |
| | | |
| cerveja (f) | 'bira | בִּירָה (נ) |
| cerveja (f) clara | 'bira bahira | בִּירָה בָּהִירָה (נ) |
| cerveja (f) preta | 'bira keha | בִּירָה כֵּהָה (נ) |
| | | |
| chá (m) | te | תֵּה (ז) |
| chá (m) preto | te ʃaχor | תֵּה שָׁחוֹר (ז) |
| chá (m) verde | te yarok | תֵּה יָרֹק (ז) |

## 46. Vegetais

| | | |
|---|---|---|
| legumes (m pl) | yerakot | יְרָקוֹת (ז"ר) |
| verduras (f pl) | 'yerek | יֶרֶק (ז) |
| | | |
| tomate (m) | agvaniya | עַגְבָנִיָּה (נ) |
| pepino (m) | melafefon | מְלָפְפוֹן (ז) |
| cenoura (f) | 'gezer | גֶּזֶר (ז) |
| batata (f) | ta'puaχ adama | תַּפּוּחַ אֲדָמָה (ז) |
| cebola (f) | batsal | בָּצָל (ז) |

|  |  |  |
|---|---|---|
| alho (m) | ʃum | שׁוּם (ז) |
| couve (f) | kruv | כְּרוּב (ז) |
| couve-flor (f) | kruvit | כְּרוּבִית (נ) |
| couve-de-bruxelas (f) | kruv nitsanim | כְּרוּב נִצָּנִים (ז) |
| brócolos (m pl) | 'brokoli | בְּרוֹקוֹלִי (ז) |
| beterraba (f) | 'selek | סֶלֶק (ז) |
| beringela (f) | χatsil | חָצִיל (ז) |
| curgete (f) | kiʃu | קִישׁוּא (ז) |
| abóbora (f) | 'dla'at | דְּלַעַת (נ) |
| nabo (m) | 'lefet | לֶפֶת (נ) |
| salsa (f) | petro'zilya | פֶּטְרוֹזִילְיָה (נ) |
| funcho, endro (m) | ʃamir | שָׁמִיר (ז) |
| alface (f) | 'χasa | חַסָּה (נ) |
| aipo (m) | 'seleri | סֶלֶרִי (ז) |
| espargo (m) | aspa'ragos | אַסְפָּרָגוֹס (ז) |
| espinafre (m) | 'tered | תֶּרֶד (ז) |
| ervilha (f) | afuna | אֲפוּנָה (נ) |
| fava (f) | pol | פּוֹל (ז) |
| milho (m) | 'tiras | תִּירָס (ז) |
| feijão (m) | ʃu'it | שְׁעוּעִית (נ) |
| pimentão (m) | 'pilpel | פִּלְפֵּל (ז) |
| rabanete (m) | tsnonit | צְנוֹנִית (נ) |
| alcachofra (f) | artiʃok | אַרְטִישׁוֹק (ז) |

## 47. Frutos. Nozes

|  |  |  |
|---|---|---|
| fruta (f) | pri | פְּרִי (ז) |
| maçã (f) | ta'puaχ | תַּפּוּחַ (ז) |
| pera (f) | agas | אַגָּס (ז) |
| limão (m) | limon | לִימוֹן (ז) |
| laranja (f) | tapuz | תַּפּוּז (ז) |
| morango (m) | tut sade | תּוּת שָׂדֶה (ז) |
| tangerina (f) | klemen'tina | קְלֶמֶנְטִינָה (נ) |
| ameixa (f) | ʃezif | שְׁזִיף (ז) |
| pêssego (m) | afarsek | אֲפַרְסֵק (ז) |
| damasco (m) | 'miʃmeʃ | מִשְׁמֵשׁ (ז) |
| framboesa (f) | 'petel | פֶּטֶל (ז) |
| ananás (m) | 'ananas | אָנָנָס (ז) |
| banana (f) | ba'nana | בָּנָנָה (נ) |
| melancia (f) | ava'tiaχ | אֲבַטִּיחַ (ז) |
| uva (f) | anavim | עֲנָבִים (ז"ר) |
| ginja (f) | duvdevan | דּוּבְדְּבָן (ז) |
| cereja (f) | gudgedan | גּוּדְגְּדָן (ז) |
| meloa (f) | melon | מֶלוֹן (ז) |
| toranja (f) | eʃkolit | אֶשְׁכּוֹלִית (נ) |
| abacate (m) | avo'kado | אָבוֹקָדוֹ (ז) |
| papaia (f) | pa'paya | פַּפָּאיָה (נ) |

| | | |
|---|---|---|
| manga (f) | 'mango | מַנגוֹ (ז) |
| romã (f) | rimon | רִימוֹן (ז) |

| | | |
|---|---|---|
| groselha (f) vermelha | dumdemanit aduma | דּוּמדְּמָנִית אֲדוּמָה (נ) |
| groselha (f) preta | dumdemanit ʃxora | דּוּמדְּמָנִית שְׁחוֹרָה (נ) |
| groselha (f) espinhosa | xazarzar | חֲזַרזָר (ז) |
| mirtilo (m) | uxmanit | אוּכמָנִית (נ) |
| amora silvestre (f) | 'petel ʃaxor | פֶּטֶל שָׁחוֹר (ז) |

| | | |
|---|---|---|
| uvas (f pl) passas | tsimukim | צִימוּקִים (ז"ר) |
| figo (m) | te'ena | תְּאֵנָה (נ) |
| tâmara (f) | tamar | תָּמָר (ז) |

| | | |
|---|---|---|
| amendoim (m) | botnim | בּוֹטנִים (ז"ר) |
| amêndoa (f) | ʃaked | שָׁקֵד (ז) |
| noz (f) | egoz 'melex | אֱגוֹז מֶלֶך (ז) |
| avelã (f) | egoz ilsar | אֱגוֹז אִלסָר (ז) |
| coco (m) | 'kokus | קוֹקוּס (ז) |
| pistáchios (m pl) | 'fistuk | פִּיסטוּק (ז) |

## 48. Pão. Bolaria

| | | |
|---|---|---|
| pastelaria (f) | mutsrei kondi'torya | מוּצרֵי קוֹנדִיטוֹרִיָה (ז"ר) |
| pão (m) | 'lexem | לֶחֶם (ז) |
| bolacha (f) | ugiya | עוּגִיָה (נ) |

| | | |
|---|---|---|
| chocolate (m) | 'ʃokolad | שׁוֹקוֹלָד (ז) |
| de chocolate | mi'ʃokolad | מְשׁוֹקוֹלָד |
| rebuçado (m) | sukariya | סוּכָּרִיָה (נ) |
| bolo (cupcake, etc.) | uga | עוּגָה (נ) |
| bolo (m) de aniversário | uga | עוּגָה (נ) |

| | | |
|---|---|---|
| tarte (~ de maçã) | pai | פָּאי (ז) |
| recheio (m) | milui | מִילוּי (ז) |

| | | |
|---|---|---|
| doce (m) | riba | רִיבָּה (נ) |
| geleia (f) de frutas | marme'lada | מַרמֶלָדָה (נ) |
| waffle (m) | 'vaflim | וָפלִים (ז"ר) |
| gelado (m) | 'glida | גלִידָה (נ) |
| pudim (m) | 'puding | פּוּדִינג (ז) |

## 49. Pratos cozinhados

| | | |
|---|---|---|
| prato (m) | mana | מָנָה (נ) |
| cozinha (~ portuguesa) | mitbax | מִטבָּח (ז) |
| receita (f) | matkon | מַתכּוֹן (ז) |
| porção (f) | mana | מָנָה (נ) |

| | | |
|---|---|---|
| salada (f) | salat | סָלָט (ז) |
| sopa (f) | marak | מָרָק (ז) |
| caldo (m) | marak tsax, tsir | מָרָק צַח, צִיר (ז) |
| sandes (f) | karix | כָּרִיך (ז) |

| | | |
|---|---|---|
| ovos (m pl) estrelados | beitsat ain | בֵּיצַת עַיִן (נ) |
| hambúrguer (m) | 'hamburger | הַמְבּוּרְגֶר (ז) |
| bife (m) | umtsa, steik | אוּמְצָה (נ), סְטֵייק (ז) |

| | | |
|---|---|---|
| conduto (m) | to'sefet | תּוֹסֶפֶת (נ) |
| espaguete (m) | spa'geti | סְפָּגֶטִי (ז) |
| puré (m) de batata | meχit tapuχei adama | מְחִית תַּפּוּחֵי אֲדָמָה (נ) |
| pizza (f) | 'pitsa | פִּיצָה (נ) |
| papa (f) | daysa | דַּייסָה (נ) |
| omelete (f) | χavita | חֲבִיתָה (נ) |

| | | |
|---|---|---|
| cozido em água | mevuʃal | מְבוּשָׁל |
| fumado | me'uʃan | מְעוּשָׁן |
| frito | metugan | מְטוּגָן |
| seco | meyubaʃ | מְיוּבָּשׁ |
| congelado | kafu | קָפוּא |
| em conserva | kavuʃ | כָּבוּשׁ |

| | | |
|---|---|---|
| doce (açucarado) | matok | מָתוֹק |
| salgado | ma'luaχ | מָלוּחַ |
| frio | kar | קַר |
| quente | χam | חַם |
| amargo | marir | מָרִיר |
| gostoso | ta'im | טָעִים |

| | | |
|---|---|---|
| cozinhar (em água a ferver) | levaʃel be'mayim rotχim | לְבַשֵּׁל בְּמַיִם רוֹתְחִים |
| fazer, preparar (vt) | levaʃel | לְבַשֵּׁל |
| fritar (vt) | letagen | לְטַגֵּן |
| aquecer (vt) | leχamem | לְחַמֵּם |

| | | |
|---|---|---|
| salgar (vt) | leham'liaχ | לְהַמְלִיחַ |
| apimentar (vt) | lefalpel | לְפַלְפֵּל |
| ralar (vt) | lerasek | לְרַסֵּק |
| casca (f) | klipa | קְלִיפָּה (נ) |
| descascar (vt) | lekalef | לְקַלֵּף |

## 50. Especiarias

| | | |
|---|---|---|
| sal (m) | 'melaχ | מֶלַח (ז) |
| salgado | ma'luaχ | מָלוּחַ |
| salgar (vt) | leham'liaχ | לְהַמְלִיחַ |

| | | |
|---|---|---|
| pimenta (f) preta | 'pilpel ʃaχor | פִּלְפֵּל שָׁחוֹר (ז) |
| pimenta (f) vermelha | 'pilpel adom | פִּלְפֵּל אָדוֹם (ז) |
| mostarda (f) | χardal | חַרְדָּל (ז) |
| raiz-forte (f) | χa'zeret | חֲזֶרֶת (נ) |

| | | |
|---|---|---|
| condimento (m) | 'rotev | רוֹטֶב (ז) |
| especiaria (f) | tavlin | תַּבְלִין (ז) |
| molho (m) | 'rotev | רוֹטֶב (ז) |
| vinagre (m) | 'χomets | חוֹמֶץ (ז) |

| | | |
|---|---|---|
| anis (m) | kamnon | כַּמְנוֹן (ז) |
| manjericão (m) | reχan | רֵיחָן (ז) |

| cravo (m) | tsi'poren | צִיפּוֹרֶן (ז) |
| gengibre (m) | 'dʒindʒer | גִ'ינגֶ'ר (ז) |
| coentro (m) | 'kusbara | כּוּסבָּרָה (נ) |
| canela (f) | kinamon | קִינָמוֹן (ז) |

| sésamo (m) | 'ʃumʃum | שׁוּמשׁוֹם (ז) |
| folhas (f pl) de louro | ale dafna | עֲלֵה דַפנָה (ז) |
| páprica (f) | 'paprika | פַּפּרִיקָה (נ) |
| cominho (m) | 'kimel | קִימֶל (ז) |
| açafrão (m) | ze'afran | זַעַפרָן (ז) |

## 51. Refeições

| comida (f) | 'oχel | אוֹכֶל (ז) |
| comer (vt) | le'eχol | לֶאֱכוֹל |

| pequeno-almoço (m) | aruχat 'boker | אֲרוּחַת בּוֹקֶר (נ) |
| tomar o pequeno-almoço | le'eχol aruχat 'boker | לֶאֱכוֹל אֲרוּחַת בּוֹקֶר |
| almoço (m) | aruχat tsaha'rayim | אֲרוּחַת צָהֳרַיִים (נ) |
| almoçar (vi) | le'eχol aruχat tsaha'rayim | לֶאֱכוֹל אֲרוּחַת צָהֳרַיִים |
| jantar (m) | aruχat 'erev | אֲרוּחַת עֶרֶב (נ) |
| jantar (vi) | le'eχol aruχat 'erev | לֶאֱכוֹל אֲרוּחַת עֶרֶב |

| apetite (m) | te'avon | תַיאָבוֹן (ז) |
| Bom apetite! | betei'avon! | בְּתֵיאָבוֹן! |

| abrir (~ uma lata, etc.) | lif'toaχ | לִפתוֹחַ |
| derramar (vt) | liʃpoχ | לִשׁפּוֹך |
| derramar-se (vr) | lehiʃapeχ | לְהִישָׁפֵך |

| ferver (vi) | lir'toaχ | לִרתוֹחַ |
| ferver (vt) | lehar'tiaχ | לְהַרתִיחַ |
| fervido | ra'tuaχ | רָתוּחַ |

| arrefecer (vt) | lekarer | לְקָרֵר |
| arrefecer-se (vr) | lehitkarer | לְהִתקָרֵר |

| sabor, gosto (m) | 'ta'am | טַעַם (ז) |
| gostinho (m) | 'ta'am levai | טַעַם לְוַואי (ז) |

| fazer dieta | lirzot | לִרזוֹת |
| dieta (f) | di''eta | דִיאָטָה (נ) |
| vitamina (f) | vitamin | וִיטָמִין (ז) |
| caloria (f) | ka'lorya | קָלוֹרִיָה (נ) |

| vegetariano (m) | tsimχoni | צִמחוֹנִי (ז) |
| vegetariano | tsimχoni | צִמחוֹנִי |

| gorduras (f pl) | ʃumanim | שׁוּמָנִים (ז"ר) |
| proteínas (f pl) | χelbonim | חֶלבּוֹנִים (ז"ר) |
| carboidratos (m pl) | paχmema | פַּחמֵימָה (נ) |
| fatia (~ de limão, etc.) | prusa | פּרוּסָה (נ) |
| pedaço (~ de bolo) | χatiχa | חֲתִיכָה (נ) |
| migalha (f) | perur | פֵּירוּר (ז) |

## 52. Por a mesa

| | | |
|---|---|---|
| colher (f) | kaf | כַּף (ז) |
| faca (f) | sakin | סַכִּין (ז, נ) |
| garfo (m) | mazleg | מַזְלֵג (ז) |

| | | |
|---|---|---|
| chávena (f) | 'sefel | סֵפֶל (ז) |
| prato (m) | tsa'laχat | צַלַחַת (נ) |
| pires (m) | taχtit | תַחְתִּית (נ) |
| guardanapo (m) | mapit | מַפִּית (נ) |
| palito (m) | keisam ʃi'nayim | קֵיסָם שִׁינַיִים (ז) |

## 53. Restaurante

| | | |
|---|---|---|
| restaurante (m) | mis'ada | מִסְעָדָה (נ) |
| café (m) | beit kafe | בֵּית קָפֶה (ז) |
| bar (m), cervejaria (f) | bar, pab | בָּר, פָּאב (ז) |
| salão (m) de chá | beit te | בֵּית תֵה (ז) |

| | | |
|---|---|---|
| empregado (m) de mesa | meltsar | מֶלְצָר (ז) |
| empregada (f) de mesa | meltsarit | מֶלְצָרִית (נ) |
| barman (m) | 'barmen | בַּרְמֶן (ז) |

| | | |
|---|---|---|
| ementa (f) | tafrit | תַפְרִיט (ז) |
| lista (f) de vinhos | reʃimat yeynot | רְשִׁימַת יֵינוֹת (נ) |
| reservar uma mesa | lehazmin ʃulχan | לְהַזְמִין שׁוּלְחָן |

| | | |
|---|---|---|
| prato (m) | mana | מָנָה (נ) |
| pedir (vt) | lehazmin | לְהַזְמִין |
| fazer o pedido | lehazmin | לְהַזְמִין |

| | | |
|---|---|---|
| aperitivo (m) | maʃke meta'aven | מַשְׁקֶה מְתַאֲבֵן (ז) |
| entrada (f) | meta'aven | מְתַאֲבֵן (ז) |
| sobremesa (f) | ki'nuaχ | קִינוּחַ (ז) |

| | | |
|---|---|---|
| conta (f) | χeʃbon | חֶשְׁבּוֹן (ז) |
| pagar a conta | leʃalem | לְשַׁלֵם |
| dar o troco | latet 'odef | לָתֵת עוֹדֶף |
| gorjeta (f) | tip | טִיפ (ז) |

# Família, parentes e amigos

## 54. Informação pessoal. Formulários

| | | |
|---|---|---|
| nome (m) | ʃem | שֵׁם (ז) |
| apelido (m) | ʃem miʃpaχa | שֵׁם מִשְׁפָּחָה (ז) |
| data (f) de nascimento | ta'ariχ leda | תַּאֲרִיךְ לֵידָה (ז) |
| local (m) de nascimento | mekom leda | מְקוֹם לֵידָה (ז) |
| nacionalidade (f) | le'om | לְאוֹם (ז) |
| lugar (m) de residência | mekom megurim | מְקוֹם מְגוּרִים (ז) |
| país (m) | medina | מְדִינָה (נ) |
| profissão (f) | mik'tso'a | מִקְצוֹעַ (ז) |
| sexo (m) | min | מִין (ז) |
| estatura (f) | 'gova | גּוֹבַהּ (ז) |
| peso (m) | miʃkal | מִשְׁקָל (ז) |

## 55. Membros da família. Parentes

| | | |
|---|---|---|
| mãe (f) | em | אֵם (נ) |
| pai (m) | av | אָב (ז) |
| filho (m) | ben | בֵּן (ז) |
| filha (f) | bat | בַּת (נ) |
| filha (f) mais nova | habat haktana | הַבַּת הַקְּטַנָּה (נ) |
| filho (m) mais novo | haben hakatan | הַבֵּן הַקָּטָן (ז) |
| filha (f) mais velha | habat habχora | הַבַּת הַבְּכוֹרָה (נ) |
| filho (m) mais velho | haben habχor | הַבֵּן הַבְּכוֹר (ז) |
| irmão (m) | aχ | אָח (ז) |
| irmão (m) mais velho | aχ gadol | אָח גָּדוֹל (ז) |
| irmão (m) mais novo | aχ katan | אָח קָטָן (ז) |
| irmã (f) | aχot | אָחוֹת (נ) |
| irmã (f) mais velha | aχot gdola | אָחוֹת גְּדוֹלָה (נ) |
| irmã (f) mais nova | aχot ktana | אָחוֹת קְטַנָּה (נ) |
| primo (m) | ben dod | בֶּן דּוֹד (ז) |
| prima (f) | bat 'doda | בַּת דּוֹדָה (נ) |
| mamã (f) | 'ima | אִמָּא (נ) |
| papá (m) | 'aba | אַבָּא (ז) |
| pais (pl) | horim | הוֹרִים (ז"ר) |
| criança (f) | 'yeled | יֶלֶד (ז) |
| crianças (f pl) | yeladim | יְלָדִים (ז"ר) |
| avó (f) | 'savta | סָבְתָא (נ) |
| avô (m) | 'saba | סָבָּא (ז) |
| neto (m) | 'neχed | נֶכֶד (ז) |

53

| neta (f) | neχda | נֶכְדָּה (נ) |
| netos (pl) | neχadim | נְכָדִים (ז"ר) |

| tio (m) | dod | דּוֹד (ז) |
| tia (f) | 'doda | דּוֹדָה (נ) |
| sobrinho (m) | aχyan | אַחְיָן (ז) |
| sobrinha (f) | aχyanit | אַחְיָנִית (נ) |

| sogra (f) | χamot | חָמוֹת (נ) |
| sogro (m) | χam | חָם (ז) |
| genro (m) | χatan | חָתָן (ז) |
| madrasta (f) | em χoreget | אֵם חוֹרֶגֶת (נ) |
| padrasto (m) | av χoreg | אָב חוֹרֵג (ז) |

| criança (f) de colo | tinok | תִּינוֹק (ז) |
| bebé (m) | tinok | תִּינוֹק (ז) |
| menino (m) | pa'ot | פָּעוֹט (ז) |

| mulher (f) | iʃa | אִשָּׁה (נ) |
| marido (m) | 'ba'al | בַּעַל (ז) |
| esposo (m) | ben zug | בֶּן זוּג (ז) |
| esposa (f) | bat zug | בַּת זוּג (נ) |

| casado | nasui | נָשׂוּי |
| casada | nesu'a | נְשׂוּאָה |
| solteiro | ravak | רַוָּק |
| solteirão (m) | ravak | רַוָּק (ז) |
| divorciado | garuʃ | גָּרוּשׁ |
| viúva (f) | almana | אַלְמָנָה (נ) |
| viúvo (m) | alman | אַלְמָן (ז) |

| parente (m) | karov miʃpaχa | קָרוֹב מִשְׁפָּחָה (ז) |
| parente (m) próximo | karov miʃpaχa | קָרוֹב מִשְׁפָּחָה (ז) |
| parente (m) distante | karov raχok | קָרוֹב רָחוֹק (ז) |
| parentes (m pl) | krovei miʃpaχa | קְרוֹבֵי מִשְׁפָּחָה (ז"ר) |

| órfão (m), órfã (f) | yatom | יָתוֹם (ז) |
| órfão (m) | yatom | יָתוֹם (ז) |
| órfã (f) | yetoma | יְתוֹמָה (נ) |
| tutor (m) | apo'tropos | אֲפּוֹטְרוֹפּוֹס (ז) |
| adotar (um filho) | le'amets | לְאַמֵּץ |
| adotar (uma filha) | le'amets | לְאַמֵּץ |

## 56. Amigos. Colegas de trabalho

| amigo (m) | χaver | חָבֵר (ז) |
| amiga (f) | χavera | חֲבֵרָה (נ) |
| amizade (f) | yedidut | יְדִידוּת (נ) |
| ser amigos | lihyot yadidim | לִהְיוֹת יָדִידִים |
| parceiro (m) | ʃutaf | שׁוּתָף (ז) |

| chefe (m) | menahel, roʃ | מְנַהֵל (ז), רֹאשׁ (ז) |
| superior (m) | memune | מְמוּנֶה (ז) |
| proprietário (m) | be'alim | בְּעָלִים (ז) |

| subordinado (m) | kafuf le | כָּפוּף לְ (ז) |
| colega (m) | amit | עָמִית (ז) |

| conhecido (m) | makar | מַכָּר (ז) |
| companheiro (m) de viagem | ben levaya | בֶּן לְוָיָה (ז) |
| colega (m) de classe | χaver lekita | חָבֵר לְפִּיתָה (ז) |

| vizinho (m) | ʃaχen | שָׁכֵן (ז) |
| vizinha (f) | ʃχena | שְׁכֵנָה (נ) |
| vizinhos (pl) | ʃχenim | שְׁכֵנִים (ז"ר) |

## 57. Homem. Mulher

| mulher (f) | iʃa | אִשָּׁה (נ) |
| rapariga (f) | baχura | בַּחוּרָה (נ) |
| noiva (f) | kala | כַּלָּה (נ) |

| bonita | yafa | יָפָה |
| alta | gvoha | גְּבוֹהָה |
| esbelta | tmira | תְּמִירָה |
| de estatura média | namuχ | נָמוּךְ |

| loura (f) | blon'dinit | בְּלוֹנְדִינִית (נ) |
| morena (f) | bru'netit | בְּרוּנֶטִית (נ) |

| de senhora | ʃel naʃim | שֶׁל נָשִׁים |
| virgem (f) | betula | בְּתוּלָה (נ) |
| grávida | hara | הָרָה |

| homem (m) | 'gever | גֶּבֶר (ז) |
| louro (m) | blon'dini | בְּלוֹנְדִינִי (ז) |
| moreno (m) | ʃχarχar | שְׁחַרְחַר |
| alto | ga'voha | גָּבוֹהַּ |
| de estatura média | namuχ | נָמוּךְ |

| rude | gas | גַּס |
| atarracado | guʦ | גּוּץ |
| robusto | χason | חָסוֹן |
| forte | χazak | חָזָק |
| força (f) | 'koaχ | כּוֹחַ (ז) |

| gordo | ʃamen | שָׁמֵן |
| moreno | ʃaχum | שָׁחוּם |
| esbelto | tamir | תָּמִיר |
| elegante | ele'ganti | אֶלֶגַנְטִי |

## 58. Idade

| idade (f) | gil | גִּיל (ז) |
| juventude (f) | ne'urim | נְעוּרִים (ז"ר) |
| jovem | ʦa'ir | צָעִיר |
| mais novo | ʦa'ir yoter | צָעִיר יוֹתֵר |

| | | |
|---|---|---|
| mais velho | mevugar yoter | מְבוּגָר יוֹתֵר |
| jovem (m) | baχur | בָּחוּר (ז) |
| adolescente (m) | 'na'ar | נַעַר (ז) |
| rapaz (m) | baχur | בָּחוּר (ז) |
| | | |
| velho (m) | zaken | זָקֵן (ז) |
| velhota (f) | zkena | זְקֵנָה (נ) |
| | | |
| adulto | mevugar | מְבוּגָר (ז) |
| de meia-idade | bagil ha'amida | בְּגִיל הָעֲמִידָה |
| idoso, de idade | zaken | זָקֵן |
| velho | zaken | זָקֵן |
| | | |
| reforma (f) | 'pensya | פֶּנְסִיָה (נ) |
| reformar-se (vr) | latset legimla'ot | לָצֵאת לְגִימְלָאוֹת |
| reformado (m) | pensyoner | פֶּנְסִיוֹנֶר (ז) |

## 59. Crianças

| | | |
|---|---|---|
| criança (f) | 'yeled | יֶלֶד (ז) |
| crianças (f pl) | yeladim | יְלָדִים (ז"ר) |
| gémeos (m pl) | te'omim | תְאוֹמִים (ז"ר) |
| | | |
| berço (m) | arisa | עֲרִיסָה (נ) |
| guizo (m) | ra'a∫an | רַעֲשָׁן (ז) |
| fralda (f) | χitul | חִיתוּל (ז) |
| | | |
| chupeta (f) | motsets | מוֹצֵץ (ז) |
| carrinho (m) de bebé | agala | עֲגָלָה (נ) |
| jardim (m) de infância | gan yeladim | גַן יְלָדִים (ז) |
| babysitter (f) | beibi'siter | בֵּיבִּיסִיטֶר (ז, נ) |
| | | |
| infância (f) | yaldut | יַלְדוּת (נ) |
| boneca (f) | buba | בּוּבָּה (נ) |
| | | |
| brinquedo (m) | tsa'a'tsu'a | צַעֲצוּעַ (ז) |
| jogo (m) de armar | misχak harkava | מִשְׂחַק הַרְכָּבָה (ז) |
| | | |
| bem-educado | meχunaχ | מְחוּנָךְ |
| mal-educado | lo meχunaχ | לֹא מְחוּנָךְ |
| mimado | mefunak | מְפוּנָק |
| | | |
| ser travesso | lehi∫tovev | לְהִשְׁתּוֹבֵב |
| travesso, traquinas | ∫ovav | שׁוֹבָב |
| | | |
| travessura (f) | ma'ase 'kundes | מַעֲשֵׂה קוּנְדֵס (ז) |
| criança (f) travessa | 'yeled ∫ovav | יֶלֶד שׁוֹבָב (ז) |
| | | |
| obediente | tsaytan | צַיְיתָן |
| desobediente | lo memu∫ma | לֹא מְמוּשְׁמָע |
| | | |
| dócil | ka'nu'a | כָּנוּעַ |
| inteligente | χaχam | חָכָם |
| menino (m) prodígio | 'yeled 'pele | יֶלֶד פֶּלֶא (ז) |

## 60. Casais. Vida de família

| beijar (vt) | lenaʃek | לִנְשֹׁק |
| beijar-se (vr) | lehitnaʃek | לְהִתְנַשֵּׁק |
| família (f) | miʃpaχa | מִשְׁפָּחָה (נ) |
| familiar | miʃpaχti | מִשְׁפַּחְתִּי |
| casal (m) | zug | זוּג (ז) |
| matrimónio (m) | nisu'im | נִישׂוּאִים (ז"ר) |
| lar (m) | aχ, ken | אָח (ז), קֵן (ז) |
| dinastia (f) | ʃo'ʃelet | שׁוֹשֶׁלֶת (נ) |

| encontro (m) | deit | דֵּייט (ז) |
| beijo (m) | neʃika | נְשִׁיקָה (נ) |

| amor (m) | ahava | אַהֲבָה (נ) |
| amar (vt) | le'ehov | לֶאֱהוֹב |
| amado, querido | ahuv | אָהוּב |

| ternura (f) | roχ | רוֹךְ (ז) |
| terno, afetuoso | adin, raχ | עָדִין, רַךְ |
| fidelidade (f) | ne'emanut | נֶאֱמָנוּת (נ) |
| fiel | masur | מָסוּר |
| cuidado (m) | de'aga | דְּאָגָה (נ) |
| carinhoso | do'eg | דּוֹאֵג |

| recém-casados (m pl) | zug tsa'ir | זוּג צָעִיר (ז) |
| lua de mel (f) | ya'reaχ dvaʃ | יֶרַח דְּבַשׁ (ז) |
| casar-se (com um homem) | lehitχaten | לְהִתְחַתֵּן |
| casar-se (com uma mulher) | lehitχaten | לְהִתְחַתֵּן |

| boda (f) | χatuna | חֲתוּנָה (נ) |
| bodas (f pl) de ouro | χatunat hazahav | חֲתוּנַת הַזָּהָב (נ) |
| aniversário (m) | yom nisu'in | יוֹם נִישׂוּאִין (ז) |

| amante (m) | me'ahev | מְאַהֵב (ז) |
| amante (f) | mea'hevet | מְאַהֶבֶת (נ) |

| adultério (m) | bgida | בְּגִידָה (נ) |
| cometer adultério | livgod be... | לִבְגּוֹד בְּ... |
| ciumento | kanai | קַנַּאי |
| ser ciumento | lekane | לְקַנֵּא |
| divórcio (m) | geruʃin | גֵּרוּשִׁין (ז"ר) |
| divorciar-se (vr) | lehitgareʃ mi... | לְהִתְגָּרֵשׁ מ... |

| juntos | be'yaχad | בְּיַחַד |
| sexo (m) | min | מִין (ז) |

| felicidade (f) | 'oʃer | אוֹשֶׁר (ז) |
| feliz | me'uʃar | מְאוּשָׁר |
| infelicidade (f) | ason | אָסוֹן (ז) |
| infeliz | umlal | אוּמְלָל |

# Caráter. Sentimentos. Emoções

## 61. Sentimentos. Emoções

| | | |
|---|---|---|
| sentimento (m) | 'regeʃ | רֶגֶשׁ (ז) |
| sentimentos (m pl) | regaʃot | רְגָשׁוֹת (ז"ר) |
| sentir (vt) | lehargiʃ | לְהַרְגִּישׁ |
| | | |
| fome (f) | 'ra'av | רָעָב (ז) |
| ter fome | lihyot ra'ev | לִהְיוֹת רָעֵב |
| sede (f) | tsima'on | צִמָּאוֹן (ז) |
| ter sede | lihyot tsame | לִהְיוֹת צָמֵא |
| sonolência (f) | yaʃnuniyut | יַשְׁנוּנִיּוּת (נ) |
| estar sonolento | lirtsot liʃon | לִרְצוֹת לִישׁוֹן |
| | | |
| cansaço (m) | ayefut | עֲיֵיפוּת (נ) |
| cansado | ayef | עָיֵיף |
| ficar cansado | lehit'ayef | לְהִתְעַיֵּיף |
| | | |
| humor (m) | matsav 'ruaχ | מַצַּב רוּחַ (ז) |
| tédio (m) | ʃi'amum | שִׁעֲמוּם (ז) |
| aborrecer-se (vr) | lehiʃta'amem | לְהִשְׁתַּעֲמֵם |
| isolamento (m) | hitbodedut | הִתְבּוֹדְדוּת (נ) |
| isolar-se | lehitboded | לְהִתְבּוֹדֵד |
| | | |
| preocupar (vt) | lehad'ig | לְהַדְאִיג |
| preocupar-se (vr) | lid'og | לִדְאוֹג |
| preocupação (f) | de'aga | דְּאָגָה (נ) |
| ansiedade (f) | χarada | חֲרָדָה (נ) |
| preocupado | mutrad | מוּטְרָד |
| estar nervoso | lihyot atsbani | לִהְיוֹת עַצְבָּנִי |
| entrar em pânico | lehibahel | לְהִיבָּהֵל |
| | | |
| esperança (f) | tikva | תִּקְוָה (נ) |
| esperar (vt) | lekavot | לְקַוּוֹת |
| | | |
| certeza (f) | vada'ut | וַדָּאוּת (נ) |
| certo | vada'i | וַדָּאִי |
| indecisão (f) | i vada'ut | אִי וַדָּאוּת (נ) |
| indeciso | lo ba'tuaχ | לֹא בָּטוּחַ |
| | | |
| ébrio, bêbado | ʃikor | שִׁיכּוֹר |
| sóbrio | pi'keaχ | פִּיכֵּחַ |
| fraco | χalaʃ | חַלָּשׁ |
| feliz | me'uʃar | מְאוּשָׁר |
| assustar (vt) | lehafχid | לְהַפְחִיד |
| fúria (f) | teruf | טֵירוּף |
| ira, raiva (f) | 'za'am | זַעַם (ז) |
| depressão (f) | dika'on | דִּיכָּאוֹן (ז) |
| desconforto (m) | i noχut | אִי נוֹחוּת (נ) |

| | | |
|---|---|---|
| conforto (m) | noχut | נוֹחוּת (נ) |
| arrepender-se (vr) | lehitsta'er | לְהִצְטַעֵר |
| arrependimento (m) | χarata | חֲרָטָה (נ) |
| azar (m), má sorte (f) | 'χoser mazal | חוֹסֶר מַזָל (ז) |
| tristeza (f) | 'etsev | עֶצֶב (ז) |

| | | |
|---|---|---|
| vergonha (f) | buʃa | בּוּשָׁה (נ) |
| alegria (f) | simχa | שִׂמְחָה (נ) |
| entusiasmo (m) | hitlahavut | הִתְלַהֲבוּת (נ) |
| entusiasta (m) | mitlahev | מִתְלַהֵב |
| mostrar entusiasmo | lehitlahev | לְהִתְלַהֵב |

## 62. Caráter. Personalidade

| | | |
|---|---|---|
| caráter (m) | 'ofi | אוֹפִי (ז) |
| falha (f) de caráter | pgam be''ofi | פְּגַם בָּאוֹפִי (ז) |
| mente (f) | 'seχel | שֵׂכֶל (ז) |
| razão (f) | bina | בִּינָה (נ) |

| | | |
|---|---|---|
| consciência (f) | matspun | מַצְפּוּן (ז) |
| hábito (m) | hergel | הֶרְגֵל (ז) |
| habilidade (f) | ye'χolet | יְכוֹלֶת (נ) |
| saber (~ nadar, etc.) | la'da'at | לָדַעַת |

| | | |
|---|---|---|
| paciente | savlan | סַבְלָן |
| impaciente | χasar savlanut | חֲסָר סַבְלָנוּת |
| curioso | sakran | סַקְרָן |
| curiosidade (f) | sakranut | סַקְרָנוּת (נ) |

| | | |
|---|---|---|
| modéstia (f) | tsni'ut | צְנִיעוּת (נ) |
| modesto | tsa'nu'a | צָנוּעַ |
| imodesto | lo tsa'nu'a | לֹא צָנוּעַ |

| | | |
|---|---|---|
| preguiça (f) | atslut | עַצְלוּת (נ) |
| preguiçoso | atsel | עָצֵל |
| preguiçoso (m) | atslan | עַצְלָן (ז) |

| | | |
|---|---|---|
| astúcia (f) | armumiyut | עָרְמוּמִיוּת (נ) |
| astuto | armumi | עָרְמוּמִי |
| desconfiança (f) | 'χoser emun | חוֹסֶר אֵמוּן (ז) |
| desconfiado | χadʃani | חַדְשָׁנִי |

| | | |
|---|---|---|
| generosidade (f) | nedivut | נְדִיבוּת (נ) |
| generoso | nadiv | נָדִיב |
| talentoso | muχʃar | מוּכְשָׁר |
| talento (m) | kiʃaron | כִּישָׁרוֹן (ז) |

| | | |
|---|---|---|
| corajoso | amits | אַמִיץ |
| coragem (f) | 'omets | אוֹמֶץ (ז) |
| honesto | yaʃar | יָשָׁר |
| honestidade (f) | 'yoʃer | יוֹשֶׁר (ז) |

| | | |
|---|---|---|
| prudente | zahir | זָהִיר |
| valente | amits | אַמִיץ |

| sério | retsini | רְצִינִי |
| severo | χamur | חָמוּר |

| decidido | neχrats | נֶחְרָץ |
| indeciso | hasesan | הַסְּסָן |
| tímido | baiʃan | בַּיְשָׁן |
| timidez (f) | baiʃanut | בַּיְשָׁנוּת (נ) |

| confiança (f) | emun | אֵמוּן (ז) |
| confiar (vt) | leha'amin | לְהַאֲמִין |
| crédulo | tam | תָּם |

| sinceramente | beχenut | בְּכֵנוּת |
| sincero | ken | כֵּן |
| sinceridade (f) | kenut | כֵּנוּת (נ) |
| aberto | pa'tuaχ | פָּתוּחַ |

| calmo | ʃalev | שָׁלֵו |
| franco | glui lev | גְּלוּי לֵב |
| ingénuo | na''ivi | נָאִיבִי |
| distraído | mefuzar | מְפוּזָר |
| engraçado | matsχik | מַצְחִיק |

| ganância (f) | ta'avat 'betsa | תַּאֲוַת בֶּצַע (נ) |
| ganancioso | rodef 'betsa | רוֹדֵף בֶּצַע |
| avarento | kamtsan | קַמְצָן |
| mau | raʃa | רָשָׁע |
| teimoso | akʃan | עַקְשָׁן |
| desagradável | lo na'im | לֹא נָעִים |

| egoísta (m) | ego'ist | אֶגוֹאִיסְט (ז) |
| egoísta | anoχi | אָנוֹכִי |
| cobarde (m) | paχdan | פַּחְדָּן (ז) |
| cobarde | paχdani | פַּחְדָּנִי |

## 63. O sono. Sonhos

| dormir (vi) | liʃon | לִישׁוֹן |
| sono (m) | ʃena | שֵׁינָה (נ) |
| sonho (m) | χalom | חֲלוֹם (ז) |
| sonhar (vi) | laχalom | לַחֲלוֹם |
| sonolento | radum | רָדוּם |

| cama (f) | mita | מִיטָה (נ) |
| colchão (m) | mizran | מִזְרָן (ז) |
| cobertor (m) | smiχa | שְׂמִיכָה (נ) |
| almofada (f) | karit | כָּרִית (נ) |
| lençol (m) | sadin | סָדִין (ז) |

| insónia (f) | nedudei ʃena | נְדוּדֵי שֵׁינָה (ז"ר) |
| insone | χasar ʃena | חֲסַר שֵׁינָה |
| sonífero (m) | kadur ʃena | כַּדּוּר שֵׁינָה (ז) |
| tomar um sonífero | la'kaχat kadur ʃena | לָקַחַת כַּדּוּר שֵׁינָה |
| estar sonolento | lirtsot liʃon | לִרְצוֹת לִישׁוֹן |

| | | |
|---|---|---|
| bocejar (vi) | lefahek | לְפַהֵק |
| ir para a cama | la'leχet liʃon | לָלֶכֶת לִישׁוֹן |
| fazer a cama | leha'tsi'a mita | לְהַצִּיעַ מִיטָה |
| adormecer (vi) | leheradem | לְהֵירָדֵם |

| | | |
|---|---|---|
| pesadelo (m) | siyut | סִיוּט (ז) |
| ronco (m) | neχira | נְחִירָה (נ) |
| roncar (vi) | linχor | לִנְחוֹר |

| | | |
|---|---|---|
| despertador (m) | ʃa'on me'orer | שְׁעוֹן מְעוֹרֵר (ז) |
| acordar, despertar (vt) | leha'ir | לְהָעִיר |
| acordar (vi) | lehit'orer | לְהִתְעוֹרֵר |
| levantar-se (vr) | lakum | לָקוּם |
| lavar-se (vr) | lehitraχets | לְהִתְרַחֵץ |

## 64. Humor. Riso. Alegria

| | | |
|---|---|---|
| humor (m) | humor | הוּמוֹר (ז) |
| sentido (m) de humor | χuʃ humor | חוּשׁ הוּמוֹר (ז) |
| divertir-se (vr) | lehanot | לֵיהָנוֹת |
| alegre | sa'meaχ | שָׂמֵחַ |
| alegria (f) | alitsut | עַלִּיצוּת (נ) |

| | | |
|---|---|---|
| sorriso (m) | χiyuχ | חִיּוּךְ (ז) |
| sorrir (vi) | leχayeχ | לְחַיֵּךְ |
| começar a rir | lifrots bitsχok | לִפְרוֹץ בִּצְחוֹק |
| rir (vi) | litsχok | לִצְחוֹק |
| riso (m) | tsχok | צְחוֹק (ז) |

| | | |
|---|---|---|
| anedota (f) | anek'dota | אֲנֶקְדוֹטָה (נ) |
| engraçado | matsχik | מַצְחִיק |
| ridículo | meʃa'a'ʃe'a | מְשַׁעֲשֵׁעַ |

| | | |
|---|---|---|
| brincar, fazer piadas | lehitba'deaχ | לְהִתְבַּדֵּחַ |
| piada (f) | bdiχa | בְּדִיחָה (נ) |
| alegria (f) | simχa | שִׂמְחָה (נ) |
| regozijar-se (vr) | lis'moaχ | לִשְׂמוֹחַ |
| alegre | sa'meaχ | שָׂמֵחַ |

## 65. Discussão, conversação. Parte 1

| | | |
|---|---|---|
| comunicação (f) | 'keʃer | קֶשֶׁר (ז) |
| comunicar-se (vr) | letakʃer | לְתַקְשֵׁר |

| | | |
|---|---|---|
| conversa (f) | siχa | שִׂיחָה (נ) |
| diálogo (m) | du 'siaχ | דוּ-שִׂיחַ (ז) |
| discussão (f) | diyun | דִּיוּן (ז) |
| debate (m) | vi'kuaχ | וִיכּוּחַ (ז) |
| debater (vt) | lehitva'keaχ | לְהִתְוַוכֵּחַ |

| | | |
|---|---|---|
| interlocutor (m) | ben 'siaχ | בֶּן שִׂיחַ (ז) |
| tema (m) | nose | נוֹשֵׂא (ז) |

| ponto (m) de vista | nekudat mabat | נְקוּדַת מַבָּט (נ) |
| opinião (f) | de'a | דֵּעָה (נ) |
| discurso (m) | ne'um | נְאוּם (ז) |

| discussão (f) | diyun | דִּיּוּן (ז) |
| discutir (vt) | ladun | לָדוּן |
| conversa (f) | siχa | שִׂיחָה (נ) |
| conversar (vi) | leso'χeaχ | לְשׂוֹחֵחַ |
| encontro (m) | pgiʃa | פְּגִישָׁה (נ) |
| encontrar-se (vr) | lehipageʃ | לְהִיפָּגֵשׁ |

| provérbio (m) | pitgam | פִּתְגָּם (ז) |
| ditado (m) | pitgam | פִּתְגָּם (ז) |
| adivinha (f) | χida | חִידָה (נ) |
| dizer uma adivinha | laχud χida | לָחוּד חִידָה |
| senha (f) | sisma | סִיסְמָה (נ) |
| segredo (m) | sod | סוֹד (ז) |

| juramento (m) | ʃvu'a | שְׁבוּעָה (נ) |
| jurar (vi) | lehiʃava | לְהִישָּׁבַע |
| promessa (f) | havtaχa | הַבְטָחָה (נ) |
| prometer (vt) | lehav'tiaχ | לְהַבְטִיחַ |

| conselho (m) | etsa | עֵצָה (נ) |
| aconselhar (vt) | leya'ets | לְייַעֵץ |
| seguir o conselho | lif'ol lefi ha'etsa | לִפְעוֹל לְפִי הָעֵצָה |
| escutar (~ os conselhos) | lehiʃama | לְהִישָּׁמַע |

| novidade, notícia (f) | χadaʃot | חֲדָשׁוֹת (נ"ר) |
| sensação (f) | sen'satsya | סֶנְסַצְיָה (נ) |
| informação (f) | meida | מֵידָע (ז) |
| conclusão (f) | maskana | מַסְקָנָה (נ) |
| voz (f) | kol | קוֹל (ז) |
| elogio (m) | maχma'a | מַחְמָאָה (נ) |
| amável | adiv | אָדִיב |

| palavra (f) | mila | מִילָה (נ) |
| frase (f) | miʃpat | מִשְׁפָּט (ז) |
| resposta (f) | tʃuva | תְּשׁוּבָה (נ) |

| verdade (f) | emet | אֱמֶת (נ) |
| mentira (f) | 'ʃeker | שֶׁקֶר (ז) |

| pensamento (m) | maχʃava | מַחְשָׁבָה (נ) |
| ideia (f) | ra'ayon | רַעֲיוֹן (ז) |
| fantasia (f) | fan'tazya | פַנְטַזְיָה (נ) |

## 66. Discussão, conversação. Parte 2

| estimado | meχubad | מְכוּבָּד |
| respeitar (vt) | leχabed | לְכַבֵּד |
| respeito (m) | kavod | כָּבוֹד (ז) |
| Estimado ..., Caro ... | hayakar ... | הַיָּקָר ... |
| apresentar (vt) | la'asot hekerut | לַעֲשׂוֹת הֵיכָּרוּת |

| | | |
|---|---|---|
| travar conhecimento | lehakir | לְהַכִּיר |
| intenção (f) | kavana | כַּוָּנָה (נ) |
| tencionar (vt) | lehitkaven | לְהִתְכַּוֵּן |
| desejo (m) | iχul | אִיחוּל (ז) |
| desejar (ex. ~ boa sorte) | le'aχel | לְאַחֵל |
| | | |
| surpresa (f) | hafta'a | הַפְתָּעָה (נ) |
| surpreender (vt) | lehaf'ti'a | לְהַפְתִּיעַ |
| surpreender-se (vr) | lehitpale | לְהִתְפַּלֵּא |
| | | |
| dar (vt) | latet | לָתֵת |
| pegar (tomar) | la'kaχat | לָקַחַת |
| devolver (vt) | lehaχzir | לְהַחְזִיר |
| retornar (vt) | lehaʃiv | לְהָשִׁיב |
| | | |
| desculpar-se (vr) | lehitnatsel | לְהִתְנַצֵּל |
| desculpa (f) | hitnatslut | הִתְנַצְּלוּת (נ) |
| perdoar (vt) | lis'loaχ | לִסְלוֹחַ |
| | | |
| falar (vi) | ledaber | לְדַבֵּר |
| escutar (vt) | lehakʃiv | לְהַקְשִׁיב |
| ouvir até o fim | liʃ'mo'a | לִשְׁמוֹעַ |
| compreender (vt) | lehavin | לְהָבִין |
| | | |
| mostrar (vt) | lehar'ot | לְהַרְאוֹת |
| olhar para ... | lehistakel | לְהִסְתַּכֵּל |
| chamar (dizer em voz alta o nome) | likro le... | לִקְרוֹא לְ... |
| distrair (vt) | lehaf'ri'a | לְהַפְרִיעַ |
| perturbar (vt) | lehaf'ri'a | לְהַפְרִיעַ |
| entregar (~ em mãos) | limsor | לִמְסוֹר |
| | | |
| pedido (m) | bakaʃa | בַּקָּשָׁה (נ) |
| pedir (ex. ~ ajuda) | levakeʃ | לְבַקֵּשׁ |
| exigência (f) | driʃa | דְּרִישָׁה (נ) |
| exigir (vt) | lidroʃ | לִדְרוֹשׁ |
| | | |
| chamar nomes (vt) | lehitgarot | לְהִתְגָּרוֹת |
| zombar (vt) | lil'og | לִלְעוֹג |
| zombaria (f) | 'la'ag | לַעַג (ז) |
| alcunha (f) | kinui | כִּינוּי (ז) |
| | | |
| insinuação (f) | 'remez | רֶמֶז (ז) |
| insinuar (vt) | lirmoz | לִרְמוֹז |
| subentender (vt) | lehitkaven le... | לְהִתְכַּוֵּן לְ... |
| | | |
| descrição (f) | te'ur | תֵּיאוּר (ז) |
| descrever (vt) | leta'er | לְתָאֵר |
| elogio (m) | 'ʃevaχ | שֶׁבַח (ז) |
| elogiar (vt) | leʃa'beaχ | לְשַׁבֵּחַ |
| | | |
| desapontamento (m) | aχzava | אַכְזָבָה (נ) |
| desapontar (vt) | le'aχzev | לְאַכְזֵב |
| desapontar-se (vr) | lehit'aχzev | לְהִתְאַכְזֵב |
| suposição (f) | hanaχa | הַנָּחָה (נ) |
| supor (vt) | leʃa'er | לְשַׁעֵר |

| advertência (f) | azhara | אַזְהָרָה (נ) |
| advertir (vt) | lehazhir | לְהַזְהִיר |

## 67. Discussão, conversação. Parte 3

| convencer (vt) | leʃaχ'ne'a | לְשַׁכְנֵעַ |
| acalmar (vt) | lehar'gi'a | לְהַרְגִּיעַ |

| silêncio (o ~ é de ouro) | ʃtika | שְׁתִיקָה (נ) |
| ficar em silêncio | liʃtok | לִשְׁתּוֹק |
| sussurrar (vt) | lilχoʃ | לִלְחוֹשׁ |
| sussurro (m) | leχiʃa | לְחִישָׁה (נ) |

| francamente | beχenut | בְּכֵנוּת |
| a meu ver ... | leda'ati ... | לְדַעְתִּי ... |

| detalhe (~ da história) | prat | פְּרָט (ז) |
| detalhado | meforat | מְפוֹרָט |
| detalhadamente | bimfurat | בִּמְפוֹרָט |

| dica (f) | 'remez | רֶמֶז (ז) |
| dar uma dica | lirmoz | לִרְמוֹז |

| olhar (m) | mabat | מַבָּט (ז) |
| dar uma vista de olhos | lehabit | לְהַבִּיט |
| fixo (olhar ~) | kafu | קָפוּא |
| piscar (vi) | lemaʦmeʦ | לְמַצְמֵץ |
| pestanejar (vt) | likroʦ | לִקְרוֹץ |
| acenar (com a cabeça) | lehanhen | לְהַנְהֵן |

| suspiro (m) | anaχa | אֲנָחָה (נ) |
| suspirar (vi) | lehe'anaχ | לְהֵיאָנַח |
| estremecer (vi) | lir'od | לִרְעוֹד |
| gesto (m) | meχva | מֶחְוָה (נ) |
| tocar (com as mãos) | la'ga'at be... | לָגַעַת בְּ... |
| agarrar (~ pelo braço) | litfos | לִתְפּוֹס |
| bater de leve | lit'poaχ | לִטְפּוֹחַ |

| Cuidado! | zehirut! | זְהִירוּת! |
| A sério? | be'emet? | בֶּאֱמֶת? |
| Tem certeza? | ata ba'tuaχ? | אַתָּה בָּטוּחַ? |
| Boa sorte! | behaʦlaχa! | בְּהַצְלָחָה! |
| Compreendi! | muvan! | מוּבָן! |
| Que pena! | χaval! | חֲבָל! |

## 68. Acordo. Recusa

| consentimento (~ mútuo) | haskama | הַסְכָּמָה (נ) |
| consentir (vi) | lehaskim | לְהַסְכִּים |
| aprovação (f) | iʃur | אִישׁוּר (ז) |
| aprovar (vt) | le'aʃer | לְאַשֵּׁר |
| recusa (f) | siruv | סֵירוּב (ז) |

| negar-se (vt) | lesarev | לְסָרֵב |
| Está ótimo! | metsuyan! | מְצוּיָן! |
| Muito bem! | tov! | טוֹב! |
| Está bem! De acordo! | be'seder! | בְּסֵדֶר! |

| proibido | asur | אָסוּר |
| é proibido | asur | אָסוּר |
| é impossível | 'bilti efʃari | בִּלְתִי אֶפְשָרִי |
| incorreto | ʃagui | שָגוּי |

| rejeitar (~ um pedido) | lidχot | לִדְחוֹת |
| apoiar (vt) | litmoχ be... | לִתְמוֹך בְּ... |
| aceitar (desculpas, etc.) | lekabel | לְקַבֵּל |

| confirmar (vt) | le'aʃer | לְאַשֵר |
| confirmação (f) | iʃur | אִישוּר (ז) |
| permissão (f) | reʃut | רְשוּת (נ) |
| permitir (vt) | leharʃot | לְהַרְשוֹת |
| decisão (f) | haχlata | הַחְלָטָה (נ) |
| não dizer nada | liʃtok | לִשְתוֹק |

| condição (com uma ~) | tnai | תְנַאי (ז) |
| pretexto (m) | teruts | תֵירוּץ (ז) |
| elogio (m) | 'ʃevaχ | שֶבַח (ז) |
| elogiar (vt) | leʃa'beaχ | לְשַבֵּחַ |

## 69. Sucesso. Boa sorte. Insucesso

| êxito, sucesso (m) | hatsala | הַצְלָחָה (נ) |
| com êxito | behatslaχa | בְּהַצְלָחָה |
| bem sucedido | mutslaχ | מוּצְלָח |

| sorte (fortuna) | mazal | מַזָל (ז) |
| Boa sorte! | behatslaχa! | בְּהַצְלָחָה! |
| de sorte | mutslaχ | מוּצְלָח |
| sortudo, felizardo | bar mazal | בַּר מַזָל |

| fracasso (m) | kiʃalon | כִּישָלוֹן (ז) |
| pouca sorte (f) | 'χoser mazal | חוֹסֶר מַזָל (ז) |
| azar (m), má sorte (f) | 'χoser mazal | חוֹסֶר מַזָל (ז) |

| mal sucedido | lo mutslaχ | לא מוצְלָח |
| catástrofe (f) | ason | אָסוֹן (ז) |

| orgulho (m) | ga'ava | גַאֲוָה (נ) |
| orgulhoso | ge'e | גֵאֶה |
| estar orgulhoso | lehitga'ot | לְהִתְגָאוֹת |

| vencedor (m) | zoχe | זוֹכֶה (ז) |
| vencer (vi) | lena'tseaχ | לְנַצֵחַ |
| perder (vt) | lehafsid | לְהַפְסִיד |
| tentativa (f) | nisayon | נִיסָיוֹן (ז) |
| tentar (vt) | lenasot | לְנַסוֹת |
| chance (m) | hizdamnut | הִזְדַמְנוּת (נ) |

## 70. Conflitos. Emoções negativas

| Português | Transcrição | Hebraico |
|---|---|---|
| grito (m) | tse'aka | צְעָקָה (נ) |
| gritar (vi) | lits'ok | לִצְעֹק |
| começar a gritar | lehatχil lits'ok | לְהַתְחִיל לִצְעֹק |
| discussão (f) | riv | רִיב (ז) |
| discutir (vt) | lariv | לָרִיב |
| escândalo (m) | riv | רִיב (ז) |
| criar escândalo | lariv | לָרִיב |
| conflito (m) | siχsuχ | סִכְסוּך (ז) |
| mal-entendido (m) | i havana | אִי הֲבָנָה (נ) |
| insulto (m) | elbon | עֶלְבּוֹן (ז) |
| insultar (vt) | leha'aliv | לְהַעֲלִיב |
| insultado | ne'elav | נֶעֱלָב |
| ofensa (f) | tina | טִינָה (נ) |
| ofender (vt) | lif'go'a | לִפְגֹעַ |
| ofender-se (vr) | lehipaga | לְהִיפָּגַע |
| indignação (f) | hitmarmerut | הִתְמַרְמְרוּת (נ) |
| indignar-se (vr) | lehitra'em | לְהִתְרַעֵם |
| queixa (f) | tluna | תְּלוּנָה (נ) |
| queixar-se (vr) | lehitlonen | לְהִתְלוֹנֵן |
| desculpa (f) | hitnatslut | הִתְנַצְּלוּת (נ) |
| desculpar-se (vr) | lehitnatsel | לְהִתְנַצֵּל |
| pedir perdão | levakeʃ sliχa | לְבַקֵּשׁ סְלִיחָה |
| crítica (f) | bi'koret | בִּיקוֹרֶת (נ) |
| criticar (vt) | levaker | לְבַקֵּר |
| acusação (f) | ha'aʃama | הַאֲשָׁמָה (נ) |
| acusar (vt) | leha'aʃim | לְהַאֲשִׁים |
| vingança (f) | nekama | נְקָמָה (נ) |
| vingar (vt) | linkom | לִנְקוֹם |
| vingar-se (vr) | lehaχzir | לְהַחְזִיר |
| desprezo (m) | zilzul | זִלְזוּל (ז) |
| desprezar (vt) | lezalzel be... | לְזַלְזֵל בְּ... |
| ódio (m) | sin'a | שִׂנְאָה (נ) |
| odiar (vt) | lisno | לִשְׂנוֹא |
| nervoso | atsbani | עַצְבָּנִי |
| estar nervoso | lihyot atsbani | לִהְיוֹת עַצְבָּנִי |
| zangado | ka'us | כָּעוּס |
| zangar (vt) | lehargiz | לְהַרְגִּיז |
| humilhação (f) | haʃpala | הַשְׁפָּלָה (נ) |
| humilhar (vt) | lehaʃpil | לְהַשְׁפִּיל |
| humilhar-se (vr) | lehaʃpil et atsmo | לְהַשְׁפִּיל אֶת עַצְמוֹ |
| choque (m) | 'helem | הֶלֶם (ז) |
| chocar (vt) | leza'a'ze'a | לְזַעֲזֵעַ |
| aborrecimento (m) | tsara | צָרָה (נ) |

| desagradável | lo na'im | לֹא נָעִים |
| medo (m) | 'paχad | פַּחַד (ז) |
| terrível (tempestade, etc.) | nora | נוֹרָא |
| assustador (ex. história ~a) | mafχid | מַפְחִיד |
| horror (m) | zva'a | זְוָעָה (נ) |
| horrível (crime, etc.) | ayom | אָיוֹם |

| começar a tremer | lehera'ed | לְהֵירָעֵד |
| chorar (vi) | livkot | לִבְכּוֹת |
| começar a chorar | lehatχil livkot | לְהַתְחִיל לִבְכּוֹת |
| lágrima (f) | dim'a | דִמְעָה (נ) |

| falta (f) | aʃma | אַשְׁמָה (נ) |
| culpa (f) | rigʃei aʃam | רִגְשֵׁי אָשָׁם (ז"ר) |
| desonra (f) | χerpa | חֶרְפָּה (נ) |
| protesto (m) | meχa'a | מֶחָאָה (נ) |
| stresse (m) | 'laχats | לַחַץ (ז) |

| perturbar (vt) | lehaf'ri'a | לְהַפְרִיעַ |
| zangar-se com … | liχ'os | לִכְעוֹס |
| zangado | zo'em | זוֹעֵם |
| terminar (vt) | lesayem | לְסַיֵים |
| praguejar | lekalel | לְקַלֵל |

| assustar-se | lehibahel | לְהִיבָּהֵל |
| golpear (vt) | lehakot | לְהַכּוֹת |
| brigar (na rua, etc.) | lehitkotet | לְהִתְקוֹטֵט |

| resolver (o conflito) | lehasdir | לְהַסְדִיר |
| descontente | lo merutse | לֹא מְרוּצֶה |
| furioso | metoraf | מְטוֹרָף |

| Não está bem! | ze lo tov! | זֶה לֹא טוֹב! |
| É mau! | ze ra! | זֶה רַע! |

# Medicina

## 71. Doenças

| | | |
|---|---|---|
| doença (f) | maxala | מַחֲלָה (נ) |
| estar doente | lihyot xole | לִהְיוֹת חוֹלֶה |
| saúde (f) | bri'ut | בְּרִיאוּת (נ) |

| | | |
|---|---|---|
| nariz (m) a escorrer | na'zelet | נַזֶלֶת (נ) |
| amigdalite (f) | da'leket ʃkedim | דַלֶקֶת שְקָדִים (נ) |
| constipação (f) | hitstanenut | הִצְטַנְנוּת (נ) |
| constipar-se (vr) | lehitstanen | לְהִצְטַנֵן |

| | | |
|---|---|---|
| bronquite (f) | bron'xitis | בְּרוֹנְכִיטִיס (ז) |
| pneumonia (f) | da'leket re'ot | דַלֶקֶת רֵיאוֹת (נ) |
| gripe (f) | ʃa'pa‘at | שַפַּעַת (נ) |

| | | |
|---|---|---|
| míope | ktsar re'iya | קְצַר רְאִיָה |
| presbita | rexok re'iya | רְחוֹק־רְאִיָה |
| estrabismo (m) | pzila | פְּזִילָה (נ) |
| estrábico | pozel | פּוֹזֵל |
| catarata (f) | katarakt | קָטָרַקְט (ז) |
| glaucoma (m) | gla'u'koma | גְלָאוּקוֹמָה (נ) |

| | | |
|---|---|---|
| AVC (m), apoplexia (f) | ʃavats moxi | שָבָץ מוֹחִי (ז) |
| ataque (m) cardíaco | hetkef lev | הֶתְקֵף לֵב (ז) |
| enfarte (m) do miocárdio | 'otem ʃrir halev | אוֹטֶם שְרִיר הַלֵב (ז) |
| paralisia (f) | ʃituk | שִיתוּק (ז) |
| paralisar (vt) | leʃatek | לְשַתֵק |

| | | |
|---|---|---|
| alergia (f) | a'lergya | אָלֶרְגִיָה (נ) |
| asma (f) | 'astma, ka'tseret | אַסְתְמָה, קַצֶרֶת (נ) |
| diabetes (f) | su'keret | סוּכֶּרֶת (נ) |

| | | |
|---|---|---|
| dor (f) de dentes | ke'ev ʃi'nayim | כְּאֵב שִינַיִים (ז) |
| cárie (f) | a'ʃeʃet | עַשֶשֶת (נ) |

| | | |
|---|---|---|
| diarreia (f) | ʃilʃul | שִלשוּל (ז) |
| prisão (f) de ventre | atsirut | עֲצִירוּת (נ) |
| desarranjo (m) intestinal | kilkul keiva | קִלְקוּל קֵיבָה (ז) |
| intoxicação (f) alimentar | har‘alat mazon | הַרְעָלַת מָזוֹן (נ) |
| intoxicar-se | laxatof har‘alat mazon | לַחֲטוֹף הַרְעָלַת מָזוֹן |

| | | |
|---|---|---|
| artrite (f) | da'leket mifrakim | דַלֶקֶת מִפְרָקִים (נ) |
| raquitismo (m) | ra'kexet | רַכֶּכֶת (נ) |
| reumatismo (m) | ʃigaron | שִיגָרוֹן (ז) |
| arteriosclerose (f) | ar'teryo skle'rosis | אַרְטֶרְיוֹ־סְקְלֶרוֹסִיס (ז) |

| | | |
|---|---|---|
| gastrite (f) | da'leket keiva | דַלֶקֶת קֵיבָה (נ) |
| apendicite (f) | da'leket toseftan | דַלֶקֶת תוֹסֶפְתָן (נ) |

| colecistite (f) | da'leket kis hamara | דַּלֶּקֶת פִּיס הַמָּרָה (נ) |
| úlcera (f) | 'ulkus, kiv | אוּלקוּס, פִּיב (ז) |

| sarampo (m) | χa'tsevet | חַצֶּבֶת (נ) |
| rubéola (f) | a'demet | אֲדֶמֶת (נ) |
| iterícia (f) | tsa'hevet | צַהֶבֶת (נ) |
| hepatite (f) | da'leket kaved | דַּלֶּקֶת כָּבֵד (נ) |

| esquizofrenia (f) | sχizo'frenya | סְכִיזוֹפרֶנְיָה (נ) |
| raiva (f) | ka'levet | כַּלֶּבֶת (נ) |
| neurose (f) | noi'roza | נוֹירוֹזָה (נ) |
| comoção (f) cerebral | za'a'zu'a 'moaχ | זַעֲזוּעַ מוֹח (ז) |

| cancro (m) | sartan | סַרטָן (ז) |
| esclerose (f) | ta'reʃet | טָרֶשֶׁת (נ) |
| esclerose (f) múltipla | ta'reʃet nefotsa | טָרֶשֶׁת נְפוֹצָה (נ) |

| alcoolismo (m) | alkoholizm | אַלכּוֹהוֹלִיזם (ז) |
| alcoólico (m) | alkoholist | אַלכּוֹהוֹלִיסט (ז) |
| sífilis (f) | a'gevet | עַגֶּבֶת (נ) |
| SIDA (f) | eids | אַיידס (ז) |

| tumor (m) | gidul | גִּידוּל (ז) |
| maligno | mam'ir | מַמאִיר |
| benigno | ʃapir | שָׁפִיר |

| febre (f) | ka'daχat | קַדַּחַת (נ) |
| malária (f) | ma'larya | מָלַריָה (נ) |
| gangrena (f) | gan'grena | גַּנגרֶנָה (נ) |
| enjoo (m) | maχalat yam | מַחֲלַת יָם (נ) |
| epilepsia (f) | maχalat hanefila | מַחֲלַת הַנְּפִילָה (נ) |

| epidemia (f) | magefa | מַגֵּיפָה (נ) |
| tifo (m) | 'tifus | טִיפוּס (ז) |
| tuberculose (f) | ʃa'χefet | שַׁחֶפֶת (נ) |
| cólera (f) | ko'lera | כּוֹלֶרָה (נ) |
| peste (f) | davar | דֶּבֶר (ז) |

## 72. Sintomas. Tratamentos. Parte 1

| sintoma (m) | simptom | סִימפּטוֹם (ז) |
| temperatura (f) | χom | חוֹם (ז) |
| febre (f) | χom ga'voha | חוֹם גָּבוֹהַ (ז) |
| pulso (m) | 'dofek | דוֹפֶק (ז) |

| vertigem (f) | sχar'χoret | סחַרחוֹרֶת (נ) |
| quente (testa, etc.) | χam | חַם |
| calafrio (m) | tsmar'moret | צמַרמוֹרֶת (נ) |
| pálido | χiver | חִיוֵּר |

| tosse (f) | ʃi'ul | שִׁיעוּל (ז) |
| tossir (vi) | lehiʃta'el | לְהִשׁתַּעֵל |
| espirrar (vi) | lehit'ateʃ | לְהִתְעַטֵשׁ |
| desmaio (m) | ilafon | עִילָּפוֹן (ז) |

69

| desmaiar (vi) | lehit'alef | לְהִתְעַלֵּף |
| nódoa (f) negra | χabura | חַבּוּרָה (נ) |
| galo (m) | blita | בְּלִיטָה (נ) |
| magoar-se (vr) | lekabel maka | לְקַבֵּל מַכָּה |
| pisadura (f) | maka | מַכָּה (נ) |
| aleijar-se (vr) | lekabel maka | לְקַבֵּל מַכָּה |

| coxear (vi) | lits'lo‘a | לִצְלוֹעַ |
| deslocação (f) | 'neka | נֶקַע (ז) |
| deslocar (vt) | lin'ko‘a | לִנְקוֹעַ |
| fratura (f) | 'fever | שֶׁבֶר (ז) |
| fraturar (vt) | lifbor | לִשְׁבּוֹר |

| corte (m) | χataχ | חָתָךְ (ז) |
| cortar-se (vr) | lehiχateχ | לְהֵיחָתֵךְ |
| hemorragia (f) | dimum | דִּימוּם (ז) |

| queimadura (f) | kviya | כְּוִויָּה (נ) |
| queimar-se (vr) | laχatof kviya | לַחֲטוֹף כְּוִויָּה |

| picar (vt) | lidkor | לִדְקוֹר |
| picar-se (vr) | lehidaker | לְהִידָּקֵר |
| lesionar (vt) | lif'tso‘a | לִפְצוֹעַ |
| lesão (m) | ptsi‘a | פְּצִיעָה (נ) |
| ferida (f), ferimento (m) | 'petsa | פֶּצַע (ז) |
| trauma (m) | 'tra'uma | טְרָאוּמָה (נ) |

| delirar (vi) | lahazot | לַהֲזוֹת |
| gaguejar (vi) | legamgem | לְגַמְגֵּם |
| insolação (f) | makat 'femef | מַכַּת שֶׁמֶשׁ (נ) |

## 73. Sintomas. Tratamentos. Parte 2

| dor (f) | ke'ev | כְּאֵב (ז) |
| farpa (no dedo) | kots | קוֹץ (ז) |

| suor (m) | ze‘a | זֵיעָה (נ) |
| suar (vi) | leha'zi‘a | לְהַזִּיעַ |
| vómito (m) | haka'a | הֲקָאָה (נ) |
| convulsões (f pl) | pirkusim | פִּירְכּוּסִים (ז"ר) |

| grávida | hara | הָרָה |
| nascer (vi) | lehivaled | לְהִיוָּלֵד |
| parto (m) | leda | לֵידָה (נ) |
| dar à luz | la'ledet | לָלֶדֶת |
| aborto (m) | hapala | הַפָּלָה (נ) |

| respiração (f) | nefima | נְשִׁימָה (נ) |
| inspiração (f) | fe'ifa | שְׁאִיפָה (נ) |
| expiração (f) | nefifa | נְשִׁיפָה (נ) |
| expirar (vi) | linfof | לִנְשׁוֹף |
| inspirar (vi) | lif'of | לִשְׁאוֹף |
| inválido (m) | naχe | נָכֶה (ז) |
| aleijado (m) | naχe | נָכֶה (ז) |

| toxicodependente (m) | narkoman | נַרְקוֹמָן (ז) |
| surdo | χereʃ | חֵירֵשׁ |
| mudo | ilem | אִילֵם |
| surdo-mudo | χereʃ-ilem | חֵירֵשׁ־אִילֵם |

| louco (adj.) | meʃuga | מְשׁוּגָע |
| louco (m) | meʃuga | מְשׁוּגָע (ז) |
| louca (f) | meʃu'ga'at | מְשׁוּגַעַת (נ) |
| ficar louco | lehiʃta'ge'a | לְהִשְׁתַּגֵּעַ |

| gene (m) | gen | גֵּן (ז) |
| imunidade (f) | χasinut | חֲסִינוּת (נ) |
| hereditário | toraʃti | תוֹרַשְׁתִּי |
| congénito | mulad | מוּלָד |

| vírus (m) | 'virus | וִירוּס (ז) |
| micróbio (m) | χaidak | חַיְדַּק (ז) |
| bactéria (f) | bak'terya | בַּקְטֶרְיָה (נ) |
| infeção (f) | zihum | זִיהוּם (ז) |

## 74. Sintomas. Tratamentos. Parte 3

| hospital (m) | beit χolim | בֵּית חוֹלִים (ז) |
| paciente (m) | metupal | מְטוּפָּל (ז) |

| diagnóstico (m) | avχana | אַבְחָנָה (נ) |
| cura (f) | ripui | רִיפּוּי (ז) |
| tratamento (m) médico | tipul refu'i | טִיפּוּל רְפוּאִי (ז) |
| curar-se (vr) | lekabel tipul | לְקַבֵּל טִיפּוּל |
| tratar (vt) | letapel be... | לְטַפֵּל בְּ... |
| cuidar (pessoa) | letapel be... | לְטַפֵּל בְּ... |
| cuidados (m pl) | tipul | טִיפּוּל (ז) |

| operação (f) | ni'tuaχ | נִיתוּחַ (ז) |
| enfaixar (vt) | laχboʃ | לַחְבּוֹשׁ |
| enfaixamento (m) | χaviʃa | חֲבִישָׁה (נ) |

| vacinação (f) | χisun | חִיסּוּן (ז) |
| vacinar (vt) | leχasen | לְחַסֵּן |
| injeção (f) | zrika | זְרִיקָה (נ) |
| dar uma injeção | lehazrik | לְהַזְרִיק |

| ataque (~ de asma, etc.) | hetkef | הֶתְקֵף (ז) |
| amputação (f) | kti:a | קְטִיעָה (נ) |
| amputar (vt) | lik'to'a | לִקְטוֹעַ |
| coma (f) | tar'demet | תַּרְדֶּמֶת (נ) |
| estar em coma | lihyot betar'demet | לִהְיוֹת בְּתַרְדֶּמֶת |
| reanimação (f) | tipul nimraʦ | טִיפּוּל נִמְרָץ (ז) |

| recuperar-se (vr) | lehaχlim | לְהַחְלִים |
| estado (~ de saúde) | maʦav | מַצָּב (ז) |
| consciência (f) | hakara | הַכָּרָה (נ) |
| memória (f) | zikaron | זִיכָּרוֹן (ז) |
| tirar (vt) | la'akor | לַעֲקוֹר |

| chumbo (m), obturação (f) | stima | סְתִימָה (נ) |
| chumbar, obturar (vt) | la'asot stima | לַעֲשׂוֹת סְתִימָה |

| hipnose (f) | hip'noza | הִיפְּנוֹזָה (נ) |
| hipnotizar (vt) | lehapnet | לְהַפְנֵט |

## 75. Médicos

| médico (m) | rofe | רוֹפֵא (ז) |
| enfermeira (f) | axot | אָחוֹת (נ) |
| médico (m) pessoal | rofe iʃi | רוֹפֵא אִישִׁי (ז) |

| dentista (m) | rofe ʃi'nayim | רוֹפֵא שִׁנַּיִם (ז) |
| oculista (m) | rofe ei'nayim | רוֹפֵא עֵינַיִם (ז) |
| terapeuta (m) | rofe pnimi | רוֹפֵא פְּנִימִי (ז) |
| cirurgião (m) | kirurg | כִּירוּרג (ז) |

| psiquiatra (m) | psixi''ater | פְּסִיכִיאָטֶר (ז) |
| pediatra (m) | rofe yeladim | רוֹפֵא יְלָדִים (ז) |
| psicólogo (m) | psixolog | פְּסִיכוֹלוֹג (ז) |
| ginecologista (m) | rofe naʃim | רוֹפֵא נָשִׁים (ז) |
| cardiologista (m) | kardyolog | קַרְדְּיוֹלוֹג (ז) |

## 76. Medicina. Drogas. Acessórios

| medicamento (m) | trufa | תְּרוּפָה (נ) |
| remédio (m) | trufa | תְּרוּפָה (נ) |
| receitar (vt) | lirʃom | לִרְשׁוֹם |
| receita (f) | mirʃam | מִרְשָׁם (ז) |

| comprimido (m) | kadur | כַּדּוּר (ז) |
| pomada (f) | miʃxa | מִשְׁחָה (נ) |
| ampola (f) | 'ampula | אַמְפּוּלָה (נ) |
| preparado (m) | ta'a'rovet | תַּעֲרוֹבֶת (נ) |
| xarope (m) | sirop | סִירוֹפ (ז) |
| cápsula (f) | gluya | גְּלוּיָה (נ) |
| remédio (m) em pó | avka | אַבְקָה (נ) |

| ligadura (f) | tax'boʃet 'gaza | תַּחְבּוֹשֶׁת גָּאזָה (ז) |
| algodão (m) | 'tsemer 'gefen | צֶמֶר גֶּפֶן (ז) |
| iodo (m) | yod | יוֹד (ז) |

| penso (m) rápido | 'plaster | פְּלַסְטֶר (ז) |
| conta-gotas (m) | taf'tefet | טַפְטֶפֶת (נ) |
| termómetro (m) | madxom | מַדְחוֹם (ז) |
| seringa (f) | mazrek | מַזְרֵק (ז) |

| cadeira (f) de rodas | kise galgalim | כִּיסֵא גַּלְגַּלִים (ז) |
| muletas (f pl) | ka'bayim | קַבַּיִים (ז"ר) |

| analgésico (m) | meʃakex ke'evim | מְשַׁכֵּךְ כְּאֵבִים (ז) |
| laxante (m) | trufa meʃal'ʃelet | תְּרוּפָה מְשַׁלְשֶׁלֶת (נ) |

| álcool (m) etílico | 'kohal | פּוֹהָל (ז) |
| ervas (f pl) medicinais | isvei marpe | עִשְׂבֵּי מַרְפֵּא (ז"ר) |
| de ervas (chá ~) | ʃel asavim | שֶׁל עֲשָׂבִים |

## 77. Fumar. Produtos tabágicos

| tabaco (m) | 'tabak | טַבָּק (ז) |
| cigarro (m) | si'garya | סִיגַרְיָה (נ) |
| charuto (m) | sigar | סִיגָר (ז) |
| cachimbo (m) | mik'teret | מִקְטֶרֶת (נ) |
| maço (~ de cigarros) | χafisa | חֲפִיסָה (נ) |

| fósforos (m pl) | gafrurim | גַּפְרוּרִים (ז"ר) |
| caixa (f) de fósforos | kufsat gafrurim | קוּפְסַת גַּפְרוּרִים (נ) |
| isqueiro (m) | matsit | מַצִּית (ז) |
| cinzeiro (m) | ma'afera | מַאֲפֵרָה (נ) |
| cigarreira (f) | nartik lesi'garyot | נַרְתִּיק לְסִיגַרְיוֹת (ז) |

| boquilha (f) | piya | פִּיָּה (נ) |
| filtro (m) | 'filter | פִילְטֶר (ז) |

| fumar (vi, vt) | le'aʃen | לְעַשֵּׁן |
| acender um cigarro | lehadlik si'garya | לְהַדְלִיק סִיגַרְיָה |
| tabagismo (m) | iʃun | עִישּׁוּן (ז) |
| fumador (m) | me'aʃen | מְעַשֵּׁן (ז) |

| beata (f) | bdal si'garya | בְּדַל סִיגַרְיָה (ז) |
| fumo (m) | aʃan | עָשָׁן (ז) |
| cinza (f) | 'efer | אֵפֶר (ז) |

# HABITAT HUMANO

## Cidade

### 78. Cidade. Vida na cidade

| | | |
|---|---|---|
| cidade (f) | ir | עִיר (נ) |
| capital (f) | ir bira | עִיר בִּירָה (נ) |
| aldeia (f) | kfar | כְּפָר (ז) |
| | | |
| mapa (m) da cidade | mapat ha'ir | מַפַּת הָעִיר (נ) |
| centro (m) da cidade | merkaz ha'ir | מֶרְכַּז הָעִיר (ז) |
| subúrbio (m) | parvar | פַּרווָר (ז) |
| suburbano | parvari | פַּרווָרִי |
| | | |
| periferia (f) | parvar | פַּרווָר (ז) |
| arredores (m pl) | svivot | סבִיבוֹת (נ"ר) |
| quarteirão (m) | ʃxuna | שכוּנָה (נ) |
| quarteirão (m) residencial | ʃxunat megurim | שכוּנַת מְגוּרִים (נ) |
| | | |
| tráfego (m) | tnu'a | תנוּעָה (נ) |
| semáforo (m) | ramzor | רַמזוֹר (ז) |
| transporte (m) público | taxbura tsiburit | תַחבּוּרָה צִיבּוּרִית (נ) |
| cruzamento (m) | 'tsomet | צוֹמֶת (ז) |
| | | |
| passadeira (f) | ma'avar xatsaya | מַעֲבָר חֲצָיָה (ז) |
| passagem (f) subterrânea | ma'avar tat karka'i | מַעֲבָר תַת־קַרקָעִי (ז) |
| cruzar, atravessar (vt) | laxatsot | לַחֲצוֹת |
| peão (m) | holex 'regel | הוֹלֵך רֶגֶל (ז) |
| passeio (m) | midraxa | מִדרָכָה (נ) |
| | | |
| ponte (f) | 'geʃer | גֶשֶר (ז) |
| margem (f) do rio | ta'yelet | טַיֶילֶת (נ) |
| fonte (f) | mizraka | מִזרָקָה (נ) |
| | | |
| alameda (f) | sdera | שֹדֵרָה (נ) |
| parque (m) | park | פָּארק (ז) |
| bulevar (m) | sdera | שֹדֵרָה (נ) |
| praça (f) | kikar | כִּיכָּר (נ) |
| avenida (f) | rexov raʃi | רְחוֹב רָאשִי (ז) |
| rua (f) | rexov | רְחוֹב (ז) |
| travessa (f) | simta | סִמטָה (נ) |
| beco (m) sem saída | mavoi satum | מָבוֹי סָתוּם (ז) |
| | | |
| casa (f) | 'bayit | בַּיִת (ז) |
| edifício, prédio (m) | binyan | בִּניָין (ז) |
| arranha-céus (m) | gored ʃxakim | גוֹרֵד שחָקִים (ז) |
| fachada (f) | xazit | חֲזִית (נ) |
| telhado (m) | gag | גַג (ז) |

| | | |
|---|---|---|
| janela (f) | χalon | חַלּוֹן (ז) |
| arco (m) | 'keʃet | קֶשֶׁת (נ) |
| coluna (f) | amud | עַמּוּד (ז) |
| esquina (f) | pina | פִּינָה (נ) |

| | | |
|---|---|---|
| montra (f) | χalon ra'ava | חַלּוֹן רַאֲוָה (ז) |
| letreiro (m) | 'ʃelet | שֶׁלֶט (ז) |
| cartaz (m) | kraza | כְּרָזָה (נ) |
| cartaz (m) publicitário | 'poster | פּוֹסְטֶר (ז) |
| painel (m) publicitário | 'luaχ pirsum | לוּחַ פִּרְסוּם (ז) |

| | | |
|---|---|---|
| lixo (m) | 'zevel | זֶבֶל (ז) |
| cesta (f) do lixo | paχ aʃpa | פַּח אַשְׁפָּה (ז) |
| jogar lixo na rua | lelaχleχ | לְלַכְלֵךְ |
| aterro (m) sanitário | mizbala | מִזְבָּלָה (נ) |

| | | |
|---|---|---|
| cabine (f) telefónica | ta 'telefon | תָּא טֶלֶפוֹן (ז) |
| candeeiro (m) de rua | amud panas | עַמּוּד פָּנָס (ז) |
| banco (m) | safsal | סַפְסָל (ז) |

| | | |
|---|---|---|
| polícia (m) | ʃoter | שׁוֹטֵר (ז) |
| polícia (instituição) | miʃtara | מִשְׁטָרָה (נ) |
| mendigo (m) | kabtsan | קַבְּצָן (ז) |
| sem-abrigo (m) | χasar 'bayit | חֲסַר בַּיִת (ז) |

## 79. Instituições urbanas

| | | |
|---|---|---|
| loja (f) | χanut | חֲנוּת (נ) |
| farmácia (f) | beit mir'kaχat | בֵּית מִרְקַחַת (ז) |
| ótica (f) | χanut miʃka'fayim | חֲנוּת מִשְׁקָפַיִם (נ) |
| centro (m) comercial | kanyon | קַנְיוֹן (ז) |
| supermercado (m) | super'market | סוּפֶּרְמַרְקֶט (ז) |

| | | |
|---|---|---|
| padaria (f) | ma'afiya | מַאֲפִיָּה (נ) |
| padeiro (m) | ofe | אוֹפֶה (ז) |
| pastelaria (f) | χanut mamtakim | חֲנוּת מַמְתַּקִים (נ) |
| mercearia (f) | ma'kolet | מַכֹּלֶת (נ) |
| talho (m) | itliz | אִטְלִיז (ז) |

| | | |
|---|---|---|
| loja (f) de legumes | χanut perot viyerakot | חֲנוּת פֵּירוֹת וִירָקוֹת (נ) |
| mercado (m) | ʃuk | שׁוּק (ז) |

| | | |
|---|---|---|
| café (m) | beit kafe | בֵּית קָפֶה (ז) |
| restaurante (m) | mis'ada | מִסְעָדָה (נ) |
| bar (m), cervejaria (f) | pab | פָּאבּ (ז) |
| pizzaria (f) | pi'tseriya | פִּיצֶרְיָה (נ) |

| | | |
|---|---|---|
| salão (m) de cabeleireiro | mispara | מִסְפָּרָה (נ) |
| correios (m pl) | 'do'ar | דוֹאַר (ז) |
| lavandaria (f) | nikui yaveʃ | נִיקוּי יָבֵשׁ (ז) |
| estúdio (m) fotográfico | 'studyo letsilum | סְטוּדְיוֹ לְצִילוּם (ז) |

| | | |
|---|---|---|
| sapataria (f) | χanut na'a'layim | חֲנוּת נַעֲלַיִם (נ) |
| livraria (f) | χanut sfarim | חֲנוּת סְפָרִים (נ) |

| | | |
|---|---|---|
| loja (f) de artigos de desporto | χanut sport | חֲנוּת סְפּוֹרְט (נ) |
| reparação (f) de roupa | χanut tikun bgadim | חֲנוּת תִּיקּוּן בְּגָדִים (נ) |
| aluguer (m) de roupa | χanut haskarat bgadim | חֲנוּת הַשְׂכָּרַת בְּגָדִים (נ) |
| aluguer (m) de filmes | χanut haʃalat sratim | חֲנוּת הַשְׁאָלַת סְרָטִים (נ) |

| | | |
|---|---|---|
| circo (m) | kirkas | קִרְקָס (ז) |
| jardim (m) zoológico | gan hayot | גַּן חַיּוֹת (ז) |
| cinema (m) | kol'no‘a | קוֹלְנוֹעַ (ז) |
| museu (m) | muze’on | מוּזֵיאוֹן (ז) |
| biblioteca (f) | sifriya | סִפְרִיָּה (נ) |

| | | |
|---|---|---|
| teatro (m) | te’atron | תִּיאַטְרוֹן (ז) |
| ópera (f) | beit 'opera | בֵּית אוֹפֶּרָה (ז) |
| clube (m) noturno | mo‘adon 'laila | מוֹעֲדוֹן לַיְלָה (ז) |
| casino (m) | ka'zino | קָזִינוֹ (ז) |

| | | |
|---|---|---|
| mesquita (f) | misgad | מִסְגָּד (ז) |
| sinagoga (f) | beit 'kneset | בֵּית כְּנֶסֶת (ז) |
| catedral (f) | kated'rala | קָתֶדְרָלָה (נ) |
| templo (m) | mikdaʃ | מִקְדָּשׁ (ז) |
| igreja (f) | knesiya | כְּנֵסִיָּה (נ) |

| | | |
|---|---|---|
| instituto (m) | miχlala | מִכְלָלָה (נ) |
| universidade (f) | uni'versita | אוּנִיבֶרְסִיטָה (נ) |
| escola (f) | beit 'sefer | בֵּית סֵפֶר (ז) |

| | | |
|---|---|---|
| prefeitura (f) | maχoz | מָחוֹז (ז) |
| câmara (f) municipal | iriya | עִירִיָּה (נ) |
| hotel (m) | beit malon | בֵּית מָלוֹן (ז) |
| banco (m) | bank | בַּנְק (ז) |

| | | |
|---|---|---|
| embaixada (f) | ʃagrirut | שַׁגְרִירוּת (נ) |
| agência (f) de viagens | soχnut nesi‘ot | סוֹכְנוּת נְסִיעוֹת (נ) |
| agência (f) de informações | modi‘in | מוֹדִיעִין (ז) |
| casa (f) de câmbio | misrad hamarat mat'be‘a | מִשְׂרַד הֲמָרַת מַטְבֵּעַ (ז) |

| | | |
|---|---|---|
| metro (m) | ra'kevet taχtit | רַכֶּבֶת תַּחְתִּית (נ) |
| hospital (m) | beit χolim | בֵּית חוֹלִים (ז) |

| | | |
|---|---|---|
| posto (m) de gasolina | taχanat 'delek | תַּחֲנַת דֶּלֶק (נ) |
| parque (m) de estacionamento | migraʃ χanaya | מִגְרַשׁ חֲנָיָה (ז) |

## 80. Sinais

| | | |
|---|---|---|
| letreiro (m) | 'ʃelet | שֶׁלֶט (ז) |
| inscrição (f) | moda‘a | מוֹדָעָה (נ) |
| cartaz, póster (m) | 'poster | פּוֹסְטֶר (ז) |
| sinal (m) informativo | tamrur | תַּמְרוּר (ז) |
| seta (f) | χets | חֵץ (ז) |

| | | |
|---|---|---|
| aviso (advertência) | azhara | אַזְהָרָה (נ) |
| sinal (m) de aviso | 'ʃelet azhara | שֶׁלֶט אַזְהָרָה (ז) |
| avisar, advertir (vt) | lehazhir | לְהַזְהִיר |
| dia (m) de folga | yom 'χofeʃ | יוֹם חוֹפֶשׁ (ז) |

| horário (m) | 'luax zmanim | לוּחַ זְמַנִּים (ז) |
| horário (m) de funcionamento | ʃaʿot avoda | שְׁעוֹת עֲבוֹדָה (נ"ר) |

| BEM-VINDOS! | bruxim haba²im! | בְּרוּכִים הַבָּאִים! |
| ENTRADA | knisa | כְּנִיסָה |
| SAÍDA | yetsi²a | יְצִיאָה |

| EMPURRE | dxof | דְּחוֹף |
| PUXE | mʃox | מְשׁוֹךְ |
| ABERTO | pa'tuax | פָּתוּחַ |
| FECHADO | sagur | סָגוּר |

| MULHER | lenaʃim | לְנָשִׁים |
| HOMEM | legvarim | לִגְבָרִים |

| DESCONTOS | hanaxot | הֲנָחוֹת |
| SALDOS | mivtsa | מִבְצָע |
| NOVIDADE! | xadaʃ! | חָדָשׁ! |
| GRÁTIS | xinam | חִינָם |

| ATENÇÃO! | sim lev! | שִׂים לֵב! |
| NÃO HÁ VAGAS | ein makom panui | אֵין מָקוֹם פָּנוּי |
| RESERVADO | ʃamur | שָׁמוּר |

| ADMINISTRAÇÃO | hanhala | הַנְהָלָה |
| SOMENTE PESSOAL AUTORIZADO | leʿovdim bilvad | לְעוֹבְדִים בִּלְבַד |

| CUIDADO CÃO FEROZ | zehirut 'kelev noʃex! | זְהִירוּת, כֶּלֶב נוֹשֵׁךְ! |
| PROIBIDO FUMAR! | asur leʿaʃen! | אָסוּר לְעַשֵּׁן! |
| NÃO TOCAR | lo lagaat! | לֹא לָגַעַת! |

| PERIGOSO | mesukan | מְסוּכָּן |
| PERIGO | sakana | סַכָּנָה |
| ALTA TENSÃO | 'metax ga'voha | מֶתַח גָּבוֹהַּ |
| PROIBIDO NADAR | haraxatsa asura! | הָרַחְצָה אֲסוּרָה! |
| AVARIADO | lo oved | לֹא עוֹבֵד |

| INFLAMÁVEL | dalik | דָּלִיק |
| PROIBIDO | asur | אָסוּר |
| ENTRADA PROIBIDA | asur laʿavor | אָסוּר לַעֲבוֹר |
| CUIDADO TINTA FRESCA | 'tseva lax | צֶבַע לַח |

## 81. Transportes urbanos

| autocarro (m) | 'otobus | אוֹטוֹבּוּס (ז) |
| elétrico (m) | ra'kevet kala | רַכֶּבֶת קַלָּה (נ) |
| troleicarro (m) | tro'leibus | טְרוֹלֵייבּוּס (ז) |
| itinerário (m) | maslul | מַסְלוּל (ז) |
| número (m) | mispar | מִסְפָּר (ז) |

| ir de … (carro, etc.) | lin'soʿa be… | לִנְסוֹעַ בְּ... |
| entrar (~ no autocarro) | laʿalot | לַעֲלוֹת |
| descer de … | la'redet mi… | לָרֶדֶת מ... |

77

| paragem (f) | taχana | תַּחֲנָה (נ) |
| próxima paragem (f) | hataχana haba'a | הַתַּחֲנָה הַבָּאָה (נ) |
| ponto (m) final | hataχana ha'aχrona | הַתַּחֲנָה הָאַחֲרוֹנָה (נ) |
| horário (m) | 'luaχ zmanim | לוּחַ זְמַנִּים (ז) |
| esperar (vt) | lehamtin | לְהַמְתִּין |

| bilhete (m) | kartis | כַּרְטִיס (ז) |
| custo (m) do bilhete | meχir hanesiya | מְחִיר הַנְּסִיעָה (ז) |

| bilheteiro (m) | kupai | קוּפַּאי (ז) |
| controlo (m) dos bilhetes | bi'koret kartisim | בִּיקּוֹרֶת כַּרְטִיסִים (נ) |
| revisor (m) | mevaker | מְבַקֵּר (ז) |

| atrasar-se (vr) | le'aχer | לְאַחֵר |
| perder (o autocarro, etc.) | lefasfes | לְפַסְפֵס |
| estar com pressa | lemaher | לְמַהֵר |

| táxi (m) | monit | מוֹנִית (נ) |
| taxista (m) | nahag monit | נַהַג מוֹנִית (ז) |
| de táxi (ir ~) | bemonit | בְּמוֹנִית |
| praça (f) de táxis | taχanat moniyot | תַּחֲנַת מוֹנִיּוֹת (נ) |
| chamar um táxi | lehazmin monit | לְהַזְמִין מוֹנִית |
| apanhar um táxi | la'kaχat monit | לָקַחַת מוֹנִית |

| tráfego (m) | tnu'a | תְּנוּעָה (נ) |
| engarrafamento (m) | pkak | פְּקָק (ז) |
| horas (f pl) de ponta | ʃa'ot 'omes | שְׁעוֹת עוֹמֶס (נ"ר) |
| estacionar (vi) | laχanot | לַחֲנוֹת |
| estacionar (vt) | lehaχnot | לְהַחֲנוֹת |
| parque (m) de estacionamento | χanaya | חֲנָיָה (נ) |

| metro (m) | ra'kevet taχtit | רַכֶּבֶת תַּחְתִּית (נ) |
| estação (f) | taχana | תַּחֲנָה (נ) |
| ir de metro | lin'so'a betaχtit | לִנְסוֹעַ בְּתַחְתִּית |
| comboio (m) | ra'kevet | רַכֶּבֶת (נ) |
| estação (f) | taχanat ra'kevet | תַּחֲנַת רַכֶּבֶת (נ) |

## 82. Turismo

| monumento (m) | an'darta | אַנְדַּרְטָה (נ) |
| fortaleza (f) | mivtsar | מִבְצָר (ז) |
| palácio (m) | armon | אַרְמוֹן (ז) |
| castelo (m) | tira | טִירָה (נ) |
| torre (f) | migdal | מִגְדָּל (ז) |
| mausoléu (m) | ma'uzo'le'um | מָאוּזוֹלֵיאוּם (ז) |

| arquitetura (f) | adriχalut | אַדְרִיכָלוּת (נ) |
| medieval | benaimi | בֵּינַיְימִי |
| antigo | atik | עַתִּיק |
| nacional | le'umi | לְאוּמִי |
| conhecido | mefursam | מְפוּרְסָם |

| turista (m) | tayar | תַּיָּיר (ז) |
| guia (pessoa) | madriχ tiyulim | מַדְרִיךְ טִיּוּלִים (ז) |

| excursão (f) | tiyul | טִיּוּל (ז) |
| mostrar (vt) | lehar'ot | לְהַרְאוֹת |
| contar (vt) | lesaper | לְסַפֵּר |

| encontrar (vt) | limtso | לִמְצֹא |
| perder-se (vr) | la'lexet le'ibud | לָלֶכֶת לְאִיבּוּד |
| mapa (~ do metrô) | mapa | מַפָּה (נ) |
| mapa (~ da cidade) | tarʃim | תַּרְשִׁים (ז) |

| lembrança (f), presente (m) | maz'keret | מַזְכֶּרֶת (נ) |
| loja (f) de presentes | xanut matanot | חֲנוּת מַתָּנוֹת (נ) |
| fotografar (vt) | letsalem | לְצַלֵּם |
| fotografar-se | lehitstalem | לְהִצְטַלֵּם |

## 83. Compras

| comprar (vt) | liknot | לִקְנוֹת |
| compra (f) | kniya | קְנִיָּה (נ) |
| fazer compras | la'lexet lekniyot | לָלֶכֶת לִקְנִיּוֹת |
| compras (f pl) | arixat kniyot | עֲרִיכַת קְנִיּוֹת (נ) |

| estar aberta (loja, etc.) | pa'tuax | פָּתוּחַ |
| estar fechada | sagur | סָגוּר |

| calçado (m) | na'a'layim | נַעֲלַיִים (נ״ר) |
| roupa (f) | bgadim | בְּגָדִים (ז״ר) |
| cosméticos (m pl) | tamrukim | תַּמְרוּקִים (ז״ר) |
| alimentos (m pl) | mutsrei mazon | מוּצְרֵי מָזוֹן (ז״ר) |
| presente (m) | matana | מַתָּנָה (נ) |

| vendedor (m) | moxer | מוֹכֵר (ז) |
| vendedora (f) | mo'xeret | מוֹכֶרֶת (נ) |

| caixa (f) | kupa | קוּפָּה (נ) |
| espelho (m) | mar'a | מַרְאָה (נ) |
| balcão (m) | duxan | דּוּכָן (ז) |
| cabine (f) de provas | 'xeder halbaʃa | חֲדַר הַלְבָּשָׁה (ז) |

| provar (vt) | limdod | לִמְדֹד |
| servir (vi) | lehat'im | לְהַתְאִים |
| gostar (apreciar) | limtso xen be'ei'nayim | לִמְצֹא חֵן בְּעֵינַיִים |

| preço (m) | mexir | מְחִיר (ז) |
| etiqueta (f) de preço | tag mexir | תַּג מְחִיר (ז) |
| custar (vt) | la'alot | לַעֲלוֹת |
| Quanto? | 'kama? | כַּמָּה? |
| desconto (m) | hanaxa | הֲנָחָה (נ) |

| não caro | lo yakar | לֹא יָקָר |
| barato | zol | זוֹל |
| caro | yakar | יָקָר |
| É caro | ze yakar | זֶה יָקָר |
| aluguer (m) | haskara | הַשְׂכָּרָה (נ) |
| alugar (vestidos, etc.) | liskor | לִשְׂכֹּר |

| crédito (m) | aʃrai | אַשְׁרַאי (ז) |
| a crédito | be'aʃrai | בְּאַשְׁרַאי |

## 84. Dinheiro

| dinheiro (m) | 'kesef | כֶּסֶף (ז) |
| câmbio (m) | hamara | הֲמָרָה (נ) |
| taxa (f) de câmbio | 'ʃa'ar χalifin | שַׁעַר חֲלִיפִין (ז) |
| Caixa Multibanco (m) | kaspomat | כַּסְפּוֹמָט (ז) |
| moeda (f) | mat'be'a | מַטְבֵּעַ (ז) |

| dólar (m) | 'dolar | דוֹלָר (ז) |
| euro (m) | 'eiro | אֵירוֹ (ז) |

| lira (f) | 'lira | לִירָה (נ) |
| marco (m) | mark germani | מַרְק גֶּרְמָנִי (ז) |
| franco (m) | frank | פְרַנְק (ז) |
| libra (f) esterlina | 'lira 'sterling | לִירָה שְׁטֶרְלִינְג (נ) |
| iene (m) | yen | יֶן (ז) |

| dívida (f) | χov | חוֹב (ז) |
| devedor (m) | 'ba'al χov | בַּעַל חוֹב (ז) |
| emprestar (vt) | lehalvot | לְהַלְווֹת |
| pedir emprestado | lilvot | לִלְווֹת |

| banco (m) | bank | בַּנְק (ז) |
| conta (f) | χeʃbon | חֶשְׁבּוֹן (ז) |
| depositar (vt) | lehafkid | לְהַפְקִיד |
| depositar na conta | lehafkid leχeʃbon | לְהַפְקִיד לְחֶשְׁבּוֹן |
| levantar (vt) | limʃoχ meχeʃbon | לִמְשׁוֹךְ מֵחֶשְׁבּוֹן |

| cartão (m) de crédito | kartis aʃrai | כַּרְטִיס אַשְׁרַאי (ז) |
| dinheiro (m) vivo | mezuman | מְזוּמָן |
| cheque (m) | tʃek | צֶ'ק (ז) |
| passar um cheque | liχtov tʃek | לִכְתוֹב צֶ'ק |
| livro (m) de cheques | pinkas 'tʃekim | פִּנְקָס צֶ'קִים (ז) |

| carteira (f) | arnak | אַרְנָק (ז) |
| porta-moedas (m) | arnak lematbe''ot | אַרְנָק לְמַטְבְּעוֹת (ז) |
| cofre (m) | ka'sefet | כַּסֶּפֶת (נ) |

| herdeiro (m) | yoreʃ | יוֹרֵשׁ (ז) |
| herança (f) | yeruʃa | יְרוּשָׁה (נ) |
| fortuna (riqueza) | 'oʃer | עוֹשֶׁר (ז) |

| arrendamento (m) | χoze sχirut | חוֹזֶה שְׂכִירוּת (ז) |
| renda (f) de casa | sχar dira | שְׂכַר דִּירָה (ז) |
| alugar (vt) | liskor | לִשְׂכּוֹר |

| preço (m) | meχir | מְחִיר (ז) |
| custo (m) | alut | עֲלוּת (נ) |
| soma (f) | sχum | סְכוּם (ז) |
| gastar (vt) | lehotsi | לְהוֹצִיא |
| gastos (m pl) | hotsa'ot | הוֹצָאוֹת (נ"ר) |

| economizar (vi) | laxasox | לַחֲסוֹךְ |
| económico | xesxoni | חֶסְכוֹנִי |

| pagar (vt) | leʃalem | לְשַׁלֵם |
| pagamento (m) | taʃlum | תַּשְׁלוּם (ז) |
| troco (m) | 'odef | עוֹדֶף (ז) |

| imposto (m) | mas | מַס (ז) |
| multa (f) | knas | קְנָס (ז) |
| multar (vt) | liknos | לִקְנוֹס |

## 85.  Correios. Serviço postal

| correios (m pl) | 'do'ar | דוֹאַר (ז) |
| correio (m) | 'do'ar | דוֹאַר (ז) |
| carteiro (m) | davar | דַוָּר (ז) |
| horário (m) | ʃa'ot avoda | שְׁעוֹת עֲבוֹדָה (נ"ר) |

| carta (f) | mixtav | מִכְתָּב (ז) |
| carta (f) registada | mixtav raʃum | מִכְתָּב רָשׁוּם (ז) |
| postal (m) | gluya | גְלוּיָה (נ) |
| telegrama (m) | mivrak | מִבְרָק (ז) |
| encomenda (f) postal | xavila | חֲבִילָה (נ) |
| remessa (f) de dinheiro | ha'avarat ksafim | הַעֲבָרַת כְּסָפִים (נ) |

| receber (vt) | lekabel | לְקַבֵּל |
| enviar (vt) | liʃ'loax | לִשְׁלוֹחַ |
| envio (m) | ʃlixa | שְׁלִיחָה (ז) |

| endereço (m) | 'ktovet | כְּתוֹבֶת (נ) |
| código (m) postal | mikud | מִיקוּד (ז) |
| remetente (m) | ʃo'leax | שׁוֹלֵחַ (ז) |
| destinatário (m) | nim'an | נִמְעָן (ז) |

| nome (m) | ʃem prati | שֵׁם פְּרָטִי (ז) |
| apelido (m) | ʃem miʃpaxa | שֵׁם מִשְׁפָּחָה (ז) |

| tarifa (f) | ta'arif | תַּעֲרִיף (ז) |
| ordinário | ragil | רָגִיל |
| económico | xesxoni | חֶסְכוֹנִי |

| peso (m) | miʃkal | מִשְׁקָל (ז) |
| pesar (estabelecer o peso) | liʃkol | לִשְׁקוֹל |
| envelope (m) | ma'atafa | מַעֲטָפָה (נ) |
| selo (m) | bul 'do'ar | בּוּל דוֹאַר (ז) |
| colar o selo | lehadbik bul | לְהַדְבִּיק בּוּל |

# Moradia. Casa. Lar

## 86. Casa. Habitação

| | | |
|---|---|---|
| casa (f) | 'bayit | בַּיִת (ז) |
| em casa | ba'bayit | בַּבַּיִת |
| pátio (m) | χatser | חָצֵר (ז) |
| cerca (f) | gader | גָּדֵר (ז) |

| | | |
|---|---|---|
| tijolo (m) | levena | לְבֵנָה (נ) |
| de tijolos | milevenim | מִלְבֵנִים |
| pedra (f) | 'even | אֶבֶן (נ) |
| de pedra | me''even | מֵאֶבֶן |
| betão (m) | beton | בֶּטוֹן (ז) |
| de betão | mibeton | מִבֶּטוֹן |

| | | |
|---|---|---|
| novo | χadaʃ | חָדָשׁ |
| velho | yaʃan | יָשָׁן |
| decrépito | balui | בָּלוּי |
| moderno | mo'derni | מוֹדֶרְנִי |
| de muitos andares | rav komot | רַב־קוֹמוֹת |
| alto | ga'voha | גָּבוֹהַּ |

| | | |
|---|---|---|
| andar (m) | 'koma | קוֹמָה (נ) |
| de um andar | χad komati | חַד־קוֹמָתִי |

| | | |
|---|---|---|
| andar (m) de baixo | komat 'karka | קוֹמַת קַרְקַע (נ) |
| andar (m) de cima | hakoma ha'elyona | הַקּוֹמָה הָעֶלְיוֹנָה (נ) |

| | | |
|---|---|---|
| telhado (m) | gag | גַּג (ז) |
| chaminé (f) | aruba | אֲרוּבָּה (נ) |

| | | |
|---|---|---|
| telha (f) | 'ra'af | רַעַף (ז) |
| de telha | mere'afim | מֵרְעָפִים |
| sótão (m) | aliyat gag | עֲלִיַּת גַּג (נ) |

| | | |
|---|---|---|
| janela (f) | χalon | חַלּוֹן (ז) |
| vidro (m) | zχuχit | זְכוּכִית (נ) |

| | | |
|---|---|---|
| parapeito (m) | 'eden χalon | אֶדֶן חַלּוֹן (ז) |
| portadas (f pl) | trisim | תְּרִיסִים (ז"ר) |

| | | |
|---|---|---|
| parede (f) | kir | קִיר (ז) |
| varanda (f) | mir'peset | מִרְפֶּסֶת (נ) |
| tubo (m) de queda | marzev | מַרְזֵב (ז) |

| | | |
|---|---|---|
| em cima | le'mala | לְמַעְלָה |
| subir (~ as escadas) | la'alot bemadregot | לַעֲלוֹת בְּמַדְרֵגוֹת |
| descer (vi) | la'redet bemadregot | לָרֶדֶת בְּמַדְרֵגוֹת |
| mudar-se (vr) | la'avor | לַעֲבוֹר |

## 87. Casa. Entrada. Elevador

| entrada (f) | knisa | כְּנִיסָה (נ) |
| escada (f) | madregot | מַדְרֵגוֹת (נ"ר) |
| degraus (m pl) | madregot | מַדְרֵגוֹת (נ"ר) |
| corrimão (m) | maʿake | מַעֲקֶה (ז) |
| hall (m) de entrada | 'lobi | לוֹבִּי (ז) |

| caixa (f) de correio | teivat 'do'ar | תֵּיבַת דוֹאַר (נ) |
| caixote (m) do lixo | paẋ 'zevel | פַּח זֶבֶל (ז) |
| conduta (f) do lixo | merik aʃpa | מֵרִיק אַשְׁפָּה (ז) |

| elevador (m) | maʿalit | מַעֲלִית (נ) |
| elevador (m) de carga | maʿalit masa | מַעֲלִית מַשָּׂא (נ) |
| cabine (f) | ta maʿalit | תָּא מַעֲלִית (ז) |
| pegar o elevador | lin'so'a bemaʿalit | לִנְסוֹעַ בְּמַעֲלִית |

| apartamento (m) | dira | דִּירָה (נ) |
| moradores (m pl) | dayarim | דַּיָּרִים (ז"ר) |
| vizinho (m) | ʃaẋen | שָׁכֵן (ז) |
| vizinha (f) | ʃẋena | שְׁכֵנָה (נ) |
| vizinhos (pl) | ʃẋenim | שְׁכֵנִים (ז"ר) |

## 88. Casa. Eletricidade

| eletricidade (f) | ẋaʃmal | חַשְׁמַל (ז) |
| lâmpada (f) | nura | נוּרָה (נ) |
| interruptor (m) | 'meteg | מֶתֶג (ז) |
| fusível (m) | natiẋ | נָתִיךְ (ז) |

| fio, cabo (m) | ẋut | חוּט (ז) |
| instalação (f) elétrica | ẋivut | חִיווּט (ז) |
| contador (m) de eletricidade | mone ẋaʃmal | מוֹנֶה חַשְׁמַל (ז) |
| indicação (f), registo (m) | kri'a | קְרִיאָה (נ) |

## 89. Casa. Portas. Fechaduras

| porta (f) | 'delet | דֶּלֶת (נ) |
| portão (m) | 'ʃaʿar | שַׁעַר (ז) |
| maçaneta (f) | yadit | יָדִית (נ) |
| destrancar (vt) | lif'toaẋ | לִפְתּוֹחַ |
| abrir (vt) | lif'toaẋ | לִפְתּוֹחַ |
| fechar (vt) | lisgor | לִסְגּוֹר |

| chave (f) | maf'teaẋ | מַפְתֵּחַ (ז) |
| molho (m) | tsror mafteẋot | צְרוֹר מַפְתְּחוֹת (ז) |
| ranger (vi) | laẋarok | לַחֲרוֹק |
| rangido (m) | ẋarika | חֲרִיקָה (נ) |
| dobradiça (f) | tsir | צִיר (ז) |
| tapete (m) de entrada | ʃtiẋon | שְׁטִיחוֹן (ז) |
| fechadura (f) | manʿul | מַנְעוּל (ז) |

| | | |
|---|---|---|
| buraco (m) da fechadura | χor haman'ul | חוֹר הַמַּנְעוּל (ז) |
| ferrolho (m) | 'briaχ | בְּרִיחַ (ז) |
| fecho (ferrolho pequeno) | 'briaχ | בְּרִיחַ (ז) |
| cadeado (m) | man'ul | מַנְעוּל (ז) |
| | | |
| tocar (vt) | letsaltsel | לְצַלְצֵל |
| toque (m) | tsiltsul | צִלְצוּל (ז) |
| campainha (f) | pa'amon | פַּעֲמוֹן (ז) |
| botão (m) | kaftor | כַּפְתּוֹר (ז) |
| batida (f) | hakaʃa | הַקָּשָׁה (נ) |
| bater (vi) | lehakiʃ | לְהַקִּישׁ |
| | | |
| código (m) | kod | קוֹד (ז) |
| fechadura (f) de código | man'ul kod | מַנְעוּל קוֹד (ז) |
| telefone (m) de porta | 'interkom | אִינְטֶרְקוֹם (ז) |
| número (m) | mispar | מִסְפָּר (ז) |
| placa (f) de porta | luχit | לוּחִית (נ) |
| vigia (f), olho (m) mágico | einit | עֵינִית (נ) |

## 90. Casa de campo

| | | |
|---|---|---|
| aldeia (f) | kfar | כְּפָר (ז) |
| horta (f) | gan yarak | גַּן יָרָק (ז) |
| cerca (f) | gader | גָּדֵר (נ) |
| paliçada (f) | gader yetedot | גָּדֵר יְתֵדוֹת (נ) |
| cancela (f) do jardim | piʃpaʃ | פִּשְׁפָּשׁ (ז) |
| | | |
| celeiro (m) | asam | אָסָם (ז) |
| adega (f) | martef | מַרְתֵּף (ז) |
| galpão, barracão (m) | maχsan | מַחְסָן (ז) |
| poço (m) | be'er | בְּאֵר (נ) |
| | | |
| fogão (m) | aχ | אָח (נ) |
| atiçar o fogo | lehasik et ha'aχ | לְהַסִּיק אֶת הָאָח |
| lenha (carvão ou ~) | atsei hasaka | עֲצֵי הַסָּקָה (ז"ר) |
| acha (lenha) | bul ets | בּוּל עֵץ (ז) |
| | | |
| varanda (f) | mir'peset mekora | מִרְפֶּסֶת מְקוֹרָה (נ) |
| alpendre (m) | mir'peset | מִרְפֶּסֶת (נ) |
| degraus (m pl) de entrada | madregot ba'petaχ 'bayit | מַדְרֵגוֹת בַּפֶּתַח בַּיִת (נ"ר) |
| balouço (m) | nadneda | נַדְנֵדָה (נ) |

## 91. Moradia. Mansão

| | | |
|---|---|---|
| casa (f) de campo | 'bayit bakfar | בַּיִת בַּכְּפָר (ז) |
| vila (f) | 'vila | וִילָה (נ) |
| ala (~ do edifício) | agaf | אֲגַף (ז) |
| | | |
| jardim (m) | gan | גַּן (ז) |
| parque (m) | park | פָּארְק (ז) |
| estufa (f) | χamama | חֲמָמָה (נ) |
| cuidar de ... | legadel | לְגַדֵּל |

| piscina (f) | breχat sχiya | בְּרֵיכַת שְׂחִיָה (נ) |
| ginásio (m) | 'χeder 'koʃer | חֶדֶר כּוֹשֶׁר (ז) |
| campo (m) de ténis | migraʃ 'tenis | מִגְרַשׁ טֶנִיס (ז) |
| cinema (m) | 'χeder hakrana beiti | חֶדֶר הַקְרָנָה בֵּיתִי (ז) |
| garagem (f) | musaχ | מוּסָךְ (ז) |

| propriedade (f) privada | reχuʃ prati | רְכוּשׁ פְּרָטִי (ז) |
| terreno (m) privado | ʃetaχ prati | שֶׁטַח פְּרָטִי (ז) |

| advertência (f) | azhara | אַזְהָרָה (נ) |
| sinal (m) de aviso | 'ʃelet azhara | שֶׁלֶט אַזְהָרָה (ז) |

| guarda (f) | avtaχa | אַבְטָחָה (נ) |
| guarda (m) | ʃomer | שׁוֹמֵר (ז) |
| alarme (m) | ma'a'reχet az'aka | מַעֲרֶכֶת אַזְעָקָה (נ) |

## 92. Castelo. Palácio

| castelo (m) | tira | טִירָה (נ) |
| palácio (m) | armon | אַרְמוֹן (ז) |
| fortaleza (f) | mivtsar | מִבְצָר (ז) |
| muralha (f) | χoma | חוֹמָה (נ) |
| torre (f) | migdal | מִגְדָל (ז) |
| calabouço (m) | migdal merkazi | מִגְדָל מֶרְכָּזִי (ז) |

| grade (f) levadiça | 'ʃa'ar anaχi | שַׁעַר אֲנָכִי (ז) |
| passagem (f) subterrânea | ma'avar tat karka'i | מַעֲבָר תַּת־קַרְקָעִי (ז) |
| fosso (m) | χafir | חָפִיר (ז) |
| corrente, cadeia (f) | ʃal'ʃelet | שַׁלְשֶׁלֶת (נ) |
| seteira (f) | eʃnav 'yeri | אֶשְׁנַב יֶרִי (ז) |

| magnífico | mefo'ar | מְפוֹאָר |
| majestoso | malχuti | מַלְכוּתִי |
| inexpugnável | 'bilti χadir | בִּלְתִּי חָדִיר |
| medieval | benaimi | בֵּינַיְימִי |

## 93. Apartamento

| apartamento (m) | dira | דִירָה (נ) |
| quarto (m) | 'χeder | חֶדֶר (ז) |
| quarto (m) de dormir | χadar ʃena | חֲדַר שֵׁינָה (ז) |
| sala (f) de jantar | pinat 'oχel | פִּינַת אוֹכֶל (נ) |
| sala (f) de estar | salon | סָלוֹן (ז) |
| escritório (m) | χadar avoda | חֲדַר עֲבוֹדָה (ז) |

| antessala (f) | prozdor | פְּרוֹזְדוֹר (ז) |
| quarto (m) de banho | χadar am'batya | חֲדַר אַמְבַּטְיָה (ז) |
| toilette (lavabo) | ʃerutim | שֵׁירוּתִים (ז"ר) |

| teto (m) | tikra | תִּקְרָה (נ) |
| chão, soalho (m) | ritspa | רִצְפָּה (נ) |
| canto (m) | pina | פִּינָה (נ) |

## 94. Apartamento. Limpeza

| | | |
|---|---|---|
| arrumar, limpar (vt) | lenakot | לְנַקּוֹת |
| guardar (no armário, etc.) | lefanot | לְפַנּוֹת |
| pó (m) | avak | אָבָק (ז) |
| empoeirado | me'ubak | מְאוּבָּק |
| limpar o pó | lenakot avak | לְנַקּוֹת אָבָק |
| aspirador (m) | ʃo'ev avak | שׁוֹאֵב אָבָק (ז) |
| aspirar (vt) | liʃov avak | לִשְׁאוֹב אָבָק |

| | | |
|---|---|---|
| varrer (vt) | letate | לְטַאטֵא |
| sujeira (f) | 'psolet ti'tu | פְּסוֹלֶת טִאטוּא (נ) |
| arrumação (f), ordem (f) | 'seder | סֵדֶר (ז) |
| desordem (f) | i 'seder | אִי סֵדֶר (ז) |

| | | |
|---|---|---|
| esfregão (m) | magev im smartut | מַגֵּב עִם סְמַרְטוּט (ז) |
| pano (m), trapo (m) | smartut avak | סְמַרְטוּט אָבָק (ז) |
| vassoura (f) | mat'ate katan | מַטְאֲטֵא קָטָן (ז) |
| pá (f) de lixo | ya'e | יָעֶה (ז) |

## 95. Mobiliário. Interior

| | | |
|---|---|---|
| mobiliário (m) | rehitim | רָהִיטִים (ז"ר) |
| mesa (f) | ʃulχan | שׁוּלְחָן (ז) |
| cadeira (f) | kise | כִּסֵּא (ז) |
| cama (f) | mita | מִיטָּה (נ) |
| divã (m) | sapa | סַפָּה (נ) |
| cadeirão (m) | kursa | כּוּרְסָה (נ) |

| | | |
|---|---|---|
| estante (f) | aron sfarim | אֲרוֹן סְפָרִים (ז) |
| prateleira (f) | madaf | מַדָּף (ז) |

| | | |
|---|---|---|
| guarda-vestidos (m) | aron bgadim | אֲרוֹן בְּגָדִים (ז) |
| cabide (m) de parede | mitle | מִתְלֶה (ז) |
| cabide (m) de pé | mitle | מִתְלֶה (ז) |

| | | |
|---|---|---|
| cómoda (f) | ʃida | שִׁידָה (נ) |
| mesinha (f) de centro | ʃulχan itonim | שׁוּלְחָן עִיתּוֹנִים (ז) |

| | | |
|---|---|---|
| espelho (m) | mar'a | מַרְאָה (נ) |
| tapete (m) | ʃa'tiaχ | שָׁטִיחַ (ז) |
| tapete (m) pequeno | ʃa'tiaχ | שָׁטִיחַ (ז) |

| | | |
|---|---|---|
| lareira (f) | aχ | אָח (נ) |
| vela (f) | ner | נֵר (ז) |
| castiçal (m) | pamot | פָּמוֹט (ז) |

| | | |
|---|---|---|
| cortinas (f pl) | vilonot | וִילוֹנוֹת (ז"ר) |
| papel (m) de parede | tapet | טַפֶּט (ז) |
| estores (f pl) | trisim | תְּרִיסִים (ז"ר) |

| | | |
|---|---|---|
| candeeiro (m) de mesa | menorat ʃulχan | מְנוֹרַת שׁוּלְחָן (נ) |
| candeeiro (m) de parede | menorat kir | מְנוֹרַת קִיר (נ) |

| candeeiro (m) de pé | menora o'medet | מְנוֹרָה עוֹמֶדֶת (נ) |
| lustre (m) | niv'reʃet | נִבְרֶשֶׁת (נ) |

| pé (de mesa, etc.) | 'regel | רֶגֶל (נ) |
| braço (m) | miʃ"enet yad | מִשְׁעֶנֶת יָד (נ) |
| costas (f pl) | miʃ"enet | מִשְׁעֶנֶת (נ) |
| gaveta (f) | megera | מְגֵירָה (נ) |

## 96. Quarto de dormir

| roupa (f) de cama | matsa'im | מַצָּעִים (ז"ר) |
| almofada (f) | karit | כָּרִית (נ) |
| fronha (f) | tsipit | צִיפִית (נ) |
| cobertor (m) | smiχa | שְׂמִיכָה (נ) |
| lençol (m) | sadin | סָדִין (ז) |
| colcha (f) | kisui mita | כִּיסוּי מִיטָה (ז) |

## 97. Cozinha

| cozinha (f) | mitbaχ | מִטְבָּח (ז) |
| gás (m) | gaz | גָּז (ז) |
| fogão (m) a gás | tanur gaz | תַּנּוּר גָּז (ז) |
| fogão (m) elétrico | tanur χaʃmali | תַּנּוּר חַשְׁמַלִי (ז) |
| forno (m) | tanur afiya | תַּנּוּר אָפִיָה (ז) |
| forno (m) de micro-ondas | mikrogal | מִיקְרוֹגַל (ז) |

| frigorífico (m) | mekarer | מְקָרֵר (ז) |
| congelador (m) | makpi | מַקְפִּיא (ז) |
| máquina (f) de lavar louça | me'diaχ kelim | מֵדִיחַ כֵּלִים (ז) |

| moedor (m) de carne | matχenat basar | מַטְחֲנַת בָּשָׂר (נ) |
| espremedor (m) | masχeta | מַסְחֵטָה (נ) |
| torradeira (f) | 'toster | טוֹסְטֶר (ז) |
| batedeira (f) | 'mikser | מִיקְסֵר (ז) |

| máquina (f) de café | meχonat kafe | מְכוֹנַת קָפֶה (נ) |
| cafeteira (f) | findʒan | פִינְגַ'אן (ז) |
| moinho (m) de café | matχenat kafe | מַטְחֲנַת קָפֶה (נ) |

| chaleira (f) | kumkum | קוּמְקוּם (ז) |
| bule (m) | kumkum | קוּמְקוּם (ז) |
| tampa (f) | miχse | מִכְסֶה (ז) |
| coador (m) de chá | mis'nenet te | מְסַנֶּנֶת תֵּה (נ) |

| colher (f) | kaf | כַּף (נ) |
| colher (f) de chá | kapit | כַּפִּית (נ) |
| colher (f) de sopa | kaf | כַּף (נ) |
| garfo (m) | mazleg | מַזְלֵג (ז) |
| faca (f) | sakin | סַכִּין (ז, נ) |

| louça (f) | kelim | כֵּלִים (ז"ר) |
| prato (m) | tsa'laχat | צַלַּחַת (נ) |

| | | |
|---|---|---|
| pires (m) | taχtit | תַּחְתִּית (ז) |
| cálice (m) | kosit | כּוֹסִית (נ) |
| copo (m) | kos | כּוֹס (נ) |
| chávena (f) | 'sefel | סֵפֶל (ז) |

| | | |
|---|---|---|
| açucareiro (m) | mis'keret | מִסְכֶּרֶת (נ) |
| saleiro (m) | milχiya | מִלְחִיָּה (נ) |
| pimenteiro (m) | pilpeliya | פִּלְפְּלִיָּה (נ) |
| manteigueira (f) | maχame'a | מַחְמָאָה (נ) |

| | | |
|---|---|---|
| panela, caçarola (f) | sir | סִיר (ז) |
| frigideira (f) | maχvat | מַחְבַת (נ) |
| concha (f) | tarvad | תַּרְוָד (ז) |
| passador (m) | mis'nenet | מְסַנֶּנֶת (נ) |
| bandeja (f) | magaʃ | מַגָּשׁ (ז) |

| | | |
|---|---|---|
| garrafa (f) | bakbuk | בַּקְבּוּק (ז) |
| boião (m) de vidro | tsin'tsenet | צִנְצֶנֶת (נ) |
| lata (f) | paχit | פַּחִית (נ) |

| | | |
|---|---|---|
| abre-garrafas (m) | potχan bakbukim | פּוֹתְחָן בַּקְבּוּקִים (ז) |
| abre-latas (m) | potχan kufsa'ot | פּוֹתְחָן קוּפְסָאוֹת (ז) |
| saca-rolhas (m) | maχlets | מַחְלֵץ (ז) |
| filtro (m) | 'filter | פִילְטֶר (ז) |
| filtrar (vt) | lesanen | לְסַנֵּן |

| | | |
|---|---|---|
| lixo (m) | 'zevel | זֶבֶל (ז) |
| balde (m) do lixo | paχ 'zevel | פַּח זֶבֶל (ז) |

## 98. Casa de banho

| | | |
|---|---|---|
| quarto (m) de banho | χadar am'batya | חֲדַר אַמְבַּטְיָה (ז) |
| água (f) | 'mayim | מַיִם (ז"ר) |
| torneira (f) | 'berez | בֶּרֶז (ז) |
| água (f) quente | 'mayim χamim | מַיִם חַמִּים (ז"ר) |
| água (f) fria | 'mayim karim | מַיִם קָרִים (ז"ר) |

| | | |
|---|---|---|
| pasta (f) de dentes | miʃχat ʃi'nayim | מִשְׁחַת שִׁינַיִים (נ) |
| escovar os dentes | letsaχ'tseaχ ʃi'nayim | לְצַחְצֵחַ שִׁינַיִים |
| escova (f) de dentes | miv'reʃet ʃi'nayim | מִבְרֶשֶׁת שִׁינַיִים (נ) |

| | | |
|---|---|---|
| barbear-se (vr) | lehitga'leaχ | לְהִתְגַּלֵּחַ |
| espuma (f) de barbear | 'ketsef gi'luaχ | קֶצֶף גִּילּוּחַ (ז) |
| máquina (f) de barbear | 'ta'ar | תַּעַר (ז) |

| | | |
|---|---|---|
| lavar (vt) | liʃtof | לִשְׁטוֹף |
| lavar-se (vr) | lehitraχets | לְהִתְרַחֵץ |
| duche (m) | mik'laχat | מִקְלַחַת (נ) |
| tomar um duche | lehitka'leaχ | לְהִתְקַלֵּחַ |

| | | |
|---|---|---|
| banheira (f) | am'batya | אַמְבַּטְיָה (נ) |
| sanita (f) | asla | אַסְלָה (נ) |
| lavatório (m) | kiyor | כִּיּוֹר (ז) |
| sabonete (m) | sabon | סַבּוֹן (ז) |

| saboneteira (f) | saboniya | סַבּוֹנִיָּה (נ) |
| esponja (f) | sfog 'lifa | סְפוֹג לִיפָה (ז) |
| champô (m) | ʃampu | שַׁמְפּוּ (ז) |
| toalha (f) | ma'gevet | מַגֶּבֶת (נ) |
| roupão (m) de banho | χaluk raχatsa | חָלוּק רַחְצָה (ז) |

| lavagem (f) | kvisa | כְּבִיסָה (נ) |
| máquina (f) de lavar | meχonat kvisa | מְכוֹנַת כְּבִיסָה (נ) |
| lavar a roupa | leχabes | לְכַבֵּס |
| detergente (m) | avkat kvisa | אַבְקַת כְּבִיסָה (נ) |

## 99. Eletrodomésticos

| televisor (m) | tele'vizya | טֶלֶוִיזְיָה (נ) |
| gravador (m) | teip | טֵייפּ (ז) |
| videogravador (m) | maχʃir 'vide'o | מַכְשִׁיר וִידֵאוֹ (ז) |
| rádio (m) | 'radyo | רָדִיוֹ (ז) |
| leitor (m) | nagan | נַגָּן (ז) |

| projetor (m) | makren | מַקְרֵן (ז) |
| cinema (m) em casa | kol'no'a beiti | קוֹלְנוֹעַ בֵּיתִי (ז) |
| leitor (m) de DVD | nagan dividi | נַגָּן DVD (ז) |
| amplificador (m) | magber | מַגְבֵּר (ז) |
| console (f) de jogos | maχʃir plei'steiʃen | מַכְשִׁיר פְּלֵייסְטֵיישֶׁן (ז) |

| câmara (f) de vídeo | matslemat 'vide'o | מַצְלֵמַת וִידֵאוֹ (נ) |
| máquina (f) fotográfica | matslema | מַצְלֵמָה (נ) |
| câmara (f) digital | matslema digi'talit | מַצְלֵמָה דִיגִיטָלִית (נ) |

| aspirador (m) | ʃo'ev avak | שׁוֹאֵב אָבָק (ז) |
| ferro (m) de engomar | maghets | מַגְהֵץ (ז) |
| tábua (f) de engomar | 'kereʃ gihuts | קֶרֶשׁ גִיהוּץ (ז) |

| telefone (m) | 'telefon | טֶלֶפוֹן (ז) |
| telemóvel (m) | 'telefon nayad | טֶלֶפוֹן נַיָּיד (ז) |
| máquina (f) de escrever | meχonat ktiva | מְכוֹנַת כְּתִיבָה (נ) |
| máquina (f) de costura | meχonat tfira | מְכוֹנַת תְפִירָה (נ) |

| microfone (m) | mikrofon | מִיקְרוֹפוֹן (ז) |
| auscultadores (m pl) | ozniyot | אוֹזְנִיוֹת (נ"ר) |
| controlo remoto (m) | 'ʃelet | שֶׁלֶט (ז) |

| CD (m) | taklitor | תַקְלִיטוֹר (ז) |
| cassete (f) | ka'letet | קַלֶטֶת (נ) |
| disco (m) de vinil | taklit | תַקְלִיט (ז) |

## 100. Reparações. Renovação

| renovação (f) | ʃiputs | שִׁיפּוּץ (ז) |
| renovar (vt), fazer obras | leʃapets | לְשַׁפֵּץ |
| reparar (vt) | letaken | לְתַקֵן |
| consertar (vt) | lesader | לְסָדֵר |

| refazer (vt) | la'asot meҳadaʃ | לַעֲשׂוֹת מֶחָדָשׁ |
| tinta (f) | 'ʦeva | צֶבַע (ז) |
| pintar (vt) | liʦ'bo'a | לִצְבּוֹעַ |
| pintor (m) | ʦaba'i | צַבָּעִי (ז) |
| pincel (m) | mikҳol | מִפְחוֹל (ז) |

| cal (f) | sid | סִיד (ז) |
| caiar (vt) | lesayed | לְסַיֵּד |

| papel (m) de parede | tapet | טַפֶּט (ז) |
| colocar papel de parede | lehadbik ta'petim | לְהַדְבִּיק טַפֶּטִים |
| verniz (m) | 'laka | לָכָּה (נ) |
| envernizar (vt) | lim'roaҳ 'laka | לִמְרוֹחַ לָכָּה |

## 101. Canalizações

| água (f) | 'mayim | מַיִם (ז"ר) |
| água (f) quente | 'mayim ҳamim | מַיִם חָמִים (ז"ר) |
| água (f) fria | 'mayim karim | מַיִם קָרִים (ז"ר) |
| torneira (f) | 'berez | בֶּרֶז (ז) |

| gota (f) | tipa | טִיפָּה (נ) |
| gotejar (vi) | letaftef | לְטַפְטֵף |
| vazar (vt) | lidlof | לִדְלוֹף |
| vazamento (m) | dlifa | דְּלִיפָה (נ) |
| poça (f) | ʃlulit | שְׁלוּלִית (נ) |

| tubo (m) | ʦinor | צִינוֹר (ז) |
| válvula (f) | 'berez | בֶּרֶז (ז) |
| entupir-se (vr) | lehisatem | לְהִיסָתֵם |

| ferramentas (f pl) | klei avoda | כְּלֵי עֲבוֹדָה (ז"ר) |
| chave (f) inglesa | maf'teaҳ mitkavnen | מַפְתֵּחַ מִתְכַּווֵן (ז) |
| desenroscar (vt) | lif'toaҳ | לִפְתּוֹחַ |
| enroscar (vt) | lehavrig | לְהַבְרִיג |

| desentupir (vt) | lif'toaҳ et hastima | לִפְתּוֹחַ אֶת הַסְתִימָה |
| canalizador (m) | ʃravrav | שְׁרַבְרָב (ז) |
| cave (f) | martef | מַרְתֵּף (ז) |
| sistema (m) de esgotos | biyuv | בִּיוּב (ז) |

## 102. Fogo. Deflagração

| incêndio (m) | srefa | שְׂרֵיפָה (נ) |
| chama (f) | lehava | לֶהָבָה (נ) |
| faísca (f) | niʦoʦ | נִיצוֹץ (ז) |
| fumo (m) | aʃan | עָשָׁן (ז) |
| tocha (f) | lapid | לַפִּיד (ז) |
| fogueira (f) | medura | מְדוּרָה (נ) |

| gasolina (f) | 'delek | דֶּלֶק (ז) |
| querosene (m) | kerosin | קֵרוֹסִין (ז) |

| | | |
|---|---|---|
| inflamável | dalik | דָּלִיק |
| explosivo | nafits | נָפִיץ |
| PROIBIDO FUMAR! | asur le'aʃen! | אָסוּר לְעַשֵׁן! |

| | | |
|---|---|---|
| segurança (f) | betiχut | בְּטִיחוּת (נ) |
| perigo (m) | sakana | סַכָּנָה (נ) |
| perigoso | mesukan | מְסוּכָּן |

| | | |
|---|---|---|
| incendiar-se (vr) | lehidalek | לְהִידָּלֵק |
| explosão (f) | pitsuts | פִּיצוּץ (ז) |
| incendiar (vt) | lehatsit | לְהַצִּית |
| incendiário (m) | matsit | מַצִּית (ז) |
| incêndio (m) criminoso | hatsata | הַצָּתָה (נ) |

| | | |
|---|---|---|
| arder (vi) | liv'or | לִבְעוֹר |
| queimar (vi) | la'alot be'eʃ | לַעֲלוֹת בָּאֵש |
| queimar tudo (vi) | lehisaref | לְהִישָׂרֵף |

| | | |
|---|---|---|
| chamar os bombeiros | lehazmin meχabei eʃ | לְהַזְמִין מְכַבֵּי אֵש |
| bombeiro (m) | kabai | כַּבַּאי (ז) |
| carro (m) de bombeiros | 'reχev kibui | רֶכֶב כִּיבּוּי (ז) |
| corpo (m) de bombeiros | meχabei eʃ | מְכַבֵּי אֵש (ז"ר) |
| escada (f) extensível | sulam kaba'im | סוּלָם כַּבָּאִים (ז) |

| | | |
|---|---|---|
| mangueira (f) | zarnuk | זַרְנוּק (ז) |
| extintor (m) | mataf | מַטָּף (ז) |
| capacete (m) | kasda | קַסְדָּה (נ) |
| sirene (f) | tsofar | צוֹפָר (ז) |

| | | |
|---|---|---|
| gritar (vi) | lits'ok | לִצְעוֹק |
| chamar por socorro | likro le'ezra | לִקְרוֹא לְעֶזְרָה |
| salvador (m) | matsil | מַצִּיל (ז) |
| salvar, resgatar (vt) | lehatsil | לְהַצִּיל |

| | | |
|---|---|---|
| chegar (vi) | leha'gi'a | לְהַגִּיעַ |
| apagar (vt) | leχabot | לְכַבּוֹת |
| água (f) | 'mayim | מַיִם (ז"ר) |
| areia (f) | χol | חוֹל (ז) |

| | | |
|---|---|---|
| ruínas (f pl) | χoravot | חוֹרָבוֹת (נ"ר) |
| ruir (vi) | likros | לִקְרוֹס |
| desmoronar (vi) | likros | לִקְרוֹס |
| desabar (vi) | lehitmotet | לְהִתְמוֹטֵט |

| | | |
|---|---|---|
| fragmento (m) | pisat χoravot | פִּיסַת חוֹרָבוֹת (נ) |
| cinza (f) | 'efer | אֵפֶר (ז) |

| | | |
|---|---|---|
| sufocar (vi) | lehiχanek | לְהֵיחָנֵק |
| perecer (vi) | lehihareg | לְהֵיהָרֵג |

# ATIVIDADES HUMANAS

## Emprego. Negócios. Parte 1

### 103. Escritório. O trabalho no escritório

| | | |
|---|---|---|
| escritório (~ de advogados) | misrad | מִשְׂרָד (ז) |
| escritório (do diretor, etc.) | misrad | מִשְׂרָד (ז) |
| receção (f) | kabala | קַבָּלָה (נ) |
| secretário (m) | mazkir | מַזְכִּיר (ז) |
| secretária (f) | mazkira | מַזְכִּירָה (נ) |
| | | |
| diretor (m) | menahel | מְנַהֵל (ז) |
| gerente (m) | menahel | מְנַהֵל (ז) |
| contabilista (m) | menahel xeʃbonot | מְנַהֵל חֶשְׁבּוֹנוֹת (ז) |
| empregado (m) | oved | עוֹבֵד (ז) |
| | | |
| mobiliário (m) | rehitim | רָהִיטִים (ז"ר) |
| mesa (f) | ʃulxan | שׁוּלְחָן (ז) |
| cadeira (f) | kursa | כּוּרְסָה (נ) |
| bloco (m) de gavetas | ʃidat megerot | שִׁידַת מְגֵירוֹת (נ) |
| cabide (m) de pé | mitle | מִתְלֶה (ז) |
| | | |
| computador (m) | maxʃev | מַחְשֵׁב (ז) |
| impressora (f) | mad'peset | מַדְפֶּסֶת (נ) |
| fax (m) | faks | פַקְס (ז) |
| fotocopiadora (f) | mexonat tsilum | מְכוֹנַת צִילוּם (נ) |
| | | |
| papel (m) | neyar | נְיָיר (ז) |
| artigos (m pl) de escritório | tsiyud misradi | צִיוּד מִשְׂרָדִי (ז) |
| tapete (m) de rato | ʃa'tiax le'axbar | שָׁטִיחַ לְעַכְבָּר (ז) |
| folha (f) de papel | daf | דַף (ז) |
| pasta (f) | klaser | קְלָסֵר (ז) |
| | | |
| catálogo (m) | katalog | קָטָלוֹג (ז) |
| diretório (f) telefónico | madrix 'telefon | מַדְרִיךְ טֶלֶפוֹן (ז) |
| documentação (f) | ti'ud | תִּיעוּד (ז) |
| brochura (f) | xo'veret | חוֹבֶרֶת (נ) |
| flyer (m) | alon | עָלוֹן (ז) |
| amostra (f) | dugma | דוּגְמָה (נ) |
| | | |
| formação (f) | yeʃivat hadraxa | יְשִׁיבַת הַדְרָכָה (נ) |
| reunião (f) | yeʃiva | יְשִׁיבָה (נ) |
| hora (f) de almoço | hafsakat tsaha'rayim | הַפְסָקַת צָהֳרַיִים (נ) |
| | | |
| fazer uma cópia | letsalem mismax | לְצַלֵם מִסְמָךְ |
| tirar cópias | lehaxin mispar otakim | לְהָכִין מִסְפָּר עוֹתָקִים |
| receber um fax | lekabel faks | לְקַבֵּל פַקְס |
| enviar um fax | liʃ'loax faks | לִשְׁלוֹחַ פַקְס |

| fazer uma chamada | lehitkaʃer | לְהִתקַשֵׁר |
| responder (vt) | la'anot | לַעֲנוֹת |
| passar (vt) | lekaʃer | לְקַשֵׁר |

| marcar (vt) | lik'bo'a pgiʃa | לִקבּוֹעַ פְּגִישָׁה |
| demonstrar (vt) | lehadgim | לְהַדגִים |
| estar ausente | lehe'ader | לְהֵיעָדֵר |
| ausência (f) | he'adrut | הֵיעָדרוּת (נ) |

## 104. Processos negociais. Parte 1

| negócio (m) | 'esek | עֵסֶק (ז) |
| ocupação (f) | isuk | עִיסוּק (ז) |
| firma, empresa (f) | χevra | חֶברָה (נ) |
| companhia (f) | χevra | חֶברָה (נ) |
| corporação (f) | ta'agid | תַאֲגִיד (ז) |
| empresa (f) | 'esek | עֵסֶק (ז) |
| agência (f) | soχnut | סוֹכנוּת (נ) |

| acordo (documento) | heskem | הֶסכֵּם (ז) |
| contrato (m) | χoze | חוֹזֶה (ז) |
| acordo (transação) | iska | עִסקָה (נ) |
| encomenda (f) | hazmana | הַזמָנָה (נ) |
| cláusulas (f pl), termos (m pl) | tnai | תְנַאי (ז) |

| por grosso (adv) | besitonut | בְּסִיטוֹנוּת |
| por grosso (adj) | sitona'i | סִיטוֹנָאִי |
| venda (f) por grosso | sitonut | סִיטוֹנוּת (נ) |
| a retalho | kim'oni | קִמעוֹנִי |
| venda (f) a retalho | kim'onut | קִמעוֹנוּת (נ) |

| concorrente (m) | mitχare | מִתחָרֶה (ז) |
| concorrência (f) | taχarut | תַחֲרוּת (נ) |
| competir (vi) | lehitχarot | לְהִתחָרוֹת |

| sócio (m) | ʃutaf | שׁוּתָף (ז) |
| parceria (f) | ʃutafa | שׁוּתָפוּת (נ) |

| crise (f) | maʃber | מַשׁבֵּר (ז) |
| bancarrota (f) | pʃitat 'regel | פְּשִׁיטַת רֶגֶל (נ) |
| entrar em falência | lifʃot 'regel | לִפשׁוֹט רֶגֶל |
| dificuldade (f) | 'koʃi | קוֹשִׁי (ז) |
| problema (m) | be'aya | בְּעָיָה (נ) |
| catástrofe (f) | ason | אָסוֹן (ז) |

| economia (f) | kalkala | כַּלכָּלָה (נ) |
| económico | kalkali | כַּלכָּלִי |
| recessão (f) económica | mitun kalkali | מִיתוּן כַּלכָּלִי (ז) |

| objetivo (m) | matara | מַטָרָה (נ) |
| tarefa (f) | mesima | מְשִׂימָה (נ) |

| comerciar (vi, vt) | lisχor | לִסחוֹר |
| rede (de distribuição) | 'reʃet | רֶשֶׁת (נ) |

| | | |
|---|---|---|
| estoque (m) | maxsan | מַחְסָן (ז) |
| sortimento (m) | mivxar | מִבְחָר (ז) |

| | | |
|---|---|---|
| líder (m) | manhig | מַנְהִיג (ז) |
| grande (~ empresa) | gadol | גָּדוֹל |
| monopólio (m) | 'monopol | מוֹנוֹפּוֹל (ז) |

| | | |
|---|---|---|
| teoria (f) | te"orya | תֵּיאוֹרְיָה (נ) |
| prática (f) | 'praktika | פְּרַקְטִיקָה (נ) |
| experiência (falar por ~) | nisayon | נִיסָיוֹן (ז) |
| tendência (f) | megama | מְגַמָּה (נ) |
| desenvolvimento (m) | pi'tuax | פִּיתוּחַ (ז) |

## 105. Processos negociais. Parte 2

| | | |
|---|---|---|
| rentabilidade (f) | 'revax | רֶווַח (ז) |
| rentável | rivxi | רִווְחִי |

| | | |
|---|---|---|
| delegação (f) | mif'laxat | מִשְׁלַחַת (נ) |
| salário, ordenado (m) | mas'koret | מַשְׂכּוֹרֶת (נ) |
| corrigir (um erro) | letaken | לְתַקֵּן |
| viagem (f) de negócios | nesi'a batafkid | נְסִיעָה בַּתַּפְקִיד (נ) |
| comissão (f) | amla | עֲמָלָה (נ) |

| | | |
|---|---|---|
| controlar (vt) | liflot | לִשְׁלוֹט |
| conferência (f) | kinus | כִּינוּס (ז) |
| licença (f) | rifayon | רִישָׁיוֹן (ז) |
| confiável | amin | אָמִין |

| | | |
|---|---|---|
| empreendimento (m) | yozma | יוֹזְמָה (נ) |
| norma (f) | 'norma | נוֹרְמָה (נ) |
| circunstância (f) | nesibot | נְסִיבּוֹת (נ"ר) |
| dever (m) | xova | חוֹבָה (נ) |

| | | |
|---|---|---|
| empresa (f) | irgun | אִרְגּוּן (ז) |
| organização (f) | hit'argenut | הִתְאַרְגְּנוּת (נ) |
| organizado | me'urgan | מְאוּרְגָּן |
| anulação (f) | bitul | בִּיטוּל (ז) |
| anular, cancelar (vt) | levatel | לְבַטֵּל |
| relatório (m) | dox | דּוֹחַ (ז) |

| | | |
|---|---|---|
| patente (f) | patent | פָּטֶנְט (ז) |
| patentear (vt) | lirfom patent | לִרְשׁוֹם פָּטֶנְט |
| planear (vt) | letaxnen | לְתַכְנֵן |

| | | |
|---|---|---|
| prémio (m) | 'bonus | בּוֹנוּס (ז) |
| profissional | miktso'i | מִקְצוֹעִי |
| procedimento (m) | 'nohal | נוֹהַל (ז) |

| | | |
|---|---|---|
| examinar (a questão) | livxon | לִבְחוֹן |
| cálculo (m) | xifuv | חִישׁוּב (ז) |
| reputação (f) | monitin | מוֹנִיטִין (ז"ר) |
| risco (m) | sikun | סִיכּוּן (ז) |
| dirigir (~ uma empresa) | lenahel | לְנַהֵל |

| | | |
|---|---|---|
| informação (f) | meida | מֵידָע (ז) |
| propriedade (f) | ba'alut | בַּעֲלוּת (נ) |
| união (f) | igud | אִיגוּד (ז) |

| | | |
|---|---|---|
| seguro (m) de vida | bi'tuaχ χayim | בִּיטוּחַ חַיִּים (ז) |
| fazer um seguro | leva'teaχ | לְבַטֵּחַ |
| seguro (m) | bi'tuaχ | בִּיטוּחַ (ז) |

| | | |
|---|---|---|
| leilão (m) | meχira 'pombit | מְכִירָה פּוּמבִּית (נ) |
| notificar (vt) | leho'dia | לְהוֹדִיעַ |
| gestão (f) | nihul | נִיהוּל (ז) |
| serviço (indústria de ~s) | ʃirut | שֵׁירוּת (ז) |

| | | |
|---|---|---|
| fórum (m) | 'forum | פוֹרוּם (ז) |
| funcionar (vi) | letafked | לְתַפקֵד |
| estágio (m) | ʃalav | שָׁלָב (ז) |
| jurídico | miʃpati | מִשׁפָּטִי |
| jurista (m) | oreχ din | עוֹרֵךְ דִּין (ז) |

## 106. Produção. Trabalhos

| | | |
|---|---|---|
| usina (f) | mif'al | מִפעָל (ז) |
| fábrica (f) | beit χa'roʃet | בֵּית חֲרוֹשֶׁת (ז) |
| oficina (f) | agaf | אֲגָף (ז) |
| local (m) de produção | mif'al | מִפעָל (ז) |

| | | |
|---|---|---|
| indústria (f) | ta'asiya | תַּעֲשִׂיָּה (נ) |
| industrial | ta'asiyati | תַּעֲשִׂיָּתִי |
| indústria (f) pesada | ta'asiya kveda | תַּעֲשִׂיָּה כְּבֵדָה (נ) |
| indústria (f) ligeira | ta'asiya kala | תַּעֲשִׂיָּה קַלָּה (נ) |

| | | |
|---|---|---|
| produção (f) | to'tseret | תּוֹצֶרֶת (נ) |
| produzir (vt) | leyatser | לְיַיצֵר |
| matérias-primas (f pl) | 'χomer 'gelem | חוֹמֶר גֶּלֶם (ז) |

| | | |
|---|---|---|
| chefe (m) de brigada | menahel avoda | מְנַהֵל עֲבוֹדָה (ז) |
| brigada (f) | 'tsevet ovdim | צֶוֶות עוֹבדִים (ז) |
| operário (m) | po'el | פּוֹעֵל (ז) |

| | | |
|---|---|---|
| dia (m) de trabalho | yom avoda | יוֹם עֲבוֹדָה (ז) |
| pausa (f) | hafsaka | הַפסָקָה (נ) |
| reunião (f) | yeʃiva | יְשִׁיבָה (נ) |
| discutir (vt) | ladun | לָדוּן |

| | | |
|---|---|---|
| plano (m) | toχnit | תּוֹכנִית (נ) |
| cumprir o plano | leva'tse'a et hatoχnit | לְבַצֵּעַ אֶת הַתּוֹכנִית |
| taxa (f) de produção | 'ketsev tfuka | קֶצֶב תְּפוּקָה (ז) |
| qualidade (f) | eiχut | אֵיכוּת (נ) |
| controlo (m) | bakara | בַּקָּרָה (נ) |
| controlo (m) da qualidade | bakarat eiχut | בַּקָּרַת אֵיכוּת (נ) |

| | | |
|---|---|---|
| segurança (f) no trabalho | betiχut beavoda | בְּטִיחוּת בָּעֲבוֹדָה (נ) |
| disciplina (f) | miʃ'ma'at | מִשׁמַעַת (נ) |
| infração (f) | hafara | הֲפָרָה (נ) |

| | | |
|---|---|---|
| violar (as regras) | lehafer | לְהָפֵר |
| greve (f) | ʃvita | שְׁבִיתָה (נ) |
| grevista (m) | ʃovet | שׁוֹבֵת (ז) |
| estar em greve | liʃbot | לִשְׁבּוֹת |
| sindicato (m) | igud ovdim | אִיגוּד עוֹבְדִים (ז) |
| | | |
| inventar (vt) | lehamtsi | לְהַמְצִיא |
| invenção (f) | hamtsa'a | הַמְצָאָה (נ) |
| pesquisa (f) | meχkar | מֶחְקָר (ז) |
| melhorar (vt) | leʃaper | לְשַׁפֵּר |
| tecnologia (f) | teχno'logya | טֶכְנוֹלוֹגְיָה (נ) |
| desenho (m) técnico | sirtut | שִׂרְטוּט (ז) |
| | | |
| carga (f) | mit'an | מִטְעָן (ז) |
| carregador (m) | sabal | סַבָּל (ז) |
| carregar (vt) | leha'amis | לְהַעֲמִיס |
| carregamento (m) | ha'amasa | הַעֲמָסָה (נ) |
| descarregar (vt) | lifrok mit'an | לִפְרוֹק מִטְעָן |
| descarga (f) | prika | פְּרִיקָה (נ) |
| | | |
| transporte (m) | hovala | הוֹבָלָה (נ) |
| companhia (f) de transporte | χevrat hovala | חֶבְרַת הוֹבָלָה (נ) |
| transportar (vt) | lehovil | לְהוֹבִיל |
| | | |
| vagão (m) de carga | karon | קָרוֹן (ז) |
| cisterna (f) | meχalit | מֵיכָלִית (נ) |
| camião (m) | masa'it | מַשָּׂאִית (נ) |
| | | |
| máquina-ferramenta (f) | meχonat ibud | מְכוֹנַת עִיבּוּד (נ) |
| mecanismo (m) | manganon | מַנְגָּנוֹן (ז) |
| | | |
| resíduos (m pl) industriais | 'psolet ta'asiyatit | פְּסוֹלֶת תַּעֲשִׂייָתִית (נ) |
| embalagem (f) | ariza | אֲרִיזָה (נ) |
| embalar (vt) | le'eroz | לֶאֱרוֹז |

## 107. Contrato. Acordo

| | | |
|---|---|---|
| contrato (m) | χoze | חוֹזֶה (ז) |
| acordo (m) | heskem | הֶסְכֵּם (ז) |
| adenda (f), anexo (m) | 'sefaχ | סְפָח (ז) |
| | | |
| assinar o contrato | la'aroχ heskem | לַעֲרוֹךְ הֶסְכֵּם |
| assinatura (f) | χatima | חֲתִימָה (נ) |
| assinar (vt) | laχtom | לַחְתּוֹם |
| carimbo (m) | χo'temet | חוֹתֶמֶת (נ) |
| | | |
| objeto (m) do contrato | nose haχoze | נוֹשֵׂא הַחוֹזֶה (ז) |
| cláusula (f) | se'if | סָעִיף (ז) |
| partes (f pl) | tsdadim | צְדָדִים (ז"ר) |
| morada (f) jurídica | 'ktovet miʃpatit | כְּתוֹבֶת מִשְׁפָּטִית (נ) |
| | | |
| violar o contrato | lehafer χoze | לְהָפֵר חוֹזֶה |
| obrigação (f) | hitχaivut | הִתְחַייְבוּת (נ) |
| responsabilidade (f) | aχrayut | אַחְרָיוּת (נ) |

| força (f) maior | 'koaҳ elyon | כֹּחַ עֶלְיוֹן (ז) |
| litígio (m), disputa (f) | vi'kuaҳ | וִיכּוּחַ (ז) |
| multas (f pl) | itsumim | עִיצוּמִים (ז״ר) |

## 108. Importação & Exportação

| importação (f) | ye'vuʾa | יְבוּא (ז) |
| importador (m) | yevuʾan | יְבוּאָן (ז) |
| importar (vt) | leyabe | לְיַבֵּא |
| de importação | meyuba | מְיוּבָּא |

| exportação (f) | yitsu | יִיצוּא (ז) |
| exportador (m) | yetsuʾan | יְצוּאָן (ז) |
| exportar (vt) | leyatse | לְיַצֵּא |
| de exportação | ʃel yitsu | שֶׁל יִיצוּא |

| mercadoria (f) | sҳora | סְחוֹרָה (נ) |
| lote (de mercadorias) | miʃ'loaҳ | מִשְׁלוֹחַ (ז) |

| peso (m) | miʃkal | מִשְׁקָל (ז) |
| volume (m) | 'nefaҳ | נֶפַח (ז) |
| metro (m) cúbico | 'meter me'ukav | מֶטֶר מְעוּקָב (ז) |

| produtor (m) | yatsran | יַצְרָן (ז) |
| companhia (f) de transporte | ҳevrat hovala | חֶבְרַת הוֹבָלָה (נ) |
| contentor (m) | meҳula | מְכוּלָה (נ) |

| fronteira (f) | gvul | גְבוּל (ז) |
| alfândega (f) | 'meҳes | מֶכֶס (ז) |
| taxa (f) alfandegária | mas 'meҳes | מַס מֶכֶס (ז) |
| funcionário (m) da alfândega | pakid 'meҳes | פְּקִיד מֶכֶס (ז) |
| contrabando (atividade) | havraҳa | הַבְרָחָה (נ) |
| contrabando (produtos) | sҳora muv'reҳet | סְחוֹרָה מוּבְרַחַת (נ) |

## 109. Finanças

| ação (f) | menaya | מְנָיָה (נ) |
| obrigação (f) | i'geret ҳov | אִיגֶּרֶת חוֹב (נ) |
| nota (f) promissória | ʃtar ҳalifin | שְׁטַר חֲלִיפִין (ז) |

| bolsa (f) | 'bursa | בּוּרְסָה (נ) |
| cotação (m) das ações | meҳir hamenaya | מְחִיר הַמְּנָיָה (ז) |

| tornar-se mais barato | la'redet bemeҳir | לָרֶדֶת בִּמְחִיר |
| tornar-se mais caro | lehityaker | לְהִתְיַיקֵּר |

| parte (f) | menaya | מְנָיָה (נ) |
| participação (f) maioritária | ʃlita | שְׁלִיטָה (נ) |

| investimento (m) | haʃka'ot | הַשְׁקָעוֹת (נ״ר) |
| investir (vt) | lehaʃ'kiʿa | לְהַשְׁקִיעַ |
| percentagem (f) | aҳuz | אָחוּז (ז) |

| | | |
|---|---|---|
| juros (m pl) | ribit | רִיבִּית (נ) |
| lucro (m) | 'revax | רֶווַח (ז) |
| lucrativo | rivxi | רִווחִי |
| imposto (m) | mas | מָס (ז) |

| | | |
|---|---|---|
| divisa (f) | mat'be'a | מַטבֵּעַ (ז) |
| nacional | le'umi | לְאוּמִי |
| câmbio (m) | hamara | הַמָרָה (נ) |

| | | |
|---|---|---|
| contabilista (m) | ro'e xeʃbon | רוֹאֵה חֶשבּוֹן (ז) |
| contabilidade (f) | hanhalat xeʃbonot | הַנהָלַת חֶשבּוֹנוֹת (נ) |

| | | |
|---|---|---|
| bancarrota (f) | pʃitat 'regel | פּשִיטַת רֶגֶל (נ) |
| falência (f) | krisa | קרִיסָה (נ) |
| ruína (f) | pʃitat 'regel | פּשִיטַת רֶגֶל (נ) |
| arruinar-se (vr) | liʃʃot 'regel | לִפשוֹט רֶגֶל |
| inflação (f) | inf'latsya | אִינפלַצִיָה (נ) |
| desvalorização (f) | pixut | פִּיחוּת (ז) |

| | | |
|---|---|---|
| capital (m) | hon | הוֹן (ז) |
| rendimento (m) | haxnasa | הַכנָסָה (נ) |
| volume (m) de negócios | maxzor | מַחזוֹר (ז) |
| recursos (m pl) | maʃʼabim | מַשאַבִּים (ז"ר) |
| recursos (m pl) financeiros | emtsaʼim kaspiyim | אֶמצָעִים כַּספִּיִים (ז"ר) |
| despesas (f pl) gerais | hotsa'ot | הוֹצָאוֹת (נ"ר) |
| reduzir (vt) | letsamtsem | לְצַמצֵם |

## 110. Marketing

| | | |
|---|---|---|
| marketing (m) | ʃivuk | שִיווּק (ז) |
| mercado (m) | ʃuk | שוּק (ז) |
| segmento (m) do mercado | 'pelax ʃuk | פֶּלַח שוּק (ז) |
| produto (m) | mutsar | מוּצָר (ז) |
| mercadoria (f) | sxora | סחוֹרָה (נ) |

| | | |
|---|---|---|
| marca (f) | mutag | מוּתָג (ז) |
| marca (f) comercial | 'semel misxari | סֶמֶל מִסחָרִי (ז) |
| logotipo (m) | 'semel haxevra | סֶמֶל הַחֶברָה (ז) |
| logo (m) | 'logo | לוֹגוֹ (ז) |

| | | |
|---|---|---|
| demanda (f) | bikuʃ | בִּיקוּש (ז) |
| oferta (f) | he'tseʻa | הֶיצֵעַ (ז) |
| necessidade (f) | 'tsorex | צוֹרֶך (ז) |
| consumidor (m) | tsarxan | צַרכָן (ז) |

| | | |
|---|---|---|
| análise (f) | ni'tuax | נִיתוּחַ (ז) |
| analisar (vt) | lena'teax | לְנַתֵחַ |

| | | |
|---|---|---|
| posicionamento (m) | mitsuv | מִיצוּב (ז) |
| posicionar (vt) | lematsev | לְמַצֵב |

| | | |
|---|---|---|
| preço (m) | mexir | מְחִיר (ז) |
| política (f) de preços | mediniyut timxur | מְדִינִיוּת תַמחוּר (נ) |
| formação (f) de preços | hamxara | הַמחָרָה (נ) |

# 111. Publicidade

| | | |
|---|---|---|
| publicidade (f) | pirsum | פִּרְסוּם (ז) |
| publicitar (vt) | lefarsem | לְפַרְסֵם |
| orçamento (m) | taktsiv | תַּקְצִיב (ז) |
| | | |
| anúncio (m) publicitário | pir'somet | פִּרְסוֹמֶת (נ) |
| publicidade (f) televisiva | pir'somet tele'vizya | פִּרְסוֹמֶת טֶלֶוִזְיָה (נ) |
| publicidade (f) na rádio | pir'somet 'radyo | פִּרְסוֹמֶת רַדְיוֹ (נ) |
| publicidade (f) exterior | pirsum χutsot | פִּרְסוּם חוּצוֹת (ז) |
| | | |
| comunicação (f) de massa | emtsa'ei tik'ʃoret hamonim | אֶמְצָעֵי תִקְשׁוֹרֶת הָמוֹנִים (ז"ר) |
| periódico (m) | ktav et | כְּתַב עֵת (ז) |
| imagem (f) | tadmit | תַּדְמִית (נ) |
| | | |
| slogan (m) | sisma | סִיסְמָה (נ) |
| mote (m), divisa (f) | 'moto | מוֹטוֹ (ז) |
| | | |
| campanha (f) | masa | מַסָע (ז) |
| companha (f) publicitária | masa pirsum | מַסָע פִּרְסוּם (ז) |
| grupo (m) alvo | oχlusiyat 'ya'ad | אוֹכְלוּסִיַּת יַעַד (נ) |
| | | |
| cartão (m) de visita | kartis bikur | כַּרְטִיס בִּיקוּר (ז) |
| flyer (m) | alon | עָלוֹן (ז) |
| brochura (f) | χo'veret | חוֹבֶרֶת (נ) |
| folheto (m) | alon | עָלוֹן (ז) |
| boletim (~ informativo) | alon meida | עָלוֹן מֵידָע (ז) |
| | | |
| letreiro (m) | 'ʃelet | שֶׁלֶט (ז) |
| cartaz, póster (m) | 'poster | פּוֹסְטֶר (ז) |
| painel (m) publicitário | 'luaχ pirsum | לוּחַ פִּרְסוּם (ז) |

# 112. Banca

| | | |
|---|---|---|
| banco (m) | bank | בַּנְק (ז) |
| sucursal, balcão (f) | snif | סְנִיף (ז) |
| | | |
| consultor (m) | yo'ets | יוֹעֵץ (ז) |
| gerente (m) | menahel | מְנַהֵל (ז) |
| | | |
| conta (f) | χeʃbon | חֶשְׁבּוֹן (ז) |
| número (m) da conta | mispar χeʃbon | מִסְפַּר חֶשְׁבּוֹן (ז) |
| conta (f) corrente | χeʃbon over vaʃav | חֶשְׁבּוֹן עוֹבֵר וָשָׁב (ז) |
| conta (f) poupança | χeʃbon χisaχon | חֶשְׁבּוֹן חִסָכוֹן (ז) |
| | | |
| abrir uma conta | lif'toaχ χeʃbon | לִפְתוֹחַ חֶשְׁבּוֹן |
| fechar uma conta | lisgor χeʃbon | לִסְגוֹר חֶשְׁבּוֹן |
| depositar na conta | lehafkid leχeʃbon | לְהַפְקִיד לְחֶשְׁבּוֹן |
| levantar (vt) | limʃoχ meχeʃbon | לִמְשׁוֹך מֵחֶשְׁבּוֹן |
| | | |
| depósito (m) | pikadon | פִּיקָדוֹן (ז) |
| fazer um depósito | lehafkid | לְהַפְקִיד |
| transferência (f) bancária | ha'avara banka'it | הַעֲבָרָה בַּנְקָאִית (נ) |

| transferir (vt) | leha'avir 'kesef | לְהַעֲבִיר כֶּסֶף |
| soma (f) | sχum | סְכוּם (ז) |
| Quanto? | 'kama? | כַּמָה? |

| assinatura (f) | χatima | חֲתִימָה (נ) |
| assinar (vt) | laχtom | לַחְתוֹם |

| cartão (m) de crédito | kartis aʃrai | כַּרְטִיס אַשְׁרַאי (ז) |
| código (m) | kod | קוֹד (ז) |
| número (m) | mispar kartis aʃrai | מִסְפַּר כַּרְטִיס אַשְׁרַאי (ז) |
| do cartão de crédito | | |
| Caixa Multibanco (m) | kaspomat | כַּסְפּוֹמָט (ז) |

| cheque (m) | tʃek | צֶ'ק (ז) |
| passar um cheque | liχtov tʃek | לִכְתוֹב צֶ'ק |
| livro (m) de cheques | pinkas 'tʃekim | פִּנְקַס צֶ'קִים (ז) |

| empréstimo (m) | halva'a | הַלְוָאָה (נ) |
| pedir um empréstimo | levakeʃ halva'a | לְבַקֵּשׁ הַלְוָאָה |
| obter um empréstimo | lekabel halva'a | לְקַבֵּל הַלְוָאָה |
| conceder um empréstimo | lehalvot | לְהַלְווֹת |
| garantia (f) | arvut | עַרְבוּת (נ) |

## 113. Telefone. Conversação telefónica

| telefone (m) | 'telefon | טֶלֶפוֹן (ז) |
| telemóvel (m) | 'telefon nayad | טֶלֶפוֹן נַייָד (ז) |
| secretária (f) electrónica | meʃivon | מְשִׁיבוֹן (ז) |

| fazer uma chamada | letsaltsel | לְצַלְצֵל |
| chamada (f) | siχat 'telefon | שִׂיחַת טֶלֶפוֹן (נ) |

| marcar um número | leχayeg mispar | לְחַייֵג מִסְפָּר |
| Alô! | 'halo! | הַלוֹ! |
| perguntar (vt) | liʃol | לִשְׁאוֹל |
| responder (vt) | la'anot | לַעֲנוֹת |

| ouvir (vt) | liʃmo'a | לִשְׁמוֹעַ |
| bem | tov | טוֹב |
| mal | lo tov | לֹא טוֹב |
| ruído (m) | hafra'ot | הַפְרָעוֹת (נ"ר) |

| auscultador (m) | ʃfo'feret | שְׁפוֹפֶרֶת (נ) |
| pegar o telefone | leharim ʃfo'feret | לְהָרִים שְׁפוֹפֶרֶת |
| desligar (vi) | leha'niaχ ʃfo'feret | לְהַנִיחַ שְׁפוֹפֶרֶת |

| ocupado | tafus | תָפוּס |
| tocar (vi) | letsaltsel | לְצַלְצֵל |
| lista (f) telefónica | 'sefer tele'fonim | סֵפֶר טֶלֶפוֹנִים (ז) |
| local | mekomi | מְקוֹמִי |
| chamada (f) local | siχa mekomit | שִׂיחָה מְקוֹמִית (נ) |
| de longa distância | bein ironi | בֵּין עִירוֹנִי |
| chamada (f) de longa distância | siχa bein ironit | שִׂיחָה בֵּין עִירוֹנִית (נ) |

| internacional | benle'umi | בֵּינְלְאוּמִי |
| chamada (f) internacional | siχa benle'umit | שִׂיחָה בֵּינְלְאוּמִית (נ) |

## 114. Telefone móvel

| telemóvel (m) | 'telefon nayad | טֶלֶפוֹן נַיָּיד (ז) |
| ecrã (m) | masaχ | מָסָךְ (ז) |
| botão (m) | kaftor | כַּפְתּוֹר (ז) |
| cartão SIM (m) | kartis sim | כַּרְטִיס סִים (ז) |

| bateria (f) | solela | סוֹלְלָה (נ) |
| descarregar-se | lehitroken | לְהִתְרוֹקֵן |
| carregador (m) | mit'an | מִטְעָן (ז) |

| menu (m) | tafrit | תַּפְרִיט (ז) |
| definições (f pl) | hagdarot | הַגְדָּרוֹת (נ"ר) |

| melodia (f) | mangina | מַנְגִּינָה (נ) |
| escolher (vt) | livχor | לִבְחוֹר |

| calculadora (f) | maχʃevon | מַחְשְׁבוֹן (ז) |
| correio (m) de voz | ta koli | תָּא קוֹלִי (ז) |
| despertador (m) | ʃa'on me'orer | שָׁעוֹן מְעוֹרֵר (ז) |
| contatos (m pl) | anʃei 'keʃer | אַנְשֵׁי קֶשֶׁר (ז"ר) |

| mensagem (f) de texto | misron | מִסְרוֹן (ז) |
| assinante (m) | manui | מָנוּי (ז) |

## 115. Estacionário

| caneta (f) | et kaduri | עֵט כַּדּוּרִי (ז) |
| caneta (f) tinteiro | et no've'a | עֵט נוֹבֵעַ (ז) |

| lápis (m) | iparon | עִיפָּרוֹן (ז) |
| marcador (m) | 'marker | מַרְקֵר (ז) |
| caneta (f) de feltro | tuʃ | טוּשׁ (ז) |

| bloco (m) de notas | pinkas | פִּנְקָס (ז) |
| agenda (f) | yoman | יוֹמָן (ז) |

| régua (f) | sargel | סַרְגֵּל (ז) |
| calculadora (f) | maχʃevon | מַחְשְׁבוֹן (ז) |
| borracha (f) | 'maχak | מַחַק (ז) |

| pionés (m) | 'na'ats | נַעַץ (ז) |
| clipe (m) | mehadek | מְהַדֵּק (ז) |

| cola (f) | 'devek | דֶּבֶק (ז) |
| agrafador (m) | ʃadχan | שַׁדְכָן (ז) |

| furador (m) | menakev | מְנַקֵּב (ז) |
| afia-lápis (m) | maχded | מַחְדֵּד (ז) |

## 116. Vários tipos de documentos

| relatório (m) | doχ | דוח (ז) |
| acordo (m) | heskem | הֶסְכֵּם (ז) |
| ficha (f) de inscrição | 'tofes bakaʃa | טוֹפֶס בַּקָשָׁה (ז) |
| autêntico | mekori | מְקוֹרִי |
| crachá (m) | tag | תָּג (ז) |
| cartão (m) de visita | kartis bikur | כַּרְטִיס בִּיקוּר (ז) |

| certificado (m) | te'uda | תְּעוּדָה (נ) |
| cheque (m) | tʃek | צֶ'ק (ז) |
| conta (f) | χeʃbon | חֶשְׁבּוֹן (ז) |
| constituição (f) | χuka | חוּקָה (נ) |

| contrato (m) | χoze | חוֹזֶה (ז) |
| cópia (f) | 'otek | עוֹתָק (ז) |
| exemplar (m) | 'otek | עוֹתָק (ז) |

| declaração (f) alfandegária | hatsharat meχes | הַצְהָרַת מֶכֶס (נ) |
| documento (m) | mismaχ | מִסְמָך (ז) |
| carta (f) de condução | riʃyon nehiga | רִשָׁיוֹן נְהִיגָה (ז) |
| adenda (ao contrato) | to'sefet | תּוֹסֶפֶת (נ) |
| questionário (m) | 'tofes | טוֹפֶס (ז) |

| bilhete (m) de identidade | te'uda mezaha | תְּעוּדָה מְזַהָה (נ) |
| inquérito (m) | χakira | חֲקִירָה (נ) |
| convite (m) | kartis hazmana | כַּרְטִיס הַזְמָנָה (ז) |
| fatura (f) | χeʃbonit | חֶשְׁבּוֹנִית (נ) |

| lei (f) | χok | חוֹק (ז) |
| carta (correio) | miχtav | מִכְתָּב (ז) |
| papel (m) timbrado | neyar 'logo | נְיַיר לוֹגוֹ (ז) |
| lista (f) | reʃima | רְשִׁימָה (נ) |
| manuscrito (m) | ktav yad | כְּתָב יָד (ז) |
| boletim (~ informativo) | alon meida | עָלוֹן מֵידָע (ז) |
| bilhete (mensagem breve) | 'petek | פֶּתֶק (ז) |

| passe (m) | iʃur knisa | אִישׁוּר כְּנִיסָה (ז) |
| passaporte (m) | darkon | דַרְכּוֹן (ז) |
| permissão (f) | riʃayon | רִישָׁיוֹן (ז) |
| CV, currículo (m) | korot χayim | קוֹרוֹת חַיִים (נ"ר) |
| vale (nota promissória) | ʃtar χov | שְׁטָר חוֹב (ז) |
| recibo (m) | kabala | קַבָּלָה (נ) |
| talão (f) | tʃek | צֶ'ק (ז) |
| relatório (m) | doχ | דוח (ז) |

| mostrar (vt) | lehatsig | לְהַצִּיג |
| assinar (vt) | laχtom | לַחְתּוֹם |
| assinatura (f) | χatima | חֲתִימָה (נ) |
| carimbo (m) | χo'temet | חוֹתֶמֶת (נ) |
| texto (m) | tekst | טֶקְסְט (ז) |
| bilhete (m) | kartis | כַּרְטִיס (ז) |

| riscar (vt) | limχok | לִמְחוֹק |
| preencher (vt) | lemale | לְמַלֵא |

| guia (f) de remessa | ʃtar mit'an | שְׁטַר מִטְעָן (ז) |
| testamento (m) | tsava'a | צַוָּאָה (נ) |

## 117. Tipos de negócios

| serviços (m pl) de contabilidade | ʃerutei hanhalat χeʃbonot | שֵׁירוּתֵי הַנְהָלַת חֶשְׁבּוֹנוֹת (ז"ר) |
| publicidade (f) | pirsum | פִּרְסוּם (ז) |
| agência (f) de publicidade | soχnut pirsum | סוֹכְנוּת פִּרְסוּם (נ) |
| ar (m) condicionado | mazganim | מַזְגָּנִים (ז"ר) |
| companhia (f) aérea | χevrat te'ufa | חֶבְרַת תְּעוּפָה (נ) |

| bebidas (f pl) alcoólicas | maʃka'ot χarifim | מַשְׁקָאוֹת חֲרִיפִים (נ"ר) |
| comércio (m) de antiguidades | atikot | עַתִּיקוֹת (נ"ר) |
| galeria (f) de arte | ga'lerya le'amanut | גָּלֶרְיָה לְאָמָנוּת (נ) |
| serviços (m pl) de auditoria | ʃerutei bi'koret χeʃbonot | שֵׁירוּתֵי בִּיקוֹרַת חֶשְׁבּוֹנוֹת (ז"ר) |

| negócios (m pl) bancários | banka'ut | בַּנְקָאוּת (נ) |
| bar (m) | bar | בָּר (ז) |
| salão (m) de beleza | meχon 'yofi | מְכוֹן יוֹפִי (ז) |
| livraria (f) | χanut sfarim | חֲנוּת סְפָרִים (נ) |
| cervejaria (f) | miv'ʃelet 'bira | מִבְשֶׁלֶת בִּירָה (נ) |
| centro (m) de escritórios | merkaz asakim | מֶרְכַּז עֲסָקִים (ז) |
| escola (f) de negócios | beit 'sefer le'asakim | בֵּית סֵפֶר לַעֲסָקִים (ז) |

| casino (m) | ka'zino | קָזִינוֹ (ז) |
| construção (f) | bniya | בְּנִיָּה (נ) |
| serviços (m pl) de consultoria | yi'uts | יִיעוּץ (ז) |

| estomatologia (f) | mirpa'at ʃi'nayim | מִרְפְּאַת שִׁינַיִים (נ) |
| design (m) | itsuv | עִיצוּב (ז) |
| farmácia (f) | beit mir'kaχat | בֵּית מִרְקַחַת (ז) |
| lavandaria (f) | nikui yaveʃ | נִיקוּי יָבֵשׁ (ז) |
| agência (f) de emprego | soχnut 'koaχ adam | סוֹכְנוּת כּוֹחַ אָדָם (נ) |

| serviços (m pl) financeiros | ʃerutim fi'nansim | שֵׁירוּתִים פִינַנְסִיִים (ז"ר) |
| alimentos (m pl) | mutsrei mazon | מוּצְרֵי מָזוֹן (ז"ר) |
| agência (f) funerária | beit levayot | בֵּית לְוָיוֹת (ז) |
| mobiliário (m) | rehitim | רָהִיטִים (ז"ר) |
| roupa (f) | bgadim | בְּגָדִים (ז"ר) |
| hotel (m) | beit malon | בֵּית מָלוֹן (ז) |

| gelado (m) | 'glida | גְּלִידָה (נ) |
| indústria (f) | ta'asiya | תַּעֲשִׂיָּה (נ) |
| seguro (m) | bi'tuaχ | בִּיטוּחַ (ז) |
| internet (f) | 'internet | אִינְטֶרְנֶט (ז) |
| investimento (m) | haʃka'ot | הַשְׁקָעוֹת (נ"ר) |

| joalheiro (m) | tsoref | צוֹרֵף (ז) |
| joias (f pl) | taχʃitim | תַּכְשִׁיטִים (ז"ר) |
| lavandaria (f) | miχbasa | מִכְבָּסָה (נ) |
| serviços (m pl) jurídicos | yo'ets miʃpati | יוֹעֵץ מִשְׁפָּטִי (ז) |
| indústria (f) ligeira | ta'asiya kala | תַּעֲשִׂיָּה קַלָּה (נ) |
| revista (f) | ʒurnal | ז'וּרְנָל (ז) |

| vendas (f pl) por catálogo | meχira be'do'ar | מְכִירָה בְּדוֹאַר (נ) |
| medicina (f) | refu'a | רְפוּאָה (נ) |
| cinema (m) | kol'no'a | קוֹלְנוֹעַ (ז) |
| museu (m) | muze'on | מוּזֵיאוֹן (ז) |

| agência (f) de notícias | soχnut yedi'ot | סוֹכְנוּת יְדִיעוֹת (נ) |
| jornal (m) | iton | עִיתוֹן (ז) |
| clube (m) noturno | mo'adon 'laila | מוֹעֲדוֹן לַיְלָה (ז) |

| petróleo (m) | neft | נֵפְט (ז) |
| serviço (m) de encomendas | ʃirut ʃliχim | שֵׁירוּת שְׁלִיחִים (ז) |
| indústria (f) farmacêutica | rokχut | רוֹקְחוּת (נ) |
| poligrafia (f) | beit dfus | בֵּית דְפוּס (ז) |
| editora (f) | hotsa'a la'or | הוֹצָאָה לָאוֹר (נ) |

| rádio (m) | 'radyo | רַדְיוֹ (ז) |
| imobiliário (m) | nadlan | נַדְלָ"ן (ז) |
| restaurante (m) | mis'ada | מִסְעָדָה (נ) |

| empresa (f) de segurança | χevrat ʃmira | חֶבְרַת שְׁמִירָה (נ) |
| desporto (m) | sport | סְפּוֹרְט (ז) |
| bolsa (f) | 'bursa | בּוּרְסָה (נ) |
| loja (f) | χanut | חֲנוּת (נ) |
| supermercado (m) | super'market | סוּפֶּרְמַרְקֶט (ז) |
| piscina (f) | breχat sχiya | בְּרֵיכַת שְׂחִייָה (נ) |

| alfaiataria (f) | mitpara | מִתְפָּרָה (נ) |
| televisão (f) | tele'vizya | טֶלֶוִוִיזְיָה (נ) |
| teatro (m) | te'atron | תֵיאַטְרוֹן (ז) |
| comércio (atividade) | misχar | מִסְחָר (ז) |
| serviços (m pl) de transporte | hovalot | הוֹבָלוֹת (נ"ר) |
| viagens (f pl) | tayarut | תַיָּירוּת (נ) |

| veterinário (m) | veterinar | וֶטֶרִינָר (ז) |
| armazém (m) | maχsan | מַחְסָן (ז) |
| recolha (f) do lixo | isuf 'zevel | אִיסוּף זֶבֶל (ז) |

# Emprego. Negócios. Parte 2

## 118. Espetáculo. Feira

| feira (f) | ta'aruχa | חַעֲרוּכָה (נ) |
| feira (f) comercial | ta'aruχa misχarit | חַעֲרוּכָה מִסְחָרִית (נ) |
| participação (f) | hiʃtatfut | הִשְׁתַּתְפוּת (נ) |
| participar (vi) | lehiʃtatef | לְהִשְׁתַּתֵּף |
| participante (m) | miʃtatef | מִשְׁתַּתֵּף (ז) |
| diretor (m) | menahel | מְנַהֵל (ז) |
| direção (f) | misrad hame'argenim | מִשְׂרַד הַמְאַרְגְּנִים (ז) |
| organizador (m) | me'argen | מְאַרְגֵּן (ז) |
| organizar (vt) | le'argen | לְאַרְגֵּן |
| ficha (f) de inscrição | 'tofes hiʃtatfut | טוֹפֶס הִשְׁתַּתְפוּת (ז) |
| preencher (vt) | lemale | לְמַלֵּא |
| detalhes (m pl) | pratim | פְּרָטִים (ז"ר) |
| informação (f) | meida | מֵידָע (ז) |
| preço (m) | meχir | מְחִיר (ז) |
| incluindo | kolel | כּוֹלֵל |
| incluir (vt) | liχlol | לִכְלוֹל |
| pagar (vt) | leʃalem | לְשַׁלֵּם |
| taxa (f) de inscrição | dmei riʃum | דְּמֵי רִישׁוּם (ז"ר) |
| entrada (f) | knisa | כְּנִיסָה (נ) |
| pavilhão (m) | bitan | בִּיתָן (ז) |
| inscrever (vt) | lirʃom | לִרְשׁוֹם |
| crachá (m) | tag | תָּג (ז) |
| stand (m) | duχan | דּוּכָן (ז) |
| reservar (vt) | liʃmor | לִשְׁמוֹר |
| vitrina (f) | madaf tetsuga | מַדָּף תְּצוּגָה (ז) |
| foco, spot (m) | menorat spot | מְנוֹרַת סְפּוֹט (נ) |
| design (m) | itsuv | עִיצוּב (ז) |
| pôr, colocar (vt) | la'aroχ | לַעֲרוֹךְ |
| ser colocado, -a | lehimatse | לְהִימָצֵא |
| distribuidor (m) | mefits | מֵפִיץ (ז) |
| fornecedor (m) | sapak | סַפָּק (ז) |
| fornecer (vt) | lesapek | לְסַפֵּק |
| país (m) | medina | מְדִינָה (נ) |
| estrangeiro | meχul | מְחוּ"ל |
| produto (m) | mutsar | מוּצָר (ז) |
| associação (f) | amuta | עֲמוּתָה (נ) |
| sala (f) de conferências | ulam knasim | אוּלַם כְּנָסִים (ז) |

| congresso (m) | kongres | קוֹנגרֶס (ז) |
| concurso (m) | taχarut | תַחֲרוּת (נ) |

| visitante (m) | mevaker | מְבַקֵר (ז) |
| visitar (vt) | levaker | לְבַקֵר |
| cliente (m) | la'koaχ | לָקוֹחַ (ז) |

## 119. Media

| jornal (m) | iton | עִיתוֹן (ז) |
| revista (f) | ʒurnal | ז'וּרנָל (ז) |
| imprensa (f) | itonut | עִיתוֹנוּת (נ) |
| rádio (m) | 'radyo | רָדיוֹ (ז) |
| estação (f) de rádio | taχanat 'radyo | תַחֲנַת רַדיוֹ (נ) |
| televisão (f) | tele'vizya | טֶלֶוִויזיָה (נ) |

| apresentador (m) | manχe | מַנחֶה (ז) |
| locutor (m) | karyan | קַריָין (ז) |
| comentador (m) | parʃan | פַרשָן (ז) |

| jornalista (m) | itonai | עִיתוֹנָאי (ז) |
| correspondente (m) | katav | כַּתָב (ז) |
| repórter (m) fotográfico | tsalam itonut | צַלָם עִיתוֹנוּת (ז) |
| repórter (m) | katav | כַּתָב (ז) |

| redator (m) | oreχ | עוֹרֵך (ז) |
| redator-chefe (m) | oreχ raʃi | עוֹרֵך רָאשִי (ז) |

| assinar a ... | lehasdir manui | לְהַסדִיר מָנוּי |
| assinatura (f) | minui | מָנוּי (ז) |
| assinante (m) | manui | מָנוּי (ז) |
| ler (vt) | likro | לִקרוֹא |
| leitor (m) | kore | קוֹרֵא (ז) |

| tiragem (f) | tfutsa | תפוּצָה (נ) |
| mensal | χodʃi | חוֹדשִי |
| semanal | ʃvu'i | שבוּעִי |
| número (jornal, revista) | gilayon | גִילָיוֹן (ז) |
| recente | tari | טָרִי |

| manchete (f) | ko'teret | כּוֹתֶרֶת (נ) |
| pequeno artigo (m) | katava ktsara | כַּתָבָה קְצָרָה (נ) |
| coluna (~ semanal) | tur | טוּר (ז) |
| artigo (m) | ma'amar | מַאֲמָר (ז) |
| página (f) | amud | עַמוּד (ז) |

| reportagem (f) | katava | כַּתָבָה (נ) |
| evento (m) | ei'ru'a | אִירוּעַ (ז) |
| sensação (f) | sen'satsya | סֶנסַציָה (נ) |
| escândalo (m) | ʃa'aruriya | שַעֲרוּריָה (נ) |
| escandaloso | meviʃ | מֵבִיש |
| grande | gadol | גָדוֹל |
| programa (m) de TV | toχnit | תוֹכנִית (נ) |
| entrevista (f) | ra'ayon | רַאֲיוֹן (ז) |

| transmissão (f) em direto | ʃidur χai | שִׁידוּר חַי (ז) |
| canal (m) | aruts | עָרוּץ (ז) |

## 120. Agricultura

| agricultura (f) | χakla'ut | חַקְלָאוּת (נ) |
| camponês (m) | ikar | אִיכָּר (ז) |
| camponesa (f) | χakla'ut | חַקְלָאִית (נ) |
| agricultor (m) | χavai | חַוַּאי (ז) |

| trator (m) | 'traktor | טְרַקְטוֹר (ז) |
| ceifeira-debulhadora (f) | kombain | קוֹמְבַּיְין (ז) |

| arado (m) | maχreʃa | מַחְרֵשָׁה (נ) |
| arar (vt) | laχaroʃ | לַחֲרוֹשׁ |
| campo (m) lavrado | sade χaruʃ | שָׂדֶה חָרוּשׁ (ז) |
| rego (m) | 'telem | תֶּלֶם (ז) |

| semear (vt) | liz'ro'a | לִזְרוֹעַ |
| semeadora (f) | mazre'a | מַזְרֵעָה (נ) |
| semeadura (f) | zri'a | זְרִיעָה (נ) |

| gadanha (f) | χermeʃ | חֶרְמֵשׁ (ז) |
| gadanhar (vt) | liktsor | לִקְצוֹר |

| pá (f) | et | אֵת (ז) |
| cavar (vt) | leta'teaχ | לְתַחֵחַ |

| enxada (f) | ma'ader | מַעְדֵּר (ז) |
| carpir (vt) | lenakeʃ | לְנַכֵּשׁ |
| erva (f) daninha | 'esev ʃote | עֵשֶׂב שׁוֹטֶה (ז) |

| regador (m) | maʃpeχ | מַשְׁפֵּךְ (ז) |
| regar (vt) | lehaʃkot | לְהַשְׁקוֹת |
| rega (f) | haʃkaya | הַשְׁקָיָה (נ) |

| forquilha (f) | kilʃon | קִלְשׁוֹן (ז) |
| ancinho (m) | magrefa | מַגְרֵפָה (נ) |

| fertilizante (m) | 'deʃen | דֶּשֶׁן (ז) |
| fertilizar (vt) | ledaʃen | לְדַשֵּׁן |
| estrume (m) | 'zevel | זֶבֶל (ז) |

| campo (m) | sade | שָׂדֶה (ז) |
| prado (m) | aχu | אָחוּ (ז) |
| horta (f) | gan yarak | גַּן יָרָק (ז) |
| pomar (m) | bustan | בּוּסְתָּן (ז) |

| pastar (vt) | lir'ot | לִרְעוֹת |
| pastor (m) | ro'e tson | רוֹעֵה צֹאן (ז) |
| pastagem (f) | mir'e | מִרְעֶה (ז) |

| pecuária (f) | gidul bakar | גִּידּוּל בָּקָר (ז) |
| criação (f) de ovelhas | gidul kvasim | גִּידּוּל כְּבָשִׂים (ז) |

| | | |
|---|---|---|
| plantação (f) | mata | מֶטַע (ז) |
| canteiro (m) | aruga | עֲרוּגָה (נ) |
| invernadouro (m) | χamama | חֲמָמָה (נ) |

| | | |
|---|---|---|
| seca (f) | ba'tsoret | בַּצוֹרֶת (נ) |
| seco (verão ~) | yaveʃ | יָבֵשׁ |

| | | |
|---|---|---|
| cereal (m) | tvu'a | תְּבוּאָה (נ) |
| cereais (m pl) | gidulei dagan | גִּידוּלֵי דָּגָן (ז"ר) |
| colher (vt) | liktof | לִקְטוֹף |

| | | |
|---|---|---|
| moleiro (m) | toχen | טוֹחֵן (ז) |
| moinho (m) | taχanat 'kemaχ | טַחֲנַת קֶמַח (נ) |
| moer (vt) | litχon | לִטְחוֹן |
| farinha (f) | 'kemaχ | קֶמַח (ז) |
| palha (f) | kaʃ | קַשׁ (ז) |

## 121. Construção. Processo de construção

| | | |
|---|---|---|
| canteiro (m) de obras | atar bniya | אֲתַר בְּנִיָּה (ז) |
| construir (vt) | livnot | לִבְנוֹת |
| construtor (m) | banai | בַּנַּאי (ז) |

| | | |
|---|---|---|
| projeto (m) | proyekt | פְּרוֹיֶיקְט (ז) |
| arquiteto (m) | adriχal | אַדְרִיכָל (ז) |
| operário (m) | po'el | פּוֹעֵל (ז) |

| | | |
|---|---|---|
| fundação (f) | yesodot | יְסוֹדוֹת (ז"ר) |
| telhado (m) | gag | גַּג (ז) |
| estaca (f) | amud yesod | עַמּוּד יְסוֹד (ז) |
| parede (f) | kir | קִיר (ז) |

| | | |
|---|---|---|
| varões (m pl) para betão | mot χizuk | מוֹט חִיזּוּק (ז) |
| andaime (m) | pigumim | פִּיגוּמִים (ז"ר) |

| | | |
|---|---|---|
| betão (m) | beton | בֶּטוֹן (ז) |
| granito (m) | granit | גְּרָנִיט (ז) |
| pedra (f) | 'even | אֶבֶן (נ) |
| tijolo (m) | levena | לְבֵנָה (נ) |

| | | |
|---|---|---|
| areia (f) | χol | חוֹל (ז) |
| cimento (m) | 'melet | מֶלֶט (ז) |
| emboço (m) | 'tiaχ | טִיחַ (ז) |
| emboçar (vt) | leta'yeaχ | לְטַיֵּיחַ |
| tinta (f) | 'tseva | צֶבַע (ז) |
| pintar (vt) | lits'bo'a | לִצְבּוֹעַ |
| barril (m) | χavit | חָבִית (נ) |

| | | |
|---|---|---|
| grua (f), guindaste (m) | aguran | עֲגוּרָן (ז) |
| erguer (vt) | lehanif | לְהָנִיף |
| baixar (vt) | lehorid | לְהוֹרִיד |

| | | |
|---|---|---|
| buldózer (m) | daχpor | דַּחְפּוֹר (ז) |
| escavadora (f) | maχper | מַחְפֵּר (ז) |

| caçamba (f) | ʃa'ov | שָׁאוֹב (ז) |
| escavar (vt) | laxpor | לַחְפּוֹר |
| capacete (m) de proteção | kasda | קַסְדָה (נ) |

## 122. Ciência. Investigação. Cientistas

| ciência (f) | mada | מַדָע (ז) |
| científico | mada'i | מַדָעִי |
| cientista (m) | mad'an | מַדְעָן (ז) |
| teoria (f) | te''orya | תֵיאוֹרְיָה (נ) |

| axioma (m) | aks'yoma | אַקְסִיוֹמָה (נ) |
| análise (f) | ni'tuax | נִיתוּחַ (ז) |
| analisar (vt) | lena'teax | לְנַתֵח |
| argumento (m) | nimuk | נִימוּק (ז) |
| substância (f) | 'xomer | חוֹמֶר (ז) |

| hipótese (f) | hipo'teza | הִיפּוֹתֶזָה (נ) |
| dilema (m) | di'lema | דִילֶמָה (נ) |
| tese (f) | diser'tatsya | דִיסֶרְטַצְיָה (נ) |
| dogma (m) | 'dogma | דוֹגְמָה (נ) |

| doutrina (f) | dok'trina | דוֹקְטְרִינָה (נ) |
| pesquisa (f) | mexkar | מֶחְקָר (ז) |
| pesquisar (vt) | laxkor | לַחְקוֹר |
| teste (m) | nuisuyim | נִיסוּיִים (ז"ר) |
| laboratório (m) | ma'abada | מַעֲבָּדָה (נ) |

| método (m) | ʃita | שִׁיטָה (נ) |
| molécula (f) | mo'lekula | מוֹלֵקוּלָה (נ) |
| monitoramento (m) | nitur | נִיטוּר (ז) |
| descoberta (f) | gilui | גִילוּי (ז) |

| postulado (m) | aks'yoma | אַקְסִיוֹמָה (נ) |
| princípio (m) | ikaron | עִיקָרוֹן (ז) |
| prognóstico (previsão) | taxazit | תַחֲזִית (נ) |
| prognosticar (vt) | laxazot | לַחֲזוֹת |

| síntese (f) | sin'teza | סִינְתֶזָה (נ) |
| tendência (f) | megama | מְגַמָה (נ) |
| teorema (m) | miʃpat | מִשְׁפָּט (ז) |

| ensinamentos (m pl) | tora | תוֹרָה (נ) |
| facto (m) | uvda | עוּבְדָה (נ) |

| expedição (f) | miʃ'laxat | מִשְׁלַחַת (נ) |
| experiência (f) | nisui | נִיסוּי (ז) |

| académico (m) | akademai | אָקָדְמַאִי (ז) |
| bacharel (m) | 'to'ar riʃon | תוֹאַר רִאשׁוֹן (ז) |
| doutor (m) | 'doktor | דוֹקְטוֹר (ז) |
| docente (m) | martse baxir | מַרְצֶה בָּכִיר (ז) |
| mestre (m) | musmax | מוּסְמָך (ז) |
| professor (m) catedrático | pro'fesor | פְּרוֹפָסוֹר (ז) |

# Profissões e ocupações

## 123. Procura de emprego. Demissão

| | | |
|---|---|---|
| trabalho (m) | avoda | עֲבוֹדָה (נ) |
| equipa (f) | 'segel | סֶגֶל (ז) |
| pessoal (m) | 'segel | סֶגֶל (ז) |
| carreira (f) | kar'yera | קַרְיֶרָה (נ) |
| perspetivas (f pl) | effaruyot | אֶפְשָׁרֻיּוֹת (נ"ר) |
| mestria (f) | meyumanut | מְיֻמָּנוּת (נ) |
| seleção (f) | sinun | סִינּוּן (ז) |
| agência (f) de emprego | soχnut 'koaχ adam | סוֹכְנוּת כּוֹחַ אָדָם (נ) |
| CV, currículo (m) | korot χayim | קוֹרוֹת חַיִּים (נ"ר) |
| entrevista (f) de emprego | ra'ayon avoda | רַאֲיוֹן עֲבוֹדָה (ז) |
| vaga (f) | misra pnuya | מִשְׂרָה פְּנוּיָה (נ) |
| salário (m) | mas'koret | מַשְׂכֹּרֶת (נ) |
| salário (m) fixo | mas'koret kvu'a | מַשְׂכֹּרֶת קְבוּעָה (נ) |
| pagamento (m) | taflum | תַּשְׁלוּם (ז) |
| posto (m) | tafkid | תַּפְקִיד (ז) |
| dever (do empregado) | χova | חוֹבָה (נ) |
| gama (f) de deveres | tχum aχrayut | תְּחוּם אַחֲרָיוּת (ז) |
| ocupado | asuk | עָסוּק |
| despedir, demitir (vt) | lefater | לְפַטֵּר |
| demissão (f) | pitur | פִּיטוּר (ז) |
| desemprego (m) | avtala | אַבְטָלָה (נ) |
| desempregado (m) | muvtal | מוּבְטָל (ז) |
| reforma (f) | 'pensya | פֶּנְסִיָה (נ) |
| reformar-se | latset legimla'ot | לָצֵאת לְגִימְלָאוֹת |

## 124. Gente de negócios

| | | |
|---|---|---|
| diretor (m) | menahel | מְנָהֵל (ז) |
| gerente (m) | menahel | מְנָהֵל (ז) |
| patrão, chefe (m) | bos | בּוֹס (ז) |
| superior (m) | memune | מְמוּנֶה (ז) |
| superiores (m pl) | memunim | מְמוּנִים (ז"ר) |
| presidente (m) | nasi | נָשִׂיא (ז) |
| presidente (m) de direção | yoʃev roʃ | יוֹשֵׁב רֹאשׁ (ז) |
| substituto (m) | sgan | סְגָן (ז) |
| assistente (m) | ozer | עוֹזֵר (ז) |

| | | |
|---|---|---|
| secretário (m) | mazkir | מַזְכִּיר (ז) |
| secretário (m) pessoal | mazkir iʃi | מַזְכִּיר אִישִׁי (ז) |
| | | |
| homem (m) de negócios | iʃ asakim | אִישׁ עֲסָקִים (ז) |
| empresário (m) | yazam | יָזָם (ז) |
| fundador (m) | meyased | מְיַסֵּד (ז) |
| fundar (vt) | leyased | לְיַסֵּד |
| | | |
| fundador, sócio (m) | meχonen | מְכוֹנֵן (ז) |
| parceiro, sócio (m) | ʃutaf | שׁוּתָף (ז) |
| acionista (m) | 'ba'al menayot | בַּעַל מְנָיוֹת (ז) |
| | | |
| milionário (m) | milyoner | מִילְיוֹנֵר (ז) |
| bilionário (m) | milyarder | מִילְיַארְדֶּר (ז) |
| proprietário (m) | be'alim | בְּעָלִים (ז) |
| proprietário (m) de terras | 'ba'al adamot | בַּעַל אֲדָמוֹת (ז) |
| | | |
| cliente (m) | la'koaχ | לָקוֹחַ (ז) |
| cliente (m) habitual | la'koaχ ka'vu'a | לָקוֹחַ קָבוּעַ (ז) |
| comprador (m) | kone | קוֹנֶה (ז) |
| visitante (m) | mevaker | מְבַקֵּר (ז) |
| | | |
| profissional (m) | mikʦo'an | מִקְצוֹעָן (ז) |
| perito (m) | mumχe | מוּמְחֶה (ז) |
| especialista (m) | mumχe | מוּמְחֶה (ז) |
| | | |
| banqueiro (m) | bankai | בַּנְקַאי (ז) |
| corretor (m) | soχen | סוֹכֵן (ז) |
| | | |
| caixa (m, f) | kupai | קוּפַּאי (ז) |
| contabilista (m) | menahel χeʃbonot | מְנַהֵל חֶשְׁבּוֹנוֹת (ז) |
| guarda (m) | ʃomer | שׁוֹמֵר (ז) |
| | | |
| investidor (m) | maʃ'ki'a | מַשְׁקִיעַ (ז) |
| devedor (m) | 'ba'al χov | בַּעַל חוֹב (ז) |
| credor (m) | malve | מַלְוֶה (ז) |
| mutuário (m) | love | לוֹוֶה (ז) |
| | | |
| importador (m) | yevu'an | יְבוּאָן (ז) |
| exportador (m) | yeʦu'an | יְצוּאָן (ז) |
| | | |
| produtor (m) | yaʦran | יַצְרָן (ז) |
| distribuidor (m) | mefiʦ | מֵפִיץ (ז) |
| intermediário (m) | metaveχ | מְתַוֵּךְ (ז) |
| | | |
| consultor (m) | yo'eʦ | יוֹעֵץ (ז) |
| representante (m) | naʦig meχirot | נְצִיג מְכִירוֹת (ז) |
| agente (m) | soχen | סוֹכֵן (ז) |
| agente (m) de seguros | soχen bi'tuaχ | סוֹכֵן בִּיטוּחַ (ז) |

## 125. Profissões de serviços

| | | |
|---|---|---|
| cozinheiro (m) | tabaχ | טַבָּח (ז) |
| cozinheiro chefe (m) | ʃef | שֶׁף (ז) |

| | | |
|---|---|---|
| padeiro (m) | ofe | אוֹפֶה (ז) |
| barman (m) | 'barmen | בַּרְמֶן (ז) |
| empregado (m) de mesa | meltsar | מֶלְצָר (ז) |
| empregada (f) de mesa | meltsarit | מֶלְצָרִית (נ) |
| | | |
| advogado (m) | orex din | עוֹרֵךְ דִין (ז) |
| jurista (m) | orex din | עוֹרֵךְ דִין (ז) |
| notário (m) | notaryon | נוֹטַרְיוֹן (ז) |
| | | |
| eletricista (m) | xaʃmalai | חַשְמַלַאי (ז) |
| canalizador (m) | ʃravrav | שְרַבְרַב (ז) |
| carpinteiro (m) | nagar | נַגָר (ז) |
| | | |
| massagista (m) | ma'ase | מְעַסֶה (ז) |
| massagista (f) | masa'ʒistit | מְעַסְ'יסטִית (נ) |
| médico (m) | rofe | רוֹפֵא (ז) |
| | | |
| taxista (m) | nahag monit | נַהַג מוֹנִית (ז) |
| condutor (automobilista) | nahag | נַהָג (ז) |
| entregador (m) | ʃa'liax | שָלִיחַ (ז) |
| | | |
| camareira (f) | xadranit | חַדְרָנִית (נ) |
| guarda (m) | ʃomer | שוֹמֵר (ז) |
| hospedeira (f) de bordo | da'yelet | דַיֶילֶת (נ) |
| | | |
| professor (m) | more | מוֹרֶה (ז) |
| bibliotecário (m) | safran | סַפְרָן (ז) |
| tradutor (m) | metargem | מְתַרְגֵם (ז) |
| intérprete (m) | meturgeman | מְתוּרְגְמָן (ז) |
| guia (pessoa) | madrix tiyulim | מַדְרִיךְ טִיוּלִים (ז) |
| | | |
| cabeleireiro (m) | sapar | סַפָּר (ז) |
| carteiro (m) | davar | דַוָור (ז) |
| vendedor (m) | moxer | מוֹכֵר (ז) |
| | | |
| jardineiro (m) | ganan | גַנָן (ז) |
| criado (m) | meʃaret | מְשָרֵת (ז) |
| criada (f) | meʃa'retet | מְשָרַתֶת (נ) |
| empregada (f) de limpeza | menaka | מְנַקָה (נ) |

## 126. Profissões militares e postos

| | | |
|---|---|---|
| soldado (m) raso | turai | טוּרַאי (ז) |
| sargento (m) | samal | סַמָל (ז) |
| tenente (m) | 'segen | סֶגֶן (ז) |
| capitão (m) | 'seren | סֶרֶן (ז) |
| | | |
| major (m) | rav 'seren | רַב-סֶרֶן (ז) |
| coronel (m) | aluf miʃne | אַלוּף מִשְנֶה (ז) |
| general (m) | aluf | אַלוּף (ז) |
| marechal (m) | 'marʃal | מַרְשָל (ז) |
| almirante (m) | admiral | אַדְמִירָל (ז) |
| militar (m) | iʃ tsava | אִיש צָבָא (ז) |
| soldado (m) | xayal | חַיָיל (ז) |

| oficial (m) | katsin | קָצִין (ז) |
| comandante (m) | mefaked | מְפַקֵד (ז) |

| guarda (m) fronteiriço | ʃomer gvul | שׁוֹמֵר גְבוּל (ז) |
| operador (m) de rádio | alχutai | אַלְחוּטַאי (ז) |
| explorador (m) | iʃ modi'in kravi | אִישׁ מוֹדִיעִין קְרָבִי (ז) |
| sapador (m) | χablan | חַבְּלָן (ז) |
| atirador (m) | tsalaf | צַלָף (ז) |
| navegador (m) | navat | נַוָט (ז) |

## 127. Oficiais. Padres

| rei (m) | 'meleχ | מֶלֶךְ (ז) |
| rainha (f) | malka | מַלְכָּה (נ) |

| príncipe (m) | nasiχ | נָסִיךְ (ז) |
| princesa (f) | nesiχa | נְסִיכָה (נ) |

| czar (m) | tsar | צָאר (ז) |
| czarina (f) | tsa'rina | צָארִינָה (נ) |

| presidente (m) | nasi | נָשִׂיא (ז) |
| ministro (m) | sar | שַׂר (ז) |
| primeiro-ministro (m) | roʃ memʃala | רֹאשׁ מֶמְשָׁלָה (ז) |
| senador (m) | se'nator | סֶנָאטוֹר (ז) |

| diplomata (m) | diplomat | דִיפְּלוֹמָט (ז) |
| cônsul (m) | 'konsul | קוֹנְסוּל (ז) |
| embaixador (m) | ʃagrir | שַׁגְרִיר (ז) |
| conselheiro (m) | yo'ets | יוֹעֵץ (ז) |

| funcionário (m) | pakid | פָּקִיד (ז) |
| prefeito (m) | prefekt | פְּרֶפֶקְט (ז) |
| Presidente (m) da Câmara | roʃ ha'ir | רֹאשׁ הָעִיר (ז) |

| juiz (m) | ʃofet | שׁוֹפֵט (ז) |
| procurador (m) | to've'a | תוֹבֵעַ (ז) |

| missionário (m) | misyoner | מִיסְיוֹנֵר (ז) |
| monge (m) | nazir | נָזִיר (ז) |
| abade (m) | roʃ minzar ka'toli | רֹאשׁ מִנְזָר קָתוֹלִי (ז) |
| rabino (m) | rav | רַב (ז) |

| vizir (m) | vazir | וָזִיר (ז) |
| xá (m) | ʃaχ | שָׁאח (ז) |
| xeque (m) | ʃeiχ | שֵׁיח (ז) |

## 128. Profissões agrícolas

| apicultor (m) | kavran | כַּוְורָן (ז) |
| pastor (m) | ro'e tson | רוֹעֶה צֹאן (ז) |
| agrónomo (m) | agronom | אַגְרוֹנוֹם (ז) |

| criador (m) de gado | megadel bakar | מְגַדֵּל בָּקָר (ז) |
| veterinário (m) | veterinar | וֵטֵרִינָר (ז) |

| agricultor (m) | χavai | חַוַּאי (ז) |
| vinicultor (m) | yeinan | יֵינָן (ז) |
| zoólogo (m) | zo'olog | זוֹאוֹלוֹג (ז) |
| cowboy (m) | 'ka'uboi | קָאוּבּוֹי (ז) |

## 129. Profissões artísticas

| ator (m) | saχkan | שַׂחְקָן (ז) |
| atriz (f) | saχkanit | שַׂחְקָנִית (נ) |

| cantor (m) | zamar | זַמָּר (ז) |
| cantora (f) | za'meret | זַמֶּרֶת (נ) |

| bailarino (m) | rakdan | רַקְדָּן (ז) |
| bailarina (f) | rakdanit | רַקְדָּנִית (נ) |

| artista (m) | saχkan | שַׂחְקָן (ז) |
| artista (f) | saχkanit | שַׂחְקָנִית (נ) |

| músico (m) | muzikai | מוּזִיקַאי (ז) |
| pianista (m) | psantran | פְּסַנְתְּרָן (ז) |
| guitarrista (m) | nagan gi'tara | נַגָּן גִּיטָרָה (ז) |

| maestro (m) | mena'tseaχ | מְנַצֵּחַ (ז) |
| compositor (m) | malχin | מַלְחִין (ז) |
| empresário (m) | amargan | אָמַרְגָּן (ז) |

| realizador (m) | bamai | בַּמַאי (ז) |
| produtor (m) | mefik | מֵפִיק (ז) |
| argumentista (m) | tasritai | תַסְרִיטַאי (ז) |
| crítico (m) | mevaker | מְבַקֵּר (ז) |

| escritor (m) | sofer | סוֹפֵר (ז) |
| poeta (m) | meʃorer | מְשׁוֹרֵר (ז) |
| escultor (m) | pasal | פַּסָּל (ז) |
| pintor (m) | tsayar | צַיָּר (ז) |

| malabarista (m) | lahatutan | לַהֲטוּטָן (ז) |
| palhaço (m) | leitsan | לֵיצָן (ז) |
| acrobata (m) | akrobat | אַקְרוֹבָּט (ז) |
| mágico (m) | kosem | קוֹסֵם (ז) |

## 130. Várias profissões

| médico (m) | rofe | רוֹפֵא (ז) |
| enfermeira (f) | aχot | אָחוֹת (נ) |
| psiquiatra (m) | psiχi"ater | פְּסִיכִיאָטֶר (ז) |
| estomatologista (m) | rofe ʃi'nayim | רוֹפֵא שִׁנַּיִם (ז) |
| cirurgião (m) | kirurg | כִּירוּרג (ז) |

|  |  |  |
|---|---|---|
| astronauta (m) | astro'na'ut | אַסטרוֹנָאוּט (ז) |
| astrónomo (m) | astronom | אַסטרוֹנוֹם (ז) |
| piloto (m) | tayas | טַיָּס (ז) |
| motorista (m) | nahag | נֶהָג (ז) |
| maquinista (m) | nahag ra'kevet | נֶהַג רַכֶּבֶת (ז) |
| mecânico (m) | meχonai | מְכוֹנַאי (ז) |
| mineiro (m) | kore | כּוֹרֶה (ז) |
| operário (m) | po'el | פּוֹעֵל (ז) |
| serralheiro (m) | misgad | מַסגֵד (ז) |
| marceneiro (m) | nagar | נַגָּר (ז) |
| torneiro (m) | χarat | חָרָט (ז) |
| construtor (m) | banai | בַּנַאי (ז) |
| soldador (m) | rataχ | רַתָּךְ (ז) |
| professor (m) catedrático | pro'fesor | פּרוֹפֶסוֹר (ז) |
| arquiteto (m) | adriχal | אַדרִיכָל (ז) |
| historiador (m) | historyon | הִיסטוֹריוֹן (ז) |
| cientista (m) | mad'an | מַדעָן (ז) |
| físico (m) | fizikai | פִיזִיקַאי (ז) |
| químico (m) | χimai | כִימַאי (ז) |
| arqueólogo (m) | arχe'olog | אַרכֵיאוֹלוֹג (ז) |
| geólogo (m) | ge'olog | גֵיאוֹלוֹג (ז) |
| pesquisador (cientista) | χoker | חוֹקֵר (ז) |
| babysitter (f) | ʃmartaf | שׁמַרטַף (ז) |
| professor (m) | more, meχaneχ | מוֹרֶה, מְחַנֵךְ (ז) |
| redator (m) | oreχ | עוֹרֵךְ (ז) |
| redator-chefe (m) | oreχ raʃi | עוֹרֵךְ רָאשִׁי (ז) |
| correspondente (m) | katav | כַּתָּב (ז) |
| datilógrafa (f) | kaldanit | קַלדָנִית (נ) |
| designer (m) | me'atsev | מְעַצֵב (ז) |
| especialista (m) em informática | mumχe maχʃevim | מוּמחֶה מַחשֵׁבִים (ז) |
| programador (m) | metaχnet | מְתַכנֵת (ז) |
| engenheiro (m) | mehandes | מְהַנדֵס (ז) |
| marujo (m) | yamai | יַמַּאי (ז) |
| marinheiro (m) | malaχ | מַלָּח (ז) |
| salvador (m) | matsil | מַצִּיל (ז) |
| bombeiro (m) | kabai | כַּבַּאי (ז) |
| polícia (m) | ʃoter | שׁוֹטֵר (ז) |
| guarda-noturno (m) | ʃomer | שׁוֹמֵר (ז) |
| detetive (m) | balaʃ | בַּלָּשׁ (ז) |
| funcionário (m) da alfândega | pakid 'meχes | פָּקִיד מֶכֶס (ז) |
| guarda-costas (m) | ʃomer roʃ | שׁוֹמֵר רֹאשׁ (ז) |
| guarda (m) prisional | soher | סוֹהֵר (ז) |
| inspetor (m) | mefa'keaχ | מְפַקֵּחַ (ז) |
| desportista (m) | sportai | ספּוֹרטַאי (ז) |
| treinador (m) | me'amen | מְאַמֵּן (ז) |

| talhante (m) | katsav | קַצָּב (ז) |
| sapateiro (m) | sandlar | סַנדְּלָר (ז) |
| comerciante (m) | soχer | סוֹחֵר (ז) |
| carregador (m) | sabal | סַבָּל (ז) |

| estilista (m) | me'atsev ofna | מְעַצֵּב אוֹפנָה (ז) |
| modelo (f) | dugmanit | דּוּגמָנִית (נ) |

## 131. Ocupações. Estatuto social

| aluno, escolar (m) | talmid | תַּלמִיד (ז) |
| estudante (~ universitária) | student | סטוּדֶנט (ז) |

| filósofo (m) | filosof | פִּילוֹסוֹף (ז) |
| economista (m) | kalkelan | כַּלכְּלָן (ז) |
| inventor (m) | mamtsi | מַמצִיא (ז) |

| desempregado (m) | muvtal | מוּבטָל (ז) |
| reformado (m) | pensyoner | פֶּנסִיוֹנֶר (ז) |
| espião (m) | meragel | מְרַגֵּל (ז) |

| preso (m) | asir | אָסִיר (ז) |
| grevista (m) | ʃovet | שׁוֹבֵת (ז) |
| burocrata (m) | birokrat | בִּירוֹקרָט (ז) |
| viajante (m) | metayel | מְטַיֵּל (ז) |

| homossexual (m) | 'lesbit, 'homo | לֶסבִּית (נ), הוֹמוֹ (ז) |
| hacker (m) | 'haker | הָאקֶר (ז) |
| hippie | 'hipi | הִיפִּי (ז) |

| bandido (m) | ʃoded | שׁוֹדֵד (ז) |
| assassino (m) a soldo | ro'tseaχ saχir | רוֹצֵחַ שָׂכִיר (ז) |
| toxicodependente (m) | narkoman | נַרקוֹמָן (ז) |
| traficante (m) | soχer samim | סוֹחֵר סַמִּים (ז) |
| prostituta (f) | zona | זוֹנָה (נ) |
| chulo (m) | sarsur | סַרסוּר (ז) |

| bruxo (m) | meχaʃef | מְכַשֵּׁף (ז) |
| bruxa (f) | maχʃefa | מְכַשֵּׁפָה (נ) |
| pirata (m) | ʃoded yam | שׁוֹדֵד יָם (ז) |
| escravo (m) | ʃifχa, 'eved | שִׁפחָה (נ), עֶבֶד (ז) |
| samurai (m) | samurai | סָמוּרַאי (ז) |
| selvagem (m) | 'pere adam | פֶּרֶא אָדָם (ז) |

116

# Desportos

## 132. Tipos de desportos. Desportistas

| | | |
|---|---|---|
| desportista (m) | sportai | ספּוֹרְטַאי (ז) |
| tipo (m) de desporto | anaf sport | עָנָף סְפּוֹרְט (ז) |
| | | |
| basquetebol (m) | kadursal | כַּדוּרְסַל (ז) |
| jogador (m) de basquetebol | kadursalan | כַּדוּרְסַלָן (ז) |
| | | |
| beisebol (m) | 'beisbol | בֵּייסְבּוֹל (ז) |
| jogador (m) de beisebol | saχkan 'beisbol | שַׂחְקָן בֵּייסְבּוֹל (ז) |
| | | |
| futebol (m) | kadu'regel | כַּדוּרֶגֶל (ז) |
| futebolista (m) | kaduraglan | כַּדוּרַגְלָן (ז) |
| guarda-redes (m) | ʃo'er | שׁוֹעֵר (ז) |
| | | |
| hóquei (m) | 'hoki | הוֹקִי (ז) |
| jogador (m) de hóquei | saχkan 'hoki | שַׂחְקָן הוֹקִי (ז) |
| | | |
| voleibol (m) | kadur'af | כַּדוּרָעָף (ז) |
| jogador (m) de voleibol | saχkan kadur'af | שַׂחְקָן כַּדוּרָעָף (ז) |
| | | |
| boxe (m) | igruf | אִיגְרוּף (ז) |
| boxeador, pugilista (m) | mit'agref | מִתְאַגְרֵף (ז) |
| | | |
| luta (f) | he'avkut | הֵיאָבְקוּת (נ) |
| lutador (m) | mit'abek | מִתְאַבֵּק (ז) |
| | | |
| karaté (m) | karate | קָרָטֶה (ז) |
| karateca (m) | karatist | קָרָטִיסְט (ז) |
| | | |
| judo (m) | 'dʒudo | ג׳וּדוֹ (ז) |
| judoca (m) | dʒudai | ג׳וּדַאי (ז) |
| | | |
| ténis (m) | 'tenis | טֶנִיס (ז) |
| tenista (m) | tenisai | טֶנִיסַאי (ז) |
| | | |
| natação (f) | sχiya | שְׂחִייָה (נ) |
| nadador (m) | saχyan | שַׂחְיָן (ז) |
| | | |
| esgrima (f) | 'sayif | סַיִף (ז) |
| esgrimista (m) | sayaf | סַייָף (ז) |
| | | |
| xadrez (m) | ʃaχmat | שַׁחְמָט (ז) |
| xadrezista (m) | ʃaχmetai | שַׁחְמְטַאי (ז) |
| | | |
| alpinismo (m) | tipus harim | טִיפּוּס הָרִים (ז) |
| alpinista (m) | metapes harim | מְטַפֵּס הָרִים (ז) |
| corrida (f) | ritsa | רִיצָה (נ) |

| corredor (m) | atsan | אָצָן (ז) |
| atletismo (m) | at'letika kala | אַתלְטִיקה קַלָה (נ) |
| atleta (m) | atlet | אַתלֵט (ז) |

| hipismo (m) | reχiva al sus | רְכִיבָה עַל סוּס (נ) |
| cavaleiro (m) | paraʃ | פָּרָש (ז) |

| patinagem (f) artística | haχlaka omanutit | הַחלָקָה אוֹמָנוּתִית (נ) |
| patinador (m) | maχlik amanuti | מַחלִיק אָמָנוּתִי (ז) |
| patinadora (f) | maχlika amanutit | מַחלִיקָה אָמָנוּתִית (נ) |

| halterofilismo (m) | haramat miʃkolot | הֲרָמַת מִשקוֹלוֹת (נ) |
| halterofilista (m) | miʃkolan | מִשקוֹלָן (ז) |

| corrida (f) de carros | merots meχoniyot | מֵירוֹץ מְכוֹנִיוֹת (ז) |
| piloto (m) | nahag merotsim | נַהַג מֵרוֹצִים (ז) |

| ciclismo (m) | reχiva al ofa'nayim | רְכִיבָה עַל אוֹפַנַיִים (נ) |
| ciclista (m) | roχev ofa'nayim | רוֹכֵב אוֹפַנַיִים (ז) |

| salto (m) em comprimento | kfitsa la'roχav | קפִיצָה לָרוֹחַק (נ) |
| salto (m) à vara | kfitsa bemot | קפִיצָה בָּמוֹט (נ) |
| atleta (m) de saltos | kofets | קוֹפֵץ (ז) |

## 133. Tipos de desportos. Diversos

| futebol (m) americano | 'futbol | פוּטבּוֹל (ז) |
| badminton (m) | notsit | נוֹצִית (ז) |
| biatlo (m) | bi'atlon | בִּיאַתלוֹן (ז) |
| bilhar (m) | bilyard | בִּילִיַארד (ז) |

| bobsled (m) | miz'χelet | מִזחֶלֶת (נ) |
| musculação (f) | pi'tuaχ guf | פִּיתוּחַ גוּף (ז) |
| polo (m) aquático | polo 'mayim | פּוֹלוֹ מַיִם (ז) |
| andebol (m) | kadur yad | כַּדוּר-יָד (ז) |
| golfe (m) | golf | גוֹלף (ז) |

| remo (m) | χatira | חֲתִירָה (נ) |
| mergulho (m) | tslila | צלִילָה (נ) |
| corrida (f) de esqui | ski bemiʃor | סקִי בָּמִישוֹר (ז) |
| ténis (m) de mesa | 'tenis ʃulχan | טֶנִיס שוּלחָן (ז) |

| vela (f) | 'ʃayit | שַיִט (ז) |
| rali (m) | 'rali | רָאלִי (ז) |
| râguebi (m) | 'rogbi | רוֹגבִּי (ז) |
| snowboard (m) | gliʃat 'ʃeleg | גלִישַת שֶלֶג (נ) |
| tiro (m) com arco | kaʃatut | קַשָתוּת (נ) |

## 134. Ginásio

| barra (f) | miʃ'kolet | מִשקוֹלֶת (נ) |
| halteres (m pl) | miʃkolot | מִשקוֹלוֹת (נ"ר) |

| | | |
|---|---|---|
| aparelho (m) de musculaçao | maxʃir 'koʃer | מַכְשִׁיר פּוֹשֶׁר (ז) |
| bicicleta (f) ergométrica | ofanei 'koʃer | אוֹפַנֵּי פּוֹשֶׁר (ז"ר) |
| passadeira (f) de corrida | halixon | הָלִיכוֹן (ז) |
| | | |
| barra (f) fixa | 'metax | מָתָח (ז) |
| barras (f) paralelas | makbilim | מַקְבִּילִים (ז"ר) |
| cavalo (m) | sus | סוּס (ז) |
| tapete (m) de ginástica | mizron | מִזְרוֹן (ז) |
| | | |
| corda (f) de saltar | dalgit | דַלְגִית (נ) |
| aeróbica (f) | ei'robika | אֵירוֹבִּיקָה (נ) |
| ioga (f) | 'yoga | יוֹגָה (נ) |

## 135. Hóquei

| | | |
|---|---|---|
| hóquei (m) | 'hoki | הוֹקִי (ז) |
| jogador (m) de hóquei | saxkan 'hoki | שַׂחְקָן הוֹקִי (ז) |
| jogar hóquei | lesaxek 'hoki | לְשַׂחֵק הוֹקִי |
| gelo (m) | 'kerax | קֶרַח (ז) |
| | | |
| disco (m) | diskit | דִיסְקִית (נ) |
| taco (m) de hóquei | makel 'hoki | מַקֵל הוֹקִי (ז) |
| patins (m pl) de gelo | maxli'kayim | מַחְלִיקַיִם (ז"ר) |
| | | |
| muro (m) | 'dofen | דוֹפֶן (ז) |
| tiro (m) | kli'a | קְלִיעָה (נ) |
| | | |
| guarda-redes (m) | ʃo'er | שׁוֹעֵר (ז) |
| golo (m) | ʃa'ar | שַׁעַר (ז) |
| marcar um golo | lehav'ki'a 'ʃa'ar | לְהַבְקִיעַ שַׁעַר |
| | | |
| tempo (m) | ʃliʃ | שְׁלִישׁ (ז) |
| segundo tempo (m) | ʃliʃ ʃeni | שְׁלִישׁ שֵׁנִי (ז) |
| banco (m) de reservas | safsal maxlifim | סַפְסָל מַחְלִיפִים (ז) |

## 136. Futebol

| | | |
|---|---|---|
| futebol (m) | kadu'regel | כַּדוּרֶגֶל (ז) |
| futebolista (m) | kaduraglan | כַּדוּרַגְלָן (ז) |
| jogar futebol | lesaxek kadu'regel | לְשַׂחֵק כַּדוּרֶגֶל |
| | | |
| Liga Principal (f) | 'liga elyona | לִיגָה עֶלְיוֹנָה (נ) |
| clube (m) de futebol | mo'adon kadu'regel | מוֹעֲדוֹן כַּדוּרֶגֶל (ז) |
| treinador (m) | me'amen | מְאַמֵן (ז) |
| proprietário (m) | be'alim | בְּעָלִים (ז) |
| | | |
| equipa (f) | kvutsa, niv'xeret | קְבוּצָה, נִבְחֶרֶת (נ) |
| capitão (m) da equipa | 'kepten | קַפְטֶן (ז) |
| jogador (m) | saxkan | שַׂחְקָן (ז) |
| jogador (m) de reserva | saxkan maxlif | שַׂחְקָן מַחְלִיף (ז) |
| atacante (m) | xaluts | חָלוּץ (ז) |
| avançado (m) centro | xaluts merkazi | חָלוּץ מֶרְכָּזִי (ז) |

| marcador (m) | mavki | מַבְקִיעַ (ז) |
| defesa (m) | balam, megen | בַּלָם, מָגֵן (ז) |
| médio (m) | mekaʃer | מְקַשֵּׁר (ז) |

| jogo (desafio) | misχak | מִשְׂחָק (ז) |
| encontrar-se (vr) | lehipageʃ | לְהִיפָּגֵשׁ |
| final (m) | gmar | גְמָר (ז) |
| meia-final (f) | χatsi gmar | חֲצִי גְמָר (ז) |
| campeonato (m) | alifut | אֲלִיפוּת (נ) |

| tempo (m) | maχatsit | מַחֲצִית (נ) |
| primeiro tempo (m) | maχatsit riʃona | מַחֲצִית רִאשׁוֹנָה (נ) |
| intervalo (m) | hafsaka | הַפְסָקָה (נ) |

| baliza (f) | 'ʃaʿar | שַׁעַר (ז) |
| guarda-redes (m) | ʃoʿer | שׁוֹעֵר (ז) |
| trave (f) | amud ha'ʃaʿar | עַמוּד הַשַׁעַר (ז) |
| barra (f) transversal | maʃkof | מַשְׁקוֹף (ז) |
| rede (f) | 'reʃet | רֶשֶׁת (נ) |
| sofrer um golo | lispog 'ʃaʿar | לִסְפּוֹג שַׁעַר |

| bola (f) | kadur | כַּדוּר (ז) |
| passe (m) | mesira | מְסִירָה (נ) |
| chute (m) | beʿita | בְּעִיטָה (נ) |
| chutar (vt) | livʿot | לִבְעוֹט |
| tiro (m) livre | beʿitat onʃin | בְּעִיטַת עוֹנְשִׁין (נ) |
| canto (m) | beʿitat 'keren | בְּעִיטַת קֶרֶן (נ) |

| ataque (m) | hatkafa | הַתְקָפָה (נ) |
| contra-ataque (m) | hatkafat 'neged | הַתְקָפַת נֶגֶד (נ) |
| combinação (f) | ʃiluv | שִׁילוּב (ז) |

| árbitro (m) | ʃofet | שׁוֹפֵט (ז) |
| apitar (vi) | liʃrok | לִשְׁרוֹק |
| apito (m) | ʃrika | שְׁרִיקָה (נ) |
| falta (f) | avira | עֲבִירָה (נ) |
| cometer a falta | leva'tseʿa avira | לְבַצֵּעַ עֲבִירָה |
| expulsar (vt) | leharχik | לְהַרְחִיק |

| cartão (m) amarelo | kartis tsahov | כַּרְטִיס צָהוֹב (ז) |
| cartão (m) vermelho | kartis adom | כַּרְטִיס אָדוֹם (ז) |
| desqualificação (f) | psila, ʃlila | פְּסִילָה, שְׁלִילָה (נ) |
| desqualificar (vt) | lefsol | לִפְסוֹל |

| penálti (m) | 'pendel | פֶּנְדָל (ז) |
| barreira (f) | χoma | חוֹמָה (נ) |
| marcar (vt) | lehav'kiʿa | לְהַבְקִיעַ |
| golo (m) | 'ʃaʿar | שַׁעַר (ז) |
| marcar um golo | lehav'kiʿa 'ʃaʿar | לְהַבְקִיעַ שַׁעַר |

| substituição (f) | haχlata | הַחְלָטָה (נ) |
| substituir (vt) | lehaχlif | לְהַחְלִיף |
| regras (f pl) | klalim | כְּלָלִים (ז"ר) |
| tática (f) | 'taktika | טַקְטִיקָה (נ) |
| estádio (m) | itstadyon | אִצְטַדְיוֹן (ז) |
| bancadas (f pl) | bama | בָּמָה (נ) |

| | | |
|---|---|---|
| fã, adepto (m) | ohed | אוֹהֵד (ז) |
| gritar (vi) | lits'ok | לִצְעוֹק |
| | | |
| marcador (m) | 'luaχ totsa'ot | לוּחַ תּוֹצָאוֹת (ז) |
| resultado (m) | totsa'a | תּוֹצָאָה (נ) |
| | | |
| derrota (f) | tvusa | תְּבוּסָה (נ) |
| perder (vt) | lehafsid | לְהַפְסִיד |
| empate (m) | 'teku | תֵּיקוּ (ז) |
| empatar (vi) | lesayem be'teku | לְסַיֵּים בְּתֵיקוּ |
| | | |
| vitória (f) | nitsaχon | נִיצָּחוֹן (ז) |
| ganhar, vencer (vi, vt) | lena'tseaχ | לְנַצֵּחַ |
| | | |
| campeão (m) | aluf | אַלּוּף (ז) |
| melhor | hatov beyoter | הַטוֹב בְּיוֹתֵר |
| felicitar (vt) | levareχ | לְבָרֵך |
| | | |
| comentador (m) | parʃan | פַּרְשָׁן (ז) |
| comentar (vt) | lefarʃen | לְפַרְשֵׁן |
| transmissão (f) | ʃidur | שִׁידוּר (ז) |

## 137. Esqui alpino

| | | |
|---|---|---|
| esqui (m) | migla'ʃayim | מִגְלָשַׁיִים (ז"ר) |
| esquiar (vi) | la'asot ski | לַעֲשׂוֹת סְקִי |
| estância (f) de esqui | atar ski | אֲתַר סְקִי (ז) |
| teleférico (m) | ma'alit ski | מַעֲלִית סְקִי (נ) |
| | | |
| bastões (m pl) de esqui | maklot ski | מַקְלוֹת סְקִי (ז"ר) |
| declive (m) | midron | מִדְרוֹן (ז) |
| slalom (m) | merots akalaton | מֵירוֹץ עֲקַלָּתוֹן (ז) |

## 138. Ténis. Golfe

| | | |
|---|---|---|
| golfe (m) | golf | גּוֹלְף (ז) |
| clube (m) de golfe | mo'adon golf | מוֹעֲדוֹן גּוֹלְף (ז) |
| jogador (m) de golfe | saχkan golf | שַׂחְקָן גּוֹלְף (ז) |
| | | |
| buraco (m) | guma | גּוּמָה (נ) |
| taco (m) | makel golf | מַקֵּל גּוֹלְף (ז) |
| trolley (m) | eglat golf | עֶגְלַת גּוֹלְף (נ) |
| | | |
| ténis (m) | 'tenis | טֶנִיס (ז) |
| quadra (f) de ténis | migraʃ 'tenis | מִגְרַשׁ טֶנִיס (ז) |
| | | |
| saque (m) | χavatat hagaʃa | חֲבָטַת הַגָּשָׁה (נ) |
| sacar (vi) | lehagiʃ | לְהַגִּישׁ |
| | | |
| raquete (f) | maχbet 'tenis | מַחְבֵּט טֶנִיס (ז) |
| rede (f) | 'reʃet | רֶשֶׁת (נ) |
| bola (f) | kadur | כַּדּוּר (ז) |

## 139. Xadrez

| | | |
|---|---|---|
| xadrez (m) | ʃaχmat | שַׁחְמָט (ז) |
| peças (f pl) de xadrez | klei ʃaχmat | כְּלֵי שַׁחְמָט (ז"ר) |
| xadrezista (m) | ʃaχmetai | שַׁחְמְטַאי (ז) |
| tabuleiro (m) de xadrez | 'luaχ 'ʃaχmat | לוּחַ שַׁחְמָט (ז) |
| peça (f) de xadrez | kli | כְּלִי (ז) |

| | | |
|---|---|---|
| brancas (f pl) | levanim | לְבָנִים (ז) |
| pretas (f pl) | ʃχorim | שְׁחוֹרִים (ז) |

| | | |
|---|---|---|
| peão (m) | χayal | חַיָּל (ז) |
| bispo (m) | rats | רָץ (ז) |
| cavalo (m) | paraʃ | פָּרָשׁ (ז) |
| torre (f) | 'tsriaχ | צְרִיחַ (ז) |
| dama (f) | malka | מַלְכָּה (נ) |
| rei (m) | 'meleχ | מֶלֶךְ (ז) |

| | | |
|---|---|---|
| vez (m) | 'tsa'ad | צַעַד (ז) |
| mover (vt) | la'nu'a | לָנוּעַ |
| sacrificar (vt) | lehakriv | לְהַקְרִיב |
| roque (m) | hatsraχa | הַצְרָחָה (נ) |
| xeque (m) | ʃaχ | שַׁח (ז) |
| xeque-mate (m) | mat | מָט (ז) |

| | | |
|---|---|---|
| torneio (m) de xadrez | taχarut 'ʃaχmat | תַּחֲרוּת שַׁחְמָט (נ) |
| grão-mestre (m) | rav oman | רַב-אוֹמָן (ז) |
| combinação (f) | ʃiluv | שִׁילּוּב (ז) |
| partida (f) | misχak | מִשְׂחָק (ז) |
| jogo (m) de damas | 'damka | דַּמְקָה (נ) |

## 140. Boxe

| | | |
|---|---|---|
| boxe (m) | igruf | אִיגְרוּף (ז) |
| combate (m) | krav | קְרָב (ז) |
| duelo (m) | du krav | דּוּ-קְרָב (ז) |
| round (m) | sivuv | סִיבּוּב (ז) |

| | | |
|---|---|---|
| ringue (m) | zira | זִירָה (נ) |
| gongo (m) | gong | גּוֹנְג (ז) |

| | | |
|---|---|---|
| murro, soco (m) | mahaluma | מַהֲלוּמָה (נ) |
| knockdown (m) | nefila lekraʃim | נְפִילָה לְקַרְשִׁים (נ) |

| | | |
|---|---|---|
| nocaute (m) | 'nok'a'ut | נוֹקְאָאוּט (ז) |
| nocautear (vt) | liʃ'loaχ le'nok'a'ut | לִשְׁלוֹחַ לְנוֹקְאָאוּט |

| | | |
|---|---|---|
| luva (f) de boxe | kfafat igruf | כְּפָפַת אִיגְרוּף (נ) |
| árbitro (m) | ʃofet | שׁוֹפֵט (ז) |

| | | |
|---|---|---|
| peso-leve (m) | miʃkal notsa | מִשְׁקָל נוֹצָה (ז) |
| peso-médio (m) | miʃkal beinoni | מִשְׁקָל בֵּינוֹנִי (ז) |
| peso-pesado (m) | miʃkal kaved | מִשְׁקָל כָּבֵד (ז) |

## 141. Desportos. Diversos

| | | |
|---|---|---|
| Jogos (m pl) Olímpicos | hamisχakim ha'o'limpiyim | הַמִּשְׂחָקִים הָאוֹלִימְפִּיִּים (ז״ר) |
| vencedor (m) | mena'tseaχ | מְנַצֵּחַ (ז) |
| vencer (vi) | lena'tseaχ | לְנַצֵּחַ |
| vencer, ganhar (vi) | lena'tseaχ | לְנַצֵּחַ |
| | | |
| líder (m) | manhig | מַנְהִיג (ז) |
| liderar (vt) | lehovil | לְהוֹבִיל |
| | | |
| primeiro lugar (m) | makom riʃon | מָקוֹם רִאשׁוֹן (ז) |
| segundo lugar (m) | makom ʃeni | מָקוֹם שֵׁנִי (ז) |
| terceiro lugar (m) | makom ʃliʃi | מָקוֹם שְׁלִישִׁי (ז) |
| | | |
| medalha (f) | me'dalya | מֶדַלְיָה (נ) |
| troféu (m) | pras | פְּרָס (ז) |
| taça (f) | ga'vi'a nitsaχon | גָּבִיעַ נִיצָּחוֹן (ז) |
| prémio (m) | pras | פְּרָס (ז) |
| prémio (m) principal | pras riʃon | פְּרָס רִאשׁוֹן (ז) |
| | | |
| recorde (m) | si | שִׂיא (ז) |
| estabelecer um recorde | lik'bo'a si | לִקְבּוֹעַ שִׂיא |
| | | |
| final (m) | gmar | גְּמָר (ז) |
| final | ʃel hagmar | שֶׁל הַגְּמָר |
| | | |
| campeão (m) | aluf | אַלּוּף (ז) |
| campeonato (m) | alifut | אַלִּיפוּת (נ) |
| | | |
| estádio (m) | itstadyon | אִצְטַדְיוֹן (ז) |
| bancadas (f pl) | bama | בָּמָה (נ) |
| fã, adepto (m) | ohed | אוֹהֵד (ז) |
| adversário (m) | yariv | יָרִיב (ז) |
| | | |
| partida (f) | kav zinuk | קַו זִינוּק (ז) |
| chegada, meta (f) | kav hagmar | קַו הַגְּמָר (ז) |
| | | |
| derrota (f) | tvusa | תְּבוּסָה (נ) |
| perder (vt) | lehafsid | לְהַפְסִיד |
| | | |
| árbitro (m) | ʃofet | שׁוֹפֵט (ז) |
| júri (m) | χaver ʃoftim | חֲבֵר שׁוֹפְטִים (ז) |
| resultado (m) | totsa'a | תּוֹצָאָה (נ) |
| empate (m) | 'teku | תֵּיקוּ (ז) |
| empatar (vi) | lesayem be'teku | לְסַיֵּם בְּתֵיקוּ |
| ponto (m) | nekuda | נְקוּדָה (נ) |
| resultado (m) final | totsa'a | תּוֹצָאָה (נ) |
| | | |
| tempo, período (m) | sivuv | סִיבוּב (ז) |
| intervalo (m) | hafsaka | הַפְסָקָה (נ) |
| doping (m) | sam | סַם (ז) |
| penalizar (vt) | leha'aniʃ | לְהַעֲנִישׁ |
| desqualificar (vt) | lefsol | לִפְסוֹל |
| aparelho (m) | maχʃir | מַכְשִׁיר (ז) |
| dardo (m) | kidon | כִּידוֹן (ז) |

| | | |
|---|---|---|
| peso (m) | kadur barzel | כַּדוּר בַּרְזֶל (ז) |
| bola (f) | kadur | כַּדוּר (ז) |
| | | |
| alvo, objetivo (m) | matara | מַטָרָה (נ) |
| alvo (~ de papel) | matara | מַטָרָה (נ) |
| atirar, disparar (vi) | lirot | לִירוֹת |
| preciso (tiro ~) | meduyak | מְדוּיָק |
| | | |
| treinador (m) | me'amen | מְאַמֵן (ז) |
| treinar (vt) | le'amen | לְאַמֵן |
| treinar-se (vr) | lehit'amen | לְהִתְאַמֵן |
| treino (m) | imun | אִימוּן (ז) |
| | | |
| ginásio (m) | 'xeder 'koʃer | חֲדָר כּוֹשֶׁר (ז) |
| exercício (m) | imun | אִימוּן (ז) |
| aquecimento (m) | ximum | חִימוּם (ז) |

# Educação

142. Escola

| | | |
|---|---|---|
| escola (f) | beit 'sefer | בֵּית סֵפֶר (ז) |
| diretor (m) de escola | menahel beit 'sefer | מְנַהֵל בֵּית סֵפֶר (ז) |
| | | |
| aluno (m) | talmid | תַּלְמִיד (ז) |
| aluna (f) | talmida | תַּלְמִידָה (נ) |
| escolar (m) | talmid | תַּלְמִיד (ז) |
| escolar (f) | talmida | תַּלְמִידָה (נ) |
| | | |
| ensinar (vt) | lelamed | לְלַמֵּד |
| aprender (vt) | lilmod | לִלְמוֹד |
| aprender de cor | lilmod be'al pe | לִלְמוֹד בְּעַל פֶּה |
| | | |
| estudar (vi) | lilmod | לִלְמוֹד |
| andar na escola | lilmod | לִלְמוֹד |
| ir à escola | la'leχet le'beit 'sefer | לָלֶכֶת לְבֵית סֵפֶר |
| | | |
| alfabeto (m) | alefbeit | אָלֶפְבֵּית (ז) |
| disciplina (f) | mik'tso'a | מִקצוֹעַ (ז) |
| | | |
| sala (f) de aula | kita | כִּיתָה (נ) |
| lição (f) | ʃi'ur | שִׁיעוּר (ז) |
| recreio (m) | hafsaka | הַפסָקָה (נ) |
| toque (m) | pa'amon | פַּעֲמוֹן (ז) |
| carteira (f) | ʃulχan limudim | שׁוּלחָן לִימוּדִים (ז) |
| quadro (m) negro | 'luaχ | לוּחַ (ז) |
| | | |
| nota (f) | tsiyun | צִיוּן (ז) |
| boa nota (f) | tsiyun tov | צִיוּן טוֹב (ז) |
| nota (f) baixa | tsiyun ga'ru'a | צִיוּן גָרוּעַ (ז) |
| dar uma nota | latet tsiyun | לָתֵת צִיוּן |
| | | |
| erro (m) | ta'ut | טָעוּת (נ) |
| fazer erros | la'asot ta'uyot | לַעֲשׂוֹת טָעוּיוֹת |
| corrigir (vt) | letaken | לְתַקֵן |
| cábula (f) | ʃlif | שְׁלִיף (ז) |
| | | |
| dever (m) de casa | ʃi'urei 'bayit | שִׁיעוּרֵי בַּיִת (ז"ר) |
| exercício (m) | targil | תַרגִיל (ז) |
| | | |
| estar presente | lihyot no'χeaχ | לִהיוֹת נוֹכֵחַ |
| estar ausente | lehe'ader | לְהֵיעָדֵר |
| faltar às aulas | lehaχsir | לְהַחסִיר |
| | | |
| punir (vt) | leha'aniʃ | לְהַעֲנִישׁ |
| punição (f) | 'oneʃ | עוֹנֶשׁ (ז) |
| comportamento (m) | hitnahagut | הִתנַהֲגוּת (נ) |

| boletim (m) escolar | yoman beit 'sefer | יוֹמָן בֵּית סֵפֶר (ז) |
| lápis (m) | iparon | עִיפָּרוֹן (ז) |
| borracha (f) | 'maxak | מָחַק (ז) |
| giz (m) | gir | גִיר (ז) |
| estojo (m) | kalmar | קַלְמָר (ז) |

| pasta (f) escolar | yalkut | יַלְקוּט (ז) |
| caneta (f) | et | עֵט (ז) |
| caderno (m) | max'beret | מַחְבֶּרֶת (נ) |
| manual (m) escolar | 'sefer limud | סֵפֶר לִימוֹד (ז) |
| compasso (m) | mexuga | מְחוּגָה (נ) |

| traçar (vt) | lesartet | לְשַׂרְטֵט |
| desenho (m) técnico | sirtut | שִׂרְטוּט (ז) |

| poesia (f) | ʃir | שִׁיר (ז) |
| de cor | be'al pe | בְּעַל פֶּה |
| aprender de cor | lilmod be'al pe | לִלְמוֹד בְּעַל פֶּה |

| férias (f pl) | xuffa | חוּפְשָׁה (נ) |
| estar de férias | lihyot bexuffa | לִהְיוֹת בְּחוּפְשָׁה |
| passar as férias | leha'avir 'xofeʃ | לְהַעֲבִיר חוֹפֶשׁ |

| teste (m) | mivxan | מִבְחָן (ז) |
| composição, redação (f) | xibur | חִיבּוּר (ז) |
| ditado (m) | haxtava | הַכְתָּבָה (נ) |
| exame (m) | bxina | בְּחִינָה (נ) |
| fazer exame | lehibaxen | לְהִיבָּחֵן |
| experiência (~ química) | nisui | נִיסוּי (ז) |

## 143. Colégio. Universidade

| academia (f) | aka'demya | אֲקָדֶמְיָה (נ) |
| universidade (f) | uni'versita | אוּנִיבֶרְסִיטָה (נ) |
| faculdade (f) | fa'kulta | פָקוּלְטָה (נ) |

| estudante (m) | student | סְטוּדֶנְט (ז) |
| estudante (f) | stu'dentit | סְטוּדֶנְטִית (נ) |
| professor (m) | martse | מַרְצֶה (ז) |

| sala (f) de palestras | ulam hartsa'ot | אוּלַם הַרְצָאוֹת (ז) |
| graduado (m) | boger | בּוֹגֵר (ז) |

| diploma (m) | di'ploma | דִיפְלוֹמָה (נ) |
| tese (f) | diser'tatsya | דִיסֶרְטַצְיָה (נ) |

| estudo (obra) | mexkar | מֶחְקָר (ז) |
| laboratório (m) | ma'abada | מַעֲבָּדָה (נ) |

| palestra (f) | hartsa'a | הַרְצָאָה (נ) |
| colega (m) de curso | xaver lelimudim | חָבֵר לְלִימוּדִים (ז) |

| bolsa (f) de estudos | milga | מִלְגָה (נ) |
| grau (m) académico | 'to'ar aka'demi | תּוֹאַר אֲקָדֶמִי (ז) |

## 144. Ciências. Disciplinas

| matemática (f) | mate'matika | מָתֶמָטִיקָה (נ) |
| álgebra (f) | 'algebra | אַלְגֶּבְּרָה (נ) |
| geometria (f) | ge'o'metriya | גֵּיאוֹמֶטְרִיָה (נ) |
| astronomia (f) | astro'nomya | אַסְטְרוֹנוֹמְיָה (נ) |
| biologia (f) | bio'logya | בִּיוֹלוֹגְיָה (נ) |
| geografia (f) | ge'o'grafya | גֵּיאוֹגְרַפְיָה (נ) |
| geologia (f) | ge'o'logya | גֵּיאוֹלוֹגְיָה (נ) |
| história (f) | his'torya | הִיסְטוֹרִיָה (נ) |
| medicina (f) | refu'a | רְפוּאָה (נ) |
| pedagogia (f) | χinuχ | חִינוּך (ז) |
| direito (m) | miʃpatim | מִשְׁפָּטִים (ז"ר) |
| física (f) | 'fizika | פִיזִיקָה (נ) |
| química (f) | 'χimya | כִימְיָה (נ) |
| filosofia (f) | filo'sofya | פִילוֹסוֹפְיָה (נ) |
| psicologia (f) | psiχo'logya | פְּסִיכוֹלוֹגְיָה (נ) |

## 145. Sistema de escrita. Ortografia

| gramática (f) | dikduk | דִקְדוּק (ז) |
| vocabulário (m) | otsar milim | אוֹצָר מִילִים (ז) |
| fonética (f) | torat ha'hege | תוֹרַת הַהֶגֶה (נ) |
| substantivo (m) | ʃem 'etsem | שֵׁם עֶצֶם (ז) |
| adjetivo (m) | ʃem 'to'ar | שֵׁם תוֹאַר (ז) |
| verbo (m) | po'el | פּוֹעַל (ז) |
| advérbio (m) | 'to'ar 'po'al | תוֹאַר פּוֹעַל (ז) |
| pronome (m) | ʃem guf | שֵׁם גוּף (ז) |
| interjeição (f) | milat kri'a | מִילַת קְרִיאָה (נ) |
| preposição (f) | milat 'yaχas | מִילַת יַחַס (נ) |
| raiz (f) da palavra | 'ʃoreʃ | שׁוֹרֶשׁ (ז) |
| terminação (f) | si'yomet | סִיוֹמֶת (נ) |
| prefixo (m) | tχilit | תְחִילִית (נ) |
| sílaba (f) | havara | הֲבָרָה (נ) |
| sufixo (m) | si'yomet | סִיוֹמֶת (נ) |
| acento (m) | 'ta'am | טַעַם (ז) |
| apóstrofo (m) | 'gereʃ | גֶּרֶשׁ (ז) |
| ponto (m) | nekuda | נְקוּדָה (נ) |
| vírgula (f) | psik | פְּסִיק (ז) |
| ponto e vírgula (m) | nekuda ufsik | נְקוּדָה וּפְסִיק (נ) |
| dois pontos (m pl) | nekudo'tayim | נְקוּדוֹתַיִם (נ"ר) |
| reticências (f pl) | ʃaloʃ nekudot | שָׁלוֹשׁ נְקוּדוֹת (נ"ר) |
| ponto (m) de interrogação | siman ʃe'ela | סִימַן שְׁאֵלָה (ז) |
| ponto (m) de exclamação | siman kri'a | סִימַן קְרִיאָה (ז) |

| aspas (f pl) | merχa'ot | מֶרכָאוֹת (ז"ר) |
| entre aspas | bemerχa'ot | בְּמֶרכָאוֹת |
| parênteses (m pl) | sog'rayim | סוֹגרַיִים (ז"ר) |
| entre parênteses | besog'rayim | בְּסוֹגרַיִים |

| hífen (m) | makaf | מַקָף (ז) |
| travessão (m) | kav mafrid | קַו מַפרִיד (ז) |
| espaço (m) | 'revaχ | רֶווַח (ז) |

| letra (f) | ot | אוֹת (נ) |
| letra (f) maiúscula | ot gdola | אוֹת גדוֹלָה (נ) |

| vogal (f) | tnu'a | תנוּעָה (נ) |
| consoante (f) | itsur | עִיצוּר (ז) |

| frase (f) | miʃpat | מִשפָּט (ז) |
| sujeito (m) | nose | נוֹשֵׂא (ז) |
| predicado (m) | nasu | נָשׂוּא (ז) |

| linha (f) | ʃura | שוּרָה (נ) |
| em uma nova linha | beʃura χadaʃa | בְּשוּרָה חָדָשָה |
| parágrafo (m) | piska | פִּסקָה (נ) |

| palavra (f) | mila | מִילָה (נ) |
| grupo (m) de palavras | tsiruf milim | צֵירוּף מִילִים (ז) |
| expressão (f) | bitui | בִּיטוּי (ז) |
| sinónimo (m) | mila nir'defet | מִילָה נִרדֶפֶת (נ) |
| antónimo (m) | 'hefeχ | הֵפֶך (ז) |

| regra (f) | klal | כּלָל (ז) |
| exceção (f) | yotse min haklal | יוֹצֵא מִן הַכּלָל (ז) |
| correto | naχon | נָכוֹן |

| conjugação (f) | hataya | הַטָיָיה (נ) |
| declinação (f) | hataya | הַטָיָיה (נ) |
| caso (m) | yaχasa | יַחֲסָה (נ) |
| pergunta (f) | ʃe'ela | שְאֵלָה (נ) |
| sublinhar (vt) | lehadgiʃ | לְהַדגִיש |
| linha (f) pontilhada | kav nakud | קַו נָקוּד (ז) |

## 146. Línguas estrangeiras

| língua (f) | safa | שָׂפָה (נ) |
| estrangeiro | zar | זָר |
| língua (f) estrangeira | safa zara | שָׂפָה זָרָה (נ) |
| estudar (vt) | lilmod | לִלמוֹד |
| aprender (vt) | lilmod | לִלמוֹד |

| ler (vt) | likro | לִקרוֹא |
| falar (vi) | ledaber | לְדַבֵּר |
| compreender (vt) | lehavin | לְהָבִין |
| escrever (vt) | liχtov | לִכתוֹב |
| rapidamente | maher | מַהֵר |
| devagar | le'at | לְאַט |

| fluentemente | χoffi | חוֹפְשִׁי |
| regras (f pl) | klalim | כְּלָלִים (ז"ר) |
| gramática (f) | dikduk | דִּקְדּוּק (ז) |
| vocabulário (m) | otsar milim | אוֹצַר מִילִים (ז) |
| fonética (f) | torat ha'hege | תּוֹרַת הַהֶגֶה (נ) |

| manual (m) escolar | 'sefer limud | סֵפֶר לִימּוּד (ז) |
| dicionário (m) | milon | מִילּוֹן (ז) |
| manual (m) de autoaprendizagem | 'sefer lelimud atsmi | סֵפֶר לְלִימּוּד עַצְמִי (ז) |
| guia (m) de conversação | siχon | שִׂיחוֹן (ז) |

| cassete (f) | ka'letet | קַלֶּטֶת (נ) |
| vídeo cassete (m) | ka'letet 'vide'o | קַלֶּטֶת וִידֵיאוֹ (נ) |
| CD (m) | taklitor | תַּקְלִיטוֹר (ז) |
| DVD (m) | di vi di | דִּי. וִי. דִּי. (ז) |

| alfabeto (m) | alefbeit | אָלֶפְבֵּית (ז) |
| soletrar (vt) | le'ayet | לְאַיֵּת |
| pronúncia (f) | hagiya | הֲגִיָּיה (נ) |

| sotaque (m) | mivta | מִבְטָא (ז) |
| com sotaque | im mivta | עִם מִבְטָא |
| sem sotaque | bli mivta | בְּלִי מִבְטָא |

| palavra (f) | mila | מִילָה (נ) |
| sentido (m) | maʃma'ut | מַשְׁמָעוּת (נ) |

| cursos (m pl) | kurs | קוּרְס (ז) |
| inscrever-se (vr) | leheraʃem lekurs | לְהֵירָשֵׁם לְקוּרְס |
| professor (m) | more | מוֹרֶה (ז) |

| tradução (processo) | tirgum | תִּרְגּוּם (ז) |
| tradução (texto) | tirgum | תִּרְגּוּם (ז) |
| tradutor (m) | metargem | מְתַרְגֵּם (ז) |
| intérprete (m) | meturgeman | מְתוּרְגְּמָן (ז) |

| poliglota (m) | poliglot | פּוֹלִיגְלוֹט (ז) |
| memória (f) | zikaron | זִיכָּרוֹן (ז) |

## 147. Personagens de contos de fadas

| Pai (m) Natal | 'santa 'kla'us | סַנְטָה קְלָאוּס (ז) |
| Cinderela (f) | sinde'rela | סִינְדָּרֶלָה |
| sereia (f) | bat yam, betulat hayam | בַּת יָם, בְּתוּלַת הַיָם (נ) |
| Neptuno (m) | neptun | נֶפְטוּן (ז) |

| mago (m) | kosem | קוֹסֵם (ז) |
| fada (f) | 'feya | פֵיָּה (נ) |
| mágico | kasum | קָסוּם |
| varinha (f) mágica | ʃarvit 'kesem | שַׁרְבִיט קֶסֶם (ז) |

| conto (m) de fadas | agada | אַגָּדָה (נ) |
| milagre (m) | nes | נֵס (ז) |

| anão (m) | gamad | גַּמָּד (ז) |
| transformar-se em ... | lahafox le... | לַהֲפוֹךְ לְ... |

| fantasma (m) | 'ruax refa''im | רוּחַ רְפָאִים (נ) |
| espetro (m) | 'ruax refa''im | רוּחַ רְפָאִים (נ) |
| monstro (m) | mif'letset | מִפְלֶצֶת (נ) |
| dragão (m) | drakon | דְּרָקוֹן (ז) |
| gigante (m) | anak | עֲנָק (ז) |

## 148. Signos do Zodíaco

| Carneiro | tale | טָלֶה (ז) |
| Touro | ʃor | שׁוֹר (ז) |
| Gémeos | te'omim | תְּאוֹמִים (ז"ר) |
| Caranguejo | sartan | סַרְטָן (ז) |
| Leão | arye | אַרְיֵה (ז) |
| Virgem (f) | betula | בְּתוּלָה (נ) |

| Balança | moz'nayim | מֹאזְנַיִים (ז"ר) |
| Escorpião | akrav | עַקְרָב (ז) |
| Sagitário | kaʃat | קַשָּׁת (ז) |
| Capricórnio | gdi | גְּדִי (ז) |
| Aquário | dli | דְּלִי (ז) |
| Peixes | dagim | דָּגִים (ז"ר) |

| caráter (m) | 'ofi | אֹפִי (ז) |
| traços (m pl) do caráter | tχunot 'ofi | תְּכוּנוֹת אֹפִי (נ"ר) |
| comportamento (m) | hitnahagut | הִתְנַהֲגוּת (נ) |
| predizer (vt) | lenabe et ha'atid | לְנַבֵּא אֶת הֶעָתִיד |
| adivinha (f) | ma'gedet atidot | מַגֶּדֶת עֲתִידוֹת (נ) |
| horóscopo (m) | horoskop | הוֹרוֹסְקוֹפּ (ז) |

# Artes

## 149. Teatro

| | | |
|---|---|---|
| teatro (m) | te'atron | תֵיאַטרוֹן (ז) |
| ópera (f) | 'opera | אוֹפֵּרָה (נ) |
| opereta (f) | ope'reta | אוֹפֵּרֶטָּה (נ) |
| balé (m) | balet | בָּלֶט (ז) |
| cartaz (m) | kraza | כְּרָזָה (נ) |
| companhia (f) teatral | lahaka | לַהֲקָה (נ) |
| turné (digressão) | masa hofa'ot | מַסָּע הוֹפָעוֹת (ז) |
| estar em turné | latset lemasa hofa'ot | לָצֵאת לְמַסָּע הוֹפָעוֹת |
| ensaiar (vt) | la'aroχ χazara | לַעֲרוֹךְ חֲזָרָה |
| ensaio (m) | χazara | חֲזָרָה (נ) |
| repertório (m) | repertu'ar | רֶפֶּרְטוּאָר (ז) |
| apresentação (f) | hofa'a | הוֹפָעָה (נ) |
| espetáculo (m) | hatsaga | הַצָּגָה (נ) |
| peça (f) | maχaze | מַחֲזֶה (ז) |
| bilhete (m) | kartis | כַּרְטִיס (ז) |
| bilheteira (f) | kupa | קוּפָּה (נ) |
| hall (m) | 'lobi | לוֹבִּי (ז) |
| guarda-roupa (m) | meltaχa | מֶלְתָּחָה (נ) |
| senha (f) numerada | mispar meltaχa | מִסְפָּר מֶלְתָּחָה (ז) |
| binóculo (m) | miʃ'kefet | מִשְׁקֶפֶת (נ) |
| lanterninha (m) | sadran | סַדְרָן (ז) |
| plateia (f) | parter | פַּרְטֶר (ז) |
| balcão (m) | mir'peset | מִרְפֶּסֶת (נ) |
| primeiro balcão (m) | ya'tsi'a | יָצִיעַ (ז) |
| camarote (m) | ta | תָּא (ז) |
| fila (f) | ʃura | שׁוּרָה (נ) |
| assento (m) | moʃav | מוֹשָׁב (ז) |
| público (m) | 'kahal | קָהָל (ז) |
| espetador (m) | tsofe | צוֹפֶה (ז) |
| aplaudir (vt) | limχo ka'payim | לִמְחוֹא כַּפַּיִם |
| aplausos (m pl) | meχi'ot ka'payim | מְחִיאוֹת כַּפַּיִם (נ"ר) |
| ovação (f) | tʃu'ot | תְּשׁוּאוֹת (נ"ר) |
| palco (m) | bama | בָּמָה (נ) |
| pano (m) de boca | masaχ | מָסָךְ (ז) |
| cenário (m) | taf'ura | תַּפְאוּרָה (נ) |
| bastidores (m pl) | klayim | קְלָעִים |
| cena (f) | 'stsena | סְצֵינָה (נ) |
| ato (m) | ma'araχa | מַעֲרָכָה (נ) |
| entreato (m) | hafsaka | הַפְסָקָה (נ) |

## 150. Cinema

| ator (m) | saχkan | שַׂחְקָן (ז) |
| atriz (f) | saχkanit | שַׂחְקָנִית (נ) |

| cinema (m) | kol'no'a | קוֹלְנוֹעַ (ז) |
| filme (m) | 'seret | סֶרֶט (ז) |
| episódio (m) | epi'zoda | אֶפִּיזוֹדָה (נ) |

| filme (m) policial | 'seret balaʃi | סֶרֶט בַּלָּשִׁי (ז) |
| filme (m) de ação | ma'arvon | מַעֲרְבוֹן (ז) |
| filme (m) de aventuras | 'seret harpatka'ot | סֶרֶט הַרְפַּתְקָאוֹת (ז) |
| filme (m) de ficção científica | 'seret mada bidyoni | סֶרֶט מַדָע בִּדְיוֹנִי (ז) |
| filme (m) de terror | 'seret eima | סֶרֶט אֵימָה (ז) |

| comédia (f) | ko'medya | קוֹמֶדְיָה (נ) |
| melodrama (m) | melo'drama | מֶלוֹדְרָמָה (נ) |
| drama (m) | 'drama | דְרָמָה (נ) |

| filme (m) ficcional | 'seret alilati | סֶרֶט עֲלִילָתִי (ז) |
| documentário (m) | 'seret ti'udi | סֶרֶט תִיעוּדִי (ז) |
| desenho (m) animado | 'seret ani'matsya | סֶרֶט אֲנִימַצְיָה (ז) |
| cinema (m) mudo | sratim ilmim | סְרָטִים אִילְמִים (ז"ר) |

| papel (m) | tafkid | תַּפְקִיד (ז) |
| papel (m) principal | tafkid raʃi | תַּפְקִיד רָאשִׁי (ז) |
| representar (vt) | lesaχek | לְשַׂחֵק |

| estrela (f) de cinema | koχav kol'no'a | כּוֹכָב קוֹלְנוֹעַ (ז) |
| conhecido | mefursam | מְפוּרְסָם |
| famoso | mefursam | מְפוּרְסָם |
| popular | popu'lari | פּוֹפּוּלָרִי |

| argumento (m) | tasrit | תַּסְרִיט (ז) |
| argumentista (m) | tasritai | תַּסְרִיטַאי (ז) |
| realizador (m) | bamai | בָּמַאי (ז) |
| produtor (m) | mefik | מֵפִיק (ז) |
| assistente (m) | ozer | עוֹזֵר (ז) |
| diretor (m) de fotografia | tsalam | צַלָם (ז) |
| duplo (m) | pa'alulan | פַּעֲלוּלָן (ז) |
| duplo (m) de corpo | saχkan maχlif | שַׂחְקָן מַחֲלִיף (ז) |

| filmar (vt) | letsalem 'seret | לְצַלֵם סֶרֶט |
| audição (f) | mivdak | מִבְדָק (ז) |
| filmagem (f) | hasrata | הַסְרָטָה (נ) |
| equipe (f) de filmagem | 'tsevet ha'seret | צֶוֶת הַסֶרֶט (ז) |
| set (m) de filmagem | atar hatsilum | אֲתַר הַצִילוּם (ז) |
| câmara (f) | matslema | מַצְלֵמָה (נ) |

| cinema (m) | beit kol'no'a | בֵּית קוֹלְנוֹעַ (ז) |
| ecrã (m), tela (f) | masaχ | מָסָך (ז) |
| exibir um filme | lehar'ot 'seret | לְהַרְאוֹת סֶרֶט |

| pista (f) sonora | paskol | פַּסְקוֹל (ז) |
| efeitos (m pl) especiais | e'fektim meyuχadim | אֶפֶּקְטִים מְיוּחָדִים (ז"ר) |

| legendas (f pl) | ktuviyot | כְּתוּבִיּוֹת (נ"ר) |
| crédito (m) | ktuviyot | כְּתוּבִיּוֹת (נ"ר) |
| tradução (f) | tirgum | תִּרְגּוּם (ז) |

## 151. Pintura

| arte (f) | amanut | אָמָנוּת (נ) |
| belas-artes (f pl) | omanuyot yafot | אוֹמָנֻיּוֹת יָפוֹת (נ"ר) |
| galeria (f) de arte | ga'lerya le'amanut | גָּלֶרְיָה לְאָמָנוּת (נ) |
| exposição (f) de arte | ta'aruχat amanut | תַּעֲרוּכַת אָמָנוּת (נ) |

| pintura (f) | tsiyur | צִיּוּר (ז) |
| arte (f) gráfica | 'grafika | גְּרָפִיקָה (נ) |
| arte (f) abstrata | amanut muf'ʃetet | אָמָנוּת מוּפְשֶׁטֶת (נ) |
| impressionismo (m) | impresyonizm | אִימְפְּרֶסְיוֹנִיזְם (ז) |

| pintura (f), quadro (m) | tmuna | תְּמוּנָה (נ) |
| desenho (m) | tsiyur | צִיּוּר (ז) |
| cartaz, póster (m) | 'poster | פּוֹסְטֶר (ז) |

| ilustração (f) | iyur | אִיּוּר (ז) |
| miniatura (f) | minya'tura | מִינְיָאטוּרָה (נ) |
| cópia (f) | he'etek | הָעְתֵּק (ז) |
| reprodução (f) | ʃi'atuk | שִׁיְחָתוּק (ז) |

| mosaico (m) | psefas | פְּסֵיפָס (ז) |
| vitral (m) | vitraʒ | וִיטְרָאז' (ז) |
| fresco (m) | fresko | פְרֶסְקוֹ (ז) |
| gravura (f) | taχrit | תַּחֲרִיט (ז) |

| busto (m) | pro'toma | פְּרוֹטוֹמָה (נ) |
| escultura (f) | 'pesel | פֶּסֶל (ז) |
| estátua (f) | 'pesel | פֶּסֶל (ז) |
| gesso (m) | 'geves | גֶּבֶס (ז) |
| em gesso | mi'geves | מִגֶּבֶס |

| retrato (m) | dyukan | דְּיוֹקָן (ז) |
| autorretrato (m) | dyukan atsmi | דְּיוֹקָן עַצְמִי (ז) |
| paisagem (f) | tsiyur nof | צִיּוּר נוֹף (ז) |
| natureza (f) morta | 'teva domem | טֶבַע דּוֹמֵם (ז) |
| caricatura (f) | karika'tura | קָרִיקָטוּרָה (נ) |
| esboço (m) | tarʃim | תַּרְשִׁים (ז) |

| tinta (f) | 'tseva | צֶבַע (ז) |
| aguarela (f) | 'tseva 'mayim | צֶבַע מַיִם (ז) |
| óleo (m) | 'ʃemen | שֶׁמֶן (ז) |
| lápis (m) | iparon | עִיפָּרוֹן (ז) |
| tinta da China (f) | tuʃ | טוּשׁ (ז) |
| carvão (m) | peχam | פֶּחָם (ז) |

| desenhar (vt) | letsayer | לְצַיֵּר |
| pintar (vt) | letsayer | לְצַיֵּר |
| posar (vi) | ledagmen | לְדַגְמֵן |
| modelo (m) | dugman eirom | דּוּגְמָן עֵירוֹם (ז) |

| modelo (f) | dugmanit erom | דוּגְמָנִית עֵירוֹם (נ) |
| pintor (m) | tsayar | צַיָּר (ז) |
| obra (f) | yetsirat amanut | יְצִירַת אָמָנוּת (נ) |
| obra-prima (f) | yetsirat mofet | יְצִירַת מוֹפֵת (נ) |
| estúdio (m) | 'studyo | סְטוּדְיוֹ (ז) |

| tela (f) | bad piʃtan | בַּד פִּשְׁתָּן (ז) |
| cavalete (m) | kan tsiyur | כַּן צִיּוּר (ז) |
| paleta (f) | 'plata | פָּלֶטָה (נ) |

| moldura (f) | mis'geret | מִסְגֶּרֶת (נ) |
| restauração (f) | ʃixzur | שִׁחְזוּר (ז) |
| restaurar (vt) | leʃaxzer | לְשַׁחְזֵר |

## 152. Literatura & Poesia

| literatura (f) | sifrut | סִפְרוּת (נ) |
| autor (m) | sofer | סוֹפֵר (ז) |
| pseudónimo (m) | ʃem badui | שֵׁם בָּדוּי (ז) |

| livro (m) | 'sefer | סֵפֶר (ז) |
| volume (m) | 'kerex | כֶּרֶךְ (ז) |
| índice (m) | 'toxen inyanim | תּוֹכֶן עִנְיָנִים (ז) |
| página (f) | amud | עָמוּד (ז) |
| protagonista (m) | hagibor haraʃi | הַגִּיבּוֹר הָרָאשִׁי (ז) |
| autógrafo (m) | xatima | חֲתִימָה (נ) |

| conto (m) | sipur katsar | סִיפּוּר קָצָר (ז) |
| novela (f) | sipur | סִיפּוּר (ז) |
| romance (m) | roman | רוֹמָן (ז) |
| obra (f) | xibur | חִיבּוּר (ז) |
| fábula (m) | maʃal | מָשָׁל (ז) |
| romance (m) policial | roman balaʃi | רוֹמָן בַּלָּשִׁי (ז) |

| poesia (obra) | ʃir | שִׁיר (ז) |
| poesia (arte) | ʃira | שִׁירָה (נ) |
| poema (m) | po"ema | פּוֹאֵמָה (נ) |
| poeta (m) | meʃorer | מְשׁוֹרֵר (ז) |

| ficção (f) | sifrut yafa | סִפְרוּת יָפָה (נ) |
| ficção (f) científica | mada bidyoni | מַדָּע בִּדְיוֹנִי (ז) |
| aventuras (f pl) | harpatka'ot | הַרְפַּתְקָאוֹת (נ"ר) |
| literatura (f) didática | sifrut limudit | סִפְרוּת לִימוּדִית (נ) |
| literatura (f) infantil | sifrut yeladim | סִפְרוּת יְלָדִים (נ) |

## 153. Circo

| circo (m) | kirkas | קִרְקָס (ז) |
| circo (m) ambulante | kirkas nayad | קִרְקָס נַיָּד (ז) |
| programa (m) | toxnit | תּוֹכְנִית (נ) |
| apresentação (f) | hofa'a | הוֹפָעָה (נ) |
| número (m) | hofa'a | הוֹפָעָה (נ) |

| arena (f) | zira | זִירָה (נ) |
| pantomima (f) | panto'mima | פַּנְטוֹמִימָה (נ) |
| palhaço (m) | leitsan | לֵיצָן (ז) |

| acrobata (m) | akrobat | אַקְרוֹבָּט (ז) |
| acrobacia (f) | akro'batika | אַקְרוֹבָּטִיקָה (נ) |
| ginasta (m) | mit'amel | מִתְעַמֵּל (ז) |
| ginástica (f) | hit'amlut | הִתְעַמְּלוּת (נ) |
| salto (m) mortal | 'salta | סַלְטָה (נ) |

| homem forte (m) | atlet | אַתְלֵט (ז) |
| domador (m) | me'alef | מְאַלֵּף (ז) |
| assistente (m) | ozer | עוֹזֵר (ז) |

| truque (m) | pa'alul | פַּעֲלוּל (ז) |
| truque (m) de mágica | 'kesem | קֶסֶם (ז) |
| mágico (m) | kosem | קוֹסֵם (ז) |

| malabarista (m) | lahatutan | לַהֲטוּטָן (ז) |
| fazer malabarismos | lelahtet | לְלַהֲטֵט |
| domador (m) | me'alef hayot | מְאַלֵּף חַיּוֹת (ז) |
| adestramento (m) | iluf χayot | אִילּוּף חַיּוֹת (ז) |
| adestrar (vt) | le'alef | לְאַלֵּף |

## 154. Música. Música popular

| música (f) | 'muzika | מוּזִיקָה (נ) |
| músico (m) | muzikai | מוּזִיקַאי (ז) |
| instrumento (m) musical | kli negina | כְּלִי נְגִינָה (ז) |
| tocar ... | lenagen be... | לְנַגֵּן בְּ... |

| guitarra (f) | gi'tara | גִּיטָרָה (נ) |
| violino (m) | kinor | כִּינוֹר (ז) |
| violoncelo (m) | 'tʃelo | צֶ'לוֹ (ז) |
| contrabaixo (m) | kontrabas | קוֹנְטְרַבָּס (ז) |
| harpa (f) | 'nevel | נֵבֶל (ז) |

| piano (m) | psanter | פְּסַנְתֵּר (ז) |
| piano (m) de cauda | psanter kanaf | פְּסַנְתֵּר כָּנָף (ז) |
| órgão (m) | ugav | עוּגָב (ז) |

| instrumentos (m pl) de sopro | klei neʃifa | כְּלֵי נְשִׁיפָה (ז"ר) |
| oboé (m) | abuv | אַבּוּב (ז) |
| saxofone (m) | saksofon | סַקְסוֹפוֹן (ז) |
| clarinete (m) | klarinet | קְלָרִינֶט (ז) |
| flauta (f) | χalil | חָלִיל (ז) |
| trompete (m) | χatsotsra | חֲצוֹצְרָה (נ) |

| acordeão (m) | akordyon | אָקוֹרְדְּיוֹן (ז) |
| tambor (m) | tof | תּוֹף (ז) |

| duo, dueto (m) | 'du'o | דוּאוֹ (ז) |
| trio (m) | ʃliʃiya | שְׁלִישִׁיָּה (נ) |
| quarteto (m) | revi'iya | רְבִיעִיָּה (נ) |

| coro (m) | makhela | מַקְהֵלָה (נ) |
| orquestra (f) | tiz'moret | תִּזְמֹרֶת (נ) |

| música (f) pop | 'muzikat pop | מוּזִיקַת פּוֹפּ (נ) |
| música (f) rock | 'muzikat rok | מוּזִיקַת רוֹק (נ) |
| grupo (m) de rock | lehakat rok | לַהֲקַת רוֹק (נ) |
| jazz (m) | ʤez | גַ'ז (ז) |

| ídolo (m) | koχav | כּוֹכָב (ז) |
| fã, admirador (m) | ohed | אוֹהֵד (ז) |

| concerto (m) | kontsert | קוֹנְצֶרְט (ז) |
| sinfonia (f) | si'fonya | סִימְפוֹנְיָה (נ) |
| composição (f) | yetsira | יְצִירָה (נ) |
| compor (vt) | leχaber | לְחַבֵּר |

| canto (m) | ʃira | שִׁירָה (נ) |
| canção (f) | ʃir | שִׁיר (ז) |
| melodia (f) | mangina | מַנְגִּינָה (נ) |
| ritmo (m) | 'ketsev | קֶצֶב (ז) |
| blues (m) | bluz | בְּלוּז (ז) |

| notas (f pl) | tavim | תָּוִים (ז"ר) |
| batuta (f) | ʃarvit ni'tsuaχ | שַׁרְבִיט נִיצּוּחַ (ז) |
| arco (m) | 'keʃet | קֶשֶׁת (נ) |
| corda (f) | meitar | מֵיתָר (ז) |
| estojo (m) | nartik | נַרְתִּיק (ז) |

# Descanso. Entretenimento. Viagens

## 155. Viagens

| | | |
|---|---|---|
| turismo (m) | tayarut | תַּיָּירוּת (נ) |
| turista (m) | tayar | תַּיָּיר (ז) |
| viagem (f) | tiyul | טִיּוּל (ז) |
| aventura (f) | harpatka | הַרְפַּתְקָה (נ) |
| viagem (f) | nesi'a | נְסִיעָה (נ) |
| | | |
| férias (f pl) | χuʃa | חוּפְשָׁה (נ) |
| estar de férias | lihyot beχuʃa | לִהְיוֹת בְּחוּפְשָׁה |
| descanso (m) | menuχa | מְנוּחָה (נ) |
| | | |
| comboio (m) | ra'kevet | רַכֶּבֶת (נ) |
| de comboio (chegar ~) | bera'kevet | בְּרַכֶּבֶת |
| avião (m) | matos | מָטוֹס (ז) |
| de avião | bematos | בְּמָטוֹס |
| de carro | bemeχonit | בִּמְכוֹנִית |
| de navio | be'oniya | בְּאֳונִיָּיה |
| | | |
| bagagem (f) | mit'an | מִטְעָן (ז) |
| mala (f) | mizvada | מִזְוָודָה (נ) |
| carrinho (m) | eglat mit'an | עֶגְלַת מִטְעָן (נ) |
| | | |
| passaporte (m) | darkon | דַּרְכּוֹן (ז) |
| visto (m) | 'viza, aʃra | וִיזָה, אַשְׁרָה (נ) |
| bilhete (m) | kartis | כַּרְטִיס (ז) |
| bilhete (m) de avião | kartis tisa | כַּרְטִיס טִיסָה (ז) |
| | | |
| guia (m) de viagem | madriχ | מַדְרִיךְ (ז) |
| mapa (m) | mapa | מַפָּה (נ) |
| local (m), area (f) | ezor | אֵזוֹר (ז) |
| lugar, sítio (m) | makom | מָקוֹם (ז) |
| | | |
| exotismo (m) | ek'zotika | אֶקְזוֹטִיקָה (נ) |
| exótico | ek'zoti | אֶקְזוֹטִי |
| surpreendente | nifla | נִפְלָא |
| | | |
| grupo (m) | kvuʦa | קְבוּצָה (נ) |
| excursão (f) | tiyul | טִיּוּל (ז) |
| guia (m) | madriχ tiyulim | מַדְרִיךְ טִיּוּלִים (ז) |

## 156. Hotel

| | | |
|---|---|---|
| hotel (m) | malon | מָלוֹן (ז) |
| motel (m) | motel | מוֹטֶל (ז) |
| três estrelas | ʃloʃa koχavim | שְׁלוֹשָׁה כּוֹכָבִים |

| | | |
|---|---|---|
| cinco estrelas | χamifa koχavim | חֲמִישָׁה כּוֹכָבִים |
| ficar (~ num hotel) | lehit'aχsen | לְהִתְאַכְסֵן |
| quarto (m) | 'χeder | חֶדֶר (ז) |
| quarto (m) individual | 'χeder yaχid | חֶדֶר יָחִיד (ז) |
| quarto (m) duplo | 'χeder zugi | חֶדֶר זוּגִי (ז) |
| reservar um quarto | lehazmin 'χeder | לְהַזְמִין חֶדֶר |
| meia pensão (f) | χatsi pensiyon | חֲצִי פֶּנסִיוֹן (ז) |
| pensão (f) completa | pensyon male | פֶּנסִיוֹן מָלֵא (ז) |
| com banheira | im am'batya | עִם אַמבַּטיָה |
| com duche | im mik'laχat | עִם מִקלַחַת |
| televisão (m) satélite | tele'vizya bekvalim | טֶלֶווִיזיָה בְּכּבָלִים (נ) |
| ar (m) condicionado | mazgan | מַזגָן (ז) |
| toalha (f) | ma'gevet | מַגֶבֶת (נ) |
| chave (f) | maf'teaχ | מַפתֵחַ (ז) |
| administrador (m) | amarkal | אֲמַרכָּל (ז) |
| camareira (f) | χadranit | חַדרָנִית (נ) |
| bagageiro (m) | sabal | סַבָּל (ז) |
| porteiro (m) | pakid kabala | פְּקִיד קַבָּלָה (ז) |
| restaurante (m) | mis'ada | מִסעָדָה (נ) |
| bar (m) | bar | בָּר (ז) |
| pequeno-almoço (m) | aruχat 'boker | אֲרוּחַת בּוֹקֶר (נ) |
| jantar (m) | aruχat 'erev | אֲרוּחַת עֶרֶב (נ) |
| buffet (m) | miznon | מִזנוֹן (ז) |
| hall (m) de entrada | 'lobi | לוֹבִּי (ז) |
| elevador (m) | ma'alit | מַעֲלִית (נ) |
| NÃO PERTURBE | lo lehaf'ri'a | לֹא לְהַפרִיעַ |
| PROIBIDO FUMAR! | asur le'afen! | אָסוּר לְעַשֵׁן! |

## 157. Livros. Leitura

| | | |
|---|---|---|
| livro (m) | 'sefer | סֵפֶר (ז) |
| autor (m) | sofer | סוֹפֵר (ז) |
| escritor (m) | sofer | סוֹפֵר (ז) |
| escrever (vt) | liχtov | לִכתוֹב |
| leitor (m) | kore | קוֹרֵא (ז) |
| ler (vt) | likro | לִקרוֹא |
| leitura (f) | kri'a | קרִיאָה (נ) |
| para si | belev, be'feket | בְּלֵב, בְּשֶׁקֶט |
| em voz alta | bekol ram | בְּקוֹל רָם |
| publicar (vt) | lehotsi la'or | לְהוֹצִיא לָאוֹר |
| publicação (f) | hotsa'a la'or | הוֹצָאָה לָאוֹר (נ) |
| editor (m) | motsi le'or | מוֹצִיא לָאוֹר (ז) |
| editora (f) | hotsa'a la'or | הוֹצָאָה לָאוֹר (נ) |
| sair (vi) | latset le'or | לָצֵאת לָאוֹר |

| lançamento (m) | hafatsa | הֲפָצָה (נ) |
| tiragem (f) | tfutsa | תְּפוּצָה (נ) |

| livraria (f) | χanut sfarim | חֲנוּת סְפָרִים (נ) |
| biblioteca (f) | sifriya | סִפְרִיָּה (נ) |

| novela (f) | sipur | סִיפּוּר (ז) |
| conto (m) | sipur katsar | סִיפּוּר קָצָר (ז) |
| romance (m) | roman | רוֹמָן (ז) |
| romance (m) policial | roman balaʃi | רוֹמָן בַּלָּשִׁי (ז) |

| memórias (f pl) | ziχronot | זִיכְרוֹנוֹת (ז"ר) |
| lenda (f) | agada | אַגָּדָה (נ) |
| mito (m) | 'mitos | מִיתוֹס (ז) |

| poesia (f) | ʃirim | שִׁירִים (ז"ר) |
| autobiografia (f) | otobio'grafya | אוֹטוֹבִּיוֹגְרַפְיָה (נ) |
| obras (f pl) escolhidas | mivχar ktavim | מִבְחָר כְּתָבִים (ז) |
| ficção (f) científica | mada bidyoni | מַדָּע בִּדְיוֹנִי (ז) |

| título (m) | kotar | כּוֹתָר (ז) |
| introdução (f) | mavo | מָבוֹא (ז) |
| folha (f) de rosto | amud ha'ʃa'ar | עַמּוּד הַשַּׁעַר (ז) |

| capítulo (m) | 'perek | פֶּרֶק (ז) |
| excerto (m) | 'keta | קֶטַע (ז) |
| episódio (m) | epi'zoda | אֶפִּיזוֹדָה (נ) |

| tema (m) | alila | עֲלִילָה (נ) |
| conteúdo (m) | 'toχen | תּוֹכֶן (ז) |
| índice (m) | 'toχen inyanim | תּוֹכֶן עִנְיָינִים (ז) |
| protagonista (m) | hagibor haraʃi | הַגִּיבּוֹר הָרָאשִׁי (ז) |

| tomo, volume (m) | 'kereχ | כֶּרֶךְ (ז) |
| capa (f) | kriχa | כְּרִיכָה (נ) |
| encadernação (f) | kriχa | כְּרִיכָה (נ) |
| marcador (m) de livro | simaniya | סִימָנִיָּיה (נ) |

| página (f) | amud | עַמּוּד (ז) |
| folhear (vt) | ledafdef | לְדַפְדֵּף |
| margem (f) | ʃu'layim | שׁוּלַיִים (ז"ר) |
| anotação (f) | he'ara | הֶעָרָה (נ) |
| nota (f) de rodapé | he'arat ʃu'layim | הֶעָרַת שׁוּלַיִים (נ) |

| texto (m) | tekst | טֶקְסְט (ז) |
| fonte (f) | gufan | גּוּפָן (ז) |
| gralha (f) | ta'ut dfus | טָעוּת דְּפוּס (נ) |

| tradução (f) | tirgum | תִּרְגּוּם (ז) |
| traduzir (vt) | letargem | לְתַרְגֵּם |
| original (m) | makor | מָקוֹר (ז) |

| famoso | mefursam | מְפוּרְסָם |
| desconhecido | lo ya'du'a | לֹא יָדוּעַ |
| interessante | me'anyen | מְעַנְיֵין |
| best-seller (m) | rav 'meχer | רַב־מֶכֶר (ז) |

| dicionário (m) | milon | מִילוֹן (ז) |
| manual (m) escolar | 'sefer limud | סֵפֶר לִימוּד (ז) |
| enciclopédia (f) | entsiklo'pedya | אֶנצִיקלוֹפֶּדיָה (נ) |

## 158. Caça. Pesca

| caça (f) | 'tsayid | צַיִד (ז) |
| caçar (vi) | latsud | לָצוּד |
| caçador (m) | tsayad | צַיָיד (ז) |

| atirar (vi) | lirot | לִירוֹת |
| caçadeira (f) | rove | רוֹבֶה (ז) |
| cartucho (m) | kadur | כַּדוּר (ז) |
| chumbo (m) de caça | kaduriyot | כַּדוּרִיוֹת (נ"ר) |

| armadilha (f) | mal'kodet | מַלכּוֹדֶת (נ) |
| armadilha (com corda) | mal'kodet | מַלכּוֹדֶת (נ) |
| cair na armadilha | lehilaxed bemal'kodet | לְהִילָכֵד בְּמַלכּוֹדֶת |
| pôr a armadilha | leha'niax mal'kodet | לְהָנִיחַ מַלכּוֹדֶת |

| caçador (m) furtivo | tsayad lelo reʃut | צַיָיד לְלֹא רְשׁוּת (ז) |
| caça (f) | xayot bar | חַיוֹת בַּר (נ"ר) |
| cão (m) de caça | 'kelev 'tsayid | כֶּלֶב צַיִד (ז) |
| safári (m) | sa'fari | סַפָארִי (ז) |
| animal (m) empalhado | puxlats | פּוּחלָץ (ז) |

| pescador (m) | dayag | דַייָג (ז) |
| pesca (f) | 'dayig | דַיִג (ז) |
| pescar (vt) | ladug | לָדוּג |

| cana (f) de pesca | xaka | חַכָּה (נ) |
| linha (f) de pesca | xut haxaka | חוּט הַחַכָּה (ז) |
| anzol (m) | 'keres | קֶרֶס (ז) |

| boia (f) | matsof | מָצוֹף (ז) |
| isca (f) | pitayon | פִּיתָיוֹן (ז) |

| lançar a linha | lizrok et haxaka | לִזרוֹק אֶת הַחַכָּה |
| morder (vt) | liv'lo'a pitayon | לִבלוֹעַ פִּיתָיוֹן |

| pesca (f) | ʃlal 'dayig | שְׁלַל דַיִג (ז) |
| buraco (m) no gelo | mivka 'kerax | מִבקַע קֶרַח (ז) |

| rede (f) | 'reʃet dayagim | רֶשֶׁת דַייָגִים (נ) |
| barco (m) | sira | סִירָה (נ) |

| pescar com rede | ladug be'reʃet | לָדוּג בְּרֶשֶׁת |
| lançar a rede | lizrok 'reʃet | לִזרוֹק רֶשֶׁת |
| puxar a rede | ligror 'reʃet | לִגרוֹר רֶשֶׁת |
| cair nas malhas | lehilaxed be'reʃet | לְהִילָכֵד בְּרֶשֶׁת |

| baleeiro (m) | tsayad livyatanim | צַיָיד לְווייָתָנִים (ז) |
| baleeira (f) | sfinat tseid livyetanim | סְפִינַת צֵיד לְווייָתָנִית (נ) |
| arpão (m) | tsiltsal | צֶלצָל (ז) |

## 159. Jogos. Bilhar

| | | |
|---|---|---|
| bilhar (m) | bilyard | בִּילְיַארְד (ז) |
| sala (f) de bilhar | 'χeder bilyard | חֲדַר בִּילְיַארְד (ז) |
| bola (f) de bilhar | kadur bilyard | כַּדּוּר בִּילְיַארְד (ז) |
| embolsar uma bola | lehaχnis kadur lekis | לְהַכְנִיס כַּדּוּר לְכִּיס |
| taco (m) | makel bilyard | מַקֵּל בִּילְיַארְד (ז) |
| caçapa (f) | kis | כִּיס (ז) |

## 160. Jogos. Jogar cartas

| | | |
|---|---|---|
| ouros (m pl) | yahalom | יַהֲלוֹם (ז) |
| espadas (f pl) | ale | עָלֶה (ז) |
| copas (f pl) | lev | לֵב (ז) |
| paus (m pl) | tiltan | תִּלְתָּן (ז) |
| ás (m) | as | אָס (ז) |
| rei (m) | 'meleχ | מֶלֶךְ (ז) |
| dama (f) | malka | מַלְכָּה (נ) |
| valete (m) | nasiχ | נָסִיךְ (ז) |
| carta (f) de jogar | klaf | קְלָף (ז) |
| cartas (f pl) | klafim | קְלָפִים (ז"ר) |
| trunfo (m) | klaf nitsaχon | קְלָף נִיצָחוֹן (ז) |
| baralho (m) | χafisat klafim | חֲפִיסַת קְלָפִים (נ) |
| ponto (m) | nekuda | נְקוּדָה (נ) |
| dar, distribuir (vt) | leχalek klafim | לְחַלֵּק קְלָפִים |
| embaralhar (vt) | litrof | לִטְרוֹף |
| vez, jogada (f) | tor | תּוֹר (ז) |
| batoteiro (m) | noχel klafim | נוֹכֵל קְלָפִים (ז) |

## 161. Casino. Roleta

| | | |
|---|---|---|
| casino (m) | ka'zino | קָזִינוֹ (ז) |
| roleta (f) | ru'leta | רוּלֶטָה (נ) |
| aposta (f) | menat misχak | מְנַת מִשְׂחָק (נ) |
| apostar (vt) | leha'niaχ menat misχak | לְהָנִיחַ מְנַת מִשְׂחָק |
| vermelho (m) | adom | אָדוֹם |
| preto (m) | ʃaχor | שָׁחוֹר |
| apostar no vermelho | lehamer al adom | לְהַמֵּר עַל אָדוֹם |
| apostar no preto | lehamer al ʃaχor | לְהַמֵּר עַל שָׁחוֹר |
| crupiê (m, f) | 'diler | דִּילֶר (ז) |
| girar a roda | lesovev et hagalgal | לְסוֹבֵב אֶת הַגַּלְגַּל |
| regras (f pl) do jogo | klalei hamisχak | כְּלָלֵי הַמִּשְׂחָק (ז"ר) |
| ficha (f) | asimon | אָסִימוֹן (ז) |
| ganhar (vi, vt) | lizkot | לִזְכּוֹת |
| ganho (m) | zχiya | זְכִיָּה (נ) |

| | | |
|---|---|---|
| perder (dinheiro) | lehafsid | לְהַפְסִיד |
| perda (f) | hefsed | הֶפְסֵד (ז) |

| | | |
|---|---|---|
| jogador (m) | saχkan | שַׂחְקָן (ז) |
| blackjack (m) | esrim ve'eχad | עֶשְׂרִים וְאֶחָד (ז) |
| jogo (m) de dados | misχak kubiyot | מִשְׂחַק קוּבִּיּוֹת (ז) |
| dados (m pl) | kubiyot | קוּבִּיּוֹת (נ"ר) |
| máquina (f) de jogo | meχonat misχak | מְכוֹנַת מִשְׂחָק (נ) |

## 162. Descanso. Jogos. Diversos

| | | |
|---|---|---|
| passear (vi) | letayel ba'regel | לְטַיֵּל בָּרֶגֶל |
| passeio (m) | tiyul ragli | טִיּוּל רַגְלִי (ז) |
| viagem (f) de carro | nesi'a bameχonit | נְסִיעָה בַּמְּכוֹנִית (נ) |
| aventura (f) | harpatka | הַרְפַּתְקָה (נ) |
| piquenique (m) | 'piknik | פִּיקְנִיק (ז) |

| | | |
|---|---|---|
| jogo (m) | misχak | מִשְׂחָק (ז) |
| jogador (m) | saχkan | שַׂחְקָן (ז) |
| partida (f) | misχak | מִשְׂחָק (ז) |

| | | |
|---|---|---|
| colecionador (m) | asfan | אַסְפָן (ז) |
| colecionar (vt) | le'esof | לֶאֱסוֹף |
| coleção (f) | 'osef | אוֹסֶף (ז) |

| | | |
|---|---|---|
| palavras (f pl) cruzadas | taʃbets | תַּשְׁבֵּץ (ז) |
| hipódromo (m) | hipodrom | הִיפּוֹדְרוֹם (ז) |
| discoteca (f) | diskotek | דִּיסְקוֹטֶק (ז) |

| | | |
|---|---|---|
| sauna (f) | 'sa'una | סָאוּנָה (נ) |
| lotaria (f) | 'loto | לוֹטוֹ (ז) |

| | | |
|---|---|---|
| campismo (m) | tiyul maχana'ut | טִיּוּל מַחֲנָאוּת (ז) |
| acampamento (m) | maχane | מַחֲנֶה (ז) |
| tenda (f) | 'ohel | אוֹהֶל (ז) |
| bússola (f) | matspen | מַצְפֵּן (ז) |
| campista (m) | maχnai | מַחֲנָאִי (ז) |

| | | |
|---|---|---|
| ver (vt), assistir à ... | lir'ot | לִרְאוֹת |
| telespectador (m) | tsofe | צוֹפֶה (ז) |
| programa (m) de TV | toχnit tele'vizya | תּוֹכְנִית טֶלֶוִיזְיָה (נ) |

## 163. Fotografia

| | | |
|---|---|---|
| máquina (f) fotográfica | matslema | מַצְלֵמָה (נ) |
| foto, fotografia (f) | tmuna | תְּמוּנָה (נ) |

| | | |
|---|---|---|
| fotógrafo (m) | tsalam | צַלָּם (ז) |
| estúdio (m) fotográfico | 'studyo letsilum | סְטוּדִיוֹ לְצִילוּם (ז) |
| álbum (m) de fotografias | albom tmunot | אַלְבּוֹם תְּמוּנוֹת (ז) |
| objetiva (f) | adaʃa | עֲדָשָׁה (נ) |
| teleobjetiva (f) | a'deʃet teleskop | עֲדֶשֶׁת טֶלֶסְקוֹפּ (נ) |

| filtro (m) | masnen | מַסְנֵן (ז) |
| lente (f) | adaʃa | עֲדָשָׁה (נ) |

| ótica (f) | 'optika | אוֹפְּטִיקָה (נ) |
| abertura (f) | tsamtsam | צַמְצַם (ז) |
| exposição (f) | zman hahe'ara | זְמַן הַהָאָרָה (ז) |
| visor (m) | einit | עֵינִית (נ) |

| câmara (f) digital | matslema digi'talit | מַצְלֵמָה דִּיגִיטָלִית (נ) |
| tripé (m) | xatsuva | חֲצוּבָה (נ) |
| flash (m) | mavzek | מַבְזֵק (ז) |

| fotografar (vt) | letsalem | לְצַלֵם |
| tirar fotos | letsalem | לְצַלֵם |
| fotografar-se | lehitstalem | לְהִצְטַלֵם |

| foco (m) | moked | מוֹקֵד (ז) |
| focar (vt) | lemaked | לְמַקֵד |
| nítido | xad, memukad | חַד, מְמוּקָד |
| nitidez (f) | xadut | חַדּוּת (נ) |

| contraste (m) | nigud | נִיגוּד (ז) |
| contrastante | menugad | מְנוּגָד |

| retrato (m) | tmuna | תְּמוּנָה (נ) |
| negativo (m) | taʃlil | תַשְׁלִיל (ז) |
| filme (m) | 'seret | סֶרֶט (ז) |
| fotograma (m) | freim | פְרֵיים (ז) |
| imprimir (vt) | lehadpis | לְהַדְפִּיס |

## 164. Praia. Natação

| praia (f) | xof yam | חוֹף יָם (ז) |
| areia (f) | xol | חוֹל (ז) |
| deserto | ʃomem | שׁוֹמֵם |

| bronzeado (m) | ʃizuf | שִׁיזוּף (ז) |
| bronzear-se (vr) | lehiʃtazef | לְהִשְׁתַזֵף |
| bronzeado | ʃazuf | שָׁזוּף |
| protetor (m) solar | krem hagana | קְרֶם הֲגָנָה (ז) |

| biquíni (m) | bi'kini | בִּיקִינִי (ז) |
| fato (m) de banho | 'beged yam | בֶּגֶד יָם (ז) |
| calção (m) de banho | 'beged yam | בֶּגֶד יָם (ז) |

| piscina (f) | brexa | בְּרֵיכָה (נ) |
| nadar (vi) | lisxot | לִשְׂחוֹת |
| duche (m) | mik'laxat | מִקְלַחַת (נ) |
| mudar de roupa | lehaxlif bgadim | לְהַחְלִיף בְּגָדִים |
| toalha (f) | ma'gevet | מַגֶּבֶת (נ) |

| barco (m) | sira | סִירָה (נ) |
| lancha (f) | sirat ma'no'a | סִירַת מָנוֹעַ (נ) |
| esqui (m) aquático | ski 'mayim | סְקִי מַיִם (ז) |

| | | |
|---|---|---|
| barco (m) de pedais | sirat pe'dalim | סִירַת פְּדָלִים (נ) |
| surf (m) | gliʃat galim | גְּלִישַׁת גַּלִים |
| surfista (m) | goleʃ | גּוֹלֵשׁ (ז) |

| | | |
|---|---|---|
| equipamento (m) de mergulho | 'skuba | סְקוּבָּה (נ) |
| barbatanas (f pl) | snapirim | סְנַפִּירִים (ז"ר) |
| máscara (f) | maseχa | מַסֵכָה (נ) |
| mergulhador (m) | tsolelan | צוֹלְלָן (ז) |
| mergulhar (vi) | litslol | לִצְלֹל |
| debaixo d'água | mi'taχat lifnei ha'mayim | מִתַּחַת לִפְנֵי הַמַּיִם |

| | | |
|---|---|---|
| guarda-sol (m) | ʃimʃiya | שִׁמְשִׁיָּה (נ) |
| espreguiçadeira (f) | kise 'noaχ | כִּיסֵא נוֹחַ (ז) |
| óculos (m pl) de sol | miʃkefei 'ʃemeʃ | מִשְׁקְפֵי שֶׁמֶשׁ (ז"ר) |
| colchão (m) de ar | mizron mitna'peaχ | מִזְרוֹן מִתְנַפֵּחַ (ז) |

| | | |
|---|---|---|
| brincar (vi) | lesaχek | לְשַׂחֵק |
| ir nadar | lehitraχets | לְהִתְרַחֵץ |

| | | |
|---|---|---|
| bola (f) de praia | kadur yam | כַּדּוּר יָם (ז) |
| encher (vt) | lena'peaχ | לְנַפֵּחַ |
| inflável, de ar | menupaχ | מְנוּפָּח |

| | | |
|---|---|---|
| onda (f) | gal | גַּל (ז) |
| boia (f) | matsof | מָצוֹף (ז) |
| afogar-se (pessoa) | lit'bo'a | לִטְבּוֹעַ |

| | | |
|---|---|---|
| salvar (vt) | lehatsil | לְהַצִּיל |
| colete (m) salva-vidas | χagorat hatsala | חֲגוֹרַת הַצָּלָה (נ) |
| observar (vt) | litspot, lehaʃkif | לִצְפּוֹת, לְהַשְׁקִיף |
| nadador-salvador (m) | matsil | מַצִּיל (ז) |

# EQUIPAMENTO TÉCNICO. TRANSPORTES

## Equipamento técnico. Transportes

### 165. Computador

| computador (m) | maxʃev | מַחשֵׁב (ז) |
| portátil (m) | maxʃev nayad | מַחשֵׁב נַייָד (ז) |
| ligar (vt) | lehadlik | לְהַדלִיק |
| desligar (vt) | lexabot | לְכַבּוֹת |
| teclado (m) | mik'ledet | מִקלֶדֶת (נ) |
| tecla (f) | makaʃ | מַקָּשׁ (ז) |
| rato (m) | axbar | עַכבָּר (ז) |
| tapete (m) de rato | ʃa'tiax le'axbar | שָׁטִיחַ לְעַכבָּר (ז) |
| botão (m) | kaftor | כַּפתוֹר (ז) |
| cursor (m) | saman | סַמָן (ז) |
| monitor (m) | masax | מָסָך (ז) |
| ecrã (m) | tsag | צַג (ז) |
| disco (m) rígido | disk ka'ʃiax | דִיסק קָשִׁיחַ (ז) |
| capacidade (f) do disco rígido | 'nefax disk ka'ʃiax | נֶפַח דִיסק קָשִׁיחַ (ז) |
| memória (f) | zikaron | זִיכָּרוֹן (ז) |
| memória RAM (f) | zikaron giʃa akra'it | זִיכָּרוֹן גִישָׁה אַקרָאִית (ז) |
| ficheiro (m) | 'kovets | קוֹבֶץ (ז) |
| pasta (f) | tikiya | תִיקִייָה (נ) |
| abrir (vt) | lif'toax | לִפתוֹחַ |
| fechar (vt) | lisgor | לִסגוֹר |
| guardar (vt) | liʃmor | לִשמוֹר |
| apagar, eliminar (vt) | limxok | לִמחוֹק |
| copiar (vt) | leha'atik | לְהַעֲתִיק |
| ordenar (vt) | lemayen | לְמַייֵן |
| copiar (vt) | leha'avir | לְהַעֲבִיר |
| programa (m) | toxna | תוֹכנָה (נ) |
| software (m) | toxna | תוֹכנָה (נ) |
| programador (m) | metaxnet | מְתַכנֵת (ז) |
| programar (vt) | letaxnet | לְתַכנֵת |
| hacker (m) | 'haker | הָאקֶר (ז) |
| senha (f) | sisma | סִיסמָה (נ) |
| vírus (m) | 'virus | וִירוּס (ז) |
| detetar (vt) | limtso, le'ater | לִמצוֹא, לְאַתֵר |
| byte (m) | bait | בַּייט (ז) |

| megabyte (m) | megabait | מֶגָבַּייט (ז) |
| dados (m pl) | netunim | נְתוּנִים (ז"ר) |
| base (f) de dados | bsis netunim | בְּסִיס נְתוּנִים (ז) |

| cabo (m) | 'kevel | כֶּבֶל (ז) |
| desconectar (vt) | lenatek | לְנַתֵּק |
| conetar (vt) | leχaber | לְחַבֵּר |

## 166. Internet. E-mail

| internet (f) | 'internet | אִינְטֶרְנֶט (ז) |
| browser (m) | dafdefan | דַפְדְפָן (ז) |
| motor (m) de busca | ma'no‘a χipus | מָנוֹעַ חִיפּוּשׁ (ז) |
| provedor (m) | sapak | סַפָּק (ז) |

| webmaster (m) | menahel ha’atar | מְנַהֵל הָאֲתָר (ז) |
| website, sítio web (m) | atar | אֲתָר (ז) |
| página (f) web | daf 'internet | דַף אִינְטֶרְנֶט (ז) |

| endereço (m) | 'ktovet | כְּתוֹבֶת (נ) |
| livro (m) de endereços | 'sefer ktovot | סֵפֶר כְּתוֹבוֹת (ז) |

| caixa (f) de correio | teivat 'do’ar | תֵּיבַת דוֹאַר (נ) |
| correio (m) | 'do’ar, 'do’al | דוֹאַר (ז), דוֹא"ל (ז) |
| cheia (caixa de correio) | gaduʃ | גָדוּשׁ |

| mensagem (f) | hoda‘a | הוֹדָעָה (נ) |
| mensagens (f pl) recebidas | hoda‘ot niχnasot | הוֹדָעוֹת נִכְנָסוֹת (נ"ר) |
| mensagens (f pl) enviadas | hoda‘ot yots’ot | הוֹדָעוֹת יוֹצְאוֹת (נ"ר) |
| remetente (m) | ʃo'leaχ | שׁוֹלֵחַ (ז) |
| enviar (vt) | liʃ'loaχ | לִשְׁלוֹחַ |
| envio (m) | ʃliχa | שְׁלִיחָה (ז) |
| destinatário (m) | nim‘an | נִמְעָן (ז) |
| receber (vt) | lekabel | לְקַבֵּל |

| correspondência (f) | hitkatvut | הִתְכַּתְּבוּת (נ) |
| corresponder-se (vr) | lehitkatev | לְהִתְכַּתֵּב |

| ficheiro (m) | 'kovets | קוֹבֶץ (ז) |
| fazer download, baixar | lehorid | לְהוֹרִיד |
| criar (vt) | litsor | לִיצוֹר |
| apagar, eliminar (vt) | limχok | לִמְחוֹק |
| eliminado | maχuk | מָחוּק |

| conexão (f) | χibur | חִיבּוּר (ז) |
| velocidade (f) | mehirut | מְהִירוּת (נ) |
| modem (m) | 'modem | מוֹדֶם (ז) |
| acesso (m) | giʃa | גִישָׁה (נ) |
| porta (f) | port | פּוֹרְט (ז) |

| conexão (f) | χibur | חִיבּוּר (ז) |
| conetar (vi) | lehitχaber | לְהִתְחַבֵּר |
| escolher (vt) | livχor | לִבְחוֹר |
| buscar (vt) | leχapes | לְחַפֵּשׂ |

## 167. Eletricidade

| | | |
|---|---|---|
| eletricidade (f) | ẋaʃmal | חַשְׁמַל (ז) |
| elétrico | ẋaʃmali | חַשְׁמַלִי |
| central (f) elétrica | taẋanat 'koaẋ | תַּחֲנַת כֹּחַ (נ) |
| energia (f) | e'nergya | אֶנֶרְגְיָה (נ) |
| energia (f) elétrica | e'nergya ẋaʃmalit | אֶנֶרְגְיָה חַשְׁמַלִית (נ) |
| lâmpada (f) | nura | נוּרָה (נ) |
| lanterna (f) | panas | פָּנָס (ז) |
| poste (m) de iluminação | panas reẋov | פָּנָס רְחוֹב (ז) |
| luz (f) | or | אוֹר (ז) |
| ligar (vt) | lehadlik | לְהַדְלִיק |
| desligar (vt) | leẋabot | לְכַבּוֹת |
| apagar a luz | leẋabot | לְכַבּוֹת |
| fundir (vi) | lehisaref | לְהִישָׂרֵף |
| curto-circuito (m) | 'ketser | קֶצֶר (ז) |
| rutura (f) | ẋut ka'ru'a | חוּט קָרוּעַ (ז) |
| contacto (m) | maga | מַגָּע (ז) |
| interruptor (m) | 'meteg | מֶתֶג (ז) |
| tomada (f) | 'ʃeka | שֶׁקַע (ז) |
| ficha (f) | 'teka | תֶּקַע (ז) |
| extensão (f) | 'kabel ma'ariẋ | כֶּבֶל מַאֲרִיךְ (ז) |
| fusível (m) | natiẋ | נָתִיךְ (ז) |
| fio, cabo (m) | ẋut | חוּט (ז) |
| instalação (f) elétrica | ẋivut | חִיווּט (ז) |
| ampere (m) | amper | אַמְפֶּר (ז) |
| amperagem (f) | 'zerem ẋaʃmali | זֶרֶם חַשְׁמַלִי (ז) |
| volt (m) | volt | ווֹלְט (ז) |
| voltagem (f) | 'metaẋ | מֶתַח (ז) |
| aparelho (m) elétrico | maẋʃir ẋaʃmali | מַכְשִׁיר חַשְׁמַלִי (ז) |
| indicador (m) | maẋvan | מָחווָן (ז) |
| eletricista (m) | ẋaʃmalai | חַשְׁמַלַאי (ז) |
| soldar (vt) | lehalẋim | לְהַלְחִים |
| ferro (m) de soldar | malẋem | מַלְחֵם (ז) |
| corrente (f) elétrica | 'zerem | זֶרֶם (ז) |

## 168. Ferramentas

| | | |
|---|---|---|
| ferramenta (f) | kli | כְּלִי (ז) |
| ferramentas (f pl) | klei avoda | כְּלֵי עֲבוֹדָה (ז"ר) |
| equipamento (m) | tsiyud | צִיוּד (ז) |
| martelo (m) | patiʃ | פַּטִישׁ (ז) |
| chave (f) de fendas | mavreg | מַבְרֵג (ז) |
| machado (m) | garzen | גַּרְזֶן (ז) |

| serra (f) | masor | מַסוֹר (ז) |
| serrar (vt) | lenaser | לְנַסֵּר |
| plaina (f) | maktso'a | מַקְצוּעָה (נ) |
| aplainar (vt) | lehak'tsi'a | לְהַקְצִיעַ |
| ferro (m) de soldar | malxem | מַלְחֵם (ז) |
| soldar (vt) | lehalxim | לְהַלְחִים |
| | | |
| lima (f) | ptsira | פְּצִירָה (נ) |
| tenaz (f) | tsvatot | צְבָתוֹת (נ"ר) |
| alicate (m) | mel'kaxat | מֶלְקַחַת (נ) |
| formão (m) | izmel | אִזְמֵל (ז) |
| | | |
| broca (f) | mak'deax | מַקְדֵּחַ (ז) |
| berbequim (f) | makdexa | מַקְדֵּחָה (נ) |
| furar (vt) | lik'doax | לִקְדּוֹחַ |
| | | |
| faca (f) | sakin | סַכִּין (ז, נ) |
| canivete (m) | olar | אוֹלָר (ז) |
| lâmina (f) | 'lahav | לַהַב (ז) |
| | | |
| afiado | xad | חַד |
| cego | kehe | קֵהֶה |
| embotar-se (vr) | lehitkahot | לְהִתְקַהוֹת |
| afiar, amolar (vt) | lehaʃxiz | לְהַשְׁחִיז |
| | | |
| parafuso (m) | 'boreg | בּוֹרֶג (ז) |
| porca (f) | om | אוֹם (ז) |
| rosca (f) | tavrig | תַּבְרִיג (ז) |
| parafuso (m) para madeira | 'boreg | בּוֹרֶג (ז) |
| | | |
| prego (m) | masmer | מַסְמֵר (ז) |
| cabeça (f) do prego | roʃ hamasmer | רֹאשׁ הַמַּסְמֵר (ז) |
| | | |
| régua (f) | sargel | סַרְגֵּל (ז) |
| fita (f) métrica | 'seret meida | סֶרֶט מִידָה (ז) |
| nível (m) | 'peles | פֶּלֶס (ז) |
| lupa (f) | zxuxit mag'delet | זְכוּכִית מַגְדֶּלֶת (נ) |
| | | |
| medidor (m) | maxʃir medida | מַכְשִׁיר מְדִידָה (ז) |
| medir (vt) | limdod | לִמְדוֹד |
| escala (f) | 'skala | סְקָאלָה (נ) |
| indicação (f), registo (m) | medida | מְדִידָה (נ) |
| | | |
| compressor (m) | madxes | מַדְחֵס (ז) |
| microscópio (m) | mikroskop | מִיקְרוֹסְקוֹפּ (ז) |
| | | |
| bomba (f) | maʃeva | מַשְׁאֵבָה (נ) |
| robô (m) | robot | רוֹבּוֹט (ז) |
| laser (m) | 'leizer | לֵייזֶר (ז) |
| | | |
| chave (f) de boca | maf'teax bragim | מַפְתֵּחַ בְּרָגִים (ז) |
| fita (f) adesiva | neyar 'devek | נְייַר דֶּבֶק (ז) |
| cola (f) | 'devek | דֶּבֶק (ז) |
| | | |
| lixa (f) | neyar zxuxit | נְייַר זְכוּכִית (ז) |
| mola (f) | kfits | קְפִיץ (ז) |

| | | |
|---|---|---|
| íman (m) | magnet | מַגְנֵט (ז) |
| luvas (f pl) | kfafot | כְּפָפוֹת (נ"ר) |
| | | |
| corda (f) | 'xevel | חֶבֶל (ז) |
| cordel (m) | srox | שְׂרוֹךְ (ז) |
| fio (m) | xut | חוּט (ז) |
| cabo (m) | 'kevel | כֶּבֶל (ז) |
| | | |
| marreta (f) | kurnas | קוּרְנָס (ז) |
| pé de cabra (m) | lom | לוֹם (ז) |
| escada (f) de mão | sulam | סוּלָם (ז) |
| escadote (m) | sulam | סוּלָם (ז) |
| | | |
| enroscar (vt) | lehavrig | לְהַבְרִיג |
| desenroscar (vt) | lif'toax, lehavrig | לִפְתּוֹחַ, לְהַבְרִיג |
| apertar (vt) | lehadek | לְהַדֵּק |
| colar (vt) | lehadbik | לְהַדְבִּיק |
| cortar (vt) | laxtox | לַחְתּוֹךְ |
| | | |
| falha (mau funcionamento) | takala | תַּקָּלָה (נ) |
| conserto (m) | tikun | תִּיקּוּן (ז) |
| consertar, reparar (vt) | letaken | לְתַקֵּן |
| regular, ajustar (vt) | lexavnen | לְכַוֵּון |
| | | |
| verificar (vt) | livdok | לִבְדּוֹק |
| verificação (f) | bdika | בְּדִיקָה (נ) |
| indicação (f), registo (m) | kri'a | קְרִיאָה (נ) |
| | | |
| seguro | amin | אָמִין |
| complicado | murkav | מוּרְכָּב |
| | | |
| enferrujar (vi) | lehaxlid | לְהַחְלִיד |
| enferrujado | xalud | חָלוּד |
| ferrugem (f) | xaluda | חֲלוּדָה (נ) |

# Transportes

## 169. Avião

|  |  |  |
|---|---|---|
| avião (m) | matos | מָטוֹס (ז) |
| bilhete (m) de avião | kartis tisa | כַּרְטִיס טִיסָה (ז) |
| companhia (f) aérea | xevrat te'ufa | חֶבְרַת תְעוּפָה (נ) |
| aeroporto (m) | nemal te'ufa | נְמַל הָעוּפָה (ז) |
| supersónico | al koli | עַל קוֹלִי |
| comandante (m) do avião | kabarnit | קַבַּרְנִיט (ז) |
| tripulação (f) | 'tsevet | צֶוֶות (ז) |
| piloto (m) | tayas | טַיָיס (ז) |
| hospedeira (f) de bordo | da'yelet | דַיָילֶת (נ) |
| copiloto (m) | navat | נַוָוט (ז) |
| asas (f pl) | kna'fayim | כְּנָפַיִם (נ"ר) |
| cauda (f) | zanav | זָנָב (ז) |
| cabine (f) de pilotagem | 'kokpit | קוֹקפִּיט (ז) |
| motor (m) | ma'no'a | מָנוֹעַ (ז) |
| trem (m) de aterragem | kan nesi'a | כַּן נְסִיעָה (ז) |
| turbina (f) | tur'bina | טוּרבִּינָה (נ) |
| hélice (f) | madxef | מַדחֵף (ז) |
| caixa-preta (f) | kufsa ʃxora | קוּפסָה שחוֹרָה (נ) |
| coluna (f) de controlo | 'hege | הֶגֶה (ז) |
| combustível (m) | 'delek | דֶלֶק (ז) |
| instruções (f pl) de segurança | hora'ot betixut | הוֹרָאוֹת בְּטִיחוּת (נ"ר) |
| máscara (f) de oxigénio | masexat xamtsan | מָסֵיכַת חַמצָן (נ) |
| uniforme (m) | madim | מָדִים (ז"ר) |
| colete (m) salva-vidas | xagorat hatsala | חֲגוֹרַת הַצָלָה (נ) |
| paraquedas (m) | mitsnax | מַצנֵחַ (ז) |
| descolagem (f) | hamra'a | הַמרָאָה (נ) |
| descolar (vi) | lehamri | לְהַמרִיא |
| pista (f) de descolagem | maslul hamra'a | מַסלוּל הַמרָאָה (ז) |
| visibilidade (f) | re'ut | רְאוּת (נ) |
| voo (m) | tisa | טִיסָה (נ) |
| altura (f) | 'gova | גוֹבַה (ז) |
| poço (m) de ar | kis avir | כִּיס אֲוִויר (ז) |
| assento (m) | moʃav | מוֹשָב (ז) |
| auscultadores (m pl) | ozniyot | אוֹזנִיוֹת (נ"ר) |
| mesa (f) rebatível | magaʃ mitkapel | מַגָש מִתקַפֵּל (ז) |
| vigia (f) | tsohar | צוֹהַר (ז) |
| passagem (f) | ma'avar | מַעֲבָר (ז) |

## 170. Comboio

| | | |
|---|---|---|
| comboio (m) | ra'kevet | רַכֶּבֶת (נ) |
| comboio (m) suburbano | ra'kevet parvarim | רַכֶּבֶת פַּרְבָרִים (נ) |
| comboio (m) rápido | ra'kevet mehira | רַכֶּבֶת מְהִירָה (נ) |
| locomotiva (f) diesel | katar 'dizel | קַטָּר דִּיזֶל (ז) |
| locomotiva (f) a vapor | katar | קַטָּר (ז) |
| | | |
| carruagem (f) | karon | קָרוֹן (ז) |
| carruagem restaurante (f) | kron mis'ada | קָרוֹן מִסְעָדָה (ז) |
| | | |
| carris (m pl) | mesilot | מְסִילוֹת (נ"ר) |
| caminho de ferro (m) | mesilat barzel | מְסִילַת בַּרְזֶל (נ) |
| travessa (f) | 'eden | אֶדֶן (ז) |
| | | |
| plataforma (f) | ratsif | רָצִיף (ז) |
| linha (f) | mesila | מְסִילָה (נ) |
| semáforo (m) | ramzor | רַמְזוֹר (ז) |
| estação (f) | taxana | תַּחֲנָה (נ) |
| | | |
| maquinista (m) | nahag ra'kevet | נַהָג רַכֶּבֶת (ז) |
| bagageiro (m) | sabal | סַבָּל (ז) |
| hospedeiro, -a (da carruagem) | sadran ra'kevet | סַדְרָן רַכֶּבֶת (ז) |
| passageiro (m) | no'se'a | נוֹסֵעַ (ז) |
| revisor (m) | bodek | בּוֹדֵק (ז) |
| | | |
| corredor (m) | prozdor | פְּרוֹזְדּוֹר (ז) |
| freio (m) de emergência | ma'atsar xirum | מַעֲצַר חֵירוּם (ז) |
| | | |
| compartimento (m) | ta | תָּא (ז) |
| cama (f) | dargaʃ | דַּרְגָּשׁ (ז) |
| cama (f) de cima | dargaʃ elyon | דַּרְגָּשׁ עֶלְיוֹן (ז) |
| cama (f) de baixo | dargaʃ taxton | דַּרְגָּשׁ תַּחְתּוֹן (ז) |
| roupa (f) de cama | matsa'im | מַצָּעִים (ז"ר) |
| | | |
| bilhete (m) | kartis | כַּרְטִיס (ז) |
| horário (m) | 'luax zmanim | לוּחַ זְמַנִּים (ז) |
| painel (m) de informação | 'ʃelet meida | שֶׁלֶט מֵידָע (ז) |
| | | |
| partir (vt) | latset | לָצֵאת |
| partida (f) | yetsi'a | יְצִיאָה (נ) |
| chegar (vi) | leha'gi'a | לְהַגִּיעַ |
| chegada (f) | haga'a | הַגָּעָה (נ) |
| | | |
| chegar de comboio | leha'gi'a bera'kevet | לְהַגִּיעַ בְּרַכֶּבֶת |
| apanhar o comboio | la'alot lera'kevet | לַעֲלוֹת לְרַכֶּבֶת |
| sair do comboio | la'redet mehara'kevet | לָרֶדֶת מֵהָרַכֶּבֶת |
| | | |
| acidente (m) ferroviário | hitraskut | הִתְרַסְּקוּת (נ) |
| descarrilar (vi) | la'redet mipasei ra'kevet | לָרֶדֶת מִפַּסֵּי רַכֶּבֶת |
| locomotiva (f) a vapor | katar | קַטָּר (ז) |
| fogueiro (m) | masik | מַסִּיק (ז) |
| fornalha (f) | kivʃan | כִּבְשָׁן (ז) |
| carvão (m) | pexam | פֶּחָם (ז) |

## 171. Barco

| | | |
|---|---|---|
| navio (m) | sfina | סְפִינָה (נ) |
| embarcação (f) | sfina | סְפִינָה (נ) |
| | | |
| vapor (m) | oniyat kitor | אוֹנִיַּת קִיטוֹר (נ) |
| navio (m) | sfinat nahar | סְפִינַת נָהָר (נ) |
| transatlântico (m) | oniyat ta'anugot | אוֹנִיַּת תַּעֲנוּגוֹת (נ) |
| cruzador (m) | sa'yeret | סַיֶּרֶת (נ) |
| | | |
| iate (m) | 'yaχta | יַכְטָה (נ) |
| rebocador (m) | go'reret | גּוֹרֶרֶת (נ) |
| barcaça (f) | arba | אַרְבָּה (נ) |
| ferry (m) | ma'a'boret | מַעֲבּוֹרֶת (נ) |
| | | |
| veleiro (m) | sfinat mifras | סְפִינַת מִפְרָשׂ (נ) |
| bergantim (m) | briganit | בְּרִיגָנִית (נ) |
| | | |
| quebra-gelo (m) | ʃo'veret 'keraχ | שׁוֹבֶרֶת קֶרַח (נ) |
| submarino (m) | tso'lelet | צוֹלֶלֶת (נ) |
| | | |
| bote, barco (m) | sira | סִירָה (נ) |
| bote, dingue (m) | sira | סִירָה (נ) |
| bote (m) salva-vidas | sirat hatsala | סִירַת הַצָּלָה (נ) |
| lancha (f) | sirat ma'no'a | סִירַת מָנוֹעַ (נ) |
| | | |
| capitão (m) | rav χovel | רַב־חוֹבֵל (ז) |
| marinheiro (m) | malaχ | מַלָּח (ז) |
| marujo (m) | yamai | יַמַּאי (ז) |
| tripulação (f) | 'tsevet | צֶוֶת (ז) |
| | | |
| contramestre (m) | rav malaχim | רַב־מַלָּחִים (ז) |
| grumete (m) | 'na'ar sipun | נַעַר סִיפּוּן (ז) |
| cozinheiro (m) de bordo | tabaχ | טַבָּח (ז) |
| médico (m) de bordo | rofe ha'oniya | רוֹפֵא הָאוֹנִיָּה (ז) |
| | | |
| convés (m) | sipun | סִיפּוּן (ז) |
| mastro (m) | 'toren | תּוֹרֶן (ז) |
| vela (f) | mifras | מִפְרָשׂ (ז) |
| | | |
| porão (m) | 'beten oniya | בֶּטֶן אוֹנִיָּה (נ) |
| proa (f) | χartom | חַרְטוֹם (ז) |
| popa (f) | yarketei hasfina | יַרְכְּתֵי הַסְּפִינָה (ז"ר) |
| remo (m) | maʃot | מָשׁוֹט (ז) |
| hélice (f) | madχef | מַדְחֵף (ז) |
| | | |
| camarote (m) | ta | תָּא (ז) |
| sala (f) dos oficiais | mo'adon ktsinim | מוֹעֲדוֹן קְצִינִים (ז) |
| sala (f) das máquinas | χadar meχonot | חֲדַר מְכוֹנוֹת (ז) |
| ponte (m) de comando | 'geʃer hapikud | גֶּשֶׁר הַפִּיקוּד (ז) |
| sala (f) de comunicações | ta alχutan | תָּא אַלְחוּטָן (ז) |
| onda (f) de rádio | 'teder | תֶּדֶר (ז) |
| diário (m) de bordo | yoman ha'oniya | יוֹמָן הָאוֹנִיָּה (ז) |
| luneta (f) | miʃ'kefet | מִשְׁקֶפֶת (נ) |
| sino (m) | pa'amon | פַּעֲמוֹן (ז) |

| | | |
|---|---|---|
| bandeira (f) | 'degel | דֶּגֶל (ז) |
| cabo (m) | avot ha'oniya | עֲבוֹת הָאוֹנִיָּה (נ) |
| nó (m) | 'keʃer | קֶשֶׁר (ז) |
| corrimão (m) | ma'ake hasipun | מַעֲקֶה הַסִּיפּוּן (ז) |
| prancha (f) de embarque | 'keveʃ | כֶּבֶשׁ (ז) |
| âncora (f) | 'ogen | עוֹגֶן (ז) |
| recolher a âncora | leharim 'ogen | לְהָרִים עוֹגֶן |
| lançar a âncora | la'agon | לַעֲגוֹן |
| amarra (f) | ʃar'ʃeret ha'ogen | שַׁרְשֶׁרֶת הָעוֹגֶן (נ) |
| porto (m) | namal | נָמָל (ז) |
| cais, amarradouro (m) | 'mezax | מֶזַח (ז) |
| atracar (vi) | la'agon | לַעֲגוֹן |
| desatracar (vi) | lehaflig | לְהַפְלִיג |
| viagem (f) | masa, tiyul | מַסָּע (ז), טִיּוּל (ז) |
| cruzeiro (m) | 'ʃayit | שַׁיִט (ז) |
| rumo (m), rota (f) | kivun | כִּיווּן (ז) |
| itinerário (m) | nativ | נָתִיב (ז) |
| canal (m) navegável | nativ 'ʃayit | נָתִיב שַׁיִט (ז) |
| banco (m) de areia | sirton | שִׂרְטוֹן (ז) |
| encalhar (vt) | la'alot al hasirton | לַעֲלוֹת עַל הַשִּׂרְטוֹן |
| tempestade (f) | sufa | סוּפָה (נ) |
| sinal (m) | ot | אוֹת (ז) |
| afundar-se (vr) | lit'bo'a | לִטְבּוֹעַ |
| Homem ao mar! | adam ba'mayim! | אָדָם בַּמַּיִם! |
| SOS | kri'at hatsala | קְרִיאַת הַצָּלָה |
| boia (f) salva-vidas | galgal hatsala | גַּלְגַּל הַצָּלָה (ז) |

## 172. Aeroporto

| | | |
|---|---|---|
| aeroporto (m) | nemal te'ufa | נְמַל תְּעוּפָה (ז) |
| avião (m) | matos | מָטוֹס (ז) |
| companhia (f) aérea | xevrat te'ufa | חֶבְרַת תְּעוּפָה (נ) |
| controlador (m) de tráfego aéreo | bakar tisa | בַּקָּר טִיסָה (ז) |
| partida (f) | hamra'a | הַמְרָאָה (נ) |
| chegada (f) | nexita | נְחִיתָה (נ) |
| chegar (~ de avião) | leha'gi'a betisa | לְהַגִּיעַ בְּטִיסָה |
| hora (f) de partida | zman hamra'a | זְמַן הַמְרָאָה (ז) |
| hora (f) de chegada | zman nexita | זְמַן נְחִיתָה (ז) |
| estar atrasado | lehit'akev | לְהִתְעַכֵּב |
| atraso (m) de voo | ikuv hatisa | עִיכּוּב הַטִּיסָה (ז) |
| painel (m) de informação | 'luax meida | לוּחַ מֵידָע (ז) |
| informação (f) | meida | מֵידָע (ז) |
| anunciar (vt) | leho'dia | לְהוֹדִיעַ |

| voo (m) | tisa | טִיסָה (נ) |
| alfândega (f) | 'meχes | מֶכֶס (ז) |
| funcionário (m) da alfândega | pakid 'meχes | פְּקִיד מֶכֶס (ז) |

| declaração (f) alfandegária | hatsharat meχes | הַצְהָרַת מֶכֶס (נ) |
| preencher (vt) | lemale | לְמַלֵא |
| preencher a declaração | lemale 'tofes hatshara | לְמַלֵא טוֹפֶס הַצהָרָה |
| controlo (m) de passaportes | bdikat darkonim | בְּדִיקַת דַרְפּוֹנִים (נ) |

| bagagem (f) | kvuda | כְּבוּדָה (נ) |
| bagagem (f) de mão | kvudat yad | כְּבוּדַת יָד (נ) |
| carrinho (m) | eglat kvuda | עֶגְלַת כְּבוּדָה (נ) |

| aterragem (f) | neχita | נְחִיתָה (נ) |
| pista (f) de aterragem | maslul neχita | מַסלוּל נְחִיתָה (ז) |
| aterrar (vi) | linχot | לִנחוֹת |
| escada (f) de avião | 'keveʃ | כֶּבֶשׁ (ז) |

| check-in (m) | tʃek in | צֶ'ק אִין (ז) |
| balcão (m) do check-in | dalpak tʃek in | דֶלפַּק צֶ'ק אִין (ז) |
| fazer o check-in | leva'tse'a tʃek in | לְבַצֵעַ צֶ'ק אִין |
| cartão (m) de embarque | kartis aliya lematos | כַּרְטִיס עֲלִיָה לְמָטוֹס (ז) |
| porta (f) de embarque | 'ʃa'ar yetsi'a | שַׁעַר יְצִיאָה (ז) |

| trânsito (m) | ma'avar | מַעֲבָר (ז) |
| esperar (vi, vt) | lehamtin | לְהַמתִין |
| sala (f) de espera | traklin tisa | טְרַקלִין טִיסָה (ז) |
| despedir-se de … | lelavot | לְלַוּוֹת |
| despedir-se (vr) | lomar lehitra'ot | לוֹמַר לְהִתְרָאוֹת |

## 173. Bicicleta. Motocicleta

| bicicleta (f) | ofa'nayim | אוֹפַנַיִים (ז"ר) |
| scotter, lambreta (f) | kat'no'a | קַטנוֹעַ (ז) |
| mota (f) | ofno'a | אוֹפנוֹעַ (ז) |

| ir de bicicleta | lirkov al ofa'nayim | לִרְכּוֹב עַל אוֹפַנַיִים |
| guiador (m) | kidon | כִּידוֹן (ז) |
| pedal (m) | davʃa | דַוְושָׁה (נ) |
| travões (m pl) | blamim | בְּלָמִים (ז"ר) |
| selim (m) | ukaf | אוּכָּף (ז) |

| bomba (f) de ar | maʃeva | מַשׁאֵבָה (נ) |
| porta-bagagens (m) | sabal | סַבָּל (ז) |
| lanterna (f) | panas kidmi | פָּנָס קִדמִי (ז) |
| capacete (m) | kasda | קַסְדָה (נ) |

| roda (f) | galgal | גַלְגַל (ז) |
| guarda-lamas (m) | kanaf | כָּנָף (נ) |
| aro (m) | χiʃuk | חִישׁוּק (ז) |
| raio (m) | χiʃur | חִישׁוּר (ז) |

# Carros

## 174. Tipos de carros

| | | |
|---|---|---|
| carro, automóvel (m) | meχonit | מְכוֹנִית (נ) |
| carro (m) desportivo | meχonit sport | מְכוֹנִית סְפּוֹרט (נ) |
| | | |
| limusine (f) | limu'zina | לִימוּזִינָה (נ) |
| todo o terreno (m) | 'reχev 'ʃetaχ | רֶכֶב שֶׁטַח (ז) |
| descapotável (m) | meχonit gag niftaχ | מְכוֹנִית גַג נִפְתָח (נ) |
| minibus (m) | 'minibus | מִינִיבּוּס (ז) |
| | | |
| ambulância (f) | 'ambulans | אַמְבּוּלַנְס (ז) |
| limpa-neve (m) | maf'leset 'ʃeleg | מְפַלֶסֶת שֶׁלֶג (נ) |
| | | |
| camião (m) | masa'it | מַשָׂאִית (נ) |
| camião-cisterna (m) | meχalit 'delek | מֵיכָלִית דֶלֶק (נ) |
| carrinha (f) | masa'it kala | מַשָׂאִית קַלָה (נ) |
| camião-trator (m) | gorer | גוֹרֵר (ז) |
| atrelado (m) | garur | גָרוּר (ז) |
| | | |
| confortável | 'noaχ | נוֹחַ |
| usado | meʃumaʃ | מְשׁוּמָשׁ |

## 175. Carros. Carroçaria

| | | |
|---|---|---|
| capô (m) | miχse hama'no‘a | מִכְסֵה הַמָנוֹעַ (ז) |
| guarda-lamas (m) | kanaf | כָּנָף (נ) |
| tejadilho (m) | gag | גַג (ז) |
| | | |
| para-brisa (m) | ʃimʃa kidmit | שִׁמְשָׁה קִדְמִית (נ) |
| espelho (m) retrovisor | mar'a aχorit | מַרְאָה אֲחוֹרִית (נ) |
| lavador (m) | mataz | מַתָז (ז) |
| limpa-para-brisas (m) | magev | מַגֵב (ז) |
| | | |
| vidro (m) lateral | ʃimʃat tsad | שִׁמְשַׁת צַד (נ) |
| elevador (m) do vidro | χalon χaʃmali | חַלוֹן חַשְׁמַלִי (ז) |
| antena (f) | an'tena | אַנְטֶנָה (נ) |
| teto solar (m) | χalon gag | חַלוֹן גַג (ז) |
| | | |
| para-choques (m pl) | pagoʃ | פָּגוֹשׁ (ז) |
| bagageira (f) | ta mit‘an | תָא מִטְעָן (ז) |
| bagageira (f) de tejadilho | gagon | גָגוֹן (ז) |
| porta (f) | 'delet | דֶלֶת (נ) |
| maçaneta (f) | yadit | יָדִית (נ) |
| fechadura (f) | man‘ul | מַנְעוּל (ז) |
| matrícula (f) | luχit riʃui | לוּחִית רִישׁוּי (נ) |
| silenciador (m) | am‘am | עַמְעָם (ז) |

| | | |
|---|---|---|
| tanque (m) de gasolina | meixal 'delek | מֵיכָל דֶּלֶק (ז) |
| tubo (m) de escape | maflet | מַפְלֵט (ז) |
| | | |
| acelerador (m) | gaz | גָּז (ז) |
| pedal (m) | davʃa | דַּוְושָׁה (נ) |
| pedal (m) do acelerador | davʃat gaz | דַּוְושַׁת גָּז (נ) |
| | | |
| travão (m) | 'belem | בֶּלֶם (ז) |
| pedal (m) do travão | davʃat hablamim | דַּוְושַׁת הַבְּלָמִים (נ) |
| travar (vt) | livlom | לִבְלוֹם |
| travão (m) de mão | 'belem xaniya | בֶּלֶם חֲנָיָה (ז) |
| | | |
| embraiagem (f) | matsmed | מַצְמֵד (ז) |
| pedal (m) da embraiagem | davʃat hamatsmed | דַּוְושַׁת הַמַּצְמֵד (נ) |
| disco (m) de embraiagem | luxit hamatsmed | לוּחִית הַמַּצְמֵד (נ) |
| amortecedor (m) | bolem za'a'zu'a | בּוֹלֵם זַעֲזוּעִים (ז) |
| | | |
| roda (f) | galgal | גַּלְגַּל (ז) |
| pneu (m) sobresselente | galgal xilufi | גַּלְגַּל חִילוּפִי (ז) |
| pneu (m) | tsmig | צְמִיג (ז) |
| tampão (m) de roda | tsa'laxat galgal | צַלַּחַת גַּלְגַּל (נ) |
| | | |
| rodas (f pl) motrizes | galgalim meni'im | גַּלְגַּלִים מֵנִיעִים (ז"ר) |
| de tração dianteira | shel hana'a kidmit | שֶׁל הֲנָעָה קִדְמִית |
| de tração traseira | shel hana'a axorit | שֶׁל הֲנָעָה אֲחוֹרִית |
| de tração às 4 rodas | shel hana'a male'a | שֶׁל הֲנָעָה מָלְאָה |
| | | |
| caixa (f) de mudanças | teivat hiluxim | תֵּיבַת הִילּוּכִים (נ) |
| automático | oto'mati | אוֹטוֹמָטִי |
| mecânico | me'xani | מֶכָנִי |
| alavanca (f) das mudanças | yadit hiluxim | יָדִית הִילּוּכִים (נ) |
| | | |
| farol (m) | panas kidmi | פָּנָס קִדְמִי (ז) |
| faróis, luzes | panasim | פָּנָסִים (ז"ר) |
| | | |
| médios (m pl) | or namux | אוֹר נָמוּךְ (ז) |
| máximos (m pl) | or ga'voha | אוֹר גָּבוֹהַּ (ז) |
| luzes (f pl) de stop | or 'belem | אוֹר בֶּלֶם (ז) |
| | | |
| mínimos (m pl) | orot xanaya | אוֹרוֹת חֲנָיָה (ז"ר) |
| luzes (f pl) de emergência | orot xerum | אוֹרוֹת חֵירוּם (ז"ר) |
| faróis (m pl) antinevoeiro | orot arafel | אוֹרוֹת עֲרָפֶל (ז"ר) |
| pisca-pisca (m) | panas itut | פָּנָס אִיתּוּת (ז) |
| luz (f) de marcha atrás | orot revers | אוֹרוֹת רֶבֶרְס (ז"ר) |

## 176. Carros. Habitáculo

| | | |
|---|---|---|
| interior (m) do carro | ta hanos'im | תָּא הַנּוֹסְעִים (ז) |
| de couro, de pele | asui me'or | עָשׂוּי מֵעוֹר |
| de veludo | ktifati | קְטִיפָתִי |
| estofos (m pl) | ripud | רִיפּוּד (ז) |
| | | |
| indicador (m) | maxven | מַכְוֵון (ז) |
| painel (m) de instrumentos | 'luax maxvenim | לוּחַ מַכְוֵונִים (ז) |

| velocímetro (m) | mad mehirut | מַד מְהִירוּת (ז) |
| ponteiro (m) | 'maχat | מַחַט (נ) |

| conta-quilómetros (m) | mad merχak | מַד מֶרְחָק (ז) |
| sensor (m) | χaiʃan | חַיְשָׁן (ז) |
| nível (m) | ramat mi'lui | רָמַת מִילוּי (נ) |
| luz (f) avisadora | nurat azhara | נוּרַת אַזְהָרָה (נ) |

| volante (m) | 'hege | הֶגֶה (ז) |
| buzina (f) | tsofar | צוֹפָר (ז) |
| botão (m) | kaftor | כַּפְתּוֹר (ז) |
| interruptor (m) | 'meteg | מֶתֶג (ז) |

| assento (m) | moʃav | מוֹשָׁב (ז) |
| costas (f pl) do assento | miʃ"enet | מִשְׁעֶנֶת (נ) |
| cabeceira (f) | miʃ"enet roʃ | מִשְׁעֶנֶת רֹאשׁ (נ) |
| cinto (m) de segurança | χagorat betiχut | חֲגוֹרַת בְּטִיחוּת (נ) |
| apertar o cinto | lehadek χagora | לְהַדֵק חֲגוֹרָה |
| regulação (f) | kivnun | כִּיווּנוּן (ז) |

| airbag (m) | karit avir | כָּרִית אֲוִוִיר (נ) |
| ar (m) condicionado | mazgan | מַזְגָן (ז) |

| rádio (m) | 'radyo | רָדִיו (ז) |
| leitor (m) de CD | 'diskmen | דִיסְקְמֶן (ז) |
| ligar (vt) | lehadlik | לְהַדְלִיק |
| antena (f) | an'tena | אַנְטֶנָה (נ) |
| porta-luvas (m) | ta kfafot | תָא כְּפָפוֹת (ז) |
| cinzeiro (m) | ma'afera | מַאֲפֵרָה (נ) |

## 177. Carros. Motor

| motor (m) | ma'noʻa | מָנוֹעַ (ז) |
| diesel | shel 'dizel | שֶׁל דִיזֶל |
| a gasolina | 'delek | דֶלֶק |

| cilindrada (f) | 'nefaχ ma'noʻa | נֶפַח מָנוֹעַ (ז) |
| potência (f) | otsma | עוֹצְמָה (נ) |
| cavalo-vapor (m) | 'koaχ sus | כּוֹחַ סוּס (ז) |
| pistão (m) | buχna | בּוּכְנָה (נ) |
| cilindro (m) | tsi'linder | צִילִינְדֶר (ז) |
| válvula (f) | ʃastom | שַׁסְתּוֹם (ז) |

| injetor (m) | mazrek | מַזְרֵק (ז) |
| gerador (m) | meχolel | מְחוֹלֵל (ז) |
| carburador (m) | me'ayed | מְאַיֵיד (ז) |
| óleo (m) para motor | 'ʃemen manoʻim | שֶׁמֶן מָנוֹעִים (ז) |

| radiador (m) | matsnen | מַצְנֵן (ז) |
| refrigerante (m) | nozel kirur | נוֹזֵל קִירוּר (ז) |
| ventilador (m) | me'avrer | מְאַוְורֵר (ז) |

| bateria (f) | matsber | מַצְבֵּר (ז) |
| dispositivo (m) de arranque | mat'neʻa | מַתְנֵעַ (ז) |

| ignição (f) | hatsata | הַצָּתָה (נ) |
| vela (f) de ignição | matset | מַצֵּת (ז) |

| borne (m) | 'hedek | הֶדֵק (ז) |
| borne (m) positivo | 'hedek χiyuvi | הֶדֵק חִיּוּבִי (ז) |
| borne (m) negativo | 'hedek ʃlili | הֶדֵק שְׁלִילִי (ז) |
| fusível (m) | natiχ | נָתִיךְ (ז) |

| filtro (m) de ar | masnen avir | מַסְנֵן אֲוִיר (ז) |
| filtro (m) de óleo | masnen 'ʃemen | מַסְנֵן שֶׁמֶן (ז) |
| filtro (m) de combustível | masnen 'delek | מַסְנֵן דֶּלֶק (ז) |

## 178. Carros. Batidas. Reparação

| acidente (m) de carro | te'una | תְּאוּנָה (נ) |
| acidente (m) rodoviário | te'unat draχim | תְּאוּנַת דְּרָכִים (נ) |
| ir contra ... | lehitnageʃ | לְהִתְנַגֵּשׁ |
| sofrer um acidente | lehima'eχ | לְהֵיפָּגַע |
| danos (m pl) | 'nezek | נֶזֶק (ז) |
| intato | ʃalem | שָׁלֵם |

| avaria (no motor, etc.) | takala | תַּקָּלָה (נ) |
| avariar (vi) | lehitkalkel | לְהִתְקַלְקֵל |
| cabo (m) de reboque | 'χevel grar | חֶבֶל גְּרָר (ז) |

| furo (m) | 'teker | תֶּקֶר (ז) |
| estar furado | lehitpantʃer | לְהִתְפַּנְצֵ'ר |
| encher (vt) | lena'peaχ | לְנַפֵּחַ |
| pressão (f) | 'laχats | לַחַץ (ז) |
| verificar (vt) | livdok | לִבְדּוֹק |

| reparação (f) | ʃiputs | שִׁיפּוּץ (ז) |
| oficina (f) | musaχ | מוּסָךְ (ז) |
| de reparação de carros | | |
| peça (f) sobresselente | 'χelek χiluf | חֵלֶק חִילוּף (ז) |
| peça (f) | 'χelek | חֵלֶק (ז) |

| parafuso (m) | 'boreg | בּוֹרֶג (ז) |
| parafuso (m) | 'boreg | בּוֹרֶג (ז) |
| porca (f) | om | אוֹם (ז) |
| anilha (f) | diskit | דִּיסְקִית (נ) |
| rolamento (m) | mesav | מֵסַב (ז) |

| tubo (m) | tsinorit | צִינוֹרִית (נ) |
| junta (f) | 'etem | אֶטֶם (ז) |
| fio, cabo (m) | χut | חוּט (ז) |

| macaco (m) | dʒek | גְ'ק (ז) |
| chave (f) de boca | maf'teaχ bragim | מַפְתֵּחַ בְּרָגִים (ז) |
| martelo (m) | patiʃ | פַּטִּישׁ (ז) |
| bomba (f) | maʃeva | מַשְׁאֵבָה (נ) |
| chave (f) de fendas | mavreg | מַבְרֵג (ז) |
| extintor (m) | mataf | מַטָּף (ז) |
| triângulo (m) de emergência | meʃulaʃ χirum | מְשׁוּלָשׁ חֵירוּם (ז) |

| | | |
|---|---|---|
| parar (vi) (motor) | ledomem | לִדֹם |
| paragem (f) | hadmama | הַדמָמָה (נ) |
| estar quebrado | lihyot ʃavur | לִהיוֹת שָבוּר |
| superaquecer-se (vr) | lehitχamem yoter midai | לְהִתחַמֵם יוֹתֵר מִדַי |
| entupir-se (vr) | lehisatem | לְהִיסָתֵם |
| congelar-se (vr) | likpo | לִקפוֹא |
| rebentar (vi) | lehitpa'ke'a | לְהִתפַּקֵעַ |
| pressão (f) | 'laχats | לַחַץ (ז) |
| nível (m) | ramat mi'lui | רָמַת מִילוּי (נ) |
| frouxo | rafe | רָפֶה |
| mossa (f) | dfika | דפִיקָה (נ) |
| ruído (m) | 'ra'aʃ | רַעַש (ז) |
| fissura (f) | 'sedek | סֶדֶק (ז) |
| arranhão (m) | srita | שׂרִיטָה (נ) |

## 179. Carros. Estrada

| | | |
|---|---|---|
| estrada (f) | 'dereχ | דֶרֶך (נ) |
| autoestrada (f) | kviʃ mahir | כּבִיש מָהִיר (ז) |
| rodovia (f) | kviʃ mahir | כּבִיש מָהִיר (ז) |
| direção (f) | kivun | כִּיווּן (ז) |
| distância (f) | merχak | מֶרחָק (ז) |
| ponte (f) | 'geʃer | גֶשֶר (ז) |
| parque (m) de estacionamento | χanaya | חֲנָיָה (נ) |
| praça (f) | kikar | כִּיכָּר (נ) |
| nó (m) rodoviário | meχlaf | מֶחלָף (ז) |
| túnel (m) | minhara | מִנהָרָה (נ) |
| posto (m) de gasolina | taχanat 'delek | תַחֲנַת דֶלֶק (נ) |
| parque (m) de estacionamento | migraʃ χanaya | מִגרַש חֲנָיָה (ז) |
| bomba (f) de gasolina | maʃevat 'delek | מַשאֵבַת דֶלֶק (נ) |
| oficina (f) de reparação de carros | musaχ | מוּסָך (ז) |
| abastecer (vt) | letadlek | לְתַדלֵק |
| combustível (m) | 'delek | דֶלֶק (ז) |
| bidão (m) de gasolina | 'dʒerikan | גֶ׳רִיקָן (ז) |
| asfalto (m) | asfalt | אַספַלט (ז) |
| marcação (f) de estradas | simun | סִימוּן (ז) |
| lancil (m) | sfat midraχa | שֹׂפַת מִדרָכָה (נ) |
| proteção (f) guard-rail | ma'ake betiχut | מַעֲקֶה בְּטִיחוּת (ז) |
| valeta (f) | te'ala | תְעָלָה (נ) |
| berma (f) da estrada | ʃulei ha'dereχ | שוּלֵי הַדֶרֶך (ז"ר) |
| poste (m) de luz | amud te'ura | עַמוּד תְאוּרָה (ז) |
| conduzir, guiar (vt) | linhog | לִנהוֹג |
| virar (ex. ~ à direita) | lifnot | לִפנוֹת |
| dar retorno | leva'tse'a pniyat parsa | לְבַצֵעַ פּנִיַת פַּרסָה |
| marcha-atrás (f) | hiluχ aχori | הִילוּך אֲחוֹרִי (ז) |
| buzinar (vi) | litspor | לִצפּוֹר |

| buzina (f) | tsfira | צְפִירָה (נ) |
| atolar-se (vr) | lehitaka | לְהִיתָּקַע |
| patinar (na lama) | lesovev et hagalgal al rek | לְסוֹבֵב אֶת הַגַּלְגַּלִים עַל רֵיק |
| desligar (vt) | ledomem | לְדוֹמֵם |

| velocidade (f) | mehirut | מְהִירוּת (נ) |
| exceder a velocidade | linhog bemehirut muf'rezet | לִנְהוֹג בִּמְהִירוּת מוּפְרֶזֶת |
| multar (vt) | liknos | לִקְנוֹס |
| semáforo (m) | ramzor | רַמְזוֹר (ז) |
| carta (f) de condução | rifyon nehiga | רִשְׁיוֹן נְהִיגָה (ז) |

| passagem (f) de nível | ma'avar pasei ra'kevet | מַעֲבַר פַּסֵי רַכֶּבֶת (ז) |
| cruzamento (m) | 'tsomet | צוֹמֶת (ז) |
| passadeira (f) | ma'avar xatsaya | מַעֲבַר חֲצָיָה (ז) |
| curva (f) | pniya | פְּנִיָּה (נ) |
| zona (f) pedonal | midrexov | מִדְרָחוֹב (ז) |

## 180. Sinais de trânsito

| código (m) da estrada | xukei hatnu'a | חוּקֵי הַתְּנוּעָה (ז"ר) |
| sinal (m) de trânsito | tamrur | תַּמְרוּר (ז) |
| ultrapassagem (f) | akifa | עֲקִיפָה (נ) |
| curva (f) | pniya | פְּנִיָּה (נ) |
| inversão (f) de marcha | sivuv parsa | סִיבוּב פַּרְסָה (ז) |
| rotunda (f) | ma'agal tnu'a | מַעֲגַל תְּנוּעָה (ז) |

| sentido proibido | ein knisa | אֵין כְּנִיסָה |
| trânsito proibido | ein knisat rexavim | אֵין כְּנִיסַת רְכָבִים |
| proibição de ultrapassar | akifa asura | עֲקִיפָה אֲסוּרָה |
| estacionamento proibido | xanaya asura | חֲנָיָה אֲסוּרָה |
| paragem proibida | atsira asura | עֲצִירָה אֲסוּרָה |

| curva (f) perigosa | sivuv xad | סִיבוּב חַד (ז) |
| descida (f) perigosa | yerida tlula | יְרִידָה תְּלוּלָה (נ) |
| trânsito de sentido único | tnu'a xad sitrit | תְּנוּעָה חַד-סִטְרִית (נ) |
| passadeira (f) | ma'avar xatsaya | מַעֲבַר חֲצָיָה (ז) |
| pavimento (m) escorregadio | kvif xalaklak | כְּבִישׁ חֲלַקְלַק (ז) |
| cedência de passagem | zxut kdima | זְכוּת קְדִימָה |

# PESSOAS. EVENTOS

## Eventos

### 181. Férias. Evento

| festa (f) | χagiga | חֲגִיגָה (נ) |
| festa (f) nacional | χag le'umi | חַג לְאוּמִי (ז) |
| feriado (m) | yom χag | יוֹם חַג (ז) |
| festejar (vt) | laχgog | לַחְגוֹג |

| evento (festa, etc.) | hitraχaʃut | הִתְרַחֲשׁוּת (נ) |
| evento (banquete, etc.) | ei'ru‘a | אֵירוּעַ (ז) |
| banquete (m) | se‘uda χagigit | סְעוּדָה חֲגִיגִית (נ) |
| receção (f) | ei'ruaχ | אֵירוּחַ (ז) |
| festim (m) | miʃte | מִשְׁתֶּה (ז) |

| aniversário (m) | yom haʃana | יוֹם הַשָּׁנָה (ז) |
| jubileu (m) | χag hayovel | חַג הַיּוֹבֵל (ז) |
| celebrar (vt) | laχgog | לַחְגוֹג |

| Ano (m) Novo | ʃana χadaʃa | שָׁנָה חֲדָשָׁה (נ) |
| Feliz Ano Novo! | ʃana tova! | שָׁנָה טוֹבָה! |
| Pai (m) Natal | 'santa 'kla'us | סַנְטָה קְלָאוּס |

| Natal (m) | χag hamolad | חַג הַמּוֹלָד (ז) |
| Feliz Natal! | χag hamolad sa'meaχ! | חַג הַמּוֹלָד שָׂמֵחַ! |
| árvore (f) de Natal | eʦ χag hamolad | עֵץ חַג הַמּוֹלָד (ז) |
| fogo (m) de artifício | zikukim | זִיקוּקִים (ז"ר) |

| boda (f) | χatuna | חֲתוּנָה (נ) |
| noivo (m) | χatan | חָתָן (ז) |
| noiva (f) | kala | כַּלָּה (נ) |

| convidar (vt) | lehazmin | לְהַזְמִין |
| convite (m) | hazmana | הַזְמָנָה (נ) |

| convidado (m) | o'reaχ | אוֹרֵחַ (ז) |
| visitar (vt) | levaker | לְבַקֵּר |
| receber os hóspedes | lekabel orχim | לְקַבֵּל אוֹרְחִים |

| presente (m) | matana | מַתָּנָה (נ) |
| oferecer (vt) | latet matana | לָתֵת מַתָּנָה |
| receber presentes | lekabel matanot | לְקַבֵּל מַתָּנוֹת |
| ramo (m) de flores | zer | זֵר (ז) |

| felicitações (f pl) | braχa | בְּרָכָה (נ) |
| felicitar (dar os parabéns) | levareχ | לְבָרֵךְ |
| cartão (m) de parabéns | kartis braχa | פַּרְטִיס בְּרָכָה (ז) |

| | | |
|---|---|---|
| enviar um postal | liʃ'loaχ gluya | לִשְׁלוֹחַ גְּלוּיָה |
| receber um postal | lekabel gluya | לְקַבֵּל גְּלוּיָה |
| brinde (m) | leharim kosit | לְהָרִים כּוֹסִית |
| oferecer (vt) | leχabed | לְכַבֵּד |
| champanhe (m) | ʃam'panya | שַׁמְפַּנְיָה (נ) |
| divertir-se (vr) | lehanot | לֵיהָנוֹת |
| diversão (f) | alitsut | עֲלִיצוּת (נ) |
| alegria (f) | simχa | שִׂמְחָה (נ) |
| dança (f) | rikud | רִיקוּד (ז) |
| dançar (vi) | lirkod | לִרְקוֹד |
| valsa (f) | vals | וַלְס (ז) |
| tango (m) | 'tango | טַנְגוֹ (ז) |

## 182. Funerais. Enterro

| | | |
|---|---|---|
| cemitério (m) | beit kvarot | בֵּית קְבָרוֹת (ז) |
| sepultura (f), túmulo (m) | 'kever | קֶבֶר (ז) |
| cruz (f) | tslav | צְלָב (ז) |
| lápide (f) | matseva | מַצֵּבָה (נ) |
| cerca (f) | gader | גָּדֵר (נ) |
| capela (f) | beit tfila | בֵּית תְּפִילָה (ז) |
| morte (f) | 'mavet | מָוֶות (ז) |
| morrer (vi) | lamut | לָמוּת |
| defunto (m) | niftar | נִפְטָר (ז) |
| luto (m) | 'evel | אֵבֶל (ז) |
| enterrar, sepultar (vt) | likbor | לִקְבּוֹר |
| agência (f) funerária | beit levayot | בֵּית לְוָויוֹת (ז) |
| funeral (m) | levaya | לְוָויָה (נ) |
| coroa (f) de flores | zer | זֵר (ז) |
| caixão (m) | aron metim | אֲרוֹן מֵתִים (ז) |
| carro (m) funerário | kron hamet | קְרוֹן הַמֵת (ז) |
| mortalha (f) | taχriχim | תַּכְרִיכִים (ז"ר) |
| procissão (f) funerária | tahaluχat 'evel | תַּהֲלוּכַת אֵבֶל (נ) |
| urna (f) funerária | kad 'efer | כַּד אֵפֶר (ז) |
| crematório (m) | misrafa | מִשְׂרָפָה (נ) |
| obituário (m), necrologia (f) | moda'at 'evel | מוֹדָעַת אֵבֶל (נ) |
| chorar (vi) | livkot | לִבְכּוֹת |
| soluçar (vi) | lehitya'peaχ | לְהִתְיַיפֵּחַ |

## 183. Guerra. Soldados

| | | |
|---|---|---|
| pelotão (m) | maχlaka | מַחְלָקָה (נ) |
| companhia (f) | pluga | פְּלוּגָה (נ) |

| | | |
|---|---|---|
| regimento (m) | χativa | חֲטִיבָה (נ) |
| exército (m) | tsava | צָבָא (ז) |
| divisão (f) | ugda | אוּגְדָה (נ) |

| | | |
|---|---|---|
| destacamento (m) | kita | פִּיתָה (נ) |
| hoste (f) | 'χayil | חַיִל (ז) |

| | | |
|---|---|---|
| soldado (m) | χayal | חַיָּיל (ז) |
| oficial (m) | katsin | קָצִין (ז) |

| | | |
|---|---|---|
| soldado (m) raso | turai | טוּרַאי (ז) |
| sargento (m) | samal | סַמָּל (ז) |
| tenente (m) | 'segen | סֶגֶן (ז) |
| capitão (m) | 'seren | סֶרֶן (ז) |
| major (m) | rav 'seren | רַב־סֶרֶן (ז) |
| coronel (m) | aluf miʃne | אַלּוּף מִשְׁנֶה (ז) |
| general (m) | aluf | אַלּוּף (ז) |

| | | |
|---|---|---|
| marujo (m) | yamai | יַמַּאי (ז) |
| capitão (m) | rav χovel | רַב־חוֹבֵל (ז) |
| contramestre (m) | rav malaχim | רַב־מַלָּחִים (ז) |

| | | |
|---|---|---|
| artilheiro (m) | totχan | תּוֹתְחָן (ז) |
| soldado (m) paraquedista | tsanχan | צַנְחָן (ז) |
| piloto (m) | tayas | טַיָּיס (ז) |
| navegador (m) | navat | נַוָּט (ז) |
| mecânico (m) | meχonai | מְכוֹנַאי (ז) |

| | | |
|---|---|---|
| sapador (m) | χablan | חַבְּלָן (ז) |
| paraquedista (m) | tsanχan | צַנְחָן (ז) |
| explorador (m) | iʃ modi'in kravi | אִישׁ מוֹדִיעִין קְרָבִי (ז) |
| franco-atirador (m) | tsalaf | צַלָּף (ז) |

| | | |
|---|---|---|
| patrulha (f) | siyur | סִיּוּר (ז) |
| patrulhar (vt) | lefatrel | לְפַטְרֵל |
| sentinela (f) | zakif | זָקִיף (ז) |

| | | |
|---|---|---|
| guerreiro (m) | loχem | לוֹחֵם (ז) |
| patriota (m) | patriyot | פַּטְרִיוֹט (ז) |

| | | |
|---|---|---|
| herói (m) | gibor | גִּיבּוֹר (ז) |
| heroína (f) | gibora | גִּיבּוֹרָה (נ) |

| | | |
|---|---|---|
| traidor (m) | boged | בּוֹגֵד (ז) |
| trair (vt) | livgod | לִבְגּוֹד |

| | | |
|---|---|---|
| desertor (m) | arik | עָרִיק (ז) |
| desertar (vt) | la'arok | לַעֲרוֹק |

| | | |
|---|---|---|
| mercenário (m) | sχir 'χerev | שְׂכִיר חֶרֶב (ז) |
| recruta (m) | tiron | טִירוֹן (ז) |
| voluntário (m) | mitnadev | מִתְנַדֵּב (ז) |

| | | |
|---|---|---|
| morto (m) | harug | הָרוּג (ז) |
| ferido (m) | pa'tsu'a | פָּצוּעַ (ז) |
| prisioneiro (m) de guerra | ʃavui | שָׁבוּי (ז) |

## 184. Guerra. Ações militares. Parte 1

| | | |
|---|---|---|
| guerra (f) | milχama | מִלְחָמָה (נ) |
| guerrear (vt) | lehilaχem | לְהִילָחֵם |
| guerra (f) civil | mil'χemet ezraχim | מִלְחֶמֶת אֶזְרָחִים (נ) |

| | | |
|---|---|---|
| perfidamente | bogdani | בּוֹגְדָנִי |
| declaração (f) de guerra | haχrazat milχama | הַכְרָזַת מִלְחָמָה (נ) |
| declarar (vt) guerra | lehaχriz | לְהַכְרִיז |
| agressão (f) | tokfanut | תּוֹקְפָנוּת (נ) |
| atacar (vt) | litkof | לִתְקוֹף |

| | | |
|---|---|---|
| invadir (vt) | liχboʃ | לִכְבּוֹשׁ |
| invasor (m) | koveʃ | כּוֹבֵשׁ (ז) |
| conquistador (m) | koveʃ | כּוֹבֵשׁ (ז) |

| | | |
|---|---|---|
| defesa (f) | hagana | הֲגָנָה (נ) |
| defender (vt) | lehagen al | לְהָגֵן עַל |
| defender-se (vr) | lehitgonen | לְהִתְגּוֹנֵן |

| | | |
|---|---|---|
| inimigo (m) | oyev | אוֹיֵב (ז) |
| adversário (m) | yariv | יָרִיב (ז) |
| inimigo | ʃel oyev | שֶׁל אוֹיֵב |

| | | |
|---|---|---|
| estratégia (f) | astra'tegya | אַסְטְרָטֶגְיָה (נ) |
| tática (f) | 'taktika | טַקְטִיקָה (נ) |

| | | |
|---|---|---|
| ordem (f) | pkuda | פְּקוּדָה (נ) |
| comando (m) | pkuda | פְּקוּדָה (נ) |
| ordenar (vt) | lifkod | לִפְקוֹד |
| missão (f) | mesima | מְשִׂימָה (נ) |
| secreto | sodi | סוֹדִי |

| | | |
|---|---|---|
| batalha (f) | ma'araχa | מַעֲרָכָה (נ) |
| combate (m) | krav | קְרָב (ז) |

| | | |
|---|---|---|
| ataque (m) | hatkafa | הַתְקָפָה (נ) |
| assalto (m) | hista'arut | הִסְתַּעֲרוּת (נ) |
| assaltar (vt) | lehista'er | לְהִסְתַּעֵר |
| assédio, sítio (m) | matsor | מָצוֹר (ז) |

| | | |
|---|---|---|
| ofensiva (f) | mitkafa | מִתְקָפָה (נ) |
| passar à ofensiva | latset lemitkafa | לָצֵאת לְמִתְקָפָה |

| | | |
|---|---|---|
| retirada (f) | nesiga | נְסִיגָה (נ) |
| retirar-se (vr) | la'seget | לָסֶגֶת |

| | | |
|---|---|---|
| cerco (m) | kitur | כִּיתּוּר (ז) |
| cercar (vt) | leχater | לְכַתֵּר |

| | | |
|---|---|---|
| bombardeio (m) | haftsatsa | הַפְצָצָה (נ) |
| lançar uma bomba | lehatil ptsatsa | לְהָטִיל פְּצָצָה |
| bombardear (vt) | lehaftsits | לְהַפְצִיץ |
| explosão (f) | pitsuts | פִּיצוּץ (ז) |
| tiro (m) | yeriya | יְרִיָה (נ) |

| disparar um tiro | lirot | לִירוֹת |
| tiroteio (m) | 'yeri | יֶרִי (ז) |

| apontar para ... | leχaven 'neʃek | לְכַוֵּון נֶשֶׁק |
| apontar (vt) | leχaven | לְכַוֵּון |
| acertar (vt) | lik'lo'a | לִקְלוֹעַ |

| afundar (um navio) | lehat'bi'a | לְהַטְבִּיעַ |
| brecha (f) | pirtsa | פִּרְצָה (נ) |
| afundar-se (vr) | lit'bo'a | לִטְבּוֹעַ |

| frente (m) | χazit | חֲזִית (נ) |
| evacuação (f) | pinui | פִּינוּי (ז) |
| evacuar (vt) | lefanot | לְפַנּוֹת |

| trincheira (f) | te'ala | תְּעָלָה (נ) |
| arame (m) farpado | 'tayil dokrani | חַיִל דּוֹקְרָנִי (ז) |
| obstáculo (m) anticarro | maχsom | מַחְסוֹם (ז) |
| torre (f) de vigia | migdal ʃmira | מִגְדַּל שְׁמִירָה (ז) |

| hospital (m) | beit χolim tsva'i | בֵּית חוֹלִים צְבָאִי (ז) |
| ferir (vt) | lif'tso'a | לִפְצוֹעַ |
| ferida (f) | 'petsa | פֶּצַע (ז) |
| ferido (m) | pa'tsu'a | פָּצוּעַ (ז) |
| ficar ferido | lehipatsa | לְהִיפָּצַע |
| grave (ferida ~) | kaʃe | קָשֶׁה |

## 185. Guerra. Ações militares. Parte 2

| cativeiro (m) | 'ʃevi | שְׁבִי (ז) |
| capturar (vt) | la'kaχat be'ʃevi | לָקַחַת בְּשֶׁבִי |
| estar em cativeiro | lihyot be'ʃevi | לִהְיוֹת בְּשֶׁבִי |
| ser aprisionado | lipol be'ʃevi | לִיפּוֹל בְּשֶׁבִי |

| campo (m) de concentração | maχane rikuz | מַחֲנֵה רִיכּוּז (ז) |
| prisioneiro (m) de guerra | ʃavui | שָׁבוּי (ז) |
| escapar (vi) | liv'roaχ | לִבְרוֹחַ |

| trair (vt) | livgod | לִבְגּוֹד |
| traidor (m) | boged | בּוֹגֵד (ז) |
| traição (f) | bgida | בְּגִידָה (נ) |

| fuzilar, executar (vt) | lehotsi la'horeg | לְהוֹצִיא לַהוֹרֵג |
| fuzilamento (m) | hotsa'a le'horeg | הוֹצָאָה לַהוֹרֵג (נ) |

| equipamento (m) | tsiyud | צִיּוּד (ז) |
| platina (f) | ko'tefet | כּוֹתֶפֶת (נ) |
| máscara (f) antigás | maseχat 'abaχ | מַסֵּיכַת אַבָּ"ך (נ) |

| rádio (m) | maχʃir 'keʃer | מַכְשִׁיר קֶשֶׁר (ז) |
| cifra (f), código (m) | 'tsofen | צוֹפֶן (ז) |
| conspiração (f) | χaʃa'iut | חֲשָׁאִיּוּת (נ) |
| senha (f) | sisma | סִיסְמָה (נ) |
| mina (f) | mokeʃ | מוֹקֵשׁ (ז) |

| minar (vt) | lemakeʃ | לְמַקֵּשׁ |
| campo (m) minado | sde mokʃim | שָׂדֶה מוֹקָשִׁים (ז) |

| alarme (m) aéreo | az'aka | אַזְעָקָה (נ) |
| alarme (m) | az'aka | אַזְעָקָה (נ) |
| sinal (m) | ot | אוֹת (ז) |
| sinalizador (m) | zikuk az'aka | זִיקּוּק אַזְעָקָה (ז) |

| estado-maior (m) | mifkada | מִפְקָדָה (נ) |
| reconhecimento (m) | isuf modi'in | אִיסּוּף מוֹדִיעִין (ז) |
| situação (f) | matsav | מַצָּב (ז) |
| relatório (m) | doχ | דוֹח (ז) |
| emboscada (f) | ma'arav | מַאֲרָב (ז) |
| reforço (m) | tig'boret | תִּגְבּוֹרֶת (נ) |

| alvo (m) | matara | מַטָּרָה (נ) |
| campo (m) de tiro | sde imunim | שָׂדֶה אִימּוּנִים (ז) |
| manobras (f pl) | timronim | תִּמְרוֹנִים (ז"ר) |

| pânico (m) | behala | בֶּהָלָה (נ) |
| devastação (f) | 'heres | הֶרֶס (ז) |
| ruínas (f pl) | harisot | הֲרִיסוֹת (נ"ר) |
| destruir (vt) | laharos | לַהֲרוֹס |

| sobreviver (vi) | lisrod | לִשְׂרוֹד |
| desarmar (vt) | lifrok mi'neʃek | לִפְרוֹק מֶנֶשֶׁק |
| manusear (vt) | lehiʃtameʃ be… | לְהִשְׁתַּמֵּשׁ בְּ… |

| Firmes! | amod dom! | עֲמוֹד דוֹם! |
| Descansar! | amod 'noaχ! | עֲמוֹד נוֹחַ! |

| façanha (f) | ma'ase gvura | מַעֲשֶׂה גְּבוּרָה (ז) |
| juramento (m) | ʃvu'a | שְׁבוּעָה (נ) |
| jurar (vi) | lehiʃava | לְהִישָּׁבַע |

| condecoração (f) | itur | עִיטּוּר (ז) |
| condecorar (vt) | leha'anik | לְהַעֲנִיק |
| medalha (f) | me'dalya | מֶדַלְיָה (נ) |
| ordem (f) | ot hitstainut | אוֹת הִצְטַיְּינוּת (ז) |

| vitória (f) | nitsaχon | נִיצָּחוֹן (ז) |
| derrota (f) | tvusa | תְּבוּסָה (נ) |
| armistício (m) | hafsakat eʃ | הַפְסָקַת אֵשׁ (נ) |

| bandeira (f) | 'degel | דֶּגֶל (ז) |
| glória (f) | tehila | תְּהִילָה (נ) |
| desfile (m) militar | mits'ad | מִצְעָד (ז) |
| marchar (vi) | lits'od | לִצְעוֹד |

## 186. Armas

| arma (f) | 'neʃek | נֶשֶׁק (ז) |
| arma (f) de fogo | 'neʃek χam | נֶשֶׁק חַם (ז) |
| arma (f) branca | 'neʃek kar | נֶשֶׁק קַר (ז) |

| arma (f) química | 'neʃek 'χimi | נֶשֶׁק כִּימִי (ז) |
| nuclear | gar'ini | גַּרְעִינִי |
| arma (f) nuclear | 'neʃek gar'ini | נֶשֶׁק גַּרְעִינִי (ז) |
| bomba (f) | pˈtsatsa | פְּצָצָה (נ) |
| bomba (f) atómica | pˈtsatsa a'tomit | פְּצָצָה אָטוֹמִית (נ) |
| pistola (f) | ekdaχ | אֶקְדָּח (ז) |
| caçadeira (f) | rove | רוֹבֶה (ז) |
| pistola-metralhadora (f) | tat mak'le'a | תַּת-מַקְלֵעַ (ז) |
| metralhadora (f) | mak'le'a | מַקְלֵעַ (ז) |
| boca (f) | kane | קָנֶה (ז) |
| cano (m) | kane | קָנֶה (ז) |
| calibre (m) | ka'liber | קָלִיבֶּר (ז) |
| gatilho (m) | 'hedek | הֶדֶק (ז) |
| mira (f) | ka'venet | כַּוֶּנֶת (נ) |
| carregador (m) | maχsanit | מַחְסָנִית (נ) |
| coronha (f) | kat | קַת (נ) |
| granada (f) de mão | rimon | רִימוֹן (ז) |
| explosivo (m) | 'χomer 'nefets | חוֹמֶר נֶפֶץ (ז) |
| bala (f) | ka'li'a | קָלִיעַ (ז) |
| cartucho (m) | kadur | כַּדּוּר (ז) |
| carga (f) | te'ina | טְעִינָה (נ) |
| munições (f pl) | taχ'moʃet | תַּחְמוֹשֶׁת (נ) |
| bombardeiro (m) | maftsits | מַפְצִיץ (ז) |
| avião (m) de caça | metos krav | מְטוֹס קְרָב (ז) |
| helicóptero (m) | masok | מָסוֹק (ז) |
| canhão (m) antiaéreo | totaχ 'neged metosim | תּוֹתָח נֶגֶד מְטוֹסִים (ז) |
| tanque (m) | tank | טַנְק (ז) |
| canhão (de um tanque) | totaχ | תּוֹתָח (ז) |
| artilharia (f) | arti'lerya | אַרְטִילֶרְיָה (נ) |
| canhão (m) | totaχ | תּוֹתָח (ז) |
| fazer a pontaria | leχaven | לְכַוֵּון |
| obus (m) | pagaz | פָּגָז (ז) |
| granada (f) de morteiro | pˈtsatsat margema | פְּצָצַת מַרְגֵּמָה (נ) |
| morteiro (m) | margema | מַרְגֵּמָה (נ) |
| estilhaço (m) | resis | רְסִיס (ז) |
| submarino (m) | tso'lelet | צוֹלֶלֶת (נ) |
| torpedo (m) | tor'pedo | טוֹרְפֶּדוֹ (ז) |
| míssil (m) | til | טִיל (ז) |
| carregar (uma arma) | lit'on | לִטְעוֹן |
| atirar, disparar (vi) | lirot | לִירוֹת |
| apontar para ... | leχaven | לְכַוֵּון |
| baioneta (f) | kidon | כִּידוֹן (ז) |
| espada (f) | 'χerev | חֶרֶב (נ) |
| sabre (m) | 'χerev paraʃim | חֶרֶב פָּרָשִׁים (ז) |

| lança (f) | χanit | חֲנִית (נ) |
| arco (m) | 'keʃet | קֶשֶׁת (נ) |
| flecha (f) | χets | חֵץ (ז) |
| mosquete (m) | musket | מוּסְקֶט (ז) |
| besta (f) | 'keʃet metsu'levet | קֶשֶׁת מְצוּלֶבֶת (נ) |

## 187. Povos da antiguidade

| primitivo | kadmon | קַדְמוֹן |
| pré-histórico | prehis'tori | פְּרֶהִיסְטוֹרִי |
| antigo | atik | עָתִיק |

| Idade (f) da Pedra | idan ha''even | עִידָן הָאֶבֶן (ז) |
| Idade (f) do Bronze | idan ha'arad | עִידָן הָאָרָד (ז) |
| período (m) glacial | idan ha'keraχ | עִידָן הַקֶּרַח (ז) |

| tribo (f) | 'ʃevet | שֵׁבֶט (ז) |
| canibal (m) | oχel adam | אוֹכֵל אָדָם (ז) |
| caçador (m) | tsayad | צַיָּיד (ז) |
| caçar (vi) | latsud | לָצוּד |
| mamute (m) | ma'muta | מָמוּטָה (נ) |

| caverna (f) | me‘ara | מְעָרָה (נ) |
| fogo (m) | eʃ | אֵשׁ (נ) |
| fogueira (f) | medura | מְדוּרָה (נ) |
| pintura (f) rupestre | pet'roglif | פֶּטְרוֹגְלִיף (ז) |

| ferramenta (f) | kli | כְּלִי (ז) |
| lança (f) | χanit | חֲנִית (נ) |
| machado (m) de pedra | garzen ha'even | גַּרְזֶן הָאֶבֶן (ז) |

| guerrear (vt) | lehilaχem | לְהִילָחֵם |
| domesticar (vt) | levayet | לְבַיֵּית |

| ídolo (m) | 'pesel | פֶּסֶל (ז) |
| adorar, venerar (vt) | la‘avod et | לַעֲבוֹד אֶת |

| superstição (f) | emuna tfela | אֱמוּנָה תְּפֵלָה (נ) |
| ritual (m) | 'tekes | טֶקֶס (ז) |

| evolução (f) | evo'lutsya | אֲבוֹלוּצְיָה (נ) |
| desenvolvimento (m) | hitpatχut | הִתְפַּתְּחוּת (נ) |

| desaparecimento (m) | he‘almut | הֵיעָלְמוּת (נ) |
| adaptar-se (vr) | lehistagel | לְהִסְתַּגֵּל |

| arqueologia (f) | arχe'o'logya | אַרְכֵיאוֹלוֹגְיָה (נ) |
| arqueólogo (m) | arχe'olog | אַרְכֵיאוֹלוֹג (ז) |
| arqueológico | arχe'o'logi | אַרְכֵיאוֹלוֹגִי |

| local (m) das escavações | atar χafirot | אֲתַר חֲפִירוֹת (ז) |
| escavações (f pl) | χafirot | חֲפִירוֹת (נ"ר) |
| achado (m) | mimtsa | מִמְצָא (ז) |
| fragmento (m) | resis | רְסִיס (ז) |

## 188. Idade média

| povo (m) | am | עַם (ז) |
| povos (m pl) | amim | עַמִּים (ז"ר) |
| tribo (f) | ʃevet | שֵׁבֶט (ז) |
| tribos (f pl) | ʃvatim | שְׁבָטִים (ז"ר) |

| bárbaros (m pl) | bar'barim | בַּרְבָּרִים (ז"ר) |
| gauleses (m pl) | 'galim | גָּאלִים (ז"ר) |
| godos (m pl) | 'gotim | גוֹתִים (ז"ר) |
| eslavos (m pl) | 'slavim | סְלָאבִים (ז"ר) |
| víquingues (m pl) | 'vikingim | וִיקִינְגִים (ז"ר) |

| romanos (m pl) | roma'im | רוֹמָאִים (ז"ר) |
| romano | 'romi | רוֹמִי |

| bizantinos (m pl) | bi'zantim | בִּיזַנְטִים (ז"ר) |
| Bizâncio | bizantion, bizants | בִּיזַנְטִיוֹן, בִּיזַנְץ (נ) |
| bizantino | bi'zanti | בִּיזַנְטִי |

| imperador (m) | keisar | קֵיסָר (ז) |
| líder (m) | manhig | מַנְהִיג (ז) |
| poderoso | rav 'koaχ | רַב-כּוֹחַ |
| rei (m) | 'meleχ | מֶלֶךְ (ז) |
| governante (m) | ʃalit | שַׁלִּיט (ז) |

| cavaleiro (m) | abir | אַבִּיר (ז) |
| senhor feudal (m) | fe'odal | פֵיאוֹדָל (ז) |
| feudal | fe'o'dali | פֵיאוֹדָלִי |
| vassalo (m) | vasal | וַסָל (ז) |

| duque (m) | dukas | דוּכָּס (ז) |
| conde (m) | rozen | רוֹזֵן (ז) |
| barão (m) | baron | בָּרוֹן (ז) |
| bispo (m) | 'biʃof | בִּישׁוֹף (ז) |

| armadura (f) | ʃiryon | שִׁרְיוֹן (ז) |
| escudo (m) | magen | מָגֵן (ז) |
| espada (f) | 'χerev | חֶרֶב (נ) |
| viseira (f) | magen panim | מָגֵן פָּנִים (ז) |
| cota (f) de malha | ʃiryon kaskasim | שִׁרְיוֹן קַשְׂקַשִׂים (ז) |

| cruzada (f) | masa tslav | מַסָע צְלָב (ז) |
| cruzado (m) | tsalban | צַלְבָּן (ז) |

| território (m) | 'ʃetaχ | שֶׁטַח (ז) |
| atacar (vt) | litkof | לִתְקוֹף |
| conquistar (vt) | liχboʃ | לִכְבּוֹשׁ |
| ocupar, invadir (vt) | lehiʃtalet | לְהִשְׁתַּלֵּט |

| assédio, sítio (m) | matsor | מָצוֹר (ז) |
| sitiado | natsur | נָצוּר |
| assediar, sitiar (vt) | latsur | לָצוּר |
| inquisição (f) | inkvi'zitsya | אִינְקְוִיזִיצְיָה (נ) |
| inquisidor (m) | inkvi'zitor | אִינְקְוִיזִיטוֹר (ז) |

| | | |
|---|---|---|
| tortura (f) | inui | עִינּוּי (ז) |
| cruel | aχzari | אַכְזָרִי |
| herege (m) | kofer | כּוֹפֵר (ז) |
| heresia (f) | kfira | כְּפִירָה (נ) |

| | | |
|---|---|---|
| navegação (f) marítima | haflaga bayam | הַפְלָגָה בְּיָם (נ) |
| pirata (m) | ʃoded yam | שׁוֹדֵד יָם (ז) |
| pirataria (f) | pi'ratiyut | פִּירָטִיּוּת (נ) |
| abordagem (f) | la'alot al | לַעֲלוֹת עַל |
| presa (f), butim (m) | ʃalal | שָׁלָל (ז) |
| tesouros (m pl) | otsarot | אוֹצָרוֹת (ז"ר) |

| | | |
|---|---|---|
| descobrimento (m) | taglit | תַּגְלִית (נ) |
| descobrir (novas terras) | legalot | לְגַלּוֹת |
| expedição (f) | miʃ'laχat | מִשְׁלַחַת (נ) |

| | | |
|---|---|---|
| mosqueteiro (m) | musketer | מוּסְקֵטֶר (ז) |
| cardeal (m) | χaʃman | חַשְׁמָן (ז) |
| heráldica (f) | he'raldika | הֶרַלְדִּיקָה (נ) |
| heráldico | he'raldi | הֶרַלְדִּי |

## 189. Líder. Chefe. Autoridades

| | | |
|---|---|---|
| rei (m) | 'meleχ | מֶלֶךְ (ז) |
| rainha (f) | malka | מַלְכָּה (נ) |
| real | malχuti | מַלְכוּתִי |
| reino (m) | mamlaχa | מַמְלָכָה (נ) |

| | | |
|---|---|---|
| príncipe (m) | nasiχ | נָסִיךְ (ז) |
| princesa (f) | nesiχa | נְסִיכָה (נ) |

| | | |
|---|---|---|
| presidente (m) | nasi | נָשִׂיא (ז) |
| vice-presidente (m) | sgan nasi | סְגַן נָשִׂיא (ז) |
| senador (m) | se'nator | סֵנָאטוֹר (ז) |

| | | |
|---|---|---|
| monarca (m) | 'meleχ | מֶלֶךְ (ז) |
| governante (m) | ʃalit | שַׁלִּיט (ז) |
| ditador (m) | rodan | רוֹדָן (ז) |
| tirano (m) | aruts | עָרוּץ (ז) |
| magnata (m) | eil hon | אֵיל הוֹן (ז) |

| | | |
|---|---|---|
| diretor (m) | menahel | מְנַהֵל (ז) |
| chefe (m) | menahel, roʃ | מְנַהֵל (ז), רֹאשׁ (ז) |
| dirigente (m) | menahel | מְנַהֵל (ז) |
| patrão (m) | bos | בּוֹס (ז) |
| dono (m) | 'ba'al | בַּעַל (ז) |

| | | |
|---|---|---|
| líder, chefe (m) | manhig | מַנְהִיג (ז) |
| chefe (~ de delegação) | roʃ | רֹאשׁ (ז) |
| autoridades (f pl) | ʃiltonot | שִׁלְטוֹנוֹת (ז"ר) |
| superiores (m pl) | memunim | מְמוּנִים (ז"ר) |

| | | |
|---|---|---|
| governador (m) | moʃel | מוֹשֵׁל (ז) |
| cônsul (m) | 'konsul | קוֹנְסוּל (ז) |

| diplomata (m) | diplomat | דִּיפלוֹמָט (ז) |
| Presidente (m) da Câmara | roʃ ha'ir | רֹאש הָעִיר (ז) |
| xerife (m) | ʃerif | שֶׁרִיף (ז) |

| imperador (m) | keisar | קֵיסָר (ז) |
| czar (m) | tsar | צָאר (ז) |
| faraó (m) | par'o | פַּרעֹה (ז) |
| cã (m) | χan | חָאן (ז) |

## 190. Estrada. Caminho. Direções

| estrada (f) | 'dereχ | דֶּרֶךְ (נ) |
| caminho (m) | kivun | כִּיווּן (ז) |

| rodovia (f) | kviʃ mahir | כּבִיש מָהִיר (ז) |
| autoestrada (f) | kviʃ mahir | כּבִיש מָהִיר (ז) |
| estrada (f) nacional | kviʃ le'umi | כּבִיש לְאוּמִי (ז) |

| estrada (f) principal | kviʃ raʃi | כביש רָאשִי (ז) |
| caminho (m) de terra batida | 'dereχ afar | דֶּרֶךְ עָפָר (נ) |

| trilha (f) | ʃvil | שבִיל (ז) |
| vereda (f) | ʃvil | שבִיל (ז) |

| Onde? | 'eifo? | אֵיפֹה? |
| Para onde? | le'an? | לְאָן? |
| De onde? | me''eifo? | מֵאֵיפֹה? |

| direção (f) | kivun | כִּיווּן (ז) |
| indicar (orientar) | lenatev | לְנַתֵב |

| para esquerda | 'smola | שׂמֹאלָה |
| para direita | ya'mina | יָמִינָה |
| em frente | yaʃar | יָשָׁר |
| para trás | a'χora | אָחוֹרָה |

| curva (f) | ikul | עִיקוּל (ז) |
| virar (ex. ~ à direita) | lifnot | לִפנוֹת |
| dar retorno | leva'tse'a pniyat parsa | לְבַצֵע פּנִיַת פַּרסָה |

| estar visível | lihyot nir'a | לִהיוֹת נִראָה |
| aparecer (vi) | leho'fi'a | לְהוֹפִיעַ |

| paragem (pausa) | taχana | תַחָנָה (נ) |
| descansar (vi) | la'nuaχ | לָנוּחַ |
| descanso (m) | menuχa | מְנוּחָה (נ) |

| perder-se (vr) | lit'ot | לִתעוֹת |
| conduzir (caminho) | lehovil le... | לְהוֹבִיל לְ... |
| chegar a ... | latset le... | לָצֵאת לְ... |
| trecho (m) | 'keta | קֶטַע (ז) |

| asfalto (m) | asfalt | אַספַלט (ז) |
| lancil (m) | sfat midraχa | שׂפַת מִדרָכָה (נ) |

| valeta (f) | te'ala | תְּעָלָה (נ) |
| tampa (f) de esgoto | bor | בּוֹר (ז) |
| berma (f) da estrada | ʃulei ha'dereχ | שׁוּלֵי הַדֶּרֶךְ (ז"ר) |
| buraco (m) | bor | בּוֹר (ז) |

| ir (a pé) | la'leχet | לָלֶכֶת |
| ultrapassar (vt) | la'akof | לַעֲקוֹף |

| passo (m) | 'tsa'ad | צַעַד (ז) |
| a pé | ba'regel | בָּרֶגֶל |

| bloquear (vt) | laχsom | לַחְסוֹם |
| cancela (f) | maχsom | מַחְסוֹם (ז) |
| beco (m) sem saída | mavoi satum | מָבוֹי סָתוּם (ז) |

## 191. Viloação da lei. Criminosos. Parte 1

| bandido (m) | ʃoded | שׁוֹדֵד (ז) |
| crime (m) | 'peʃa | פֶּשַׁע (ז) |
| criminoso (m) | po'ʃe'a | פּוֹשֵׁעַ (ז) |

| ladrão (m) | ganav | גַּנָּב (ז) |
| roubar (vt) | lignov | לִגְנוֹב |
| furto, roubo (m) | gneva | גְּנֵיבָה (נ) |

| raptar (ex. ~ uma criança) | laχatof | לַחֲטוֹף |
| rapto (m) | χatifa | חֲטִיפָה (נ) |
| raptor (m) | χotef | חוֹטֵף (ז) |

| resgate (m) | 'kofer | כּוֹפֶר (ז) |
| pedir resgate | lidroʃ 'kofer | לִדְרוֹשׁ כּוֹפֶר |

| roubar (vt) | liʃdod | לִשְׁדוֹד |
| assalto, roubo (m) | ʃod | שׁוֹד (ז) |
| assaltante (m) | ʃoded | שׁוֹדֵד (ז) |

| extorquir (vt) | lisχot | לִסְחוֹט |
| extorsionário (m) | saχtan | סַחְטָן (ז) |
| extorsão (f) | saχtanut | סַחְטָנוּת (נ) |

| matar, assassinar (vt) | lir'tsoaχ | לִרְצוֹחַ |
| homicídio (m) | 'retsaχ | רֶצַח (ז) |
| homicida, assassino (m) | ro'tseaχ | רוֹצֵחַ (ז) |

| tiro (m) | yeriya | יְרִיָּה (נ) |
| dar um tiro | lirot | לִירוֹת |
| matar a tiro | lirot la'mavet | לִירוֹת לַמָּוֶת |
| atirar, disparar (vi) | lirot | לִירוֹת |
| tiroteio (m) | 'yeri | יֶרִי (ז) |

| incidente (m) | takrit | תַּקְרִית (נ) |
| briga (~ de rua) | ktata | קְטָטָה (נ) |
| Socorro! | ha'tsilu! | הַצִּילוּ! |
| vítima (f) | nifga | נִפְגָּע (ז) |

| | | |
|---|---|---|
| danificar (vt) | lekalkel | לְקַלְקֵל |
| dano (m) | 'nezek | נֶזֶק (ז) |
| cadáver (m) | gufa | גּוּפָה (נ) |
| grave | χamur | חָמוּר |

| | | |
|---|---|---|
| atacar (vt) | litkof | לִתְקוֹף |
| bater (espancar) | lehakot | לְהַכּוֹת |
| espancar (vt) | lehakot | לְהַכּוֹת |
| tirar, roubar (dinheiro) | la'kaχat be'koaχ | לָקַחַת בְּכוֹחַ |
| esfaquear (vt) | lidkor le'mavet | לִדְקוֹר לָמָוֶת |
| mutilar (vt) | lehatil mum | לְהָטִיל מוּם |
| ferir (vt) | lif'tso'a | לִפְצוֹעַ |

| | | |
|---|---|---|
| chantagem (f) | saχtanut | סַחְטָנוּת (נ) |
| chantagear (vt) | lisχot | לִסְחוֹט |
| chantagista (m) | saχtan | סַחְטָן (ז) |

| | | |
|---|---|---|
| extorsão<br>(em troca de proteção) | dmei χasut | דְּמֵי חָסוּת (ז"ר) |
| extorsionário (m) | gove χasut | גּוֹבֶה חָסוּת (ז) |
| gângster (m) | 'gangster | גַּנגְּסְטֶר (ז) |
| máfia (f) | 'mafya | מָאפְיָה (נ) |

| | | |
|---|---|---|
| carteirista (m) | kayas | כַּיָּס (ז) |
| assaltante, ladrão (m) | porets | פּוֹרֵץ (ז) |
| contrabando (m) | havraχa | הַבְרָחָה (נ) |
| contrabandista (m) | mav'riaχ | מַבְרִיחַ (ז) |

| | | |
|---|---|---|
| falsificação (f) | ziyuf | זִיּוּף (ז) |
| falsificar (vt) | lezayef | לְזַיֵּף |
| falsificado | mezuyaf | מְזוּיָּף |

## 192. Viloação da lei. Criminosos. Parte 2

| | | |
|---|---|---|
| violação (f) | 'ones | אוֹנֶס (ז) |
| violar (vt) | le'enos | לֶאֱנוֹס |
| violador (m) | anas | אַנָס (ז) |
| maníaco (m) | 'manyak | מַנְיָאק (ז) |

| | | |
|---|---|---|
| prostituta (f) | zona | זוֹנָה (נ) |
| prostituição (f) | znut | זְנוּת (נ) |
| chulo (m) | sarsur | סַרְסוּר (ז) |

| | | |
|---|---|---|
| toxicodependente (m) | narkoman | נַרְקוֹמָן (ז) |
| traficante (m) | soχer samim | סוֹחֵר סַמִּים (ז) |

| | | |
|---|---|---|
| explodir (vt) | lefotsets | לְפוֹצֵץ |
| explosão (f) | pitsuts | פִּיצוּץ (ז) |
| incendiar (vt) | lehatsit | לְהַצִּית |
| incendiário (m) | matsit | מַצִּית (ז) |

| | | |
|---|---|---|
| terrorismo (m) | terorizm | טְרוֹרִיזם (ז) |
| terrorista (m) | meχabel | מְחַבֵּל (ז) |
| refém (m) | ben aruba | בֶּן עֲרוּבָּה (ז) |

| enganar (vt) | lehonot | לְהוֹנוֹת |
| engano (m) | hona'a | הוֹנָאָה (נ) |
| vigarista (m) | ramai | רַמַאי (ז) |

| subornar (vt) | leʃaχed | לְשַׁחֵד |
| suborno (atividade) | 'ʃoχad | שׁוֹחַד (ז) |
| suborno (dinheiro) | 'ʃoχad | שׁוֹחַד (ז) |

| veneno (m) | 'ra'al | רַעַל (ז) |
| envenenar (vt) | lehar'il | לְהַרְעִיל |
| envenenar-se (vr) | lehar'il et atsmo | לְהַרְעִיל אֶת עַצְמוֹ |

| suicídio (m) | hit'abdut | הִתְאַבְּדוּת (נ) |
| suicida (m) | mit'abed | מִתְאַבֵּד (ז) |

| ameaçar (vt) | le'ayem | לְאַיֵּם |
| ameaça (f) | iyum | אִיּוּם (ז) |
| atentar contra a vida de ... | lehitnakeʃ | לְהִתְנַקֵּשׁ |
| atentado (m) | nisayon hitnakʃut | נִיסָיוֹן הִתְנַקְשׁוּת (ז) |

| roubar (o carro) | lignov | לִגְנוֹב |
| desviar (o avião) | laχatof matos | לַחֲטוֹף מָטוֹס |

| vingança (f) | nekama | נְקָמָה (נ) |
| vingar (vt) | linkom | לִנְקוֹם |

| torturar (vt) | la'anot | לְעַנּוֹת |
| tortura (f) | inui | עִינּוּי (ז) |
| atormentar (vt) | leyaser | לְיַיסֵר |

| pirata (m) | ʃoded yam | שׁוֹדֵד יָם (ז) |
| desordeiro (m) | χuligan | חוּלִיגָאן (ז) |
| armado | mezuyan | מְזוּיָן |
| violência (f) | alimut | אַלִּימוּת (נ) |
| ilegal | 'bilti le'gali | בִּלְתִּי לֶגָּלִי |

| espionagem (f) | rigul | רִיגוּל (ז) |
| espionar (vi) | leragel | לְרַגֵּל |

## 193. Polícia. Lei. Parte 1

| justiça (f) | 'tsedek | צֶדֶק (ז) |
| tribunal (m) | beit miʃpat | בֵּית מִשְׁפָּט (ז) |

| juiz (m) | ʃofet | שׁוֹפֵט (ז) |
| jurados (m pl) | muʃba'im | מוּשְׁבָּעִים (ז"ר) |
| tribunal (m) do júri | χaver muʃba'im | חָבֶר מוּשְׁבָּעִים (ז) |
| julgar (vt) | liʃpot | לִשְׁפּוֹט |

| advogado (m) | oreχ din | עוֹרֵךְ דִּין (ז) |
| réu (m) | omed lemiʃpat | עוֹמֵד לְמִשְׁפָּט (ז) |
| banco (m) dos réus | safsal ne'eʃamim | סַפְסַל נֶאֱשָׁמִים (ז) |
| acusação (f) | ha'aʃama | הָאֲשָׁמָה (נ) |
| acusado (m) | ne'eʃam | נֶאֱשָׁם (ז) |

| | | |
|---|---|---|
| sentença (f) | gzar din | גְּזַר דִּין (ז) |
| sentenciar (vt) | lifsok | לִפְסוֹק |
| culpado (m) | aʃem | אָשֵׁם (ז) |
| punir (vt) | leha'aniʃ | לְהַעֲנִישׁ |
| punição (f) | 'oneʃ | עוֹנֶשׁ (ז) |
| multa (f) | knas | קְנָס (ז) |
| prisão (f) perpétua | ma'asar olam | מַאֲסַר עוֹלָם (ז) |
| pena (f) de morte | 'oneʃ 'mavet | עוֹנֶשׁ מָוֶת (ז) |
| cadeira (f) elétrica | kise χaʃmali | כִּיסֵא חַשְׁמַלִּי (ז) |
| forca (f) | gardom | גַּרְדּוֹם (ז) |
| executar (vt) | lehotsi la'horeg | לְהוֹצִיא לַהוֹרֵג |
| execução (f) | hatsa'a le'horeg | הוֹצָאָה לַהוֹרֵג (ז) |
| prisão (f) | beit 'sohar | בֵּית סוֹהַר (ז) |
| cela (f) de prisão | ta | תָּא (ז) |
| escolta (f) | miʃmar livui | מִשְׁמַר לִיוּוִי (ז) |
| guarda (m) prisional | soher | סוֹהַר (ז) |
| preso (m) | asir | אָסִיר (ז) |
| algemas (f pl) | azikim | אֲזִיקִים (ז"ר) |
| algemar (vt) | liχbol be'azikim | לִכְבּוֹל בָּאֲזִיקִים |
| fuga, evasão (f) | briχa | בְּרִיחָה (נ) |
| fugir (vi) | liv'roaχ | לִבְרוֹחַ |
| desaparecer (vi) | lehe'alem | לְהֵיעָלֵם |
| soltar, libertar (vt) | leʃaχrer | לְשַׁחְרֵר |
| amnistia (f) | χanina | חֲנִינָה (נ) |
| polícia (instituição) | miʃtara | מִשְׁטָרָה (נ) |
| polícia (m) | ʃoter | שׁוֹטֵר (ז) |
| esquadra (f) de polícia | taχanat miʃtara | תַּחֲנַת מִשְׁטָרָה (נ) |
| cassetete (m) | ala | אַלָּה (נ) |
| megafone (m) | megafon | מֶגָפוֹן (ז) |
| carro (m) de patrulha | na'yedet | נַיֶּידֶת (נ) |
| sirene (f) | tsofar | צוֹפָר (ז) |
| ligar a sirene | lehaf'il tsofar | לְהַפְעִיל צוֹפָר |
| toque (m) da sirene | tsfira | צְפִירָה (נ) |
| cena (f) do crime | zirat 'peʃa | זִירַת פֶּשַׁע (נ) |
| testemunha (f) | ed | עֵד (ז) |
| liberdade (f) | 'χofeʃ | חוֹפֶשׁ (ז) |
| cúmplice (m) | ʃutaf | שׁוּתָף (ז) |
| escapar (vi) | lehixave | לְהֵיחָבֵא |
| traço (não deixar ~s) | akev | עָקֵב (ז) |

## 194. Polícia. Lei. Parte 2

| | | |
|---|---|---|
| procura (f) | χipus | חִיפּוּשׂ (ז) |
| procurar (vt) | leχapes | לְחַפֵּשׂ |

| suspeita (f) | ʃaʃad | חָשַׁד (ז) |
| suspeito | ʃaʃud | חָשׁוּד |
| parar (vt) | la'atsor | לַעֲצוֹר |
| deter (vt) | la'atsor | לַעֲצוֹר |

| caso (criminal) | tik | תִּיק (ז) |
| investigação (f) | ʃakira | חֲקִירָה (נ) |
| detetive (m) | balaʃ | בַּלָּשׁ (ז) |
| investigador (m) | ʃoker | חוֹקֵר (ז) |
| versão (f) | haʃ'ara | הַשְׁעָרָה (נ) |

| motivo (m) | me'ni'a | מֵנִיעַ (ז) |
| interrogatório (m) | ʃakira | חֲקִירָה (נ) |
| interrogar (vt) | laʃkor | לַחְקוֹר |
| questionar (vt) | letaʃ'el | לְתַשְׁאֵל |
| verificação (f) | bdika | בְּדִיקָה (נ) |

| batida (f) policial | matsod | מָצוֹד (ז) |
| busca (f) | ʃipus | חִיפּוּשׂ (ז) |
| perseguição (f) | mirdaf | מִרְדָּף (ז) |
| perseguir (vt) | lirdof aʃarei | לִרְדּוֹף אַחֲרֵי |
| seguir (vt) | la'akov aʃarei | לַעֲקוֹב אַחֲרֵי |

| prisão (f) | ma'asar | מַאֲסָר (ז) |
| prender (vt) | le'esor | לֶאֱסוֹר |
| pegar, capturar (vt) | lilkod | לִלְכּוֹד |
| captura (f) | leʃida | לְכִידָה (נ) |

| documento (m) | mismaʃ | מִסְמָךְ (ז) |
| prova (f) | hoʃaʃa | הוֹכָחָה (נ) |
| provar (vt) | leho'ʃiaʃ | לְהוֹכִיחַ |
| pegada (f) | akev | עָקֵב (ז) |
| impressões (f pl) digitais | tvi'ot etsba'ot | טְבִיעוֹת אֶצְבָּעוֹת (נ"ר) |
| prova (f) | re'aya | רְאָיָה (נ) |

| álibi (m) | 'alibi | אָלִיבִּי (ז) |
| inocente | ʃaf mi'peʃa | חַף מִפֶּשַׁע |
| injustiça (f) | i 'tsedek | אִי צֶדֶק (ז) |
| injusto | lo tsodek | לֹא צוֹדֵק |

| criminal | plili | פְּלִילִי |
| confiscar (vt) | lehaʃrim | לְהַחְרִים |
| droga (f) | sam | סַם (ז) |
| arma (f) | 'neʃek | נֶשֶׁק (ז) |
| desarmar (vt) | lifrok mi'neʃek | לִפְרוֹק מִנֶּשֶׁק |
| ordenar (vt) | lifkod | לִפְקוֹד |
| desaparecer (vi) | lehe'alem | לְהֵיעָלֵם |

| lei (f) | ʃok | חוֹק (ז) |
| legal | ʃuki | חוּקִי |
| ilegal | 'bilti ʃuki | בִּלְתִּי חוּקִי |

| responsabilidade (f) | aʃrayut | אַחְרָיוּת (נ) |
| responsável | aʃrai | אַחְרַאי |

# NATUREZA

## A Terra. Parte 1

### 195. Espaço sideral

| | | |
|---|---|---|
| cosmos (m) | χalal | חָלָל (ז) |
| cósmico | ʃel χalal | שֶׁל חָלָל |
| espaço (m) cósmico | χalal χitson | חָלָל חִיצוֹן (ז) |
| mundo (m) | olam | עוֹלָם (ז) |
| universo (m) | yekum | יְקוּם (ז) |
| galáxia (f) | ga'laksya | גָּלַקְסִיָה (נ) |
| | | |
| estrela (f) | koχav | כּוֹכָב (ז) |
| constelação (f) | tsvir koχavim | צְבִיר כּוֹכָבִים (ז) |
| planeta (m) | koχav 'leχet | כּוֹכָב לֶכֶת (ז) |
| satélite (m) | lavyan | לַוְיָן (ז) |
| | | |
| meteorito (m) | mete'orit | מֶטָאוֹרִיט (ז) |
| cometa (m) | koχav ʃavit | כּוֹכָב שָׁבִיט (ז) |
| asteroide (m) | aste'ro'id | אַסְטְרוֹאִיד (ז) |
| | | |
| órbita (f) | maslul | מַסְלוּל (ז) |
| girar (vi) | lesovev | לְסוֹבֵב |
| atmosfera (f) | atmos'fera | אַטְמוֹסְפֶּרָה (נ) |
| | | |
| Sol (m) | 'ʃemeʃ | שֶׁמֶשׁ (נ) |
| Sistema (m) Solar | ma'a'reχet ha'ʃemeʃ | מַעֲרֶכֶת הַשֶׁמֶשׁ (נ) |
| eclipse (m) solar | likui χama | לִיקוּי חַמָה (ז) |
| | | |
| Terra (f) | kadur ha''arets | כַּדוּר הָאָרֶץ (ז) |
| Lua (f) | ya'reaχ | יָרֵחַ (ז) |
| | | |
| Marte (m) | ma'adim | מַאֲדִים (ז) |
| Vénus (f) | 'noga | נוֹגַה (ז) |
| Júpiter (m) | 'tsedek | צֶדֶק (ז) |
| Saturno (m) | ʃabtai | שַׁבְּתַאי (ז) |
| | | |
| Mercúrio (m) | koχav χama | כּוֹכָב חַמָה (ז) |
| Urano (m) | u'ranus | אוּרָנוּס (ז) |
| Neptuno (m) | neptun | נֶפְּטוּן (ז) |
| Plutão (m) | 'pluto | פְּלוּטוֹ (ז) |
| | | |
| Via Láctea (f) | ʃvil haχalav | שְׁבִיל הֶחָלָב (ז) |
| Ursa Maior (f) | duba gdola | דוּבָּה גְדוֹלָה (נ) |
| Estrela Polar (f) | koχav hatsafon | כּוֹכָב הַצָפוֹן (ז) |
| | | |
| marciano (m) | toʃav ma'adim | תוֹשָׁב מַאֲדִים (ז) |
| extraterrestre (m) | χutsan | חוּצָן (ז) |

| alienígena (m) | xaizar | חַיְּזָר (ז) |
| disco (m) voador | tsa'laxat meʿo'fefet | צַלַּחַת מְעוֹפֶפֶת (נ) |

| nave (f) espacial | xalalit | חֲלָלִית (נ) |
| estação (f) orbital | taxanat xalal | תַּחֲנַת חָלָל (נ) |
| lançamento (m) | hamra'a | הַמְרָאָה (נ) |

| motor (m) | ma'noʿa | מָנוֹעַ (ז) |
| bocal (m) | nexir | נְחִיר (ז) |
| combustível (m) | 'delek | דֶּלֶק (ז) |

| cabine (f) | 'kokpit | קוֹקְפִּיט (ז) |
| antena (f) | an'tena | אַנְטֶנָה (נ) |
| vigia (f) | eʃnav | אֶשְׁנָב (ז) |
| bateria (f) solar | 'luax so'lari | לוּחַ סוֹלָרִי (ז) |
| traje (m) espacial | xalifat xalal | חֲלִיפַת חָלָל (נ) |

| imponderabilidade (f) | 'xoser miʃkal | חוֹסֶר מִשְׁקָל (ז) |
| oxigénio (m) | xamtsan | חַמְצָן (ז) |

| acoplagem (f) | agina | עֲגִינָה (נ) |
| fazer uma acoplagem | laʿagon | לַעֲגוֹן |

| observatório (m) | mitspe koxavim | מִצְפֶּה כּוֹכָבִים (ז) |
| telescópio (m) | teleskop | טֶלֶסְקוֹפ (ז) |
| observar (vt) | litspot, lehaʃkif | לִצְפּוֹת, לְהַשְׁקִיף |
| explorar (vt) | laxkor | לַחְקוֹר |

## 196. A Terra

| Terra (f) | kadur ha"arets | כַּדּוּר הָאָרֶץ (ז) |
| globo terrestre (Terra) | kadur ha"arets | כַּדּוּר הָאָרֶץ (ז) |
| planeta (m) | koxav 'lexet | כּוֹכַב לֶכֶת (ז) |

| atmosfera (f) | atmos'fera | אַטְמוֹסְפֶּרָה (נ) |
| geografia (f) | ge'o'grafya | גֵּיאוֹגְרַפְיָה (נ) |
| natureza (f) | 'teva | טֶבַע (ז) |

| globo (mapa esférico) | 'globus | גלוֹבּוּס (ז) |
| mapa (m) | mapa | מַפָּה (נ) |
| atlas (m) | 'atlas | אַטְלָס (ז) |

| Europa (f) | ei'ropa | אֵירוֹפָּה (נ) |
| Ásia (f) | 'asya | אַסְיָה (נ) |

| África (f) | 'afrika | אַפְרִיקָה (נ) |
| Austrália (f) | ost'ralya | אוֹסְטְרַלְיָה (נ) |

| América (f) | a'merika | אָמֵרִיקָה (נ) |
| América (f) do Norte | a'merika hatsfonit | אָמֵרִיקָה הַצְּפוֹנִית (נ) |
| América (f) do Sul | a'merika hadromit | אָמֵרִיקָה הַדְּרוֹמִית (נ) |

| Antártida (f) | ya'beʃet an'tarktika | יַבֶּשֶׁת אַנְטָאַרְקְטִיקָה (נ) |
| Ártico (m) | 'arktika | אַרְקְטִיקָה (נ) |

## 197. Pontos cardeais

| | | |
|---|---|---|
| norte (m) | tsafon | צָפוֹן (ז) |
| para norte | tsa'fona | צָפוֹנָה |
| no norte | batsafon | בַּצָפוֹן |
| do norte | tsfoni | צְפוֹנִי |
| | | |
| sul (m) | darom | דָרוֹם (ז) |
| para sul | da'roma | דָרוֹמָה |
| no sul | badarom | בַּדָרוֹם |
| do sul | dromi | דרוֹמִי |
| | | |
| oeste, ocidente (m) | ma'arav | מַעֲרָב (ז) |
| para oeste | ma'a'rava | מַעֲרָבָה |
| no oeste | bama'arav | בַּמַעֲרָב |
| ocidental | ma'aravi | מַעֲרָבִי |
| | | |
| leste, oriente (m) | mizraχ | מִזרָח (ז) |
| para leste | miz'raχa | מִזרָחָה |
| no leste | bamizraχ | בַּמִזרָח |
| oriental | mizraχi | מִזרָחִי |

## 198. Mar. Oceano

| | | |
|---|---|---|
| mar (m) | yam | יָם (ז) |
| oceano (m) | ok'yanos | אוֹקיָאנוֹס (ז) |
| golfo (m) | mifrats | מִפרָץ (ז) |
| estreito (m) | meitsar | מֵיצָר (ז) |
| | | |
| terra (f) firme | yabaʃa | יַבָּשָה (נ) |
| continente (m) | ya'beʃet | יַבָּשֶת (נ) |
| ilha (f) | i | אִי (ז) |
| península (f) | χatsi i | חֲצִי אִי (ז) |
| arquipélago (m) | arχipelag | אַרכִיפֶּלָג (ז) |
| | | |
| baía (f) | mifrats | מִפרָץ (ז) |
| porto (m) | namal | נָמָל (ז) |
| lagoa (f) | la'guna | לָגוּנָה (נ) |
| cabo (m) | kef | כֵּף (ז) |
| | | |
| atol (m) | atol | אָטוֹל (ז) |
| recife (m) | ʃunit | שוּנִית (נ) |
| coral (m) | almog | אַלמוֹג (ז) |
| recife (m) de coral | ʃunit almogim | שוּנִית אַלמוֹגִים (נ) |
| | | |
| profundo | amok | עָמוֹק |
| profundidade (f) | 'omek | עוֹמֶק (ז) |
| abismo (m) | tehom | תְהוֹם (נ) |
| fossa (f) oceânica | maχteʃ | מַכתֵש (ז) |
| | | |
| corrente (f) | 'zerem | זֶרֶם (ז) |
| banhar (vt) | lehakif | לְהַקִיף |
| litoral (m) | χof | חוֹף (ז) |

| costa (f) | χof yam | חוֹף יָם (ז) |
| maré (f) alta | ge'ut | גֵּאוּת (נ) |
| refluxo (m), maré (f) baixa | 'ʃefel | שֵׁפֶל (ז) |
| restinga (f) | sirton | שִׂרְטוֹן (ז) |
| fundo (m) | karka'it | קַרְקָעִית (נ) |

| onda (f) | gal | גַּל (ז) |
| crista (f) da onda | pisgat hagal | פִּסְגַּת הַגַּל (נ) |
| espuma (f) | 'ketsef | קֶצֶף (ז) |

| tempestade (f) | sufa | סוּפָה (נ) |
| furacão (m) | hurikan | הוֹרִיקָן (ז) |
| tsunami (m) | tsu'nami | צוּנָאמִי (ז) |
| calmaria (f) | 'roga | רוֹגַע (ז) |
| calmo | ʃalev | שָׁלֵו |

| polo (m) | 'kotev | קוֹטֶב (ז) |
| polar | kotbi | קוֹטְבִּי |

| latitude (f) | kav 'roχav | קַו רֹחַב (ז) |
| longitude (f) | kav 'oreχ | קַו אֹרֶךְ (ז) |
| paralela (f) | kav 'roχav | קַו רֹחַב (ז) |
| equador (m) | kav hamaʃve | קַו הַמַּשְׁוֶה (ז) |

| céu (m) | ʃa'mayim | שָׁמַיִם (ז"ר) |
| horizonte (m) | 'ofek | אוֹפֶק (ז) |
| ar (m) | avir | אֲוִויר (ז) |

| farol (m) | migdalor | מִגְדַּלוֹר (ז) |
| mergulhar (vi) | litslol | לִצְלֹל |
| afundar-se (vr) | lit'bo'a | לִטְבּוֹעַ |
| tesouros (m pl) | otsarot | אוֹצָרוֹת (ז"ר) |

## 199. Nomes de Mares e Oceanos

| Oceano (m) Atlântico | ha'ok'yanus ha'at'lanti | הָאוֹקְיָינוֹס הָאַטְלַנְטִי (ז) |
| Oceano (m) Índico | ha'ok'yanus ha'hodi | הָאוֹקְיָינוֹס הַהוֹדִי (ז) |
| Oceano (m) Pacífico | ha'ok'yanus haʃaket | הָאוֹקְיָינוֹס הַשָּׁקֵט (ז) |
| Oceano (m) Ártico | ok'yanos ha'keraχ hatsfoni | אוֹקְיָינוֹס הַקֶּרַח הַצְּפוֹנִי (ז) |

| Mar (m) Negro | hayam haʃaχor | הַיָּם הַשָּׁחוֹר (ז) |
| Mar (m) Vermelho | yam suf | יַם סוּף (ז) |
| Mar (m) Amarelo | hayam hatsahov | הַיָּם הַצָּהֹב (ז) |
| Mar (m) Branco | hayam halavan | הַיָּם הַלָּבָן (ז) |

| Mar (m) Cáspio | hayam ha'kaspi | הַיָּם הַכַּסְפִּי (ז) |
| Mar (m) Morto | yam ha'melaχ | יַם הַמֶּלַח (ז) |
| Mar (m) Mediterrâneo | hayam hatiχon | הַיָּם הַתִּיכוֹן (ז) |

| Mar (m) Egeu | hayam ha'e'ge'i | הַיָּם הָאֶגֵאִי (ז) |
| Mar (m) Adriático | hayam ha'adri'yati | הַיָּם הָאַדְרִיָאתִי (ז) |

| Mar (m) Arábico | hayam ha'aravi | הַיָּם הָעֲרָבִי (ז) |
| Mar (m) do Japão | hayam haya'pani | הַיָּם הַיַּפָּנִי (ז) |

| | | |
|---|---|---|
| Mar (m) de Bering | yam 'bering | יָם בֵּרִינג (ז) |
| Mar (m) da China Meridional | yam sin hadromi | יָם סִין הַדרוֹמִי (ז) |
| Mar (m) de Coral | yam ha'almogim | יָם הָאַלמוֹגִים (ז) |
| Mar (m) de Tasman | yam tasman | יָם טַסמַן (ז) |
| Mar (m) do Caribe | hayam haka'ribi | הַיָם הַקָרִיבִּי (ז) |
| Mar (m) de Barents | yam 'barents | יָם בָּרֶנץ (ז) |
| Mar (m) de Kara | yam 'kara | יָם קָאָרָה (ז) |
| Mar (m) do Norte | hayam hatsfoni | הַיָם הַצָפוֹנִי (ז) |
| Mar (m) Báltico | hayam ha'balti | הַיָם הַבָּלטִי (ז) |
| Mar (m) da Noruega | hayam hanor'vegi | הַיָם הַנוֹרבֶגִי (ז) |

## 200. Montanhas

| | | |
|---|---|---|
| montanha (f) | har | הַר (ז) |
| cordilheira (f) | 'reχes harim | רֶכֶס הָרִים (ז) |
| serra (f) | 'reχes har | רֶכֶס הַר (ז) |
| cume (m) | pisga | פִּסגָה (נ) |
| pico (m) | pisga | פִּסגָה (נ) |
| sopé (m) | margelot | מַרגְלוֹת (נ"ר) |
| declive (m) | midron | מִדרוֹן (ז) |
| vulcão (m) | har 'ga'aʃ | הַר גַעַש (ז) |
| vulcão (m) ativo | har 'ga'aʃ pa'il | הַר גַעַש פָּעִיל (ז) |
| vulcão (m) extinto | har 'ga'aʃ radum | הַר גַעַש רָדוּם (ז) |
| erupção (f) | hitpartsut | הִתפָּרצוּת (נ) |
| cratera (f) | lo'a | לוֹעַ (ז) |
| magma (m) | megama | מְגַמָה (נ) |
| lava (f) | 'lava | לָאבָה (נ) |
| fundido (lava ~a) | lohet | לוֹהֵט |
| desfiladeiro (m) | kanyon | קַניוֹן (ז) |
| garganta (f) | gai | גַיא (ז) |
| fenda (f) | 'beka | בָּקַע (ז) |
| precipício (m) | tehom | תְהוֹם (נ) |
| passo, colo (m) | ma'avar harim | מַעֲבַר הָרִים (ז) |
| planalto (m) | rama | רָמָה (נ) |
| falésia (f) | tsuk | צוּק (ז) |
| colina (f) | giv'a | גִבעָה (נ) |
| glaciar (m) | karχon | קַרחוֹן (ז) |
| queda (f) d'água | mapal 'mayim | מַפָּל מַיִם (ז) |
| géiser (m) | 'geizer | גֵייזֶר (ז) |
| lago (m) | agam | אֲגַם (ז) |
| planície (f) | miʃor | מִישוֹר (ז) |
| paisagem (f) | nof | נוֹף (ז) |
| eco (m) | hed | הֵד (ז) |
| alpinista (m) | metapes harim | מְטַפֵּס הָרִים (ז) |

| | | |
|---|---|---|
| escalador (m) | metapes slaʿim | מְטַפֵּס סְלָעִים (ז) |
| conquistar (vt) | lixboʃ | לכבוש |
| subida, escalada (f) | tipus | טִיפּוּס (ז) |

## 201. Nomes de montanhas

| | | |
|---|---|---|
| Alpes (m pl) | harei ha"alpim | הָרֵי הָאֲלְפִּים (ז"ר) |
| monte Branco (m) | mon blan | מוֹן בְּלָאן (ז) |
| Pirineus (m pl) | pire'ne'im | פִּירֶנָאִים (ז"ר) |
| | | |
| Cárpatos (m pl) | kar'patim | קַרְפָּטִים (ז"ר) |
| montes (m pl) Urais | harei ural | הָרֵי אוּרָל (ז"ר) |
| Cáucaso (m) | harei hakavkaz | הָרֵי הַקַּוְקָז (ז"ר) |
| Elbrus (m) | elbrus | אֶלְבְּרוּס (ז) |
| | | |
| Altai (m) | harei altai | הָרֵי אַלְטַאי (ז"ר) |
| Tian Shan (m) | tyan ʃan | טִיאָן שָׁאן (ז) |
| Pamir (m) | harei pamir | הָרֵי פָּאמִיר (ז"ר) |
| Himalaias (m pl) | harei hehima'laya | הָרֵי הֶהִימָלָאיָה (ז"ר) |
| monte (m) Everest | everest | אֶוֶורֶסְט (ז) |
| | | |
| Cordilheira (f) dos Andes | harei ha"andim | הָרֵי הָאַנְדִים (ז"ר) |
| Kilimanjaro (m) | kiliman'dʒaro | קִילִימַנְגָ'רוֹ (ז) |

## 202. Rios

| | | |
|---|---|---|
| rio (m) | nahar | נָהָר (ז) |
| fonte, nascente (f) | ma'ayan | מַעְיָן (ז) |
| leito (m) do rio | afik | אָפִיק (ז) |
| bacia (f) | agan nahar | אַגַן נָהָר (ז) |
| desaguar no … | lehiʃapex | לְהִישָׁפֵּךְ |
| | | |
| afluente (m) | yuval | יוּבָל (ז) |
| margem (do rio) | xof | חוֹף (ז) |
| | | |
| corrente (f) | 'zerem | זֶרֶם (ז) |
| rio abaixo | bemorad hanahar | בְּמוֹרַד הַנָּהָר |
| rio acima | bema'ale hanahar | בְּמַעֲלֵה הַזֶּרֶם |
| | | |
| inundação (f) | haʦafa | הֲצָפָה (נ) |
| cheia (f) | ʃitafon | שִׁיטָפוֹן (ז) |
| transbordar (vi) | la'alot al gdotav | לַעֲלוֹת עַל גְּדוֹתָיו |
| inundar (vt) | lehaʦif | לְהָצִיף |
| | | |
| banco (m) de areia | sirton | שִׂרְטוֹן (ז) |
| rápidos (m pl) | 'eʃed | אֶשֶׁד (ז) |
| | | |
| barragem (f) | 'sexer | סֶכֶר (ז) |
| canal (m) | te'ala | תְּעָלָה (נ) |
| reservatório (m) de água | ma'agar 'mayim | מַאֲגַר מַיִם (ז) |
| eclusa (f) | ta 'ʃayit | תָּא שַׁיִט (ז) |
| corpo (m) de água | ma'agar 'mayim | מַאֲגַר מַיִם (ז) |

| | | |
|---|---|---|
| pântano (m) | bitsa | בִּיצָה (נ) |
| tremedal (m) | bitsa | בִּיצָה (נ) |
| remoinho (m) | me'ar'bolet | מְעַרְבֹּלֶת (נ) |
| | | |
| arroio, regato (m) | 'naχal | נַחַל (ז) |
| potável | ʃel ʃtiya | שֶׁל שְׁתִיָּה |
| doce (água) | metukim | מְתוּקִים |
| | | |
| gelo (m) | 'keraχ | קֶרַח (ז) |
| congelar-se (vr) | likpo | לִקְפֹּא |

## 203. Nomes de rios

| | | |
|---|---|---|
| rio Sena (m) | hasen | הַסֵּן (ז) |
| rio Loire (m) | lu'ar | לוּאָר (ז) |
| | | |
| rio Tamisa (m) | 'temza | תֶּמְזָה (ז) |
| rio Reno (m) | hrain | הָרַיְין (ז) |
| rio Danúbio (m) | da'nuba | דָנוּבָּה (ז) |
| | | |
| rio Volga (m) | 'volga | וֹלְגָה (ז) |
| rio Don (m) | nahar don | נְהָר דּוֹן (ז) |
| rio Lena (m) | 'lena | לֶנָה (ז) |
| | | |
| rio Amarelo (m) | hvang ho | הוֹאַנְג הוֹ (ז) |
| rio Yangtzé (m) | yangtse | יַאנְגְצֶה (ז) |
| rio Mekong (m) | mekong | מֶקוֹנְג (ז) |
| rio Ganges (m) | 'ganges | גַּנְגֶס (ז) |
| | | |
| rio Nilo (m) | 'nilus | נִילוּס (ז) |
| rio Congo (m) | 'kongo | קוֹנְגוֹ (ז) |
| rio Cubango (m) | ok'vango | אוֹקְבָּנְגוֹ (ז) |
| rio Zambeze (m) | zam'bezi | זַמְבֶּזִי (ז) |
| rio Limpopo (m) | limpopo | לִימְפּוֹפּוֹ (ז) |
| rio Mississípi (m) | misi'sipi | מִיסִיסִיפִּי (ז) |

## 204. Floresta

| | | |
|---|---|---|
| floresta (f), bosque (m) | 'ya'ar | יַעַר (ז) |
| florestal | ʃel 'ya'ar | שֶׁל יַעַר |
| | | |
| mata (f) cerrada | avi ha'ya'ar | עָבִי הַיַּעַר (ז) |
| arvoredo (m) | χurʃa | חוּרְשָׁה (נ) |
| clareira (f) | ka'raχat 'ya'ar | קָכַחַת יַעַר (נ) |
| | | |
| matagal (m) | svaχ | סְבָךְ (ז) |
| mato (m) | 'siaχ | שִׂיחַ (ז) |
| | | |
| vereda (f) | ʃvil | שְׁבִיל (ז) |
| ravina (f) | 'emek tsar | עֵמֶק צַר (ז) |
| árvore (f) | ets | עֵץ (ז) |
| folha (f) | ale | עָלֶה (ז) |

| folhagem (f) | alva | עָלְוָה (נ) |
| queda (f) das folhas | ʃa'leχet | שֶׁלֶכֶת (נ) |
| cair (vi) | linʃor | לִנְשׁוֹר |
| topo (m) | tsa'meret | צַמֶּרֶת (נ) |

| ramo (m) | anaf | עָנָף (ז) |
| galho (m) | anaf ave | עָנָף עָבֶה (ז) |
| botão, rebento (m) | nitsan | נִיצָן (ז) |
| agulha (f) | 'maχat | מַחַט (נ) |
| pinha (f) | itstrubal | אִצְטְרוּבָּל (ז) |

| buraco (m) de árvore | χor ba'ets | חוֹר בָּעֵץ (ז) |
| ninho (m) | ken | קֵן (ז) |
| toca (f) | meχila | מְחִילָה (נ) |

| tronco (m) | 'geza | גֶּזַע (ז) |
| raiz (f) | 'ʃoreʃ | שׁוֹרֶשׁ (ז) |
| casca (f) de árvore | klipa | קְלִיפָּה (נ) |
| musgo (m) | taχav | טַחַב (ז) |

| arrancar pela raiz | la'akor | לַעֲקוֹר |
| cortar (vt) | liχrot | לִכְרוֹת |
| desflorestar (vt) | levare | לְבָרֵא |
| toco, cepo (m) | 'gedem | גֶּדֶם (ז) |

| fogueira (f) | medura | מְדוּרָה (נ) |
| incêndio (m) florestal | srefa | שְׂרֵיפָה (נ) |
| apagar (vt) | leχabot | לְכַבּוֹת |

| guarda-florestal (m) | ʃomer 'ya'ar | שׁוֹמֵר יַעַר (ז) |
| proteção (f) | ʃmira | שְׁמִירָה (נ) |
| proteger (a natureza) | liʃmor | לִשְׁמוֹר |
| caçador (m) furtivo | tsayad lelo reʃut | צַיָּד לְלֹא רְשׁוּת (ז) |
| armadilha (f) | mal'kodet | מַלְכּוֹדֶת (נ) |

| colher (cogumelos, bagas) | lelaket | לְלַקֵּט |
| perder-se (vr) | lit'ot | לִתְעוֹת |

## 205. Recursos naturais

| recursos (m pl) naturais | otsarot 'teva | אוֹצְרוֹת טֶבַע (ז"ר) |
| minerais (m pl) | mine'ralim | מִינְרָלִים (ז"ר) |
| depósitos (m pl) | mirbats | מִרְבָּץ (ז) |
| jazida (f) | mirbats | מִרְבָּץ (ז) |

| extrair (vt) | liχrot | לִכְרוֹת |
| extração (f) | kriya | כְּרִיָּה (נ) |
| minério (m) | afra | עַפְרָה (נ) |
| mina (f) | miχre | מִכְרֶה (ז) |
| poço (m) de mina | pir | פִּיר (ז) |
| mineiro (m) | kore | כּוֹרֶה (ז) |

| gás (m) | gaz | גָּז (ז) |
| gasoduto (m) | tsinor gaz | צִינוֹר גָּז (ז) |

| petróleo (m) | neft | נֵפְט (ז) |
| oleoduto (m) | tsinor neft | צִינּוֹר נֵפְט (ז) |
| poço (m) de petróleo | be'er neft | בְּאֵר נֵפְט (נ) |
| torre (f) petrolífera | migdal ki'duax | מִגְדַל קִידוֹחַ (ז) |
| petroleiro (m) | mexalit | מֵיכָלִית (נ) |
| | | |
| areia (f) | xol | חוֹל (ז) |
| calcário (m) | 'even gir | אֶבֶן גִיר (נ) |
| cascalho (m) | xatsats | חָצָץ (ז) |
| turfa (f) | kavul | כָּבוּל (ז) |
| argila (f) | tit | טִיט (ז) |
| carvão (m) | pexam | פֶּחָם (ז) |
| | | |
| ferro (m) | barzel | בַּרְזֶל (ז) |
| ouro (m) | zahav | זָהָב (ז) |
| prata (f) | 'kesef | כֶּסֶף (ז) |
| níquel (m) | 'nikel | נִיקֶל (ז) |
| cobre (m) | ne'xoʃet | נְחֹשֶׁת (נ) |
| | | |
| zinco (m) | avats | אָבָץ (ז) |
| manganês (m) | mangan | מַנְגָן (ז) |
| mercúrio (m) | kaspit | כַּסְפִּית (נ) |
| chumbo (m) | o'feret | עוֹפֶרֶת (נ) |
| | | |
| mineral (m) | mineral | מִינֶרָל (ז) |
| cristal (m) | gaviʃ | גָבִישׁ (ז) |
| mármore (m) | 'ʃayiʃ | שַׁיִשׁ (ז) |
| urânio (m) | u'ranyum | אוּרָנְיוּם (ז) |

# A Terra. Parte 2

## 206. Tempo

| | | |
|---|---|---|
| tempo (m) | 'mezeg avir | מֶזֶג אֲוִויר (ז) |
| previsão (f) do tempo | taχazit 'mezeg ha'avir | תַּחֲזִית מֶזֶג הָאֲוִויר (נ) |
| temperatura (f) | tempera'tura | טֶמְפֶּרָטוּרָה (נ) |
| termómetro (m) | madχom | מַדְחוֹם (ז) |
| barómetro (m) | ba'rometer | בָּרוֹמֶטֶר (ז) |

| | | |
|---|---|---|
| húmido | laχ | לַח |
| humidade (f) | laχut | לַחוּת (נ) |
| calor (m) | χom | חוֹם (ז) |
| cálido | χam | חַם |
| está muito calor | χam | חַם |

| | | |
|---|---|---|
| está calor | χamim | חָמִים |
| quente | χamim | חָמִים |

| | | |
|---|---|---|
| está frio | kar | קַר |
| frio | kar | קַר |

| | | |
|---|---|---|
| sol (m) | 'ʃemeʃ | שֶׁמֶשׁ (נ) |
| brilhar (vi) | lizhor | לִזְהוֹר |
| de sol, ensolarado | ʃimʃi | שִׁמְשִׁי |
| nascer (vi) | liz'roaχ | לִזְרוֹחַ |
| pôr-se (vr) | liʃ'ko'a | לִשְׁקוֹעַ |

| | | |
|---|---|---|
| nuvem (f) | anan | עָנָן (ז) |
| nublado | me'unan | מְעוּנָן |
| nuvem (f) preta | av | עָב (ז) |
| escuro, cinzento | sagriri | סַגְרִירִי |

| | | |
|---|---|---|
| chuva (f) | 'geʃem | גֶּשֶׁם (ז) |
| está a chover | yored 'geʃem | יוֹרֵד גֶּשֶׁם |

| | | |
|---|---|---|
| chuvoso | gaʃum | גָּשׁוּם |
| chuviscar (vi) | letaftef | לְטַפְטֵף |

| | | |
|---|---|---|
| chuva (f) torrencial | matar | מָטָר (ז) |
| chuvada (f) | mabul | מַבּוּל (ז) |
| forte (chuva) | χazak | חָזָק |

| | | |
|---|---|---|
| poça (f) | ʃlulit | שְׁלוּלִית (נ) |
| molhar-se (vr) | lehitratev | לְהִתְרַטֵּב |

| | | |
|---|---|---|
| nevoeiro (m) | arapel | עֲרָפֶל (ז) |
| de nevoeiro | me'urpal | מְעוּרְפָּל |
| neve (f) | 'ʃeleg | שֶׁלֶג (ז) |
| está a nevar | yored 'ʃeleg | יוֹרֵד שֶׁלֶג |

## 207. Tempo extremo. Catástrofes naturais

| trovoada (f) | sufat re'amim | סוּפַת רְעָמִים (נ) |
| relâmpago (m) | barak | בָּרָק (ז) |
| relampejar (vi) | livhok | לִבהוֹק |

| trovão (m) | 'ra'am | רַעַם (ז) |
| trovejar (vi) | lir'om | לִרעוֹם |
| está a trovejar | lir'om | לִרעוֹם |

| granizo (m) | barad | בָּרָד (ז) |
| está a cair granizo | yored barad | יוֹרֵד בָּרָד |

| inundar (vt) | lehatsif | לְהָצִיף |
| inundação (f) | ʃitafon | שִׁיטָפוֹן (ז) |

| terremoto (m) | re'idat adama | רְעִידַת אֲדָמָה (נ) |
| abalo, tremor (m) | re'ida | רְעִידָה (נ) |
| epicentro (m) | moked | מוֹקֵד (ז) |

| erupção (f) | hitpartsut | הִתפָּרצוּת (נ) |
| lava (f) | 'lava | לָאבָה (נ) |

| turbilhão (m) | hurikan | הוֹרִיקָן (ז) |
| tornado (m) | tor'nado | טוֹרנָדוֹ (ז) |
| tufão (m) | taifun | טַייפוּן (ז) |

| furacão (m) | hurikan | הוֹרִיקָן (ז) |
| tempestade (f) | sufa | סוּפָה (נ) |
| tsunami (m) | tsu'nami | צוּנָאמִי (ז) |

| ciclone (m) | tsiklon | צִיקלוֹן (ז) |
| mau tempo (m) | sagrir | סַגרִיר (ז) |
| incêndio (m) | srefa | שׂרֵיפָה (נ) |
| catástrofe (f) | ason | אָסוֹן (ז) |
| meteorito (m) | mete'orit | מֶטֶאוֹרִיט (ז) |

| avalanche (f) | ma'polet ʃlagim | מַפּוֹלֶת שֹׁלָגִים (נ) |
| deslizamento (m) de neve | ma'polet ʃlagim | מַפּוֹלֶת שֹׁלָגִים (נ) |
| nevasca (f) | sufat ʃlagim | סוּפַת שֹׁלָגִים (נ) |
| tempestade (f) de neve | sufat ʃlagim | סוּפַת שֹׁלָגִים (נ) |

## 208. Ruídos. Sons

| silêncio (m) | 'ʃeket | שֶׁקֶט (ז) |
| som (m) | tslil | צְלִיל (ז) |
| ruído, barulho (m) | 'ra'aʃ | רַעַשׁ (ז) |
| fazer barulho | lir'oʃ | לִרעוֹשׁ |
| ruidoso, barulhento | ro'eʃ | רוֹעֵשׁ |

| alto (adv) | bekol | בְּקוֹל |
| alto (adj) | ram | רָם |
| constante (ruído, etc.) | ka'vu'a | קָבוּעַ |

| grito (m) | tse'aka | צְעָקָה (נ) |
| gritar (vi) | lits'ok | לִצְעוֹק |
| sussurro (m) | leχiʃa | לְחִישָׁה (נ) |
| sussurrar (vt) | lilχoʃ | לִלְחוֹשׁ |

| latido (m) | neviχa | נְבִיחָה (נ) |
| latir (vi) | lin'boaχ | לִנְבּוֹחַ |

| gemido (m) | anaka | אֲנָקָה (נ) |
| gemer (vi) | lehe'anek | לְהֵיאָנֵק |
| tosse (f) | ʃi'ul | שִׁיעוּל (ז) |
| tossir (vi) | lehiʃta'el | לְהִשְׁתַּעֵל |

| assobio (m) | ʃrika | שְׁרִיקָה (נ) |
| assobiar (vi) | liʃrok | לִשְׁרוֹק |
| batida (f) | hakaʃa | הַקָּשָׁה (נ) |
| bater (vi) | lidfok | לִדְפוֹק |

| estalar (vi) | lehitba'ke'a | לְהִתְבַּקֵּעַ |
| estalido (m) | naftsuts | נֶפֶצוּץ (ז) |

| sirene (f) | tsofar | צוֹפָר (ז) |
| apito (m) | tsfira | צְפִירָה (נ) |
| apitar (vi) | litspor | לִצְפּוֹר |
| buzina (f) | tsfira | צְפִירָה (נ) |
| buzinar (vi) | litspor | לִצְפּוֹר |

## 209. Inverno

| inverno (m) | 'χoref | חוֹרֶף (ז) |
| de inverno | χorpi | חוֹרְפִּי |
| no inverno | ba'χoref | בַּחוֹרֶף |

| neve (f) | 'ʃeleg | שֶׁלֶג (ז) |
| está a nevar | yored 'ʃeleg | יוֹרֵד שֶׁלֶג |
| queda (f) de neve | yeridat 'ʃeleg | יְרִידַת שֶׁלֶג (נ) |
| amontoado (m) de neve | aremat 'ʃeleg | עֲרֵימַת שֶׁלֶג (נ) |

| floco (m) de neve | ptit 'ʃeleg | פְּתִית שֶׁלֶג (ז) |
| bola (f) de neve | kadur 'ʃeleg | כַּדּוּר שֶׁלֶג (ז) |
| boneco (m) de neve | iʃ 'ʃeleg | אִישׁ שֶׁלֶג (ז) |
| sincelo (m) | netif 'keraχ | נְטִיף קֶרַח (ז) |

| dezembro (m) | de'tsember | דֶּצֶמְבָּר (ז) |
| janeiro (m) | 'yanu'ar | יָנוּאָר (ז) |
| fevereiro (m) | 'febru'ar | פֶבְּרוּאָר (ז) |

| gelo (m) | kfor | כְּפוֹר (ז) |
| gelado, glacial | kfori | כְּפוֹרִי |

| abaixo de zero | mi'taχat la''efes | מִתַּחַת לָאֶפֶס |
| geada (f) | kara | קָרָה (נ) |
| geada (f) branca | kfor | כְּפוֹר (ז) |
| frio (m) | kor | קוֹר (ז) |

| | | |
|---|---|---|
| está frio | kar | קַר |
| casaco (m) de peles | me'il parva | מְעִיל פַּרְוָה (ז) |
| mitenes (f pl) | kfafot | כְּפָפוֹת (נ"ר) |
| | | |
| adoecer (vi) | laχalot | לַחֲלוֹת |
| constipação (f) | hitstanenut | הִצְטַנְּנוּת (נ) |
| constipar-se (vr) | lehitstanen | לְהִצְטַנֵּן |
| | | |
| gelo (m) | 'keraχ | קֶרַח (ז) |
| gelo (m) na estrada | ʃiχvat 'keraχ | שִׁכְבַת קֶרַח (נ) |
| congelar-se (vr) | likpo | לִקְפֹּא |
| bloco (m) de gelo | karχon | קַרְחוֹן (ז) |
| | | |
| esqui (m) | ski | סְקִי (ז) |
| esquiador (m) | goleʃ | גּוֹלֵשׁ (ז) |
| esquiar (vi) | la'asot ski | לַעֲשׂוֹת סְקִי |
| patinar (vi) | lehaχlik | לְהַחְלִיק |

# Fauna

## 210. Mamíferos. Predadores

| | | |
|---|---|---|
| predador (m) | xayat 'teref | חַיַּת טֶרֶף (נ) |
| tigre (m) | 'tigris | טִיגְרִיס (ז) |
| leão (m) | arye | אַרְיֵה (ז) |
| lobo (m) | ze'ev | זְאֵב (ז) |
| raposa (f) | ʃu'al | שׁוּעָל (ז) |

| | | |
|---|---|---|
| jaguar (m) | yagu'ar | יָגוּאָר (ז) |
| leopardo (m) | namer | נָמֵר (ז) |
| chita (f) | bardelas | בַּרְדְּלָס (ז) |

| | | |
|---|---|---|
| pantera (f) | panter | פַּנְתֵּר (ז) |
| puma (m) | 'puma | פּוּמָה (נ) |
| leopardo-das-neves (m) | namer 'ʃeleg | נָמֵר שֶׁלֶג (ז) |
| lince (m) | ʃunar | שׁוּנָר (ז) |

| | | |
|---|---|---|
| coiote (m) | ze'ev ha'aravot | זְאֵב הָעֲרָבוֹת (ז) |
| chacal (m) | tan | תַּן (ז) |
| hiena (f) | tsa'vo'a | צָבוֹעַ (ז) |

## 211. Animais selvagens

| | | |
|---|---|---|
| animal (m) | 'ba'al xayim | בַּעַל חַיִּים (ז) |
| besta (f) | xaya | חַיָּה (נ) |

| | | |
|---|---|---|
| esquilo (m) | sna'i | סְנָאִי (ז) |
| ouriço (m) | kipod | קִיפּוֹד (ז) |
| lebre (f) | arnav | אַרְנָב (ז) |
| coelho (m) | ʃafan | שָׁפָן (ז) |

| | | |
|---|---|---|
| texugo (m) | girit | גִּירִית (נ) |
| guaxinim (m) | dvivon | דְּבִיבוֹן (ז) |
| hamster (m) | oger | אוֹגֵר (ז) |
| marmota (f) | mar'mita | מַרְמִיטָה (נ) |

| | | |
|---|---|---|
| toupeira (f) | xafar'peret | חֲפַרְפֶּרֶת (נ) |
| rato (m) | axbar | עַכְבָּר (ז) |
| ratazana (f) | xulda | חוּלְדָּה (נ) |
| morcego (m) | atalef | עֲטַלֵּף (ז) |

| | | |
|---|---|---|
| arminho (m) | hermin | הֶרְמִין (ז) |
| zibelina (f) | tsobel | צוֹבֶּל (ז) |
| marta (f) | dalak | דָּלָק (ז) |
| doninha (f) | xamus | חָמוּס (ז) |
| vison (m) | xorfan | חוֹרְפָן (ז) |

| castor (m) | bone | בּוֹנֶה (ז) |
| lontra (f) | lutra | לוּטְרָה (נ) |

| cavalo (m) | sus | סוּס (ז) |
| alce (m) | ayal hakore | אַיָּל הַקּוֹרֵא (ז) |
| veado (m) | ayal | אַיָּל (ז) |
| camelo (m) | gamal | גָּמָל (ז) |

| bisão (m) | bizon | בִּיזוֹן (ז) |
| auroque (m) | bizon ei'ropi | בִּיזוֹן אֵירוֹפִּי (ז) |
| búfalo (m) | te'o | תְּאוֹ (ז) |

| zebra (f) | 'zebra | זֶבְּרָה (נ) |
| antílope (m) | anti'lopa | אַנְטִילוֹפָּה (ז) |
| corça (f) | ayal hakarmel | אַיָּל הַכַּרְמֶל (ז) |
| gamo (m) | yaχmur | יַחְמוּר (ז) |
| camurça (f) | ya'el | יָעֵל (ז) |
| javali (m) | χazir bar | חֲזִיר בָּר (ז) |

| baleia (f) | livyatan | לִוְיָתָן (ז) |
| foca (f) | 'kelev yam | כֶּלֶב יָם (ז) |
| morsa (f) | sus yam | סוּס יָם (ז) |
| urso-marinho (m) | dov yam | דֹּב יָם (ז) |
| golfinho (m) | dolfin | דּוֹלְפִין (ז) |

| urso (m) | dov | דֹּב (ז) |
| urso (m) branco | dov 'kotev | דֹּב קוֹטֶב (ז) |
| panda (m) | 'panda | פַּנְדָה (נ) |

| macaco (em geral) | kof | קוֹף (ז) |
| chimpanzé (m) | ʃimpanze | שִׁימְפַּנְזֶה (נ) |
| orangotango (m) | orang utan | אוֹרַנְג-אוּטַן (ז) |
| gorila (m) | go'rila | גּוֹרִילָה (נ) |
| macaco (m) | makak | מָקָק (ז) |
| gibão (m) | gibon | גִּיבּוֹן (ז) |

| elefante (m) | pil | פִּיל (ז) |
| rinoceronte (m) | karnaf | קַרְנַף (ז) |
| girafa (f) | dʒi'rafa | גִּ'ירָפָּה (נ) |
| hipopótamo (m) | hipopotam | הִיפּוֹפּוֹטָם (ז) |

| canguru (m) | 'kenguru | קֶנְגוּרוּ (ז) |
| coala (m) | ko''ala | קוֹאָלָה (ז) |

| mangusto (m) | nemiya | נְמִיָּה (נ) |
| chinchila (m) | tʃin'tʃila | צִ'ינְצִ'ילָה (נ) |
| doninha-fedorenta (f) | bo'eʃ | בּוֹאֵשׁ (ז) |
| porco-espinho (m) | darban | דַּרְבָּן (ז) |

## 212. Animais domésticos

| gata (f) | χatula | חֲתוּלָה (נ) |
| gato (m) macho | χatul | חָתוּל (ז) |
| cão (m) | 'kelev | כֶּלֶב (ז) |

| cavalo (m) | sus | סוּס (ז) |
| garanhão (m) | sus harba'a | סוּס הַרְבָּעָה (ז) |
| égua (f) | susa | סוּסָה (נ) |

| vaca (f) | para | פָּרָה (נ) |
| touro (m) | ʃor | שׁוֹר (ז) |
| boi (m) | ʃor | שׁוֹר (ז) |

| ovelha (f) | kivsa | כְּבְשָׂה (נ) |
| carneiro (m) | 'ayil | אַיִל (ז) |
| cabra (f) | ez | עֵז (נ) |
| bode (m) | 'tayiʃ | תַּיִשׁ (ז) |

| burro (m) | χamor | חֲמוֹר (ז) |
| mula (f) | 'pered | פֶּרֶד (ז) |

| porco (m) | χazir | חֲזִיר (ז) |
| leitão (m) | χazarzir | חֲזַרְזִיר (ז) |
| coelho (m) | arnav | אַרְנָב (ז) |

| galinha (f) | tarne'golet | תַּרְנְגוֹלֶת (נ) |
| galo (m) | tarnegol | תַּרְנְגוֹל (ז) |

| pata (f) | barvaz | בַּרְוָז (ז) |
| pato (macho) | barvaz | בַּרְוָז (ז) |
| ganso (m) | avaz | אַוָּז (ז) |

| peru (m) | tarnegol 'hodu | תַּרְנְגוֹל הוֹדוּ (ז) |
| perua (f) | tarne'golet 'hodu | תַּרְנְגוֹלֶת הוֹדוּ (נ) |

| animais (m pl) domésticos | χayot 'bayit | חַיּוֹת בַּיִת (נ"ר) |
| domesticado | mevuyat | מְבֻיָּת |
| domesticar (vt) | levayet | לְבַיֵּת |
| criar (vt) | lehar'bi'a | לְהַרְבִּיעַ |

| quinta (f) | χava | חַוָּה (נ) |
| aves (f pl) domésticas | ofot 'bayit | עוֹפוֹת בַּיִת (נ"ר) |
| gado (m) | bakar | בָּקָר (ז) |
| rebanho (m), manada (f) | 'eder | עֵדֶר (ז) |

| estábulo (m) | urva | אוּרְוָה (נ) |
| pocilga (f) | dir χazirim | דִּיר חֲזִירִים (ז) |
| estábulo (m) | 'refet | רֶפֶת (נ) |
| coelheira (f) | arnaviya | אַרְנָבִיָּה (נ) |
| galinheiro (m) | lul | לוּל (ז) |

## 213. Cães. Raças de cães

| cão (m) | 'kelev | כֶּלֶב (ז) |
| cão pastor (m) | 'kelev ro'e | כֶּלֶב רוֹעֶה (ז) |
| pastor-alemão (m) | ro'e germani | רוֹעֶה גֶּרְמָנִי (ז) |
| caniche (m) | 'pudel | פּוּדֶל (ז) |
| teckel (m) | 'taχaʃ | תַּחַשׁ (ז) |
| buldogue (m) | buldog | בּוּלְדּוֹג (ז) |

| | | |
|---|---|---|
| boxer (m) | 'bokser | בּוֹקְסֶר (ז) |
| mastim (m) | mastif | מַסְטִיף (ז) |
| rottweiler (m) | rot'vailer | רוֹטְוַויילֶר (ז) |
| dobermann (m) | 'doberman | דּוֹבֶּרְמָן (ז) |
| basset (m) | 'baset 'ha'und | בָּאסֶט-הָאוּנד (ז) |
| pastor inglês (m) | bobteil | בּוֹבּטֶייל (ז) |
| dálmata (m) | dal'mati | דַּלְמַטִי (ז) |
| cocker spaniel (m) | 'koker 'spani'el | קוֹקֶר סְפָּנִיאֶל (ז) |
| terra-nova (m) | nyu'fa'undlend | נְיוּפָאוּנדלֶנד (ז) |
| são-bernardo (m) | sen bernard | סֶן בֶּרְנֶרד (ז) |
| husky (m) | 'haski | הָאסקִי (ז) |
| Chow-chow (m) | 'tʃa'u 'tʃa'u | צָ'אוּ צָ'אוּ (ז) |
| spitz alemão (m) | ʃpits | שׁפִּיץ (ז) |
| carlindogue (m) | pag | פָּאג (ז) |

## 214. Sons produzidos pelos animais

| | | |
|---|---|---|
| latido (m) | neviχa | נְבִיחָה (נ) |
| latir (vi) | lin'boaχ | לִנְבּוֹחַ |
| miar (vi) | leyalel | לְיַילֵל |
| ronronar (vi) | legarger | לְגַרְגֵּר |
| mugir (vaca) | lig'ot | לִגְעוֹת |
| bramir (touro) | lig'ot | לִגְעוֹת |
| rosnar (vi) | linhom | לִנְהוֹם |
| uivo (m) | yelala | יְלָלָה (נ) |
| uivar (vi) | leyalel | לְיַילֵל |
| ganir (vi) | leyabev | לְיַיבֵּב |
| balir (vi) | lif'ot | לִפְעוֹת |
| grunhir (porco) | leχarχer | לְחַרְחֵר |
| guinchar (vi) | lits'voaχ | לִצְווֹחַ |
| coaxar (sapo) | lekarker | לְקַרְקֵר |
| zumbir (inseto) | lezamzem | לְזַמְזֵם |
| estridular, ziziar (vi) | letsartser | לְצַרְצֵר |

## 215. Animais jovens

| | | |
|---|---|---|
| cria (f), filhote (m) | gur | גוּר (ז) |
| gatinho (m) | χataltul | חֲתַלְתּוּל (ז) |
| ratinho (m) | aχbaron | עַכְבָּרוֹן (ז) |
| cãozinho (m) | klavlav | כְּלַבְלַב (ז) |
| filhote (m) de lebre | arnavon | אַרְנָבוֹן (ז) |
| coelhinho (m) | ʃfanfan | שְׁפַנְפַן (ז) |
| lobinho (m) | gur ze'evim | גוּר זְאֵבִים (ז) |
| raposinho (m) | ʃu'alon | שׁוּעָלוֹן (ז) |

| | | |
|---|---|---|
| ursinho (m) | dubon | דֻבּוֹן (ז) |
| leãozinho (m) | gur arye | גוּר אַרְיֵה (ז) |
| filhote (m) de tigre | gur namerim | גוּר נְמֵרִים (ז) |
| filhote (m) de elefante | pilon | פִּילוֹן (ז) |

| | | |
|---|---|---|
| leitão (m) | χazarzir | חֲזַרְזִיר (ז) |
| bezerro (m) | 'egel | עֵגֶל (ז) |
| cabrito (m) | gdi | גְדִי (ז) |
| cordeiro (m) | tale | טָלֶה (ז) |
| cria (f) de veado | 'ofer | עוֹפֶר (ז) |
| cria (f) de camelo | 'beχer | בֶּכֶר (ז) |

| | | |
|---|---|---|
| filhote (m) de serpente | gur naχaʃim | גוּר נְחָשִׁים (ז) |
| cria (f) de rã | tsfarde'on | צְפַרְדְעוֹן (ז) |

| | | |
|---|---|---|
| cria (f) de ave | gozal | גּוֹזָל (ז) |
| pinto (m) | ef'roaχ | אֶפְרוֹחַ (ז) |
| patinho (m) | barvazon | בַּרְוָזוֹן (ז) |

## 216. Pássaros

| | | |
|---|---|---|
| pássaro (m), ave (f) | tsipor | צִיפּוֹר (נ) |
| pombo (m) | yona | יוֹנָה (נ) |
| pardal (m) | dror | דְרוֹר (ז) |
| chapim-real (m) | yargazi | יַרְגָזִי (ז) |
| pega-rabuda (f) | orev neχalim | עוֹרֵב נְחָלִים (ז) |

| | | |
|---|---|---|
| corvo (m) | orev ʃaχor | עוֹרֵב שָׁחוֹר (ז) |
| gralha (f) cinzenta | orev afor | עוֹרֵב אָפוֹר (ז) |
| gralha-de-nuca-cinzenta (f) | ka'ak | קָאָק (ז) |
| gralha-calva (f) | orev hamizra | עוֹרֵב הַמִזְרָע (ז) |

| | | |
|---|---|---|
| pato (m) | barvaz | בַּרְוָז (ז) |
| ganso (m) | avaz | אֲווָז (ז) |
| faisão (m) | pasyon | פַּסְיוֹן (ז) |

| | | |
|---|---|---|
| águia (f) | 'ayit | עַיִט (ז) |
| açor (m) | nets | נֵץ (ז) |
| falcão (m) | baz | בָּז (ז) |
| abutre (m) | ozniya | עוֹזְנִיָה (ז) |
| condor (m) | kondor | קוֹנְדוֹר (ז) |

| | | |
|---|---|---|
| cisne (m) | barbur | בַּרְבּוּר (ז) |
| grou (m) | agur | עָגוּר (ז) |
| cegonha (f) | χasida | חֲסִידָה (נ) |

| | | |
|---|---|---|
| papagaio (m) | 'tuki | תוּכִּי (ז) |
| beija-flor (m) | ko'libri | קוֹלִיבְּרִי (ז) |
| pavão (m) | tavas | טָווָס (ז) |

| | | |
|---|---|---|
| avestruz (m) | bat ya'ana | בַּת יַעֲנָה (נ) |
| garça (f) | anafa | אֲנָפָה (נ) |
| flamingo (m) | fla'mingo | פְלָמִינגוֹ (ז) |
| pelicano (m) | saknai | שַׂקְנַאי (ז) |

| | | |
|---|---|---|
| rouxinol (m) | zamir | זָמִיר (ז) |
| andorinha (f) | snunit | סְנוּנִית (נ) |
| | | |
| tordo-zornal (m) | kiχli | קִיכְלִי (ז) |
| tordo-músico (m) | kiχli mezamer | קִיכְלִי מְזַמֵר (ז) |
| melro-preto (m) | kiχli ʃaχor | קִיכְלִי שָׁחֹר (ז) |
| | | |
| andorinhão (m) | sis | סִיס (ז) |
| cotovia (f) | efroni | עֶפְרוֹנִי (ז) |
| codorna (f) | slav | שְׂלָיו (ז) |
| | | |
| pica-pau (m) | 'neker | נֶקֶר (ז) |
| cuco (m) | kukiya | קוּקִיָה (נ) |
| coruja (f) | yanʃuf | יַנְשׁוּף (ז) |
| corujão, bufo (m) | 'oaχ | אֹחַ (ז) |
| tetraz-grande (m) | seχvi 'ya'ar | שְׂכְוִי יַעַר (ז) |
| tetraz-lira (m) | seχvi | שְׂכְוִי (ז) |
| perdiz-cinzenta (f) | χogla | חׇגְלָה (נ) |
| | | |
| estorninho (m) | zarzir | זַרְזִיר (ז) |
| canário (m) | ka'narit | קָנָרִית (נ) |
| galinha-do-mato (f) | seχvi haya'arot | שְׂכְוִי הַיְעָרוֹת (ז) |
| tentilhão (m) | paroʃ | פָּרוֹשׁ (ז) |
| dom-fafe (m) | admonit | אַדְמוֹנִית (נ) |
| | | |
| gaivota (f) | 'ʃaχaf | שַׁחַף (ז) |
| albatroz (m) | albatros | אַלְבַּטְרוֹס (ז) |
| pinguim (m) | pingvin | פִּינְגְוִין (ז) |

## 217. Pássaros. Canto e sons

| | | |
|---|---|---|
| cantar (vi) | laʃir | לָשִׁיר |
| gritar (vi) | lits'ok | לִצְעֹק |
| cantar (o galo) | lekarker | לְקַרְקֵר |
| cocorocó (m) | kuku'riku | קוּקוּרְיקוּ |
| | | |
| cacarejar (vi) | lekarker | לְקַרְקֵר |
| crocitar (vi) | lits'roaχ | לִצְרֹחַ |
| grasnar (vi) | lega'a'ge'a | לְגַעְגֵעַ |
| piar (vi) | letsayets | לְצַיֵץ |
| chilrear, gorjear (vi) | letsaftsef, letsayets | לְצַפְצֵף, לְצַיֵץ |

## 218. Peixes. Animais marinhos

| | | |
|---|---|---|
| brema (f) | avroma | אַבְרוֹמָה (נ) |
| carpa (f) | karpiyon | קַרְפְּיוֹן (ז) |
| perca (f) | 'okunus | אוֹקוּנוּס (ז) |
| siluro (m) | sfamnun | שְׂפַמְנוּן (ז) |
| lúcio (m) | ze'ev 'mayim | זְאֵב מַיִם (ז) |
| | | |
| salmão (m) | 'salmon | סַלְמוֹן (ז) |
| esturjão (m) | χidkan | חִדְקָן (ז) |

| arenque (m) | ma'liaχ | קָלְיחַ (ז) |
| salmão (m) | iltit | אִילְתִית (נ) |
| cavala, sarda (f) | makarel | מָקָרָל (ז) |
| solha (f) | dag moʃe ra'benu | דָג מֹשֶׁה רַבֵּנוּ (ז) |

| lúcio perca (m) | amnun | אַמְנוּן (ז) |
| bacalhau (m) | ʃibut | שִׁיבּוּט (ז) |
| atum (m) | 'tuna | טוּנָה (נ) |
| truta (f) | forel | פוֹרֶל (ז) |

| enguia (f) | tslofaχ | צְלוֹפָח (ז) |
| raia elétrica (f) | trisanit | תְּרִיסָנִית (נ) |
| moreia (f) | mo'rena | מוֹרֶנָה (נ) |
| piranha (f) | pi'ranya | פִּירַנְיָה (נ) |

| tubarão (m) | kariʃ | כָּרִישׁ (ז) |
| golfinho (m) | dolfin | דוֹלְפִין (ז) |
| baleia (f) | livyatan | לִוְיָתָן (ז) |

| caranguejo (m) | sartan | סַרְטָן (ז) |
| medusa, alforreca (f) | me'duza | מֶדוּזָה (נ) |
| polvo (m) | tamnun | תַּמְנוּן (ז) |

| estrela-do-mar (f) | koχav yam | כּוֹכַב יָם (ז) |
| ouriço-do-mar (m) | kipod yam | קִיפּוֹד יָם (ז) |
| cavalo-marinho (m) | suson yam | סוּסוֹן יָם (ז) |

| ostra (f) | tsidpa | צִדְפָּה (נ) |
| camarão (m) | χasilon | חֲסִילוֹן (ז) |
| lavagante (m) | 'lobster | לוֹבְּסְטֶר (ז) |
| lagosta (f) | 'lobster kotsani | לוֹבְּסְטֶר קוֹצָנִי (ז) |

## 219. Amfíbios. Répteis

| serpente, cobra (f) | naχaʃ | נָחָשׁ (ז) |
| venenoso | arsi | אַרְסִי |

| víbora (f) | 'tsefa | צֶפַע (ז) |
| cobra-capelo, naja (f) | 'peten | פֶּתֶן (ז) |
| pitão (m) | piton | פִּיתוֹן (ז) |
| jiboia (f) | χanak | חֶנֶק (ז) |

| cobra-de-água (f) | naχaʃ 'mayim | נָחָשׁ מַיִם (ז) |
| cascavel (f) | ʃfifon | שְׁפִיפוֹן (ז) |
| anaconda (f) | ana'konda | אֲנָקוֹנְדָה (נ) |

| lagarto (m) | leta'a | לְטָאָה (נ) |
| iguana (f) | igu"ana | אִיגוּאָנָה (נ) |
| varano (m) | 'koaχ | כּוֹחַ (ז) |
| salamandra (f) | sala'mandra | סָלָמַנְדְרָה (נ) |
| camaleão (m) | zikit | זִיקִית (נ) |
| escorpião (m) | akrav | עַקְרָב (ז) |
| tartaruga (f) | tsav | צָב (ז) |
| rã (f) | tsfar'de'a | צְפַרְדֵעַ (נ) |

| | | |
|---|---|---|
| sapo (m) | karpada | קַרְפָּדָה (נ) |
| crocodilo (m) | tanin | תַּנִּין (ז) |

## 220. Insetos

| | | |
|---|---|---|
| inseto (m) | χarak | חֶרֶק (ז) |
| borboleta (f) | parpar | פַּרְפַּר (ז) |
| formiga (f) | nemala | נְמָלָה (נ) |
| mosca (f) | zvuv | זְבוּב (ז) |
| mosquito (m) | yatuʃ | יַתּוּשׁ (ז) |
| escaravelho (m) | χipuʃit | חִיפּוּשִׁית (נ) |

| | | |
|---|---|---|
| vespa (f) | tsir'a | צִרְעָה (נ) |
| abelha (f) | dvora | דְּבוֹרָה (נ) |
| mamangava (f) | dabur | דַּבּוּר (ז) |
| moscardo (m) | zvuv hasus | זְבוּב הַסּוּס (ז) |

| | | |
|---|---|---|
| aranha (f) | akaviʃ | עַכָּבִישׁ (ז) |
| teia (f) de aranha | kurei akaviʃ | קוּרֵי עַכָּבִישׁ (ז"ר) |

| | | |
|---|---|---|
| libélula (f) | ʃapirit | שְׁפִּירִית (נ) |
| gafanhoto-do-campo (m) | χagav | חָגָב (ז) |
| traça (f) | aʃ | עָשׁ (ז) |

| | | |
|---|---|---|
| barata (f) | makak | מָקָק (ז) |
| carraça (f) | kartsiya | קַרְצִיָּה (נ) |
| pulga (f) | par'oʃ | פַּרְעוֹשׁ (ז) |
| borrachudo (m) | yavχuʃ | יַבְחוּשׁ (ז) |

| | | |
|---|---|---|
| gafanhoto (m) | arbe | אַרְבֶּה (ז) |
| caracol (m) | χilazon | חִילָזוֹן (ז) |
| grilo (m) | tsartsar | צְרָצַר (ז) |
| pirilampo (m) | gaχlilit | גַּחְלִילִית (נ) |
| joaninha (f) | parat moʃe ra'benu | פָּרַת מֹשֶׁה רַבֵּנוּ (נ) |
| besouro (m) | χipuʃit aviv | חִיפּוּשִׁית אָבִיב (נ) |

| | | |
|---|---|---|
| sanguessuga (f) | aluka | עֲלוּקָה (נ) |
| lagarta (f) | zaχal | זַחַל (ז) |
| minhoca (f) | to'la'at | תּוֹלַעַת (נ) |
| larva (f) | 'deren | דֶּרֶן (ז) |

## 221. Animais. Partes do corpo

| | | |
|---|---|---|
| bico (m) | makor | מָקוֹר (ז) |
| asas (f pl) | kna'fayim | כְּנָפַיִים (נ"ר) |
| pata (f) | 'regel | רֶגֶל (נ) |
| plumagem (f) | pluma | פְּלוּמָה (נ) |
| pena, pluma (f) | notsa | נוֹצָה (נ) |
| crista (f) | tsitsa | צִיצָה (נ) |

| | | |
|---|---|---|
| brânquias, guelras (f pl) | zimim | זִימִים (ז"ר) |
| ovas (f pl) | beitsei dagim | בֵּיצֵי דָגִים (נ"ר) |

| | | |
|---|---|---|
| larva (f) | 'deren | דֶּרֶן (ז) |
| barbatana (f) | snapir | סְנַפִּיר (ז) |
| escama (f) | kaskasim | קַשְׂקַשִּׂים (ז"ר) |

| | | |
|---|---|---|
| canino (m) | niv | נִיב (ז) |
| pata (f) | 'regel | רֶגֶל (נ) |
| focinho (m) | partsuf | פַּרְצוּף (ז) |
| boca (f) | lo'a | לֹעַ (ז) |
| cauda (f), rabo (m) | zanav | זָנָב (ז) |
| bigodes (m pl) | safam | שָׂפָם (ז) |

| | | |
|---|---|---|
| casco (m) | parsa | פַּרְסָה (נ) |
| corno (m) | 'keren | קֶרֶן (נ) |

| | | |
|---|---|---|
| carapaça (f) | ʃiryon | שִׁרְיוֹן (ז) |
| concha (f) | konχiya | קוֹנְכִיָּה (נ) |
| casca (f) de ovo | klipa | קְלִיפָּה (נ) |

| | | |
|---|---|---|
| pelo (m) | parva | פַּרְוָה (נ) |
| pele (f), couro (m) | or | עוֹר (ז) |

## 222. Ações dos animais

| | | |
|---|---|---|
| voar (vi) | la'uf | לָעוּף |
| dar voltas | laχug | לָחוּג |

| | | |
|---|---|---|
| voar (para longe) | la'uf | לָעוּף |
| bater as asas | lenafnef | לְנַפְנֵף |

| | | |
|---|---|---|
| bicar (vi) | lenaker | לְנַקֵּר |
| incubar (vt) | lidgor | לִדְגּוֹר |

| | | |
|---|---|---|
| sair do ovo | liv'ko'a | לִבְקוֹעַ |
| fazer o ninho | lekanen | לְקַנֵּן |

| | | |
|---|---|---|
| rastejar (vi) | lizχol | לִזְחוֹל |
| picar (vt) | la'akots | לַעֲקוֹץ |
| morder (vt) | linʃoχ | לִנְשׁוֹךְ |

| | | |
|---|---|---|
| cheirar (vt) | leraχ'reaχ | לְרַחְרֵחַ |
| latir (vi) | lin'boaχ | לִנְבּוֹחַ |
| silvar (vi) | lirʃof | לִרְשׁוֹף |

| | | |
|---|---|---|
| assustar (vt) | lehafχid | לְהַפְחִיד |
| atacar (vt) | litkof | לִתְקוֹף |

| | | |
|---|---|---|
| roer (vt) | leχarsem | לְכַרְסֵם |
| arranhar (vt) | lisrot | לִשְׂרוֹט |
| esconder-se (vr) | lehistater | לְהִסְתַּתֵּר |

| | | |
|---|---|---|
| brincar (vi) | lesaχek | לְשַׂחֵק |
| caçar (vi) | latsud | לָצוּד |
| hibernar (vi) | laχrof | לַחֲרוֹף |
| extinguir-se (vr) | lehikaχed | לְהִיכָּחֵד |

## 223. Animais. Habitats

| hábitat | beit gidul | בֵּית גִידוּל (ז) |
| migração (f) | hagira | הַגִירָה (נ) |

| montanha (f) | har | הַר (ז) |
| recife (m) | ʃunit | שׁוּנִית (נ) |
| falésia (f) | 'sela | סֶלַע (ז) |

| floresta (f) | 'yaʿar | יַעַר (ז) |
| selva (f) | 'dʒungel | גֵ'וּנגֶל (ז) |
| savana (f) | sa'vana | סָוָונָה (נ) |
| tundra (f) | 'tundra | טוּנדרָה (נ) |

| estepe (f) | arava | עֲרָבָה (נ) |
| deserto (m) | midbar | מִדבָּר (ז) |
| oásis (m) | neve midbar | נְוֵוה מִדבָּר (ז) |

| mar (m) | yam | יָם (ז) |
| lago (m) | agam | אֲגַם (ז) |
| oceano (m) | ok'yanos | אוֹקיָאנוֹס (ז) |

| pântano (m) | bitsa | בִּיצָה (נ) |
| de água doce | ʃel 'mayim metukim | שֶׁל מַיִם מְתוּקִים |
| lagoa (f) | breχa | בְּרֵיכָה (נ) |
| rio (m) | nahar | נָהָר (ז) |

| toca (f) do urso | me'ura | מְאוּרָה (נ) |
| ninho (m) | ken | קֵן (ז) |
| buraco (m) de árvore | χor ba'ets | חוֹר בָּעֵץ (ז) |
| toca (f) | meχila | מְחִילָה (נ) |
| formigueiro (m) | kan nemalim | קַן נְמָלִים (ז) |

## 224. Cuidados com os animais

| jardim (m) zoológico | gan hayot | גַן חַיוֹת (ז) |
| reserva (f) natural | ʃmurat 'teva | שְׁמוּרַת טֶבַע (נ) |

| viveiro (m) | beit gidul | בֵּית גִידוּל (ז) |
| jaula (f) de ar livre | kluv | כְּלוּב (ז) |
| jaula, gaiola (f) | kluv | כְּלוּב (ז) |
| casinha (f) de cão | meluna | מְלוּנָה (נ) |

| pombal (m) | ʃovaχ | שׁוֹבָך (ז) |
| aquário (m) | ak'varyum | אַקוָוריוּם (ז) |
| delfinário (m) | dolfi'naryum | דוֹלפִינָריוּם (ז) |

| criar (vt) | legadel | לְגַדֵל |
| ninhada (f) | tse'etsa'im | צֶאֱצָאִים (ז"ר) |
| domesticar (vt) | levayet | לְבַיֵית |
| adestrar (vt) | le'alef | לְאַלֵף |
| ração (f) | mazon, mispo | מָזוֹן (ז), מִספּוֹא (ז) |
| alimentar (vt) | leha'aχil | לְהַאֲכִיל |

| loja (f) de animais | χanut χayot | חֲנוּת חַיּוֹת ( נ) |
| açaime (m) | maχsom | מַחְסוֹם (ז) |
| coleira (f) | kolar | קוֹלָר (ז) |
| nome (m) | kinui | כִּינּוּי (ז) |
| pedigree (m) | ʃalʃelet yuχsin | שַׁלְשֶׁלֶת יוֹחֲסִין (נ) |

## 225. Animais. Diversos

| alcateia (f) | lahaka | לַהֲקָה (נ) |
| bando (pássaros) | lahaka | לַהֲקָה (נ) |
| cardume (peixes) | lahaka | לַהֲקָה (נ) |
| manada (cavalos) | 'eder | עֵדֶר (ז) |

| macho (m) | zaχar | זָכָר (ז) |
| fêmea (f) | nekeva | נְקֵבָה (נ) |

| faminto | ra'ev | רָעֵב |
| selvagem | pra'i | פְּרָאִי |
| perigoso | mesukan | מְסוּכָּן |

## 226. Cavalos

| cavalo (m) | sus | סוּס (ז) |
| raça (f) | 'geza | גֶּזַע (ז) |

| potro (m) | syaχ | סְיָח (ז) |
| égua (f) | susa | סוּסָה (נ) |

| mustangue (m) | mustang | מוּסְטַנְג (ז) |
| pónei (m) | 'poni | פּוֹנִי (ז) |
| cavalo (m) de tiro | sus avoda | סוּס עֲבוֹדָה (ז) |

| crina (f) | ra'ama | רַעֲמָה (נ) |
| cauda (f) | zanav | זָנָב (ז) |

| casco (m) | parsa | פַּרְסָה (נ) |
| ferradura (f) | parsa | פַּרְסָה (נ) |
| ferrar (vt) | lefarzel | לְפַרְזֵל |
| ferreiro (m) | 'nefaχ | נַפָּח (ז) |

| sela (f) | ukaf | אוּכָּף (ז) |
| estribo (m) | arkuba | אַרְכּוּבָּה (נ) |
| brida (f) | 'resen | רֶסֶן (ז) |
| rédeas (f pl) | moʃχot | מוֹשְׁכוֹת (נ"ר) |
| chicote (m) | ʃot | שׁוֹט (ז) |

| cavaleiro (m) | roχev | רוֹכֵב (ז) |
| colocar sela | le'akef | לְאַכֵּף |
| montar no cavalo | la'alot al sus | לַעֲלוֹת עַל סוּס |

| galope (m) | dehira | דְּהִירָה (נ) |
| galopar (vi) | lidhor | לִדְהוֹר |

| trote (m) | tfifa | טְפִיפָה (נ) |
| a trote | bidhira | בְּדְהִירָה |
| ir a trote | litpof | לִטְפּוֹף |

| cavalo (m) de corrida | sus merots | סוּס מֵירוֹץ (ז) |
| corridas (f pl) | merots susim | מֵירוֹץ סוּסִים (ז) |

| estábulo (m) | urva | אוּרְוָה (נ) |
| alimentar (vt) | leha'axil | לְהַאֲכִיל |
| feno (m) | xatsil | חָצִיל (ז) |
| dar água | lehaʃkot | לְהַשְׁקוֹת |
| limpar (vt) | lirxots | לִרְחוֹץ |

| carroça (f) | agala | עֲגָלָה (נ) |
| pastar (vi) | lir'ot | לִרְעוֹת |
| relinchar (vi) | litshol | לִצְהוֹל |
| dar um coice | liv'ot | לִבְעוֹט |

# Flora

## 227. Árvores

| | | |
|---|---|---|
| árvore (f) | ets | עֵץ (ז) |
| decídua | naʃir | נָשִׁיר |
| conífera | maχtani | מַחְטָנִי |
| perene | yarok ad | יָרוֹק עַד |
| macieira (f) | ta'puaχ | תַּפּוּחַ (ז) |
| pereira (f) | agas | אַגָּס (ז) |
| cerejeira (f) | gudgedan | גּוּדְגְּדָן (ז) |
| ginjeira (f) | duvdevan | דּוּבְדְּבָן (ז) |
| ameixeira (f) | ʃezif | שְׁזִיף (ז) |
| bétula (f) | ʃadar | שֶׁדֶר (ז) |
| carvalho (m) | alon | אַלּוֹן (ז) |
| tília (f) | 'tilya | טִילְיָה (נ) |
| choupo-tremedor (m) | aspa | אַסְפָּה (נ) |
| bordo (m) | 'eder | אֶדֶר (ז) |
| espruce-europeu (m) | a'ʃuaχ | אַשּׁוּחַ (ז) |
| pinheiro (m) | 'oren | אֹרֶן (ז) |
| alerce, lariço (m) | arzit | אַרְזִית (נ) |
| abeto (m) | a'ʃuaχ | אַשּׁוּחַ (ז) |
| cedro (m) | 'erez | אֶרֶז (ז) |
| choupo, álamo (m) | tsaftsefa | צַפְצָפָה (נ) |
| tramazeira (f) | ben χuzrar | בֶּן־חוּזְרָר (ז) |
| salgueiro (m) | arava | עֲרָבָה (נ) |
| amieiro (m) | alnus | אַלְנוּס (ז) |
| faia (f) | aʃur | אָשׁוּר (ז) |
| ulmeiro (m) | bu'kitsa | בּוּקִיצָה (נ) |
| freixo (m) | mela | מֵילָה (נ) |
| castanheiro (m) | armon | עַרְמוֹן (ז) |
| magnólia (f) | mag'nolya | מַגְנוֹלְיָה (נ) |
| palmeira (f) | 'dekel | דֶּקֶל (ז) |
| cipreste (m) | broʃ | בְּרוֹשׁ (ז) |
| mangue (m) | mangrov | מַנְגְּרוֹב (ז) |
| embondeiro, baobá (m) | ba'obab | בָּאוֹבָּב (ז) |
| eucalipto (m) | eika'liptus | אֵיקָלִיפְּטוּס (ז) |
| sequoia (f) | sek'voya | סֶקְווֹיָה (נ) |

## 228. Arbustos

| | | |
|---|---|---|
| arbusto (m) | 'siaχ | שִׂיחַ (ז) |
| arbusto (m), moita (f) | 'siaχ | שִׂיחַ (ז) |

| videira (f) | 'gefen | גֶּפֶן (ז) |
| vinhedo (m) | 'kerem | כֶּרֶם (ז) |

| framboeseira (f) | 'petel | פֶּטֶל (ז) |
| groselheira-preta (f) | 'siaχ dumdemaniyot ʃχorot | שִׂיחַ דּוּמְדְּמָנִיּוֹת שְׁחוֹרוֹת (ז) |
| groselheira-vermelha (f) | 'siaχ dumdemaniyot adumot | שִׂיחַ דּוּמְדְּמָנִיּוֹת אֲדוּמּוֹת (ז) |
| groselheira (f) espinhosa | χazarzar | חֲזַרְזַר (ז) |

| acácia (f) | ʃita | שִׁיטָה (נ) |
| bérberis (f) | berberis | בֶּרְבֶּרִיס (ז) |
| jasmim (m) | yasmin | יַסְמִין (ז) |

| junípero (m) | ar'ar | עַרְעָר (ז) |
| roseira (f) | 'siaχ vradim | שִׂיחַ וְרָדִים (ז) |
| roseira (f) brava | 'vered bar | וֶרֶד בָּר (ז) |

## 229. Cogumelos

| cogumelo (m) | pitriya | פִּטְרִיָּה (נ) |
| cogumelo (m) comestível | pitriya ra'uya lema'aχal | פִּטְרִיָּה רְאוּיָה לְמַאֲכָל |
| cogumelo (m) venenoso | pitriya ra'ila | פִּטְרִיָּה רְעִילָה (נ) |
| chapéu (m) | kipat pitriya | כִּיפַּת פִּטְרִיָּה (נ) |
| pé, caule (m) | 'regel | רֶגֶל (נ) |

| boleto (m) | por'tʃini | פּוֹרְצִ'ינִי (ז) |
| boleto (m) alaranjado | pitriyat 'kova aduma | פִּטְרִיַּת כּוֹבַע אֲדוּמָה (נ) |
| míscaro (m) das bétulas | pitriyat 'ya'ar | פִּטְרִיַּת יַעַר (נ) |
| cantarela (f) | gvi'onit ne'e'χelet | גְּבִיעוֹנִית נֶאֱכֶלֶת (נ) |
| rússula (f) | χarifit | חֲרִיפִית (נ) |

| morchella (f) | gamtsuts | גַּמְצוּץ (ז) |
| agário-das-moscas (m) | zvuvanit | זְבוּבָנִית (נ) |
| cicuta (f) verde | pitriya ra'ila | פִּטְרִיָּה רְעִילָה (נ) |

## 230. Frutos. Bagas

| fruta (f) | pri | פְּרִי (ז) |
| frutas (f pl) | perot | פֵּירוֹת (ז"ר) |
| maçã (f) | ta'puaχ | תַּפּוּחַ (ז) |
| pera (f) | agas | אַגָּס (ז) |
| ameixa (f) | ʃezif | שְׁזִיף (ז) |

| morango (m) | tut sade | תּוּת שָׂדֶה (ז) |
| ginja (f) | duvdevan | דּוּבְדְּבָן (ז) |
| cereja (f) | gudgedan | גּוּדְגְּדָן (ז) |
| uva (f) | anavim | עֲנָבִים (ז"ר) |

| framboesa (f) | 'petel | פֶּטֶל (ז) |
| groselha (f) preta | dumdemanit ʃχora | דּוּמְדְּמָנִית שְׁחוֹרָה (נ) |
| groselha (f) vermelha | dumdemanit aduma | דּוּמְדְּמָנִית אֲדוּמָה (נ) |
| groselha (f) espinhosa | χazarzar | חֲזַרְזַר (ז) |
| oxicoco (m) | χamutsit | חֲמוּצִית (נ) |

| | | |
|---|---|---|
| laranja (f) | tapuz | תַּפּוּז (ז) |
| tangerina (f) | klemen'tina | קְלֶמֶנְטִינָה (נ) |
| ananás (m) | 'ananas | אֲנָנָס (ז) |
| banana (f) | ba'nana | בַּנָנָה (נ) |
| tâmara (f) | tamar | תָּמָר (ז) |

| | | |
|---|---|---|
| limão (m) | limon | לִימוֹן (ז) |
| damasco (m) | 'miʃmeʃ | מִשְׁמֵשׁ (ז) |
| pêssego (m) | afarsek | אֲפַרְסֵק (ז) |
| kiwi (m) | 'kivi | קִיוִוי (ז) |
| toranja (f) | eʃkolit | אֶשְׁכּוֹלִית (נ) |

| | | |
|---|---|---|
| baga (f) | garger | גַּרְגֵּר (ז) |
| bagas (f pl) | gargerim | גַּרְגְּרִים (ז"ר) |
| arando (m) vermelho | uχmanit aduma | אוּכְמָנִית אֲדוּמָה (נ) |
| morango-silvestre (m) | tut 'ya'ar | תּוּת יַעַר (ז) |
| mirtilo (m) | uχmanit | אוּכְמָנִית (נ) |

## 231. Flores. Plantas

| | | |
|---|---|---|
| flor (f) | 'peraχ | פֶּרַח (ז) |
| ramo (m) de flores | zer | זֵר (ז) |

| | | |
|---|---|---|
| rosa (f) | 'vered | וֶרֶד (ז) |
| tulipa (f) | tsiv'oni | צִבְעוֹנִי (ז) |
| cravo (m) | tsi'poren | צִיפּוֹרֶן (ז) |
| gladíolo (m) | glad'yola | גְּלַדְיוֹלָה (נ) |

| | | |
|---|---|---|
| centáurea (f) | dganit | דְּגָנִיָה (נ) |
| campânula (f) | pa'amonit | פַּעֲמוֹנִית (נ) |
| dente-de-leão (m) | ʃinan | שִׁנָּן (ז) |
| camomila (f) | kamomil | קָמוֹמִיל (ז) |

| | | |
|---|---|---|
| aloé (m) | alvai | אַלְוַוי (ז) |
| cato (m) | 'kaktus | קַקְטוּס (ז) |
| fícus (m) | 'fikus | פִיקוּס (ז) |

| | | |
|---|---|---|
| lírio (m) | ʃoʃana | שׁוֹשַׁנָה (נ) |
| gerânio (m) | ge'ranyum | גֶּרַנְיוּם (ז) |
| jacinto (m) | yakinton | יָקִינְטוֹן (ז) |

| | | |
|---|---|---|
| mimosa (f) | mi'moza | מִימוֹזָה (נ) |
| narciso (m) | narkis | נַרְקִיס (ז) |
| capuchinha (f) | 'kova hanazir | כּוֹבַע הַנָּזִיר (ז) |

| | | |
|---|---|---|
| orquídea (f) | saχlav | סַחְלָב (ז) |
| peónia (f) | admonit | אַדְמוֹנִית (נ) |
| violeta (f) | sigalit | סִיגָּלִית (נ) |

| | | |
|---|---|---|
| amor-perfeito (m) | amnon vetamar | אַמְנוֹן וְתָמָר (ז) |
| não-me-esqueças (m) | ziχ'rini | זִכְרִינִי (ז) |
| margarida (f) | marganit | מַרְגָּנִית (נ) |
| papoula (f) | 'pereg | פֶּרֶג (ז) |
| cânhamo (m) | ka'nabis | קָנַאבִּיס (ז) |

| hortelã (f) | 'menta | מֶנְתָּה (נ) |
| lírio-do-vale (m) | zivanit | זִיוָנִית (נ) |
| campânula-branca (f) | ga'lantus | גָּלַנְטוּס (ז) |

| urtiga (f) | sirpad | סִרְפָּד (ז) |
| azeda (f) | χumʿa | חוּמְעָה (נ) |
| nenúfar (m) | nufar | נוּפָר (ז) |
| feto (m), samambaia (f) | ʃaraχ | שֶׁרֶךְ (ז) |
| líquen (m) | χazazit | חֲזָזִית (נ) |

| estufa (f) | χamama | חֲמָמָה (נ) |
| relvado (m) | midʃa'a | מִדְשָׁאָה (נ) |
| canteiro (m) de flores | arugat praχim | עֲרוּגַת פְּרָחִים (נ) |

| planta (f) | 'tsemaχ | צֶמַח (ז) |
| erva (f) | 'deʃe | דֶשֶׁא (ז) |
| folha (f) de erva | giv'ol 'esev | גִּבְעוֹל עֵשֶׂב (ז) |

| folha (f) | ale | עָלֶה (ז) |
| pétala (f) | ale ko'teret | עָלֵה כּוֹתֶרֶת (ז) |
| talo (m) | giv'ol | גִּבְעוֹל (ז) |
| tubérculo (m) | 'pkaʿat | פְּקַעַת (נ) |

| broto, rebento (m) | 'nevet | נֶבֶט (ז) |
| espinho (m) | kots | קוֹץ (ז) |

| florescer (vi) | lif'roaχ | לִפְרוֹחַ |
| murchar (vi) | linbol | לִנְבּוֹל |
| cheiro (m) | 'reaχ | רֵיחַ (ז) |
| cortar (flores) | ligzom | לִגְזוֹם |
| colher (uma flor) | liktof | לִקְטוֹף |

## 232. Cereais, grãos

| grão (m) | tvuʾa | תְּבוּאָה (נ) |
| cereais (plantas) | dganim | דְּגָנִים (ז"ר) |
| espiga (f) | ʃi'bolet | שִׁיבּוֹלֶת (נ) |

| trigo (m) | χita | חִיטָה (נ) |
| centeio (m) | ʃifon | שִׁיפוֹן (ז) |
| aveia (f) | ʃi'bolet ʃuʿal | שִׁיבּוֹלֶת שׁוּעָל (נ) |

| milho-miúdo (m) | 'doχan | דּוֹחַן (ז) |
| cevada (f) | seʿora | שְׂעוֹרָה (נ) |

| milho (m) | 'tiras | תִּירָס (ז) |
| arroz (m) | 'orez | אוֹרֶז (ז) |
| trigo-sarraceno (m) | ku'semet | כּוּסֶמֶת (נ) |

| ervilha (f) | afuna | אֲפוּנָה (נ) |
| feijão (m) | ʃuʿit | שְׁעוּעִית (נ) |
| soja (f) | 'soya | סוֹיָה (נ) |
| lentilha (f) | adaʃim | עֲדָשִׁים (נ"ר) |
| fava (f) | pol | פּוֹל (ז) |

## 233. Vegetais. Verduras

| | | |
|---|---|---|
| legumes (m pl) | yerakot | יְרָקוֹת (ז"ר) |
| verduras (f pl) | 'yerek | יָרָק (ז) |
| | | |
| tomate (m) | agvaniya | עַגְבָנִיָּה (נ) |
| pepino (m) | melafefon | מְלָפְפוֹן (ז) |
| cenoura (f) | 'gezer | גֶּזֶר (ז) |
| batata (f) | ta'puaχ adama | תַּפּוּחַ אֲדָמָה (ז) |
| cebola (f) | batsal | בָּצָל (ז) |
| alho (m) | ʃum | שׁוּם (ז) |
| | | |
| couve (f) | kruv | כְּרוּב (ז) |
| couve-flor (f) | kruvit | כְּרוּבִית (נ) |
| couve-de-bruxelas (f) | kruv niţsanim | כְּרוּב נִצָּנִים (ז) |
| brócolos (m pl) | 'brokoli | בְּרוֹקוֹלִי (ז) |
| | | |
| beterraba (f) | 'selek | סֶלֶק (ז) |
| beringela (f) | χaţsil | חָצִיל (ז) |
| curgete (f) | kiʃu | קִישׁוּא (ז) |
| abóbora (f) | 'dlaʿat | דְּלַעַת (נ) |
| nabo (m) | 'lefet | לֶפֶת (נ) |
| | | |
| salsa (f) | petro'zilya | פֶּטְרוֹזִילְיָה (נ) |
| funcho, endro (m) | ʃamir | שָׁמִיר (ז) |
| alface (f) | χasa | חַסָּה (נ) |
| aipo (m) | 'seleri | סֶלֶרִי (ז) |
| espargo (m) | aspa'ragos | אַסְפָּרָגוֹס (ז) |
| espinafre (m) | 'tered | תֶּרֶד (ז) |
| | | |
| ervilha (f) | afuna | אֲפוּנָה (נ) |
| fava (f) | pol | פּוֹל (ז) |
| milho (m) | 'tiras | תִּירָס (ז) |
| feijão (m) | ʃu'it | שְׁעוּעִית (נ) |
| | | |
| pimentão (m) | 'pilpel | פִּלְפֵּל (ז) |
| rabanete (m) | ţsnonit | צְנוֹנִית (נ) |
| alcachofra (f) | artiʃok | אַרְטִישׁוֹק (ז) |

# GEOGRAFIA REGIONAL

## Países. Nacionalidades

### 234. Europa Ocidental

|  |  |  |
|---|---|---|
| Europa (f) | ei'ropa | אֵירוֹפָּה (נ) |
| União (f) Europeia | ha'ixud ha'eiro'pe'i | הָאִיחוּד הָאֵירוֹפִּי (ז) |
| europeu (m) | eiro'pe'i | אֵירוֹפָּאִי (ז) |
| europeu | eiro'pe'i | אֵירוֹפָּאִי |
| | | |
| Áustria (f) | 'ostriya | אוֹסְטְרְיָה (נ) |
| austríaco (m) | 'ostri | אוֹסְטְרִי (ז) |
| austríaca (f) | 'ostrit | אוֹסְטְרִית (נ) |
| austríaco | 'ostri | אוֹסְטְרִי |
| | | |
| Grã-Bretanha (f) | bri'tanya hagdola | בְּרִיטַנְיָה הַגְּדוֹלָה (נ) |
| Inglaterra (f) | 'angliya | אַנְגְלְיָה (נ) |
| inglês (m) | 'briti | בְּרִיטִי (ז) |
| inglesa (f) | 'btitit | בְּרִיטִית (נ) |
| inglês | angli | אַנְגְלִי |
| | | |
| Bélgica (f) | 'belgya | בֶּלְגְיָה (נ) |
| belga (m) | 'belgi | בֶּלְגִי (ז) |
| belga (f) | 'belgit | בֶּלְגִית (נ) |
| belga | 'belgi | בֶּלְגִי |
| | | |
| Alemanha (f) | ger'manya | גֶּרְמַנְיָה (נ) |
| alemão (m) | germani | גֶּרְמָנִי (ז) |
| alemã (f) | germaniya | גֶּרְמָנְיָה (נ) |
| alemão | germani | גֶּרְמָנִי |
| | | |
| Países (m pl) Baixos | 'holand | הוֹלַנְד (נ) |
| Holanda (f) | 'holand | הוֹלַנְד (נ) |
| holandês (m) | ho'landi | הוֹלַנְדִי (ז) |
| holandesa (f) | ho'landit | הוֹלַנְדִית (נ) |
| holandês | ho'landi | הוֹלַנְדִי |
| | | |
| Grécia (f) | yavan | יָוָן (נ) |
| grego (m) | yevani | יְוָנִי (ז) |
| grega (f) | yevaniya | יְוָנְיָה (נ) |
| grego | yevani | יְוָנִי |
| | | |
| Dinamarca (f) | 'denemark | דֶּנְמַרְק (נ) |
| dinamarquês (m) | 'deni | דָּנִי (ז) |
| dinamarquesa (f) | 'denit | דָּנִית (נ) |
| dinamarquês | 'deni | דָּנִי |
| Irlanda (f) | 'irland | אִירְלַנְד (נ) |
| irlandês (m) | 'iri | אִירִי (ז) |

| irlandesa (f) | ir'landit | אִירְלַנְדִּית (נ) |
| irlandês | 'iri | אִירִי |

| Islândia (f) | 'island | אִיסְלַנְד (נ) |
| islandês (m) | is'landi | אִיסְלַנְדִּי (ז) |
| islandesa (f) | is'landit | אִיסְלַנְדִּית (נ) |
| islandês | is'landi | אִיסְלַנְדִּי |

| Espanha (f) | sfarad | סְפָרַד (נ) |
| espanhol (m) | sfaradi | סְפָרַדִּי (ז) |
| espanhola (f) | sfaradiya | סְפָרַדִּיָּה (נ) |
| espanhol | sfaradi | סְפָרַדִּי |

| Itália (f) | i'talya | אִיטַלְיָה (נ) |
| italiano (m) | italki | אִיטַלְקִי (ז) |
| italiana (f) | italkiya | אִיטַלְקִיָּה (נ) |
| italiano | italki | אִיטַלְקִי |

| Chipre (m) | kafrisin | קַפְרִיסִין (נ) |
| cipriota (m) | kafri'sa'i | קַפְרִיסָאִי (ז) |
| cipriota (f) | kafri'sa'it | קַפְרִיסָאִית (נ) |
| cipriota | kafri'sa'i | קַפְרִיסָאִי |

| Malta (f) | 'malta | מַלְטָה (נ) |
| maltês (m) | 'malti | מַלְטִי (ז) |
| maltesa (f) | 'maltit | מַלְטִית (נ) |
| maltês | 'malti | מַלְטִי |

| Noruega (f) | nor'vegya | נוֹרְבֶּגְיָה (נ) |
| norueguês (m) | nor'vegi | נוֹרְבֶּגִי (ז) |
| norueguesa (f) | nor'vegit | נוֹרְבֶּגִית (נ) |
| norueguês | nor'vegi | נוֹרְבֶּגִי |

| Portugal (m) | portugal | פּוֹרְטוּגָל (נ) |
| português (m) | portu'gali | פּוֹרְטוּגָלִי (ז) |
| portuguesa (f) | portu'galit | פּוֹרְטוּגָלִית (נ) |
| português | portu'gezi | פּוֹרְטוּגֶזִי |

| Finlândia (f) | 'finland | פִינְלַנְד (נ) |
| finlandês (m) | 'fini | פִינִי (ז) |
| finlandesa (f) | 'finit | פִינִית (נ) |
| finlandês | 'fini | פִינִי |

| França (f) | tsarfat | צָרְפַת (נ) |
| francês (m) | tsarfati | צָרְפָתִי (ז) |
| francesa (f) | tsarfatiya | צָרְפָתִיָּה (נ) |
| francês | tsarfati | צָרְפָתִי |

| Suécia (f) | 'ʃvedya | שְבֶדְיָה (נ) |
| sueco (m) | 'ʃvedi | שְבֶדִי (ז) |
| sueca (f) | 'ʃvedit | שְבֶדִית (נ) |
| sueco | 'ʃvedi | שְבֶדִי |

| Suíça (f) | 'ʃvaits | שְווַיִץ (נ) |
| suíço (m) | ʃvei'tsari | שְווַיְצָרִי (ז) |
| suíça (f) | ʃvei'tsarit | שְווַיְצָרִית (נ) |

| suíço | ʃve'tsari | שוויצרי |
| Escócia (f) | 'skotland | סקוטלנד (נ) |
| escocês (m) | 'skoti | סקוטי (ז) |
| escocesa (f) | 'skotit | סקוטית (נ) |
| escocês | 'skoti | סקוטי |

| Vaticano (m) | vatikan | וַתִיקָן (ז) |
| Liechtenstein (m) | liχtenʃtain | ליכטנשטיין (נ) |
| Luxemburgo (m) | luksemburg | לוקסמבורג (נ) |
| Mónaco (m) | mo'nako | מוֹנָקוֹ (נ) |

## 235. Europa Central e de Leste

| Albânia (f) | al'banya | אַלְבַּנְיָה (נ) |
| albanês (m) | al'bani | אַלְבָּנִי (ז) |
| albanesa (f) | al'banit | אַלְבָּנִית (נ) |
| albanês | al'bani | אַלְבָּנִי |

| Bulgária (f) | bul'garya | בּוּלְגַּרְיָה (נ) |
| búlgaro (m) | bul'gari | בּוּלְגָּרִי (ז) |
| búlgara (f) | bulgariya | בּוּלְגָּרְיָה (נ) |
| búlgaro | bul'gari | בּוּלְגָּרִי |

| Hungria (f) | hun'garya | הוֹנְגַּרְיָה (נ) |
| húngaro (m) | hungari | הוֹנְגָּרִי (ז) |
| húngara (f) | hungariya | הוֹנְגָּרְיָה (נ) |
| húngaro | hun'gari | הוֹנְגָּרִי |

| Letónia (f) | 'latviya | לַטְבְיָה (נ) |
| letão (m) | 'latvi | לַטְבִי (ז) |
| letã (f) | 'latvit | לַטְבִית (נ) |
| letão | 'latvi | לַטְבִי |

| Lituânia (f) | 'lita | לִיטָא (נ) |
| lituano (m) | lita'i | לִיטָאִי (ז) |
| lituana (f) | lita'it | לִיטָאִית (נ) |
| lituano | lita'i | לִיטָאִי |

| Polónia (f) | polin | פּוֹלִין (נ) |
| polaco (m) | polani | פּוֹלָנִי (ז) |
| polaca (f) | polaniya | פּוֹלָנְיָה (נ) |
| polaco | polani | פּוֹלָנִי |

| Roménia (f) | ro'manya | רוֹמַנְיָה (נ) |
| romeno (m) | romani | רוֹמָנִי (ז) |
| romena (f) | romaniya | רוֹמַנְיָה (נ) |
| romeno | ro'mani | רוֹמָנִי |

| Sérvia (f) | 'serbya | סֶרְבְּיָה (נ) |
| sérvio (m) | 'serbi | סֶרְבִּי (ז) |
| sérvia (f) | 'serbit | סֶרְבִּית (נ) |
| sérvio | 'serbi | סֶרְבִּי |
| Eslováquia (f) | slo'vakya | סלוֹבָקְיָה (נ) |
| eslovaco (m) | slo'vaki | סלוֹבָקִי (ז) |

| eslovaca (f) | slo'vakit | סלוֹבָקִית (נ) |
| eslovaco | slo'vaki | סלוֹבָקִי |

| Croácia (f) | kro''atya | קרוֹאָטיָה (נ) |
| croata (m) | kro''ati | קרוֹאָטִי (ז) |
| croata (f) | kro''atit | קרוֹאָטִית (נ) |
| croata | kro''ati | קרוֹאָטִי |

| República (f) Checa | 'tʃexya | צ'כְיָה (נ) |
| checo (m) | 'tʃexi | צ'כִי (ז) |
| checa (f) | 'tʃexit | צ'כִית (נ) |
| checo | 'tʃexi | צ'כִי |

| Estónia (f) | es'tonya | אֶסטוֹניָה (נ) |
| estónio (m) | es'toni | אֶסטוֹנִי (ז) |
| estónia (f) | es'tonit | אֶסטוֹנִית (נ) |
| estónio | es'toni | אֶסטוֹנִי |

| Bósnia e Herzegovina (f) | 'bosniya | בּוֹסניָה (נ) |
| Macedónia (f) | make'donya | מָקֶדוֹניָה (נ) |
| Eslovénia (f) | slo'venya | סלוֹבֶניָה (נ) |
| Montenegro (m) | monte'negro | מוֹנטֶנֶגרוֹ (נ) |

## 236. Países da ex-URSS

| Azerbaijão (m) | azerbaidʒan | אָזֶרבַּיג'ָן (נ) |
| azeri (m) | azerbai'dʒani | אָזֶרבַּיג'ָנִי (ז) |
| azeri (f) | azerbai'dʒanit | אָזֶרבַּיג'ָנִית (נ) |
| azeri, azerbaijano | azerbai'dʒani | אָזֶרבַּיג'ָנִי |

| Arménia (f) | ar'menya | אַרמֶניָה (נ) |
| arménio (m) | ar'meni | אַרמֶנִי (ז) |
| arménia (f) | ar'menit | אַרמֶנִית (נ) |
| arménio | ar'meni | אַרמֶנִי |

| Bielorrússia (f) | 'belarus | בֶּלָרוּס (נ) |
| bielorrusso (m) | bela'rusi | בֶּלָרוּסִי (ז) |
| bielorrussa (f) | bela'rusit | בֶּלָרוּסִית (נ) |
| bielorrusso | byelo'rusi | בּיֶלוֹרוּסִי |

| Geórgia (f) | 'gruzya | גרוּזיָה (נ) |
| georgiano (m) | gru'zini | גרוּזִינִי (ז) |
| georgiana (f) | gru'zinit | גרוּזִינִית (נ) |
| georgiano | gru'zini | גרוּזִינִי |

| Cazaquistão (m) | kazaxstan | קָחסטָן (נ) |
| cazaque (m) | ka'zaxi | קָזָחִי (ז) |
| cazaque (f) | ka'zaxit | קָזָחִית (נ) |
| cazaque | ka'zaxi | קָזָחִי |

| Quirguistão (m) | kirgizstan | קירגִ'יזסטָן (נ) |
| quirguiz (m) | kir'gizi | קירגִ'יזִי (ז) |
| quirguiz (f) | kir'gizit | קירגִ'יזִית (נ) |
| quirguiz | kir'gizi | קירגִ'יזִי |

| Moldávia (f) | mol'davya | מוֹלדָבִיה (נ) |
| moldavo (m) | mol'davi | מוֹלדָבִי (ז) |
| moldava (f) | mol'davit | מוֹלדָבִית (נ) |
| moldavo | mol'davi | מוֹלדָבִי |

| Rússia (f) | 'rusya | רוֹסִיה (נ) |
| russo (m) | rusi | רוֹסִי (ז) |
| russa (f) | rusiya | רוֹסִיה (נ) |
| russo | rusi | רוֹסִי |

| Tajiquistão (m) | tadʒikistan | טָגׅ'יקִיסטָן (נ) |
| tajique (m) | ta'dʒiki | טָגׅ'יקִי (ז) |
| tajique (f) | ta'dʒikit | טָגׅ'יקִית (נ) |
| tajique | ta'dʒiki | טָגׅ'יקִי |

| Turquemenistão (m) | turkmenistan | טוּרקמֶנׅיסטָן (נ) |
| turcomeno (m) | turk'meni | טוּרקמֶנׅי (ז) |
| turcomena (f) | turk'menit | טוּרקמֶנׅית (נ) |
| turcomeno | turk'meni | טוּרקמֶנׅי |

| Uzbequistão (f) | uzbekistan | אוּזבֶּקִיסטָן (נ) |
| uzbeque (m) | uz'beki | אוּזבֶּקִי (ז) |
| uzbeque (f) | uz'bekit | אוּזבֶּקִית (נ) |
| uzbeque | uz'beki | אוּזבֶּקִי |

| Ucrânia (f) | uk'rayna | אוֹקרָאִינה (נ) |
| ucraniano (m) | ukra"ini | אוֹקרָאִינׅי (ז) |
| ucraniana (f) | ukra"init | אוֹקרָאִינׅית (נ) |
| ucraniano | ukra"ini | אוֹקרָאִינׅי |

## 237. Asia

| Ásia (f) | 'asya | אַסׅיה (נ) |
| asiático | as'yati | אַסׅיָיתׅי |

| Vietname (m) | vyetnam | וׅיֶיטנָאם (נ) |
| vietnamita (m) | vyet'nami | וׅיֶיטנָאמׅי (ז) |
| vietnamita (f) | vyet'namit | וׅיֶיטנָאמׅית (נ) |
| vietnamita | vyet'nami | וׅיֶיטנָאמׅי |

| Índia (f) | 'hodu | הוֹדוּ (נ) |
| indiano (m) | 'hodi | הוֹדׅי (ז) |
| indiana (f) | 'hodit | הוֹדׅית (נ) |
| indiano | 'hodi | הוֹדׅי |

| Israel (m) | yisra'el | יׅשׂרָאֵל (נ) |
| israelita (m) | yisra'eli | יׅשׂרָאֵלׅי (ז) |
| israelita (f) | yisra'elit | יׅשׂרָאֵלׅית (נ) |
| israelita | yisra'eli | יׅשׂרָאֵלׅי |

| judeu (m) | yehudi | יְהוּדׅי (ז) |
| judia (f) | yehudiya | יְהוּדׅיָה (נ) |
| judeu | yehudi | יְהוּדׅי |
| China (f) | sin | סׅין (נ) |

211

| | | |
|---|---|---|
| chinês (m) | 'sini | סִינִי (נ) |
| chinesa (f) | 'sinit | סִינִית (נ) |
| chinês | 'sini | סִינִי |
| | | |
| coreano (m) | korei"ani | קוֹרֵיאָנִי (ז) |
| coreana (f) | korei"anit | קוֹרֵיאָנִית (נ) |
| coreano | korei"ani | קוֹרֵיאָנִי |
| | | |
| Líbano (m) | levanon | לְבָנוֹן (נ) |
| libanês (m) | leva'noni | לְבָנוֹנִי (ז) |
| libanesa (f) | leva'nonit | לְבָנוֹנִית (נ) |
| libanês | leva'noni | לְבָנוֹנִי |
| | | |
| Mongólia (f) | mon'golya | מוֹנגוֹלְיָה (נ) |
| mongol (m) | mon'goli | מוֹנגוֹלִי (ז) |
| mongol (f) | mon'golit | מוֹנגוֹלִית (נ) |
| mongol | mon'goli | מוֹנגוֹלִי |
| | | |
| Malásia (f) | ma'lezya | מָלֶזְיָה (נ) |
| malaio (m) | ma'la'i | מָלָאִי (ז) |
| malaia (f) | ma'la'it | מָלָאִית (נ) |
| malaio | ma'la'i | מָלָאִי |
| | | |
| Paquistão (m) | pakistan | פָּקִיסטָן (נ) |
| paquistanês (m) | pakis'tani | פָּקִיסטָנִי (ז) |
| paquistanesa (f) | pakis'tanit | פָּקִיסטָנִית (נ) |
| paquistanês | pakis'tani | פָּקִיסטָנִי |
| | | |
| Arábia (f) Saudita | arav hasa'udit | עֲרָב הַסָּעוֹדִית (נ) |
| árabe (m) | aravi | עֲרָבִי (ז) |
| árabe (f) | araviya | עֲרָבִיָה (נ) |
| árabe | aravi | עֲרָבִי |
| | | |
| Tailândia (f) | 'tailand | תָאִילַנד (נ) |
| tailandês (m) | tai'landi | תָאִילַנדִי (ז) |
| tailandesa (f) | tai'landit | תָאִילַנדִית (נ) |
| tailandês | tai'landi | תָאִילַנדִי |
| | | |
| Taiwan (m) | taivan | טָיוָון (נ) |
| taiwanês (m) | tai'vani | טָיוָונִי (ז) |
| taiwanesa (f) | tai'vanit | טָיוָונִית (נ) |
| taiwanês | tai'vani | טָיוָונִי |
| | | |
| Turquia (f) | 'turkiya | טוּרקִיָה (נ) |
| turco (m) | turki | טוּרקִי (ז) |
| turca (f) | turkiya | טוּרקִיָה (נ) |
| turco | turki | טוּרקִי |
| | | |
| Japão (m) | yapan | יַפָּן (נ) |
| japonês (m) | ya'pani | יַפָּנִי (ז) |
| japonesa (f) | ya'panit | יַפָּנִית (נ) |
| japonês | ya'pani | יַפָּנִי |
| | | |
| Afeganistão (m) | afganistan | אַפגָנִיסטָן (נ) |
| Bangladesh (m) | bangladeʃ | בַּנגלָדֶש (נ) |
| Indonésia (f) | indo'nezya | אִינדוֹנֶזיָה (נ) |

| | | |
|---|---|---|
| Jordânia (f) | yarden | יַרְדֵּן (נ) |
| Iraque (m) | irak | עִירָאק (נ) |
| Irão (m) | iran | אִירָן (נ) |
| Camboja (f) | kam'bodya | קַמְבּוֹדְיָה (נ) |
| Kuwait (m) | kuveit | כּוּוֵית (נ) |
| | | |
| Laos (m) | la'os | לָאוֹס (נ) |
| Myanmar (m), Birmânia (f) | miyanmar | מְיַאנְמָר (נ) |
| Nepal (m) | nepal | נֶפָּאל (נ) |
| Emirados Árabes Unidos | iχud ha'emi'royot ha'araviyot | אִיחוּד הָאֱמִירוּיוֹת הָעֲרָבִיּוֹת (ז) |
| | | |
| Síria (f) | 'surya | סוּרְיָה (נ) |
| Palestina (f) | falastin | פָּלַסְטִין (נ) |
| Coreia do Sul (f) | ko'rei'a hadromit | קוֹרֵיאָה הַדְּרוֹמִית (נ) |
| Coreia do Norte (f) | ko'rei'a hatsfonit | קוֹרֵיאָה הַצְפוֹנִית (נ) |

## 238. América do Norte

| | | |
|---|---|---|
| Estados Unidos da América | artsot habrit | אַרְצוֹת הַבְּרִית (נ"ר) |
| americano (m) | ameri'ka'i | אָמֶרִיקָאִי (ז) |
| americana (f) | ameri'ka'it | אָמֶרִיקָאִית (נ) |
| americano | ameri'ka'i | אָמֶרִיקָאִי |
| | | |
| Canadá (m) | 'kanada | קָנָדָה (נ) |
| canadiano (m) | ka'nadi | קָנָדִי (ז) |
| canadiana (f) | ka'nadit | קָנָדִית (נ) |
| canadiano | ka'nadi | קָנָדִי |
| | | |
| México (m) | 'meksiko | מֶקְסִיקוֹ (נ) |
| mexicano (m) | meksi'kani | מֶקְסִיקָנִי (ז) |
| mexicana (f) | meksi'kanit | מֶקְסִיקָנִית (נ) |
| mexicano | meksi'kani | מֶקְסִיקָנִי |

## 239. América Central do Sul

| | | |
|---|---|---|
| Argentina (f) | argen'tina | אַרְגֶּנְטִינָה (נ) |
| argentino (m) | argentinai | אַרְגֶּנְטִינָאִי (ז) |
| argentina (f) | argenti'na'it | אַרְגֶּנְטִינָאִית (נ) |
| argentino | argenti'na'it | אַרְגֶּנְטִינָאִי |
| | | |
| Brasil (m) | brazil | בְּרָזִיל (נ) |
| brasileiro (m) | brazil'a'i | בְּרָזִילָאִי (ז) |
| brasileira (f) | brazi'la'it | בְּרָזִילָאִית (נ) |
| brasileiro | brazi'la'i | בְּרָזִילָאִי |
| | | |
| Colômbia (f) | ko'lombya | קוֹלוֹמְבִּיָה (נ) |
| colombiano (m) | kolom'byani | קוֹלוֹמְבִּיָאנִי (ז) |
| colombiana (f) | kolomb'yanit | קוֹלוֹמְבִּיָאנִית (נ) |
| colombiano | kolom'byani | קוֹלוֹמְבִּיָאנִי |
| | | |
| Cuba (f) | 'kuba | קוּבָּה (נ) |
| cubano (m) | ku'bani | קוּבָּנִי (ז) |

| | | |
|---|---|---|
| cubana (f) | ku'banit | קוּבָּנִית (נ) |
| cubano | ku'bani | קוּבָּנִי |
| | | |
| Chile (m) | 'ʧile | צ'יִלֶה (נ) |
| chileno (m) | ʧili"ani | צ'יִלִיאָנִי (ז) |
| chilena (f) | ʧili"anit | צ'יִלִיאָנִית (נ) |
| chileno | ʧili"ani | צ'יִלִיאָנִי |
| | | |
| Bolívia (f) | bo'livya | בּוֹלִיבִיָה (נ) |
| Venezuela (f) | venetsu"ela | וֶנֶצוּאֶלָה (נ) |
| Paraguai (m) | paragvai | פָּרַגוּאַי (נ) |
| Peru (m) | peru | פֶּרוּ (נ) |
| | | |
| Suriname (m) | surinam | סוּרִינָאם (נ) |
| Uruguai (m) | urugvai | אוּרוּגוּאַי (נ) |
| Equador (m) | ekvador | אֶקוָדוֹר (נ) |
| | | |
| Bahamas (f pl) | iyey ba'hama | אִיֵי בָּהָאמָה (ז"ר) |
| Haiti (m) | ha"iti | הָאִיטִי (נ) |
| República (f) Dominicana | hare'publika hadomeni'kanit | הָרֶפּוּבְּלִיקָה הַדוֹמִינִיקָנִית (נ) |
| Panamá (m) | pa'nama | פָּנָמָה (נ) |
| Jamaica (f) | ʤa'maika | ג'מַייקָה (נ) |

## 240. Africa

| | | |
|---|---|---|
| Egito (m) | mits'rayim | מִצְרַיִם (נ) |
| egípcio (m) | mitsri | מִצְרִי (ז) |
| egípcia (f) | mitsriya | מִצְרִייָה (נ) |
| egípcio | mitsri | מִצְרִי |
| | | |
| Marrocos | ma'roko | מָרוֹקוֹ (נ) |
| marroquino (m) | maro'ka'i | מָרוֹקָאִי (ז) |
| marroquina (f) | maro'ka'it | מָרוֹקָאִית (נ) |
| marroquino | maro'ka'i | מָרוֹקָאִי |
| | | |
| Tunísia (f) | tu'nisya | טוּנִיסִיָה (נ) |
| tunisino (m) | tuni'sa'i | טוּנִיסָאִי (ז) |
| tunisina (f) | tuni'sa'it | טוּנִיסָאִית (נ) |
| tunisino | tuni'sa'i | טוּנִיסָאִי |
| | | |
| Gana (f) | 'gana | גָאנָה (נ) |
| Zanzibar (m) | zanzibar | זַנזִיבָּר (נ) |
| Quénia (f) | 'kenya | קֶנִיָה (נ) |
| Líbia (f) | luv | לוּב (נ) |
| Madagáscar (m) | madagaskar | מָדָגַסקָר (ז) |
| | | |
| Namíbia (f) | na'mibya | נָמִיבִּיָה (נ) |
| Senegal (m) | senegal | סֶנֶגָל (נ) |
| Tanzânia (f) | tan'zanya | טַנזַנִיָה (נ) |
| África do Sul (f) | drom 'afrika | דרוֹם אַפרִיקָה (נ) |
| | | |
| africano (m) | afri'ka'i | אַפרִיקָאִי (ז) |
| africana (f) | afri'ka'it | אַפרִיקָאִית (נ) |
| africano | afri'ka'i | אַפרִיקָאִי |

## 241. Austrália. Oceania

|  |  |  |
|---|---|---|
| Austrália (f) | ost'ralya | אוֹסְטְרַלְיָה (נ) |
| australiano (m) | ost'rali | אוֹסְטְרַלִי (ז) |
| australiana (f) | ost'ralit | אוֹסְטְרַלִית (נ) |
| australiano | ost'rali | אוֹסְטְרַלִי |
| | | |
| Nova Zelândia (f) | nyu 'ziland | נְיוּ זִילַנְד (נ) |
| neozelandês (m) | nyu zi'landi | נְיוּ זִילַנְדִי (ז) |
| neozelandesa (f) | nyu zi'landit | נְיוּ זִילַנְדִית (נ) |
| neozelandês | nyu zi'landi | נְיוּ זִילַנְדִי |
| | | |
| Tasmânia (f) | tas'manya | טַסְמַנְיָה (נ) |
| Polinésia Francesa (f) | poli'nezya hatsarfatit | פּוֹלִינֶזְיָה הַצָּרְפָתִית (נ) |

## 242. Cidades

|  |  |  |
|---|---|---|
| Amesterdão | 'amsterdam | אַמְסְטְרְדָם (נ) |
| Ancara | ankara | אַנְקָרָה (נ) |
| Atenas | a'tuna | אָתוּנָה (נ) |
| | | |
| Bagdade | bagdad | בַּגְדָד (נ) |
| Banguecoque | bangkok | בַּנְגְקוֹק (נ) |
| Barcelona | bartse'lona | בַּרְצֶלוֹנָה (נ) |
| Beirute | beirut | בֵּירוּת (נ) |
| Berlim | berlin | בֶּרְלִין (נ) |
| | | |
| Bombaim | bombei | בּוֹמְבֵּי (נ) |
| Bona | bon | בּוֹן (נ) |
| Bordéus | bordo | בּוֹרְדוֹ (נ) |
| Bratislava | bratis'lava | בְּרָטִיסְלָאבָה (נ) |
| Bruxelas | brisel | בְּרִיסֶל (נ) |
| Bucareste | 'bukareʃt | בּוּקָרֶשְט (נ) |
| Budapeste | 'budapeʃt | בּוּדָפֶשְט (נ) |
| | | |
| Cairo | kahir | קָהִיר (נ) |
| Calcutá | kol'kata | קוֹלְקָטָה (נ) |
| Chicago | ʃi'kago | שִיקָאגוֹ (נ) |
| Cidade do México | 'meksiko 'siti | מֶקְסִיקוֹ סִיטִי (נ) |
| Copenhaga | kopen'hagen | קוֹפֶּנהָגֶן (נ) |
| | | |
| Dar es Salaam | dar e salam | דָאר אֶ־סָלָאם (נ) |
| Deli | 'delhi | דֶלְהִי (נ) |
| Dubai | dubai | דוּבַּאי (נ) |
| Dublin, Dublim | 'dablin | דַבְּלִין (נ) |
| Düsseldorf | 'diseldorf | דִיסֶלְדוֹרְף (נ) |
| Estocolmo | 'stokholm | סְטוֹקְהוֹלְם (נ) |
| | | |
| Florença | fi'rentse | פִירֶנְצֶה (נ) |
| Frankfurt | 'frankfurt | פְרַנְקְפוֹרְט (נ) |
| Genebra | dʒe'neva | גֶ'נֶבָה (נ) |
| Haia | hag | הָאג (נ) |
| Hamburgo | 'hamburg | הַמְבּוּרְג (נ) |

| | | |
|---|---|---|
| Hanói | hanoi | הָאנוֹי (נ) |
| Havana | ha'vana | הָוַאנָה (נ) |
| | | |
| Helsínquia | 'helsinki | הֶלְסִינְקִי (נ) |
| Hiroshima | hiro'ʃima | הִירוֹשִימָה (נ) |
| Hong Kong | hong kong | הוֹנג קוֹנג (נ) |
| Istambul | istanbul | אִיסְטַנְבּוּל (נ) |
| Jerusalém | yeruʃa'layim | יְרוּשָלַיִם (נ) |
| Kiev | 'kiyev | קְיֶיב (נ) |
| Kuala Lumpur | ku"ala lumpur | קוּאָלָה לוּמפּוּר (נ) |
| Lisboa | lisbon | לִיסבּוֹן (נ) |
| Londres | 'london | לוֹנדוֹן (נ) |
| Los Angeles | los 'andʒeles | לוֹס אַנג'לֶס (נ) |
| Lion | li'on | לִיאוֹן (נ) |
| | | |
| Madrid | madrid | מָדרִיד (נ) |
| Marselha | marsei | מַרסֵי (נ) |
| Miami | ma'yami | מָיאמִי (נ) |
| Montreal | montri'ol | מוֹנטרִיאוֹל (נ) |
| Moscovo | 'moskva | מוֹסקבָה (נ) |
| Munique | 'minχen | מִינכֶן (נ) |
| | | |
| Nairóbi | nai'robi | נַיירוֹבִּי (נ) |
| Nápoles | 'napoli | נָפּוֹלִי (נ) |
| Nice | nis | נִיס (נ) |
| Nova York | nyu york | נִיו יוֹרק (נ) |
| | | |
| Oslo | 'oslo | אוֹסלוֹ (נ) |
| Ottawa | 'otava | אוֹטַוָה (נ) |
| Paris | pariz | פָּרִיז (נ) |
| Pequim | beidʒing | בֵּייג'ינג (נ) |
| Praga | prag | פּרָאג (נ) |
| | | |
| Rio de Janeiro | 'riyo de ʒa'nero | רִיוֹ דֶה ז'נֵרוֹ (נ) |
| Roma | 'roma | רוֹמָא (נ) |
| São Petersburgo | sant 'petersburg | סָנט פֶּטֶרסבּוּרג (נ) |
| Seul | se'ul | סָאוּל (נ) |
| Singapura | singapur | סִינגָפּוּר (נ) |
| Sydney | 'sidni | סִידנִי (נ) |
| | | |
| Taipé | taipe | טַייפֶּה (נ) |
| Tóquio | 'tokyo | טוֹקיוֹ (נ) |
| Toronto | to'ronto | טוֹרוֹנטוֹ (נ) |
| Varsóvia | 'varʃa | וַרשָה (נ) |
| Veneza | ve'netsya | וֶנֶצְיָה (נ) |
| Viena | 'vina | וִינָה (נ) |
| | | |
| Washington | 'voʃington | וּוֹשִינגטוֹן (נ) |
| Xangai | ʃanχai | שַנחַאי (נ) |

## 243. Política. Governo. Parte 1

| | | |
|---|---|---|
| política (f) | po'litika | פּוֹלִיטִיקָה (נ) |
| político | po'liti | פּוֹלִיטִי |

| político (m) | politikai | פּוֹלִיטִיקַאי (ז) |
| estado (m) | medina | מְדִינָה (נ) |
| cidadão (m) | ezraχ | אֶזְרָח (ז) |
| cidadania (f) | ezraχut | אֶזְרָחוּת (נ) |

| brasão (m) de armas | 'semel le'umi | סֵמֶל לְאוּמִי (ז) |
| hino (m) nacional | himnon le'umi | הִמְנוֹן לְאוּמִי (ז) |

| governo (m) | memʃala | מֶמְשָׁלָה (נ) |
| Chefe (m) de Estado | roʃ medina | רֹאשׁ מְדִינָה (ז) |
| parlamento (m) | parlament | פַּרְלָמֶנְט (ז) |
| partido (m) | miflaga | מִפְלָגָה (נ) |

| capitalismo (m) | kapitalizm | קָפִּיטָלִיזְם (ז) |
| capitalista | kapita'listi | קָפִּיטָלִיסְטִי |

| socialismo (m) | sotsyalizm | סוֹצְיָאלִיזְם (ז) |
| socialista | sotsya'listi | סוֹצְיָאלִיסְטִי |

| comunismo (m) | komunizm | קוֹמוּנִיזְם (ז) |
| comunista | komu'nisti | קוֹמוּנִיסְטִי |
| comunista (m) | komunist | קוֹמוּנִיסְט (ז) |

| democracia (f) | demo'kratya | דֶמוֹקְרַטְיָה (נ) |
| democrata (m) | demokrat | דֶמוֹקְרָט (ז) |
| democrático | demo'krati | דֶמוֹקְרָטִי |
| Partido (m) Democrático | miflaga demo'kratit | מִפְלָגָה דֶמוֹקְרָטִית (נ) |

| liberal (m) | libe'rali | לִיבֶּרָלִי (ז) |
| liberal | libe'rali | לִיבֶּרָלִי |
| conservador (m) | ʃamran | שַׁמְרָן (ז) |
| conservador | ʃamrani | שַׁמְרָנִי |

| república (f) | re'publika | רֶפּוּבְּלִיקָה (נ) |
| republicano (m) | republi'kani | רֶפּוּבְּלִיקָנִי (ז) |
| Partido (m) Republicano | miflaga republi'kanit | מִפְלָגָה רֶפּוּבְּלִיקָנִית (נ) |

| eleições (f pl) | bχirot | בְּחִירוֹת (נ"ר) |
| eleger (vt) | livχor | לִבְחוֹר |
| eleitor (m) | mats'bi'a | מַצְבִּיעַ (ז) |
| campanha (f) eleitoral | masa bχirot | מַסָע בְּחִירוֹת (ז) |

| votação (f) | hatsba'a | הַצְבָּעָה (נ) |
| votar (vi) | lehats'bi'a | לְהַצְבִּיעַ |
| direito (m) de voto | zχut hatsba'a | זְכוּת הַצְבָּעָה (נ) |

| candidato (m) | mu'amad | מוּעֲמָד (ז) |
| candidatar-se (vi) | lehatsig mu'amadut | לְהַצִיג מוּעֲמָדוּת |
| campanha (f) | masa | מַסָע (ז) |

| da oposição | opozitsyoni | אוֹפּוֹזִיצְיוֹנִי |
| oposição (f) | opo'zitsya | אוֹפּוֹזִיצְיָה (נ) |

| visita (f) | bikur | בִּיקוּר (ז) |
| visita (f) oficial | bikur riʃmi | בִּיקוּר רִשְׁמִי (ז) |
| internacional | benle'umi | בֵּינְלְאוּמִי |

217

| negociações (f pl) | masa umatan | מַשָּׂא וּמַתָּן (ז) |
| negociar (vi) | laset velatet | לָשֵׂאת וְלָתֵת |

## 244. Política. Governo. Parte 2

| sociedade (f) | χevra | חֶבְרָה (נ) |
| constituição (f) | χuka | חוּקָה (נ) |
| poder (ir para o ~) | ʃilton | שִׁלְטוֹן (ז) |
| corrupção (f) | ʃχitut | שְׁחִיתוּת (נ) |

| lei (f) | χok | חוֹק (ז) |
| legal | χuki | חוּקִי |

| justiça (f) | 'tsedek | צֶדֶק (ז) |
| justo | tsodek | צוֹדֵק |

| comité (m) | 'va'ad | וַעַד (ז) |
| projeto-lei (m) | hatsa'at χok | הַצָּעַת חוֹק (נ) |
| orçamento (m) | taktsiv | תַקְצִיב (ז) |
| política (f) | mediniyut | מְדִינִיּוּת (נ) |
| reforma (f) | re'forma | רֶפוֹרְמָה (נ) |
| radical | radi'kali | רָדִיקָלִי |

| força (f) | otsma | עוֹצְמָה (נ) |
| poderoso | rav 'koaχ | רַב־כּוֹחַ |
| partidário (m) | tomeχ | תוֹמֵךְ (ז) |
| influência (f) | haʃpa'a | הַשְׁפָּעָה (נ) |

| regime (m) | miʃtar | מִשְׁטָר (ז) |
| conflito (m) | siχsuχ | סִכְסוּךְ (ז) |
| conspiração (f) | 'keʃer | קֶשֶׁר (ז) |
| provocação (f) | provo'katsya, hitgarut | פְּרוֹבוֹקַצְיָה, הִתְגָרוּת (נ) |

| derrubar (vt) | leha'diaχ | לְהַדִּיחַ |
| derrube (m), queda (f) | hadaχa mikes malχut | הַדָחָה מִכֵּס מַלְכוּת (נ) |
| revolução (f) | mahapeχa | מַהְפֵּכָה (נ) |

| golpe (m) de Estado | hafiχa | הֲפִיכָה (ז) |
| golpe (m) militar | mahapaχ tsva'i | מַהֲפָךְ צְבָאִי (ז) |

| crise (f) | maʃber | מַשְׁבֵּר (ז) |
| recessão (f) económica | mitun kalkali | מִיתוּן כַּלְכָּלִי (ז) |
| manifestante (m) | mafgin | מַפְגִּין (ז) |
| manifestação (f) | hafgana | הַפְגָּנָה (נ) |
| lei (f) marcial | miʃtar tsva'i | מִשְׁטָר צְבָאִי (ז) |
| base (f) militar | basis tsva'i | בָּסִיס צְבָאִי (ז) |

| estabilidade (f) | yatsivut | יַצִּיבוּת (נ) |
| estável | yatsiv | יַצִּיב |

| exploração (f) | nitsul | נִיצוּל (ז) |
| explorar (vt) | lenatsel | לְנַצֵּל |
| racismo (m) | giz'anut | גִזְעָנוּת (נ) |
| racista (m) | giz'ani | גִזְעָנִי (ז) |

| | | |
|---|---|---|
| fascismo (m) | faʃizm | פָשִׁיזׁם (ז) |
| fascista (m) | faʃist | פָשִׁיסְט (ז) |

## 245. Países. Diversos

| | | |
|---|---|---|
| estrangeiro (m) | zar | זָר (ז) |
| estrangeiro | zar | זָר |
| no estrangeiro | beχul | בְּחוּ"ל |

| | | |
|---|---|---|
| emigrante (m) | mehager | מְהַגֵּר (ז) |
| emigração (f) | hagira | הָגִירָה (נ) |
| emigrar (vi) | lehager | לְהַגֵּר |

| | | |
|---|---|---|
| Ocidente (m) | ma'arav | מַעֲרָב (ז) |
| Oriente (m) | mizraχ | מִזְרָח (ז) |
| Extremo Oriente (m) | hamizraχ haraχok | הַמִזְרָח הָרָחוֹק (ז) |

| | | |
|---|---|---|
| civilização (f) | tsivili'zatsya | צִיבִילִיזַצְיָה (נ) |
| humanidade (f) | enoʃut | אֱנוֹשׁוּת (נ) |
| mundo (m) | olam | עוֹלָם (ז) |
| paz (f) | ʃalom | שָׁלוֹם (ז) |
| mundial | olami | עוֹלָמִי |

| | | |
|---|---|---|
| pátria (f) | mo'ledet | מוֹלֶדֶת (נ) |
| povo (m) | am | עַם (ז) |
| população (f) | oχlusiya | אוּכְלוּסִיָּה (נ) |
| gente (f) | anaʃim | אֲנָשִׁים (ז"ר) |
| nação (f) | uma | אוּמָה (נ) |
| geração (f) | dor | דוֹר (ז) |
| território (m) | 'ʃetaχ | שֶׁטַח (ז) |
| região (f) | ezor | אֵזוֹר (ז) |
| estado (m) | medina | מְדִינָה (נ) |

| | | |
|---|---|---|
| tradição (f) | ma'soret | מָסוֹרֶת (נ) |
| costume (m) | minhag | מִנְהָג (ז) |
| ecologia (f) | eko'logya | אֶקוֹלוֹגְיָה (נ) |

| | | |
|---|---|---|
| índio (m) | ind'yani | אִינְדִיָאנִי (ז) |
| cigano (m) | tso'ani | צוֹעֲנִי (ז) |
| cigana (f) | tso'aniya | צוֹעֲנִיָה (נ) |
| cigano | tso'ani | צוֹעֲנִי |

| | | |
|---|---|---|
| império (m) | im'perya | אִימְפֶּרְיָה (נ) |
| colónia (f) | ko'lonya | קוֹלוֹנְיָה (נ) |
| escravidão (f) | avdut | עַבְדוּת (נ) |
| invasão (f) | pliʃa | פְּלִישָׁה (נ) |
| fome (f) | 'ra'av | רָעָב (ז) |

## 246. Grupos religiosos mais importantes. Confissões

| | | |
|---|---|---|
| religião (f) | dat | דָת (נ) |
| religioso | dati | דָתִי |

| | | |
|---|---|---|
| crença (f) | emuna | אֱמוּנָה (נ) |
| crer (vt) | leha'amin | לְהַאֲמִין |
| crente (m) | ma'amin | מַאֲמִין |
| | | |
| ateísmo (m) | ate'izm | אָתֵאִיזם (ז) |
| ateu (m) | ate'ist | אָתֵאִיסט (ז) |
| | | |
| cristianismo (m) | natsrut | נַצְרוּת (נ) |
| cristão (m) | notsri | נוֹצְרִי (ז) |
| cristão | notsri | נוֹצְרִי |
| | | |
| catolicismo (m) | ka'toliyut | קָתוֹלִיוּת (נ) |
| católico (m) | ka'toli | קָתוֹלִי (ז) |
| católico | ka'toli | קָתוֹלִי |
| | | |
| protestantismo (m) | protes'tantiyut | פְּרוֹטֶסְטַנְטִיוּת (נ) |
| Igreja (f) Protestante | knesiya protes'tantit | כְּנֵסִיָּה פְּרוֹטֶסְטַנְטִית (נ) |
| protestante (m) | protestant | פְּרוֹטֶסְטַנְט (ז) |
| | | |
| ortodoxia (f) | natsrut orto'doksit | נַצְרוּת אוֹרְתוֹדוֹקְסִית (נ) |
| Igreja (f) Ortodoxa | knesiya orto'doksit | כְּנֵסִיָּה אוֹרְתוֹדוֹקְסִית (נ) |
| ortodoxo (m) | orto'doksi | אוֹרְתוֹדוֹקְסִי |
| | | |
| presbiterianismo (m) | presbiteryanizm | פְּרֶסְבִּיטֶרְיָאנִיזם (ז) |
| Igreja (f) Presbiteriana | knesiya presviteri"anit | כְּנֵסִיָּה פְּרֶסְבִּיטֶרְיָאנִית (נ) |
| presbiteriano (m) | presbiter'yani | פְּרֶסְבִּיטֶרְיָאנִי (ז) |
| | | |
| Igreja (f) Luterana | knesiya lute'ranit | כְּנֵסִיָּה לוּתֶרָנִית (נ) |
| luterano (m) | lute'rani | לוּתֶרָנִי (ז) |
| | | |
| Igreja (f) Batista | knesiya bap'tistit | כְּנֵסִיָּה בַּפְּטִיסְטִית (נ) |
| batista (m) | baptist | בַּפְּטִיסְט (ז) |
| | | |
| Igreja (f) Anglicana | knesiya angli'kanit | כְּנֵסִיָּה אַנְגְלִיקָנִית (נ) |
| anglicano (m) | angli'kani | אַנְגְלִיקָנִי (ז) |
| | | |
| mormonismo (m) | mor'monim | מוֹרְמוֹנִים (ז) |
| mórmon (m) | mormon | מוֹרְמוֹן (ז) |
| | | |
| Judaísmo (m) | yahadut | יַהֲדוּת (נ) |
| judeu (m) | yehudi, yehudiya | יְהוּדִי (ז), יְהוּדִיָּה (נ) |
| | | |
| budismo (m) | budhizm | בּוּדְהִיזם (ז) |
| budista (m) | budhist | בּוּדְהִיסְט (ז) |
| | | |
| hinduísmo (m) | hindu'izm | הִינְדוּאִיזם (ז) |
| hindu (m) | 'hindi | הִינְדִי (ז) |
| | | |
| Islão (m) | islam | אִיסְלָאם (ז) |
| muçulmano (m) | 'muslemi | מוּסְלְמִי (ז) |
| muçulmano | 'muslemi | מוּסְלְמִי |
| | | |
| Xiismo (m) | islam 'ʃi'i | אִסְלָאם שִׁיעִי (ז) |
| xiita (m) | 'ʃi'i | שִׁיעִי (ז) |
| sunismo (m) | islam 'suni | אִסְלָאם סוּנִי (ז) |
| sunita (m) | 'suni | סוּנִי (ז) |

## 247. Religiões. Padres

| padre (m) | 'komer | פֹּמֶר (ז) |
| Papa (m) | apifyor | אֲפִיפְיוֹר (ז) |

| monge (m) | nazir | נָזִיר (ז) |
| freira (f) | nazira | נְזִירָה (נ) |
| pastor (m) | 'komer | פֹּמֶר (ז) |

| abade (m) | roʃ minzar | רֹאש מִנְזָר (ז) |
| vigário (m) | 'komer hakehila | פֹּמֶר הַקְּהִילָה (ז) |
| bispo (m) | 'biʃof | בִּישׁוֹף (ז) |
| cardeal (m) | χaʃman | חַשְׁמָן (ז) |

| pregador (m) | matif | מַטִיף (ז) |
| sermão (m) | hatafa, draʃa | הַטָּפָה, דְּרָשָׁה (נ) |
| paroquianos (pl) | χaver kehila | חֲבֵר קְהִילָה (ז) |

| crente (m) | ma'amin | מַאֲמִין (ז) |
| ateu (m) | ate'ist | אָתֵאִיסְט (ז) |

## 248. Fé. Cristianismo. Islão

| Adão | adam | אָדָם |
| Eva | χava | חַוָּה |

| Deus (m) | elohim | אֱלוֹהִים |
| Senhor (m) | adonai | אֲדוֹנָי |
| Todo Poderoso (m) | kol yaχol | כָּל יָכוֹל |

| pecado (m) | χet | חֵטְא (ז) |
| pecar (vi) | laχato | לַחֲטוֹא |
| pecador (m) | χote | חוֹטֵא (ז) |
| pecadora (f) | χo'ta'at | חוֹטֵאת (נ) |

| inferno (m) | gehinom | גֵּיהִינוֹם (ז) |
| paraíso (m) | gan 'eden | גַּן עֵדֶן (ז) |

| Jesus | 'yeʃu | יֵשׁוּ |
| Jesus Cristo | 'yeʃu hanotsri | יֵשׁוּ הַנּוֹצְרִי |

| Espírito (m) Santo | 'ruaχ ha'kodeʃ | רוּחַ הַקּוֹדֶשׁ (נ) |
| Salvador (m) | mo'ʃi‘a | מוֹשִׁיעַ (ז) |
| Virgem Maria (f) | 'miryam hakdoʃa | מִרְיָם הַקְּדוֹשָׁה |

| Diabo (m) | satan | שָׂטָן (ז) |
| diabólico | stani | שְׂטָנִי |
| Satanás (m) | satan | שָׂטָן (ז) |
| satânico | stani | שְׂטָנִי |

| anjo (m) | mal'aχ | מַלְאָךְ (ז) |
| anjo (m) da guarda | mal'aχ ʃomer | מַלְאָךְ שׁוֹמֵר (ז) |
| angélico | mal'aχi | מַלְאָכִי |

| | | |
|---|---|---|
| apóstolo (m) | ʃa'liaχ | שָׁלִיחַ (ז) |
| arcanjo (m) | arχimalaχ | אַרְבִּיםַלְאָךְ (ז) |
| anticristo (m) | an'tikrist | אַנְטִיפְרִיסְט (ז) |

| | | |
|---|---|---|
| Igreja (f) | knesiya | כְּנֵסִיָּה (נ) |
| Bíblia (f) | tanaχ | תַּנַ"ךְ (ז) |
| bíblico | tanaχi | תַּנַ"כִי |

| | | |
|---|---|---|
| Velho Testamento (m) | habrit hayeʃana | הַבְּרִית הַיְשָׁנָה (נ) |
| Novo Testamento (m) | habrit haχadaʃa | הַבְּרִית הַחֲדָשָׁה (נ) |
| Evangelho (m) | evangelyon | אֱוַונְגֶּלְיוֹן (ז) |
| Sagradas Escrituras (f pl) | kitvei ha'kodeʃ | כִּתְבֵי הַקּוֹדֶשׁ (ז"ר) |
| Céu (m) | malχut ʃa'mayim, gan 'eden | מַלְכוּת שָׁמַיִם (נ), גַּן עֵדֶן (ז) |

| | | |
|---|---|---|
| mandamento (m) | mitsva | מִצְוָה (נ) |
| profeta (m) | navi | נָבִיא (ז) |
| profecia (f) | nevu'a | נְבוּאָה (נ) |

| | | |
|---|---|---|
| Alá | 'alla | אַלְלָה |
| Maomé | mu'χamad | מוּחַמָד |
| Corão, Alcorão (m) | kur'an | קוּרְאָן (ז) |

| | | |
|---|---|---|
| mesquita (f) | misgad | מִסְגָּד (ז) |
| mulá (m) | 'mula | מוּלָא (ז) |
| oração (f) | tfila | תְּפִילָה (נ) |
| rezar, orar (vi) | lehitpalel | לְהִתְפַּלֵּל |

| | | |
|---|---|---|
| peregrinação (f) | aliya le'regel | עֲלִיָּה לְרֶגֶל (נ) |
| peregrino (m) | tsalyan | צַלְיָן (ז) |
| Meca (f) | 'meka | מֶכָּה (נ) |

| | | |
|---|---|---|
| igreja (f) | knesiya | כְּנֵסִיָּה (נ) |
| templo (m) | mikdaʃ | מִקְדָּשׁ (ז) |
| catedral (f) | kated'rala | קָתֶדְרָלָה (נ) |
| gótico | 'goti | גוֹתִי |
| sinagoga (f) | beit 'kneset | בֵּית כְּנֶסֶת (ז) |
| mesquita (f) | misgad | מִסְגָּד (ז) |

| | | |
|---|---|---|
| capela (f) | beit tfila | בֵּית תְּפִילָה (ז) |
| abadia (f) | minzar | מִנְזָר (ז) |
| convento (m) | minzar | מִנְזָר (ז) |
| mosteiro (m) | minzar | מִנְזָר (ז) |

| | | |
|---|---|---|
| sino (m) | pa'amon | פַּעֲמוֹן (ז) |
| campanário (m) | migdal pa'amonim | מִגְדַּל פַּעֲמוֹנִים (ז) |
| repicar (vi) | letsaltsel | לְצַלְצֵל |

| | | |
|---|---|---|
| cruz (f) | tslav | צְלָב (ז) |
| cúpula (f) | kipa | כִּיפָּה (נ) |
| ícone (m) | ikonin | אִיקוֹנִין (ז) |

| | | |
|---|---|---|
| alma (f) | neʃama | נְשָׁמָה (נ) |
| destino (m) | goral | גּוֹרָל (ז) |
| mal (m) | 'ro'a | רוֹעַ (ז) |
| bem (m) | tuv | טוּב (ז) |
| vampiro (m) | arpad | עַרְפָּד (ז) |

| | | |
|---|---|---|
| bruxa (f) | maxʃefa | מַכְשֵׁפָה (נ) |
| demónio (m) | ʃed | שֵׁד (ז) |
| espírito (m) | 'ruax | רוּחַ (נ) |

| | | |
|---|---|---|
| redenção (f) | kapara | כַּפָּרָה (נ) |
| redimir (vt) | lexaper al | לְכַפֵּר עַל |

| | | |
|---|---|---|
| missa (f) | 'misa | מִיסָה (נ) |
| celebrar a missa | la'arox 'misa | לַעֲרֹוךְ מִיסָה |
| confissão (f) | vidui | וִידוּי (ז) |
| confessar-se (vr) | lehitvadot | לְהִתְוַדּוֹת |

| | | |
|---|---|---|
| santo (m) | kadoʃ | קָדוֹשׁ (ז) |
| sagrado | mekudaʃ | מְקוּדָשׁ |
| água (f) benta | 'mayim kdoʃim | מַיִם קְדוֹשִׁים (ז"ר) |

| | | |
|---|---|---|
| ritual (m) | 'tekes | טֶקֶס (ז) |
| ritual | ʃel 'tekes | שֶׁל טֶקֶס |
| sacrifício (m) | korban | קוֹרְבָּן (ז) |

| | | |
|---|---|---|
| superstição (f) | emuna tfela | אֱמוּנָה תְפֵלָה (נ) |
| supersticioso | ma'amin emunot tfelot | מַאֲמִין אֱמוּנוֹת תְפֵלוֹת |
| vida (f) depois da morte | ha'olam haba | הָעוֹלָם הַבָּא (ז) |
| vida (f) eterna | xayei olam, xayei 'netsax | חַיֵּי עוֹלָם (ז"ר), חַיֵּי נֶצַח (ז"ר) |

# TEMAS DIVERSOS

## 249. Várias palavras úteis

| | | |
|---|---|---|
| ajuda (f) | ezra | עֶזְרָה (נ) |
| barreira (f) | miχʃol | מִכְשׁוֹל (ז) |
| base (f) | basis | בָּסִיס (ז) |
| categoria (f) | kate'gorya | קָטֵגוֹרִיָה (נ) |
| causa (f) | siba | סִיבָּה (נ) |
| | | |
| coincidência (f) | hat'ama | הַתְאָמָה (נ) |
| coisa (f) | 'χefets | חֵפֶץ (ז) |
| começo (m) | hatχala | הַתְחָלָה (נ) |
| cómodo (ex. poltrona ~a) | 'noaχ | נוֹחַ |
| comparação (f) | haʃva'a | הַשְׁוָואָה (נ) |
| | | |
| compensação (f) | pitsui | פִּיצוּי (ז) |
| crescimento (m) | gidul | גִידוּל (ז) |
| desenvolvimento (m) | hitpatχut | הִתְפַּתְחוּת (נ) |
| diferença (f) | 'ʃoni | שׁוֹנִי (ז) |
| efeito (m) | efekt | אֶפֶקְט (ז) |
| | | |
| elemento (m) | element | אֶלֶמֶנְט (ז) |
| equilíbrio (m) | izun | אִיזוּן (ז) |
| erro (m) | ta'ut | טָעוּת (נ) |
| esforço (m) | ma'amats | מַאֲמָץ (ז) |
| estilo (m) | signon | סִגְנוֹן (ז) |
| | | |
| exemplo (m) | dugma | דוּגְמָה (נ) |
| facto (m) | uvda | עוּבְדָה (נ) |
| fim (m) | sof | סוֹף (ז) |
| forma (f) | tsura | צוּרָה (נ) |
| | | |
| frequente | tadir | תָּדִיר |
| fundo (ex. ~ verde) | 'reka | רֶקַע (ז) |
| género (tipo) | sug | סוּג (ז) |
| grau (m) | darga | דַרְגָה (נ) |
| ideal (m) | ide'al | אִידֵיאָל (ז) |
| | | |
| labirinto (m) | mavoχ | מָבוֹךְ (ז) |
| modo (m) | 'ofen | אוֹפֶן (ז) |
| momento (m) | 'rega | רֶגַע (ז) |
| objeto (m) | 'etsem | עֶצֶם (ז) |
| obstáculo (m) | maχsom | מַחְסוֹם (ז) |
| | | |
| original (m) | makor | מָקוֹר (ז) |
| padrão | tikni | תִקְנִי |
| padrão (m) | 'teken | תֶקֶן (ז) |
| paragem (pausa) | hafsaka | הַפְסָקָה (נ) |
| parte (f) | 'χelek | חֵלֶק (ז) |

| partícula (f) | χelkik | חֶלְקִיק (ז) |
| pausa (f) | hafuga | הֲפוּגָה (נ) |
| posição (f) | emda | עֶמְדָה (נ) |
| princípio (m) | ikaron | עִיקָרוֹן (ז) |

| problema (m) | be'aya | בְּעָיָה (נ) |
| processo (m) | tahaliχ | תַּהֲלִיך (ז) |
| progresso (m) | kidma | קִדְמָה (נ) |
| propriedade (f) | tχuna, sgula | תְכוּנָה, סְגוּלָה (נ) |

| reação (f) | tguva | תְּגוּבָה (נ) |
| risco (m) | sikun | סִיכּוּן (ז) |
| ritmo (m) | 'ketsev | קֶצֶב (ז) |
| segredo (m) | sod | סוֹד (ז) |
| série (f) | sidra | סִדְרָה (נ) |

| sistema (m) | ʃita | שִׁיטָה (נ) |
| situação (f) | matsav | מַצָּב (ז) |
| solução (f) | pitaron | פִּיתָרוֹן (ז) |
| tabela (f) | tavla | טַבְלָה (נ) |
| termo (ex. ~ técnico) | musag | מוּשָׂג (ז) |

| tipo (m) | min | מִין (ז) |
| urgente | daχuf | דָחוּף |
| urgentemente | bidχifut | בִּדְחִיפוּת |
| utilidade (f) | to"elet | תּוֹעֶלֶת (נ) |

| variante (f) | girsa | גִּירְסָה (נ) |
| variedade (f) | bχina | בְּחִינָה (נ) |
| verdade (f) | emet | אֱמֶת (נ) |
| vez (f) | tor | תּוֹר (ז) |
| zona (f) | ezor | אֵזוֹר (ז) |

## 250. Modificadores. Adjetivos. Parte 1

| aberto | pa'tuaχ | פָּתוּחַ |
| afiado | χad | חַד |
| agradável | na'im | נָעִים |
| agradecido | asir toda | אֲסִיר תּוֹדָה |
| alegre | sa'meaχ | שָׂמֵחַ |

| alto (ex. voz ~a) | ram | רָם |
| amargo | marir | מָרִיר |
| amplo | meruvaχ | מְרוּוָח |
| antigo | atik | עָתִיק |
| apertado (sapatos ~s) | tsar | צַר |

| apropriado | mat'im | מַתְאִים |
| arriscado | mesukan | מְסוּכָּן |
| artificial | melaχuti | מְלָאכוּתִי |
| azedo | χamuts | חָמוּץ |

| baixo (voz ~a) | ʃaket | שָׁקֵט |
| barato | zol | זוֹל |

225

| belo | mefo'ar | מְפוֹאָר |
| bom | tov | טוֹב |

| bondoso | tov | טוֹב |
| bonito | yafe | יָפֶה |
| bronzeado | ʃazuf | שָׁזוּף |
| burro, estúpido | tipeʃ | טִיפֵּשׁ |
| calmo | ʃaket | שָׁקֵט |

| cansado | ayef | עָיֵף |
| cansativo | me'ayef | מְעַיֵּף |
| carinhoso | do'eg | דוֹאֵג |
| caro | yakar | יָקָר |
| cego | iver | עִיוֵּר |

| central | merkazi | מֶרְכָּזִי |
| cerrado (ex. nevoeiro ~) | samuχ | סָמוּךְ |
| cheio (ex. copo ~) | male | מָלֵא |
| civil | ezraχi | אֶזְרָחִי |

| clandestino | maχtarti | מַחְתַּרְתִּי |
| claro | bahir | בָּהִיר |
| claro (explicação ~a) | barur | בָּרוּר |
| compatível | to'em | תּוֹאֵם |

| comum, normal | ragil | רָגִיל |
| congelado | kafu | קָפוּא |
| conjunto | meʃutaf | מְשׁוּתָּף |
| considerável | χaʃuv | חָשׁוּב |
| contente | merutse | מְרוּצֶה |

| contínuo | memuʃaχ | מְמוּשָׁךְ |
| contrário (ex. o efeito ~) | negdi | נֶגְדִּי |
| correto (resposta ~a) | naχon | נָכוֹן |
| cru (não cozinhado) | χai | חַי |
| curto | katsar | קָצָר |

| de curta duração | katsar | קָצָר |
| de sol, ensolarado | ʃimʃi | שִׁמְשִׁי |
| de trás | aχorani | אֲחוֹרָנִי |
| denso (fumo, etc.) | tsafuf | צָפוּף |
| desanuviado | lelo ananim | לְלֹא עֲנָנִים |

| descuidado | meruʃal | מְרוּשָׁל |
| diferente | ʃone | שׁוֹנֶה |
| difícil | kaʃe | קָשֶׁה |
| difícil, complexo | mesubaχ | מְסוּבָּךְ |
| direito | yemani | יְמָנִי |

| distante | raχok | רָחוֹק |
| diverso | kol minei | כָּל מִינֵי |
| doce (açucarado) | matok | מָתוֹק |
| doce (água) | metukim | מְתוּקִים |
| doente | χole | חוֹלֶה |
| duro (material ~) | kaʃe | קָשֶׁה |
| educado | menumas | מְנוּמָס |

| encantador | nexmad | נֶחְמָד |
| enigmático | mistori | מִסְתוֹרִי |

| enorme | anaki | עֲנָקִי |
| escuro (quarto ~) | xaʃux | חָשׁוּךְ |
| especial | meyuxad | מְיוּחָד |
| esquerdo | smali | שְׂמָאלִי |
| estrangeiro | zar | זָר |

| estreito | tsar | צַר |
| exato | meduyak | מְדוּיָק |
| excelente | metsuyan | מְצוּיָן |
| excessivo | meyutar | מְיוּתָר |
| externo | xitsoni | חִיצוֹנִי |

| fácil | kal | קַל |
| faminto | ra'ev | רָעֵב |
| fechado | sagur | סָגוּר |
| feliz | me'uʃar | מְאוּשָׁר |
| fértil (terreno ~) | pore | פּוֹרֶה |

| forte (pessoa ~) | xazak | חָזָק |
| fraco (luz ~a) | amum | עָמוּם |
| frágil | ʃavir | שָׁבִיר |
| fresco | karir | קָרִיר |
| fresco (pão ~) | tari | טָרִי |

| frio | kar | קַר |
| gordo | ʃamen | שָׁמֵן |
| gostoso | ta'im | טָעִים |
| grande | gadol | גָּדוֹל |

| gratuito, grátis | xinam | חִינָם |
| grosso (camada ~a) | ave | עָבֶה |
| hostil | oyen | עוֹיֵן |
| húmido | lax | לַח |

## 251. Modificadores. Adjetivos. Parte 2

| igual | zehe | זֶהֶה |
| imóvel | xasar tnu'a | חֲסַר תְּנוּעָה |
| importante | xaʃuv | חָשׁוּב |
| impossível | 'bilti efʃari | בִּלְתִּי אֶפְשָׁרִי |
| incompreensível | 'bilti muvan | בִּלְתִּי מוּבָן |

| indigente | ani | עָנִי |
| indispensável | naxuts | נָחוּץ |
| inexperiente | xasar nisayon | חֲסַר נִיסָיוֹן |
| infantil | yaldi | יַלְדִּי |

| ininterrupto | mitmaʃex | מִתְמַשֵּׁךְ |
| insignificante | xasar xaʃivut | חֲסַר חֲשִׁיבוּת |
| inteiro (completo) | ʃalem | שָׁלֵם |
| inteligente | pi'keax | פִּיקֵחַ |

| interno | pnimi | פְּנִימִי |
| jovem | tsa'ir | צָעִיר |
| largo (caminho ~) | raχav | רָחָב |
| legal | χuki | חוּקִי |
| leve | kal | קַל |

| limitado | mugbal | מוּגְבָּל |
| limpo | naki | נָקִי |
| líquido | nozli | נוֹזְלִי |
| liso | χalak | חָלָק |
| liso (superfície ~a) | χalak | חָלָק |

| livre | χofʃi | חוֹפְשִׁי |
| longo (ex. cabelos ~s) | aroχ | אָרֹךְ |
| maduro (ex. fruto ~) | baʃel | בָּשֵׁל |
| magro | raze | רָזֶה |
| magro (pessoa) | raze | רָזֶה |

| mais próximo | hakarov beyoter | הַקָּרוֹב בְּיוֹתֵר |
| mais recente | ʃe'avar | שֶׁעָבַר |
| mate, baço | mat | מַט |
| mau | ra | רַע |
| meticuloso | kapdani | קַפְדָּנִי |

| míope | ktsar re'iya | קְצַר רְאִיָּה |
| mole | raχ | רַךְ |
| molhado | ratuv | רָטוֹב |
| moreno | ʃaχum | שָׁחוּם |
| morto | met | מֵת |

| não difícil | lo kaʃe | לֹא קָשֶׁה |
| não é clara | lo barur | לֹא בָּרוּר |
| não muito grande | lo gadol | לֹא גָּדוֹל |
| natal (país ~) | ʃel mo'ledet | שֶׁל מוֹלֶדֶת |
| necessário | daruʃ | דָּרוּשׁ |

| negativo | ʃlili | שְׁלִילִי |
| nervoso | atsbani | עַצְבָּנִי |
| normal | nor'mali | נוֹרְמָלִי |
| novo | χadaʃ | חָדָשׁ |
| o mais importante | haχaʃuv beyoter | הֶחָשׁוּב בְּיוֹתֵר |

| obrigatório | heχreχi | הֶכְרֵחִי |
| original | mekori | מְקוֹרִי |
| passado | ʃe'avar | שֶׁעָבַר |
| pequeno | katan | קָטָן |
| perigoso | mesukan | מְסוּכָּן |

| permanente | ka'vu'a | קָבוּעַ |
| perto | karov | קָרוֹב |
| pesado | kaved | כָּבֵד |
| pessoal | prati | פְּרָטִי |
| plano (ex. ecrã ~ a) | ʃa'tuaχ | שָׁטוֹחַ |

| pobre | ani | עָנִי |
| pontual | daikan | דַּייְקָן |

| | | |
|---|---|---|
| possível | eʃʃari | אֶפְשָׁרִי |
| pouco fundo | radud | רָדוּד |
| presente (ex. momento ~) | noχeχi | נוֹכְחִי |
| | | |
| prévio | kodem | קוֹדֵם |
| primeiro (principal) | ikari | עִיקָרִי |
| principal | raʃi | רָאשִׁי |
| privado | iʃi | אִישִׁי |
| | | |
| provável | eʃʃari | אֶפְשָׁרִי |
| próximo | karov | קָרוֹב |
| público | tsiburi | צִיבּוּרִי |
| quente (cálido) | χam | חַם |
| | | |
| quente (morno) | χamim | חָמִים |
| rápido | mahir | מָהִיר |
| raro | nadir | נָדִיר |
| remoto, longínquo | raχok | רָחוֹק |
| reto | yaʃar | יָשָׁר |
| | | |
| salgado | ma'luaχ | מָלוּחַ |
| satisfeito | mesupak | מְסוּפָּק |
| seco | yaveʃ | יָבֵשׁ |
| seguinte | haba | הַבָּא |
| seguro | ba'tuaχ | בָּטוּחַ |
| | | |
| similar | dome | דוֹמֶה |
| simples | paʃut | פָּשׁוּט |
| soberbo | metsuyan | מְצוּיָן |
| sólido | mutsak | מוּצָק |
| sombrio | koder | קוֹדֵר |
| | | |
| sujo | meluχlaχ | מְלוּכְלָךְ |
| superior | haga'voha beyoter | הַגָּבוֹהַ בְּיוֹתֵר |
| suplementar | nosaf | נוֹסָף |
| terno, afetuoso | raχ | רַךְ |
| | | |
| tranquilo | ʃalev | שָׁלֵו |
| transparente | ʃakuf | שָׁקוּף |
| triste (pessoa) | atsuv | עָצוּב |
| triste (um ar ~) | atsuv | עָצוּב |
| último | aχaron | אַחֲרוֹן |
| | | |
| único | meyuχad bemino | מְיוּחָד בְּמִינוֹ |
| usado | meʃumaʃ | מְשׁוּמָשׁ |
| vazio (meio ~) | rek | רִיק |
| velho | yaʃan | יָשָׁן |
| vizinho | samuχ | סָמוּךְ |

# 500 VERBOS PRINCIPAIS

## 252. Verbos A-B

| | | |
|---|---|---|
| aborrecer-se (vr) | lehiʃtaʻamem | לְהִשְׁתַּעֲמֵם |
| abraçar (vt) | leχabek | לְחַבֵּק |
| abrir (~ a janela) | lifʻtoaχ | לִפְתּוֹחַ |
| acalmar (vt) | lehar'giʻa | לְהַרְגִּיעַ |
| | | |
| acariciar (vt) | lelatef | לְלַטֵּף |
| acenar (vt) | lenafnef | לְנַפְנֵף |
| acender (~ uma fogueira) | lehadlik | לְהַדְלִיק |
| achar (vt) | lisbor | לִסְבּוֹר |
| | | |
| acompanhar (vt) | lelavot | לְלַוּוֹת |
| aconselhar (vt) | leyaʻets | לְיַעֵץ |
| acordar (despertar) | lehaʻir | לְהָעִיר |
| acrescentar (vt) | lehosif | לְהוֹסִיף |
| | | |
| acusar (vt) | lehaʼaʃim | לְהַאֲשִׁים |
| adestrar (vt) | leʼalef | לְאַלֵּף |
| adivinhar (vt) | lenaχeʃ | לְנַחֵשׁ |
| admirar (vt) | lehitpaʻel | לְהִתְפַּעֵל |
| | | |
| advertir (vt) | lehazhir | לְהַזְהִיר |
| afirmar (vt) | litʻon | לִטְעוֹן |
| afogar-se (pessoa) | litʻboʻa | לִטְבּוֹעַ |
| afugentar (vt) | legareʃ | לְגָרֵשׁ |
| | | |
| agir (vi) | lifʻol | לִפְעוֹל |
| agitar, sacudir (objeto) | lenaʼer | לְנַעֵר |
| agradecer (vt) | lehodot | לְהוֹדוֹת |
| ajudar (vt) | laʻazor | לַעֲזוֹר |
| | | |
| alcançar (objetivos) | lehasig | לְהַשִּׂיג |
| alimentar (dar comida) | lehaʼaχil | לְהַאֲכִיל |
| almoçar (vi) | leʼeχol aruχat tsaha'rayim | לֶאֱכוֹל אֲרוּחַת צָהֳרַיִים |
| alugar (~ o barco, etc.) | liskor | לִשְׂכּוֹר |
| | | |
| alugar (~ um apartamento) | liskor | לִשְׂכּוֹר |
| amar (pessoa) | leʼehov | לֶאֱהוֹב |
| amarrar (vt) | likʃor | לִקְשׁוֹר |
| ameaçar (vt) | leʼayem | לְאַיֵּם |
| | | |
| amputar (vt) | likʻtoʻa | לִקְטוֹעַ |
| anotar (escrever) | lesamen | לְסַמֵּן |
| anular, cancelar (vt) | levatel | לְבַטֵּל |
| apagar (com apagador, etc.) | limχok | לִמְחוֹק |
| apagar (um incêndio) | leχabot | לְכַבּוֹת |
| apaixonar-se de ... | lehitʼahev | לְהִתְאַהֵב |

| | | |
|---|---|---|
| aparecer (vi) | leho'fi'a | לְהוֹפִיעַ |
| aplaudir (vi) | limχo ka'payim | לִמְחוֹא כַּפַּיִם |
| apoiar (vt) | litmoχ be... | לִתְמוֹךְ בְּ... |
| apontar para ... | leχaven | לְכַוֵּון |
| | | |
| apresentar (alguém a alguém) | lehatsig | לְהַצִּיג |
| apresentar (Gostaria de ~) | lehatsig | לְהַצִּיג |
| apressar (vt) | lezarez | לְזָרֵז |
| apressar-se (vr) | lemaher | לְמַהֵר |
| | | |
| aproximar-se (vr) | lehitkarev | לְהִתְקָרֵב |
| aquecer (vt) | leχamem | לְחַמֵּם |
| arrancar (vt) | litloʃ | לִתְלוֹשׁ |
| arranhar (gato, etc.) | lisrot | לִשְׂרוֹט |
| | | |
| arrepender-se (vr) | lehitsta'er | לְהִצְטַעֵר |
| arriscar (vt) | la'kaχat sikun | לָקַחַת סִיכּוּן |
| arrumar, limpar (vt) | lesader | לְסַדֵּר |
| aspirar a ... | liʃof | לִשְׁאוֹף |
| assinar (vt) | laχtom | לַחְתּוֹם |
| | | |
| assistir (vt) | la'azor | לַעֲזוֹר |
| atacar (vt) | litkof | לִתְקוֹף |
| atar (vt) | likʃor | לִקְשׁוֹר |
| atirar (vi) | lirot | לִירוֹת |
| | | |
| atracar (vi) | la'agon | לַעֲגוֹן |
| aumentar (vi) | ligdol | לִגְדוֹל |
| aumentar (vt) | lehagdil | לְהַגְדִּיל |
| avançar (sb. trabalhos, etc.) | lehitkadem | לְהִתְקַדֵּם |
| | | |
| avistar (vt) | lir'ot | לִרְאוֹת |
| baixar (guindaste) | lehorid | לְהוֹרִיד |
| barbear-se (vr) | lehitga'leaχ | לְהִתְגַּלֵּחַ |
| basear-se em ... | lehitbases | לְהִתְבַּסֵּס |
| | | |
| bastar (vi) | lehasmik | לְהַסְמִיק |
| bater (espancar) | lehakot | לְהַכּוֹת |
| bater (vi) | lidfok | לִדְפוֹק |
| bater-se (vr) | lehitkotet | לְהִתְקוֹטֵט |
| | | |
| beber, tomar (vt) | liʃtot | לִשְׁתּוֹת |
| brilhar (vi) | lizhor | לִזְהוֹר |
| brincar, jogar (crianças) | lesaχek | לְשַׂחֵק |
| buscar (vt) | leχapes | לְחַפֵּשׂ |

## 253. Verbos C-D

| | | |
|---|---|---|
| caçar (vi) | latsud | לָצוּד |
| calar-se (parar de falar) | lehiʃtatek | לְהִשְׁתַּתֵּק |
| calcular (vt) | lispor | לִסְפּוֹר |
| carregar (o caminhão) | leha'amis | לְהַעֲמִיס |
| carregar (uma arma) | lit'on | לִטְעוֹן |

| | | |
|---|---|---|
| casar-se (vr) | lehitχaten | לְהִתְחַתֵּן |
| causar (vt) | ligrom le… | לִגְרוֹם לְ… |
| cavar (vt) | laχpor | לַחְפּוֹר |
| | | |
| ceder (não resistir) | levater | לְוַתֵּר |
| cegar, ofuscar (vt) | lisanver | לְסַנְוֵר |
| censurar (vt) | linzof | לִנְזוֹף |
| cessar (vt) | lehafsik | לְהַפְסִיק |
| | | |
| chamar (~ por socorro) | likro | לִקְרוֹא |
| chamar (dizer em voz alta o nome) | likro le… | לִקְרוֹא לְ… |
| chegar (a algum lugar) | lehasig | לְהַשִּׂיג |
| chegar (sb. comboio, etc.) | leha'giʿa | לְהַגִּיעַ |
| | | |
| cheirar (tem o cheiro) | leha'riaχ | לְהָרִיחַ |
| cheirar (uma flor) | leha'riaχ | לְהָרִיחַ |
| chorar (vi) | livkot | לִבְכּוֹת |
| citar (vt) | letsatet | לְצַטֵּט |
| | | |
| colher (flores) | liktof | לִקְטוֹף |
| colocar (vt) | lasim | לָשִׂים |
| combater (vi, vt) | lehilaχem | לְהִילָחֵם |
| começar (vt) | lehatχil | לְהַתְחִיל |
| | | |
| comer (vt) | le'eχol | לֶאֱכוֹל |
| comparar (vt) | lehaʃvot | לְהַשְׁווֹת |
| compensar (vt) | lefatsot | לְפַצּוֹת |
| competir (vi) | lehitχarot | לְהִתְחָרוֹת |
| | | |
| complicar (vt) | lesabeχ | לְסַבֵּךְ |
| compor (vt) | lehalχin | לְהַלְחִין |
| comportar-se (vr) | lehitnaheg | לְהִתְנַהֵג |
| comprar (vt) | liknot | לִקְנוֹת |
| | | |
| compreender (vt) | lehavin | לְהָבִין |
| comprometer (vt) | lehav'iʃ et reχo | לְהַבְאִישׁ אֶת רֵיחוֹ |
| concentrar-se (vr) | lehitrakez | לְהִתְרַכֵּז |
| concordar (dizer "sim") | lehaskim | לְהַסְכִּים |
| | | |
| condecorar (dar medalha) | leha'anik | לְהַעֲנִיק |
| conduzir (~ o carro) | linhog | לִנְהוֹג |
| confessar-se (criminoso) | lehodot be… | לְהוֹדוֹת בְּ… |
| confiar (vt) | liv'toaχ | לִבְטוֹחַ |
| | | |
| confundir (equivocar-se) | lehitbalbel | לְהִתְבַּלְבֵּל |
| conhecer (vt) | lehakir et | לְהַכִּיר אֶת |
| conhecer-se (vr) | lehakir | לְהַכִּיר |
| consertar (vt) | lesader | לְסַדֵּר |
| | | |
| consultar … | lehitya'ets im | לְהִתְייָעֵץ עִם |
| contagiar-se com … | lehibadek | לְהִידָבֵק |
| contar (vt) | lesaper | לְסַפֵּר |
| contar com … | lismoχ al | לִסְמוֹךְ עַל |
| continuar (vt) | lehamʃiχ | לְהַמְשִׁיר |
| contratar (vt) | leha'asik | לְהַעֲסִיק |

| | | |
|---|---|---|
| controlar (vt) | liʃlot | לִשְׁלוֹט |
| convencer (vt) | leʃaχ'ne'a | לְשַׁכְנֵעַ |
| convidar (vt) | lehazmin | לְהַזְמִין |
| | | |
| cooperar (vi) | leʃatef pe'ula | לְשַׁתֵּף פְּעוּלָה |
| coordenar (vt) | leta'em | לְתָאֵם |
| corar (vi) | lehasmik | לְהַסְמִיק |
| correr (vi) | laruts | לָרוּץ |
| corrigir (vt) | letaken | לְתַקֵּן |
| | | |
| cortar (com um machado) | liχrot | לִכְרוֹת |
| cortar (vt) | laχtoχ | לַחְתּוֹךְ |
| cozinhar (vt) | levaʃel | לְבַשֵּׁל |
| crer (pensar) | leha'amin | לְהַאֲמִין |
| criar (vt) | litsor | לִיצוֹר |
| | | |
| cultivar (vt) | legadel | לְגַדֵּל |
| cuspir (vi) | lirok | לִירוֹק |
| custar (vt) | la'alot | לַעֲלוֹת |
| dar (vt) | latet | לָתֵת |
| | | |
| dar banho, lavar (vt) | lirχots | לִרְחוֹץ |
| datar (vi) | leta'areχ | לְתָאֲרֵךְ |
| decidir (vt) | lehaχlit | לְהַחְלִיט |
| decorar (enfeitar) | lekaʃet | לְקַשֵּׁט |
| dedicar (vt) | lehakdiʃ | לְהַקְדִּישׁ |
| | | |
| defender (vt) | lehagen | לְהָגֵן |
| defender-se (vr) | lehitgonen | לְהִתְגּוֹנֵן |
| deixar (~ a mulher) | la'azov | לַעֲזוֹב |
| deixar (esquecer) | lehaʃ'ir | לְהַשְׁאִיר |
| | | |
| deixar (permitir) | leharʃot | לְהַרְשׁוֹת |
| deixar cair (vt) | lehapil | לְהַפִּיל |
| denominar (vt) | likro | לִקְרוֹא |
| denunciar (vt) | lehalʃim | לְהַלְשִׁין |
| depender de ... (vi) | lihyot talui be... | לִהְיוֹת תָּלוּי בְּ... |
| | | |
| derramar (vt) | liʃpoχ | לִשְׁפּוֹךְ |
| derramar-se (vr) | lehiʃapeχ | לְהִישָׁפֵךְ |
| desaparecer (vi) | lehe'alem | לְהֵיעָלֵם |
| desatar (vt) | lehatir 'keʃer | לְהַתִּיר קֶשֶׁר |
| desatracar (vi) | lehaflig | לְהַפְלִיג |
| | | |
| descansar (um pouco) | la'nuaχ | לָנוּחַ |
| descer (para baixo) | la'redet | לָרֶדֶת |
| descobrir (novas terras) | legalot | לְגַלּוֹת |
| descolar (avião) | lehamri | לְהַמְרִיא |
| | | |
| desculpar (vt) | lis'loaχ | לִסְלוֹחַ |
| desculpar-se (vr) | lehitnatsel | לְהִתְנַצֵּל |
| desejar (vt) | lirtsot | לִרְצוֹת |
| desempenhar (vt) | lesaχek | לְשַׂחֵק |
| | | |
| desligar (vt) | leχabot | לְכַבּוֹת |
| desprezar (vt) | lezalzel be... | לְזַלְזֵל בְּ... |

| | | |
|---|---|---|
| destruir (documentos, etc.) | leχasel | לְחַסֵל |
| dever (vi) | lihyot χayav | לִהְיוֹת חַיָּב |
| devolver (vt) | liʃloaχ baχazara | לִשְׁלוֹחַ בַּחֲזָרָה |
| direcionar (vt) | leχaven | לְכַוֵּון |
| dirigir (~ uma empresa) | lenahel | לְנַהֵל |
| dirigir-se (a um auditório, etc.) | lifnot el | לִפְנוֹת אֶל |
| discutir (notícias, etc.) | ladun | לָדוּן |
| distribuir (folhetos, etc.) | lehafits | לְהָפִיץ |
| distribuir (vt) | leχalek | לְחַלֵּק |
| divertir (vt) | levader | לְבַדֵּר |
| divertir-se (vr) | lehanot | לֵיהָנוֹת |
| dividir (mat.) | leχalek | לְחַלֵּק |
| dizer (vt) | lomar | לוֹמַר |
| dobrar (vt) | lehaχpil | לְהַכְפִּיל |
| duvidar (vt) | lefakpek | לְפַקְפֵּק |

## 254. Verbos E-J

| | | |
|---|---|---|
| elaborar (uma lista) | lena'seaχ, la'aroχ | לְנַסֵּחַ, לַעֲרוֹךְ |
| elevar-se acima de ... | lehitromem | לְהִתְרוֹמֵם |
| eliminar (um obstáculo) | lehasir | לְהָסִיר |
| embrulhar (com papel) | le'eroz | לֶאֱרוֹז |
| emergir (submarino) | latsuf | לָצוּף |
| emitir (vt) | lehafits | לְהָפִיץ |
| empreender (vt) | linkot | לִנְקוֹט |
| empurrar (vt) | lidχof | לִדְחוֹף |
| encabeçar (vt) | la'amod beroʃ | לַעֲמוֹד בְּרֹאשׁ |
| encher (~ a garrafa, etc.) | lemale | לְמַלֵּא |
| encontrar (achar) | limtso | לִמְצוֹא |
| enganar (vt) | leramot | לְרַמּוֹת |
| ensinar (vt) | lelamed | לְלַמֵּד |
| entrar (na sala, etc.) | lehikanes | לְהִיכָּנֵס |
| enviar (uma carta) | liʃloaχ | לִשְׁלוֹחַ |
| equipar (vt) | letsayed | לְצַיֵּיד |
| errar (vi) | lit'ot | לִטְעוֹת |
| escolher (vt) | livχor | לִבְחוֹר |
| esconder (vt) | lehastir | לְהַסְתִּיר |
| escrever (vt) | liχtov | לִכְתּוֹב |
| escutar (vt) | lehakʃiv | לְהַקְשִׁיב |
| escutar atrás da porta | leha'azin be'seter | לְהַאֲזִין בְּסֵתֶר |
| esmagar (um inseto, etc.) | lirmos | לִרְמוֹס |
| esperar (contar com) | letsapot | לְצַפּוֹת |
| esperar (o autocarro, etc.) | lehamtin | לְהַמְתִּין |
| esperar (ter esperança) | lekavot | לְקַוּוֹת |

| | | |
|---|---|---|
| espreitar (vi) | lehatsits | לְהָצִיץ |
| esquecer (vt) | liʃ'koax | לִשְׁכּוֹחַ |
| estar | lihyot munax | לִהְיוֹת מוּנָח |
| | | |
| estar (vi) | lihyot | לִהְיוֹת |
| estar convencido | lehiʃtax'ne'a | לְהִשְׁתַּכְנֵעַ |
| estar deitado | liʃkav | לִשְׁכַּב |
| estar perplexo | lit'moha | לִתְמוֹהַ |
| | | |
| estar sentado | la'ʃevet | לָשֶׁבֶת |
| estremecer (vi) | lir'od | לִרְעוֹד |
| estudar (vt) | lilmod | לִלְמוֹד |
| evitar (vt) | lehimana | לְהִימָּנַע |
| | | |
| examinar (vt) | livxon | לִבְחוֹן |
| exigir (vt) | lidroʃ | לִדְרוֹשׁ |
| existir (vi) | lehitkayem | לְהִתְקַיֵּים |
| explicar (vt) | lehasbir | לְהַסְבִּיר |
| | | |
| expressar (vt) | levate | לְבַטֵּא |
| expulsar (vt) | lesalek | לְסַלֵּק |
| facilitar (vt) | lehakel al | לְהָקֵל עַל |
| falar com ... | ledaber | לְדַבֵּר |
| | | |
| faltar a ... | lehaxsir | לְהַחְסִיר |
| fascinar (vt) | lehaksim | לְהַקְסִים |
| fatigar (vt) | le'ayef | לְעַייֵף |
| fazer (vt) | la'asot | לַעֲשׂוֹת |
| | | |
| fazer lembrar | lehazkir | לְהַזְכִּיר |
| fazer piadas | lehitba'deax | לְהִתְבַּדֵּחַ |
| fazer uma tentativa | lenasot | לְנַסּוֹת |
| fechar (vt) | lisgor | לִסְגּוֹר |
| felicitar (dar os parabéns) | levarex | לְבָרֵךְ |
| | | |
| ficar cansado | lehit'ayef | לְהִתְעַייֵּף |
| ficar em silêncio | liʃtok | לִשְׁתּוֹק |
| ficar pensativo | liʃ'ko'a bemaxʃavot | לִשְׁקוֹעַ בְּמַחֲשָׁבוֹת |
| forçar (vt) | lehax'riax | לְהַכְרִיחַ |
| formar (vt) | le'atsev | לְעַצֵּב |
| | | |
| fotografar (vt) | letsalem | לְצַלֵּם |
| gabar-se (vr) | lehitravrev | לְהִתְרַבְרֵב |
| garantir (vt) | lehav'tiax | לְהַבְטִיחַ |
| gostar (apreciar) | limtso xen be'ei'nayim | לִמְצוֹא חֵן בְּעֵינַיִים |
| | | |
| gostar (vt) | le'ehov | לֶאֱהוֹב |
| gritar (vi) | lits'ok | לִצְעוֹק |
| guardar (cartas, etc.) | liʃmor | לִשְׁמוֹר |
| guardar (no armário, etc.) | lefanot | לְפַנּוֹת |
| guerrear (vt) | lehilaxem | לְהִילָחֵם |
| | | |
| herdar (vt) | la'reʃet | לָרֶשֶׁת |
| iluminar (vt) | leha'ir | לְהָאִיר |
| imaginar (vt) | ledamyen | לְדַמְייֵן |
| imitar (vt) | lexakot | לְחַקּוֹת |

235

| implorar (vt) | lehitχanen | לְהִתְחַנֵּן |
| importar (vt) | leyabe | לְיַבֵּא |
| indicar (orientar) | lenatev | לְנַתֵּב |
| indignar-se (vr) | lehitra'em | לְהִתְרַעֵם |

| infetar, contagiar (vt) | lehadbik | לְהַדְבִּיק |
| influenciar (vt) | lehaʃpi'a | לְהַשְׁפִּיעַ |
| informar (fazer saber) | leya'de'a | לְיַדֵּעַ |
| informar (vt) | leho'dia | לְהוֹדִיעַ |

| informar-se (~ sobre) | levarer | לְבָרֵר |
| inscrever (na lista) | lehosif | לְהוֹסִיף |
| inserir (vt) | lehaχnis | לְהַכְנִיס |
| insinuar (vt) | lirmoz | לִרְמוֹז |

| insistir (vi) | lehit'akeʃ | לְהִתְעַקֵּשׁ |
| inspirar (vt) | lehalhiv | לְהַלְהִיב |
| instruir (vt) | lehadriχ | לְהַדְרִיךְ |
| insultar (vt) | leha'aliv | לְהַעֲלִיב |

| interessar (vt) | le'anyen | לְעַנְיֵן |
| interessar-se (vr) | lehit'anyen | לְהִתְעַנְיֵן |
| intervir (vi) | lehit'arev | לְהִתְעָרֵב |
| invejar (vt) | lekane | לְקַנֵּא |

| inventar (vt) | lehamtsi | לְהַמְצִיא |
| ir (a pé) | la'leχet | לָלֶכֶת |
| ir (de carro, etc.) | lin'so'a | לִנְסוֹעַ |
| ir nadar | lehitraχets | לְהִתְרַחֵץ |

| ir para a cama | liʃkav liʃon | לִשְׁכַּב לִישׁוֹן |
| irritar (vt) | le'atsben | לְעַצְבֵּן |
| irritar-se (vr) | lehitragez | לְהִתְרַגֵּז |
| isolar (vt) | levoded | לְבוֹדֵד |

| jantar (vi) | le'eχol aruχat 'erev | לֶאֱכוֹל אֲרוּחַת עֶרֶב |
| jogar, atirar (vt) | lizrok | לִזְרוֹק |
| juntar, unir (vt) | le'aχed | לְאַחֵד |
| juntar-se a ... | lehitstaref | לְהִצְטָרֵף |

## 255. Verbos L-P

| lançar (novo projeto) | lehaf'il | לְהַפְעִיל |
| lavar (vt) | liʃtof | לִשְׁטוֹף |
| lavar a roupa | leχabes | לְכַבֵּס |
| lavar-se (vr) | lehitraχets | לְהִתְרַחֵץ |

| lembrar (vt) | lizkor | לִזְכּוֹר |
| ler (vt) | likro | לִקְרוֹא |
| levantar-se (vr) | lakum | לָקוּם |
| levar (ex. leva isso daqui) | lehotsi | לְהוֹצִיא |

| libertar (cidade, etc.) | leʃaχrer | לְשַׁחְרֵר |
| ligar (o radio, etc.) | lehadlik | לְהַדְלִיק |

| | | |
|---|---|---|
| limitar (vt) | lehagbil | לְהַגְבִּיל |
| limpar (eliminar sujeira) | lenakot | לְנַקּוֹת |
| limpar (vt) | lenakot | לְנַקּוֹת |
| | | |
| lisonjear (vt) | lehaχnif | לְהַחֲנִיף |
| livrar-se de ... | lehipater mi... | ...לְהִיפָּטֵר מ |
| lutar (combater) | lehilaχem | לְהִילָחֵם |
| lutar (desp.) | lehe'avek | לְהֵיאָבֵק |
| marcar (com lápis, etc.) | lesamen | לְסַמֵּן |
| | | |
| matar (vt) | laharog | לַהֲרוֹג |
| memorizar (vt) | lizkor | לִזכּוֹר |
| mencionar (vt) | lehazkir | לְהַזכִּיר |
| mentir (vi) | leʃaker | לְשַׁקֵּר |
| | | |
| merecer (vt) | lihyot ra'ui | לִהיוֹת רָאוּי |
| mergulhar (vi) | litslol | לִצלוֹל |
| misturar (combinar) | le'arbev | לְעַרבֵּב |
| morar (vt) | lagur | לָגוּר |
| | | |
| mostrar (vt) | lehar'ot | לְהַראוֹת |
| mover (arredar) | lehaziz | לְהָזִיז |
| mudar (modificar) | leʃanot | לְשַׁנּוֹת |
| multiplicar (vt) | lehaχpil | לְהַכפִּיל |
| | | |
| nadar (vi) | lisχot | לִשׂחוֹת |
| negar (vt) | liʃlol | לִשׁלוֹל |
| negociar (vi) | laset velatet | לָשֵׂאת וְלָתֵת |
| nomear (função) | lemanot | לְמַנּוֹת |
| | | |
| obedecer (vt) | letsayet | לְצַיֵּית |
| objetar (vt) | lehitnaged | לְהִתנַגֵּד |
| observar (vt) | litspot, lehaʃkif | לִצפּוֹת, לְהַשׁקִיף |
| ofender (vt) | lifgo'a | לִפגּוֹעַ |
| | | |
| olhar (vt) | lehistakel | לְהִסתַּכֵּל |
| omitir (vt) | lehaʃmit | לְהַשׁמִיט |
| ordenar (mil.) | lifkod | לִפקוֹד |
| organizar (evento, etc.) | le'argen | לְאַרגֵּן |
| | | |
| ousar (vt) | leha'ez | לְהָעֵז |
| ouvir (vt) | liʃmo'a | לִשׁמוֹעַ |
| pagar (vt) | leʃalem | לְשַׁלֵּם |
| parar (para descansar) | la'atsor | לַעֲצוֹר |
| parecer-se (vr) | lihyot dome | לִהיוֹת דּוֹמֶה |
| | | |
| participar (vi) | lehiʃtatef | לְהִשׁתַּתֵּף |
| partir (~ para o estrangeiro) | la'azov | לַעֲזוֹב |
| passar (vt) | la'avor | לַעֲבוֹר |
| passar a ferro | legahets | לְגַהֵץ |
| | | |
| pecar (vi) | laχato | לַחֲטוֹא |
| pedir (comida) | lehazmin | לְהַזמִין |
| pedir (um favor, etc.) | levakeʃ | לְבַקֵּשׁ |
| pegar (tomar com a mão) | litfos | לִתפּוֹס |
| pegar (tomar) | la'kaχat | לָקַחַת |

237

| | | |
|---|---|---|
| pendurar (cortinas, etc.) | litlot | לִתְלוֹת |
| penetrar (vt) | laxdor | לַחְדּוֹר |
| pensar (vt) | laxʃov | לַחְשׁוֹב |
| pentear-se (vr) | lehistarek | לְהִסְתָּרֵק |

| | | |
|---|---|---|
| perceber (ver) | lasim lev | לָשִׂים לֵב |
| perder (o guarda-chuva, etc.) | le'abed | לְאַבֵּד |
| perdoar (vt) | lis'loax | לִסְלוֹחַ |
| permitir (vt) | leharʃot | לְהַרְשׁוֹת |

| | | |
|---|---|---|
| pertencer a ... | lehiʃtayex | לְהִשְׁתַּיֵּךְ |
| perturbar (vt) | lehatrid | לְהַטְרִיד |
| pesar (ter o peso) | liʃkol | לִשְׁקוֹל |
| pescar (vt) | ladug | לָדוּג |

| | | |
|---|---|---|
| planear (vt) | letaxnen | לְתַכְנֵן |
| poder (vi) | yaxol | יָכוֹל |
| pôr (posicionar) | la'arox | לַעֲרוֹךְ |
| possuir (vt) | lihyot 'ba'al ʃel | לִהְיוֹת בַּעַל שֶׁל |

| | | |
|---|---|---|
| predominar (vi, vt) | ligbor | לִגְבּוֹר |
| preferir (vt) | leha'adif | לְהַעֲדִיף |
| preocupar (vt) | lehad'ig | לְהַדְאִיג |
| preocupar-se (vr) | lid'og | לִדְאוֹג |
| preocupar-se (vr) | lid'og | לִדְאוֹג |

| | | |
|---|---|---|
| preparar (vt) | lehaxin | לְהָכִין |
| preservar (ex. ~ a paz) | leʃamer | לְשַׁמֵּר |
| prever (vt) | laxazot | לַחֲזוֹת |
| privar (vt) | liʃlol | לִשְׁלוֹל |

| | | |
|---|---|---|
| proibir (vt) | le'esor | לֶאֱסוֹר |
| projetar, criar (vt) | letaxnen | לְתַכְנֵן |
| prometer (vt) | lehav'tiax | לְהַבְטִיחַ |
| pronunciar (vt) | levate | לְבַטֵּא |

| | | |
|---|---|---|
| propor (vt) | leha'tsi'a | לְהַצִּיעַ |
| proteger (a natureza) | liʃmor | לִשְׁמוֹר |
| protestar (vi) | limxot | לִמְחוֹת |
| provar (~ a teoria, etc.) | leho'xiax | לְהוֹכִיחַ |

| | | |
|---|---|---|
| provocar (vt) | lehitgarot | לְהִתְגָּרוֹת |
| publicitar (vt) | lefarsem | לְפַרְסֵם |
| punir, castigar (vt) | leha'aniʃ | לְהַעֲנִישׁ |
| puxar (vt) | limʃox | לִמְשׁוֹךְ |

## 256. Verbos Q-Z

| | | |
|---|---|---|
| quebrar (vt) | liʃbor | לִשְׁבּוֹר |
| queimar (vt) | lisrof | לִשְׂרוֹף |
| queixar-se (vr) | lehitlonen | לְהִתְלוֹנֵן |
| querer (desejar) | lirtsot | לִרְצוֹת |
| rachar-se (vr) | lehisadek | לְהִיסָּדֵק |
| realizar (vt) | lehagʃim | לְהַגְשִׁים |

| | | |
|---|---|---|
| recomendar (vt) | lehamlits | לְהַמְלִיץ |
| reconhecer (identificar) | lezahot | לְזַהוֹת |
| | | |
| reconhecer (o erro) | lehakir be… | לְהַכִּיר בְּ… |
| recordar, lembrar (vt) | lehizaxer | לְהִיזָכֵר |
| recuperar-se (vr) | lehaxlim | לְהַחְלִים |
| recusar (vt) | lesarev | לְסָרֵב |
| | | |
| reduzir (vt) | lehaktin | לְהַקְטִין |
| refazer (vt) | la'asot mexadaʃ | לַעֲשׂוֹת מֵחָדָשׁ |
| reforçar (vt) | lexazek | לְחַזֵק |
| refrear (vt) | lerasen | לְרַסֵן |
| | | |
| regar (plantas) | lehaʃkot | לְהַשְׁקוֹת |
| remover (~ uma mancha) | lehasir | לְהָסִיר |
| reparar (vt) | letaken | לְתַקֵן |
| repetir (dizer outra vez) | laxazor al | לַחֲזוֹר עַל |
| | | |
| reportar (vt) | leda'veax | לְדַווֵחַ |
| repreender (vt) | linzof | לִנְזוֹף |
| reservar (~ um quarto) | leʃaryen | לְשַׁרְיֵן |
| resolver (o conflito) | lesader | לְסַדֵר |
| resolver (um problema) | liftor | לִפְתוֹר |
| | | |
| respirar (vi) | linʃom | לִנְשׁוֹם |
| responder (vt) | la'anot | לַעֲנוֹת |
| rezar, orar (vi) | lehitpalel | לְהִתְפַּלֵל |
| rir (vi) | litsxok | לִצְחוֹק |
| | | |
| romper-se (corda, etc.) | lehikara | לְהִיקָרַע |
| roubar (vt) | lignov | לִגְנוֹב |
| saber (vt) | la'da'at | לָדַעַת |
| sair (~ de casa) | latset | לָצֵאת |
| | | |
| sair (livro) | latset le'or | לָצֵאת לְאוֹר |
| salvar (vt) | lehatsil | לְהַצִיל |
| satisfazer (vt) | lesapek | לְסַפֵּק |
| saudar (vt) | lomar ʃalom | לוֹמַר שָׁלוֹם |
| secar (vt) | leyabeʃ | לְיַבֵּשׁ |
| | | |
| seguir … | la'akov axarei | לַעֲקוֹב אַחֲרֵי |
| selecionar (vt) | livxor | לִבְחוֹר |
| semear (vt) | liz'ro'a | לִזְרוֹעַ |
| sentar-se (vr) | lehityaʃev | לְהִתְיַישֵׁב |
| | | |
| sentenciar (vt) | ligzor din | לִגְזוֹר דִין |
| sentir (~ perigo) | laxuʃ | לָחוּשׁ |
| ser (vi) | lihyot | לִהְיוֹת |
| ser diferente | lehibadel | לְהִיבָּדֵל |
| | | |
| ser indispensável | lehidareʃ | לְהֵידָרֵשׁ |
| ser necessário | lehidareʃ | לְהֵידָרֵשׁ |
| ser preservado | lehiʃtamer | לְהִשְׁתַמֵר |
| | | |
| servir (restaurant, etc.) | leʃaret | לְשָׁרֵת |
| servir (roupa) | lehat'im | לְהַתְאִים |

239

| | | |
|---|---|---|
| significar (palavra, etc.) | lomar | לוֹמַר |
| significar (vt) | lomar | לוֹמַר |
| simplificar (vt) | lefaʃet | לְפַשֵּׁט |
| sobrestimar (vt) | leha‘ariχ 'yeter al hamida | לְהַאֲרִיךְ יָתֵר עַל הַמִּידָה |
| sofrer (vt) | lisbol | לִסְבּוֹל |
| sonhar (vi) | laχalom | לַחֲלוֹם |
| sonhar (vt) | laχalom | לַחֲלוֹם |
| soprar (vi) | linʃov | לִנְשׁוֹב |
| sorrir (vi) | leχayeχ | לְחַיֵּךְ |
| subestimar (vt) | leham'it be"ereχ | לְהַמְעִיט בְּעֵרֶךְ |
| sublinhar (vt) | lehadgiʃ | לְהַדְגִּישׁ |
| sujar-se (vr) | lehitlaχleχ | לְהִתְלַכְלֵךְ |
| supor (vt) | leʃa‘er | לְשַׁעֵר |
| suportar (as dores) | lisbol | לִסְבּוֹל |
| surpreender (vt) | lehaf'ti‘a | לְהַפְתִּיעַ |
| surpreender-se (vr) | lehitpale | לְהִתְפַּלֵּא |
| suspeitar (vt) | laχʃod | לַחְשׁוֹד |
| suspirar (vi) | lehe'anaχ | לְהֵיאָנַח |
| tentar (vt) | lenasot | לְנַסּוֹת |
| ter (vt) | lehaχzik | לְהַחְזִיק |
| ter medo | lefaχed | לְפַחֵד |
| terminar (vt) | lesayem | לְסַיֵּם |
| tirar (vt) | lehorid | לְהוֹרִיד |
| tirar cópias | leʃaχpel | לְשַׁכְפֵּל |
| tirar uma conclusão | lehasik | לְהַסִּיק |
| tocar (com as mãos) | lin'go‘a | לִנְגּוֹעַ |
| tomar emprestado | lilvot | לִלְווֹת |
| tomar nota | lirʃom | לִרְשׁוֹם |
| tomar o pequeno-almoço | le'eχol aruχat 'boker | לֶאֱכוֹל אֲרוּחַת בּוֹקֶר |
| tornar-se (ex. ~ conhecido) | lahafoχ le... | לַהֲפוֹךְ לְ... |
| trabalhar (vi) | la‘avod | לַעֲבוֹד |
| traduzir (vt) | letargem | לְתַרְגֵּם |
| transformar (vt) | leʃanot tsura | לְשַׁנּוֹת צוּרָה |
| tratar (a doença) | letapel be... | לְטַפֵּל בְּ... |
| trazer (vt) | lehavi | לְהָבִיא |
| treinar (pessoa) | le'amen | לְאַמֵּן |
| treinar-se (vr) | lehit'amen | לְהִתְאַמֵּן |
| tremer (de frio) | lir‘od | לִרְעוֹד |
| trocar (vt) | lehitχalef | לְהִתְחַלֵּף |
| trocar, mudar (vt) | lehaχlif | לְהַחְלִיף |
| usar (uma palavra, etc.) | lehiʃtameʃ be... | לְהִשְׁתַּמֵּשׁ בְּ... |
| utilizar (vt) | lehiʃtameʃ be... | לְהִשְׁתַּמֵּשׁ בְּ... |
| vacinar (vt) | leχasen | לְחַסֵּן |
| vender (vt) | limkor | לִמְכּוֹר |
| verter (encher) | limzog | לִמְזוֹג |
| vingar (vt) | linkom | לִנְקוֹם |

| | | |
|---|---|---|
| virar (ex. ~ à direita) | lifnot | לִפְנוֹת |
| virar (pedra, etc.) | lahafoχ | לַהֲפוֹך |
| | | |
| virar as costas | lehafnot 'oref le... | לְהַפְנוֹת עוֹרֶף לְ... |
| viver (vi) | liχyot | לִחְיוֹת |
| voar (vi) | la'uf | לָעוּף |
| voltar (vi) | laʃuv | לָשׁוּב |
| | | |
| votar (vi) | lehats'bi'a | לְהַצְבִּיעַ |
| zangar (vt) | lehargiz | לְהַרְגִּיז |
| zangar-se com ... | lehitragez | לְהִתְרַגֵּז |
| zombar (vt) | lil'og | לִלְעוֹג |

www.ingramcontent.com/pod-product-compliance
Lightning Source LLC
Chambersburg PA
CBHW071333090426
42738CB00012B/2878